Logistics Management

物流管理

WULIU GUANLI

田宇◎主编

中山大学出版社
SUN YAT-SEN UNIVERSITY PRESS
·广州·

图书在版编目（CIP）数据

物流管理／田宇主编．—广州：中山大学出版社，2013.8

ISBN 978－7－306－04620－8

Ⅰ.①物…　Ⅱ.①田…　Ⅲ.①物流—物资管理　Ⅳ.①F252

中国版本图书馆 CIP 数据核字（2013）第 160682 号

出 版 人：徐　劲
策划编辑：曹巩华　赵丽华
责任编辑：赵丽华
封面设计：林绵华
责任校对：张礼凤
责任技编：何雅涛
出版发行：中山大学出版社
电　　话：编辑部 020－84110283，84111997，84113349，84110779
　　　　　发行部 020－84111998，84111981，84111160
地　　址：广州市新港西路 135 号
邮　　编：510275　　传　真：020－84036565
网　　址：http：//www.zsup.com.cn　E-mail：zdcbs@mail.sysu.edu.cn
印 刷 者：深圳市富达泰包装印刷有限公司
规　　格：787mm×1092mm　1/16　25.5 印张　550 千字
版次印次：2013 年 8 月第 1 版　2013 年 8 月第 1 次印刷
定　　价：49.00 元

前　言

本教材是一部面向经济管理类本科生、科学硕士和MBA、MPM等专业硕士的高等院校教材。

本教材力求吸收国内外前沿、权威的物流管理理论和方法体系，在内容上力求做到先进性、创造性、普遍性的良好结合。本教材的最大特点在于严谨、全面、前沿的理论框架体系。

本教材注重理论和实际相结合，既有理论的叙述，又有生动的案例说明。同时，在每章起始部分提出了学习目标，并列举了关键词汇；在每章结尾部分，精心设计了相应的复习思考题。相信这些有助于读者对这门学科的理解和掌握。

本教材共分十二章。中山大学田宇编写第1章；湖北经济学院冷凯君编写第2章和第4章；吉首大学许建编写第3章；中山大学伍炜勤编写第5章；吉首大学张怀英编写第6章；仲恺农业工程学院孙红英编写第7章；中山大学王克编写第8章；广东金融学院马鹏编写第9章；中山大学罗智编写第10章；中山大学周月阳编写第11章；中山大学郑雁玲编写第12章。

本教材的出版得到了教育部“高等学校本科教学质量与教学改革工程”2013年建设项目——中山大学“专业综合改革试点——工商管理专业”、中山大学管理科学与工程实习教学示范基地项目、中山大学新华学院重点课程建设项目的资助，在此一并表示感谢！

编　者

2013年5月

目 录

第1章 绪论

学习目标

通过本章的学习，学生应掌握物流管理的概念，了解物流在企业管理中的作用和物流管理的基本内容；此外，还应对物流管理的基本理论有所了解。

关键词

物流管理（logistics management）；竞争优势（competitive advantage）；物流系统（logistics system）

随着世界经济和信息技术的不断发展，世界的地域边界逐渐缩小。互联网的出现，尤其是电子商务的出现使得消费者购买世界任何一个角落的产品成为可能。除此之外，发达的交通、先进的管理技术让企业不断跳出所在国的限制到世界各地寻找物美价廉的资源，这种能力已经成为企业竞争力的体现之一，而这一能力的实现必须依赖于对物流的管理。

1.1 第二次海湾战争启示录

“兵马未动，粮草先行”，美军的第二次海湾战争再次诠释了这句名言。在战争开始之前，美军的后勤保障活动早在 2001 年 12 月就开始了，美军在长达一年零三个月的时间里导演了一场规模宏大的跨国军事后勤行动。其后勤指挥之复杂、物资供给量之大、后勤技术之先进，无论从军事还是从管理角度而言，都具有较高的探讨价值。

1.1.1 美军的后勤指挥体系

现代战争不论规模大小、时间长短，几乎都是诸军兵种协同作战。在第二次海湾战争中，美军后勤部门要为陆、海、空和特种部队的集结、生活、训练及战斗提供有条不紊的物资保障，就需要依托其军事后勤指挥体系来实现。

美军实行集中统一的指挥。从2001年开始美军就着手建立统一、协调的军事后勤指挥体系。第二次海湾战争中，美军总的后勤保障工作由美军中央司令部下设的后勤部统一管理和负责。到2001年12月，美军中央司令部所属的后勤部门就已抵达“阿迪德”军事基地，展开各项后勤准备工作，同时陆军司令部和陆军第三集团军司令部连同其后勤保障机构，都从美国本土迁到了科威特。其海军陆战队、特种作战部队的后勤机关也移到了巴林，空军在沙特开设了空战后勤保障机构，中央司令部后勤部门在卡塔尔开设后方指挥所。这样，到2001年底美军的后勤总指挥部设到了卡塔尔，同时还根据各兵种的特点分别在巴林、科威特和沙特阿拉伯等国建立了海军、陆军和空军后勤指挥部，即是三个现代化的物流中心。从而，美军在战争开始之前就形成了三军一体化的、统一由中央指挥部指挥的后勤指挥机构。

同时，为保证信息沟通和指挥的便利，美军在各指挥部内部配备了现代化的通信设备，通过卫星系统实现与美国本部以及与各前线指挥部之间的信息畅通。

1.1.2 多级储备形成后勤保障体系

美军从2001年12月开始，依托原来已建成的部分后勤基地，开辟前进基地和前沿基地，形成本土基地、前进基地和前沿基地相连接的三级储备体系。

美国东海岸距中东地区的空中直线距离为1.1万公里，飞机需飞行15个小时；海上距离1.92万海里，最快运输也要12~15天。战前，美军为向海湾地区输送20多万人员、300多万吨物资、700多架直升机、1500多辆坦克和装甲车，先在位于印度洋的英军基地——迪戈加西亚群岛开辟了前进基地，部署了8艘预置船，可为

2 个陆战队提供 30 天的作战物资。同时，美军在土耳其境内开辟了 3 个新机场、6 个直升机坪、4 个特种部队专用基地，把土耳其作为其空军在北部地区特种部队的后勤补给基地，以及其作战飞机迫降和伤员空中转运的基地；沙特则成为维系美军补给生命线的供给基地，成为其一线作战部队的“菜蓝子”；科威特不但是美军地面部队集结和出发的主要基地，也是其一线最大的后勤补给基地，武器装备、陆上物资储备主要集中在科威特本部的 37 个仓库、卡塔尔和巴林的基地，足以保障 2 万部队的 30 天消耗。

由于第二次海湾战争美军只得到少数国家的支持，不但前进保障基地不足，而且在战前也无法在伊拉克境内设立前进保障基地，因而美军在伊拉克境内的保障物资大多需要从科威特边境通过陆路进入战场，保障效率难以提高。以美军先头部队第 3 步兵师为例，该师仅每日弹药消耗量就达 5 000 吨，燃料消耗量达 60 万～75 万加仑。为保证该师的正常运转，需动用近 5 万人的后勤部队和 7 000 辆运输车辆每日往返于科威特至卡尔巴拉的高速公路。为此，在美军后续作战中，一方面，前进保障基地随作战部队沿公路干线推进和展开，以使后勤补给点能随部队的作战进程及时跟进补给；另一方面，以夺取相应的关键城市为依托，建立前沿基地，形成了对海军陆战队以及其他地面作战部队后勤支援的保障通道。

除此之外，分布在海湾、红海、地中海 3 个地区的美军的 6 个航母战斗群也构成了以航母战斗群为核心的弧形海上出击基地和海上综合补给体系。一方面，充分发挥补给舰和战斗支援舰的作用，采用伴随补给方式完成海上的综合补给；另一方面，美军还有不计其数的军辅船赶赴海湾地区，为保持海上兵力的持续作战能力同样发挥了重要作用。

资料 1.1

进攻巴格达的王牌部队：美军第 3 机械化步兵师

伊拉克战争中，以美国为首的多国部队地面进攻作战扣人心弦。其中，美军第 3 机械化步兵师（以下简称“第 3 机步师”）更是引人注目。该师在 21 天的时间里连续实施远距离进攻作战，其控制和影响的作战地域最大时达 16 100 平方公里（纵深 230 公里、正面 70 公里），其中很多作战行动远远超出现行条令规定。该师以优良的装备、灵活的部署和新颖的战法，在伊拉克共和国卫队的几十万大军面前，毫不畏惧，层层推进。虽然遭到了伊军的顽强抵抗，但还还以较快的速度、较小的伤亡代价攻下巴格达，创造了人类战争史上的一大奇迹。

美军第3机步师组建于1917年11月12日，现隶属于美军第18空降军，是美国应对全球危机的常备部队之一，同时也是美军陆军的王牌部队之一。该师下辖第1、第2、第3作战旅，航空旅，工兵旅，军情司令部，第103军情营，第123通讯营，师属炮兵，第3防空炮兵团1营，第24支援大队和第3宪兵营。该师的主要装备有M1系列主战坦克232辆、M2步兵战车270辆、M3骑兵战车94辆、M13装甲输送车306辆、“陶”式反坦克导弹发射车60辆、M109系列155毫米自行榴弹炮54门、120毫米迫击炮54门、M270型227毫米多管火箭发射车18辆、“标枪”反坦克导弹发射架108具、“毒刺”便携式防空导弹发射筒24具、“复仇者”防空导弹

发射架24部、AH-64A攻击直升机36架、AH-I攻击直升机8架、UH-60A直升机24架、UH-1直升机6架、OH-58C观察直升机44架、EH-60A电子对抗直升机3架。该师齐装满员18 169人，在进攻作战中具有一次歼灭敌方一个摩托化步兵团的能力，在防御作战中可抗击敌方一个集团军的进攻。

第3机步师擅长沙漠作战，曾在1991年的海湾战争中大显身手。在100个小时的地面作战中其第3旅会同友军共摧毁伊拉克坦克418辆、装甲运兵车448辆、火炮116门、防空火炮110门、军用卡车1 200辆，第3旅遭受的损失仅是1辆M1A1坦克被摧毁、4辆MIAl坦克受轻伤、1架“阿帕奇”被击毁、5辆军车被击毁、1名士兵阵亡。第一次海湾战争结束后，该师更加注重在沙漠地区的作战训练，所属部队常年轮流到南加利福尼亚和科威特沙漠地区开展实战训练，以提高沙漠地区的适应能力和作战能力。2003年1月海湾危机爆发后，该师首当其冲被调往海湾地区集结，成为美军调往海湾的最大一支成建制作战部队。2003年3月22日地面战斗行动开始后，该师迅即进入伊拉克境内，并迅速进至巴格达外围，利用先进装备的优势，采取分散部署、集中力量的原则，与伊军展开了激烈交战。尽管与伊军相比，该师在兵力数量上处于明显劣势，但由于武器装备信息化程度高，使伊军难以招架，只有躲藏之机，而无还手之力，使第3机步师犹如一把利剑直插巴格达，这次战争再一次显示了美军第3机步师的强大实力。

（资料来源：韩传道．进攻巴格达的王牌部队：美军第3机械化步兵师[J]．军事史林，2006（4）：22．有改动．）

1.1.3 海空协同强化运输

美军在战争之前拟定了军事运输计划，运输任务主要由海运和空运两种方式完成。美军为确保装备兵力投送的及时性，不惜打破

部队的建制编制，将重装备与人员（包括与其紧密相关的轻装备）分开输送，即采用“重装海运、轻装空运”的输送方式，使后勤保障机动灵活。从美国本土出发的大部分步兵部队、重装备依托海运抵达科威特、土耳其等前线出发阵地，而绝大多数的人员和轻装备则通过空运实现，有些甚至征用民航班机来弥补空运力量的不足。

为满足庞大的海运需求，除美军海运司令部的125艘船只参加运输之外，美国海事管理局还动员了36艘货船支援，为战争源源不断地送去各种物资，如美军第101空中突击师的部分兵力和装备，就在美国佛罗里达州杰克逊维尔市登上美国海运司令部的大型滚装船运往海湾地区。同时，美军还大量征用民船，仅向意大利征用民船向海湾地区运送的物资就达4万吨之巨，而且美军海运司令部还通过谈判使用民运海船队，为美军从西波鲁沙利亚向红海一个港口运送直升机、作战装备弹药、给养等，仅租用海湾地区大型商船运送包括多类卡车、设备、军火等的第四批物资总重量就达3 000多万吨。

为保障空运畅通，美国申请了20条跨越大西洋的“空中走廊”，专用于从本土和欧洲向海湾输送装备、人员和物资，与平时相比空中通道增加了4倍，其空运力量主要由建制空运部队和民用后备航空队构成。建制空运部队主要由美军运输司令部所属的空中机动司令部负责，下设两个航空队，一次全部出动可将4万多吨重的货物运至5 000公里外的地方；同时，美国国防部还与22家国内航空公司签订租用协议，美军作战人员的99%靠民用飞机运送。

1.1.4 即时制后勤补给

在这次战争中，美军运用企业运营管理理论，为作战部队进行即时制后勤补给。即时制后勤补给是指一切物资只按需要的量，在需要的时间投放到需要的地点，而不为应付可能发生的情况做过多储备，这是企业运营管理上常用的一个使成本最小化的库存补货方法。这种首先考虑战争成本的策略，代替了传统理念的“以防万一”式的后勤补给方法，即为了预防所需的物资不能按时到达而提前增订物资，通常情况下就需要进行规模庞大的物质储备，更何况在危急情况下军需供给还会成倍增加，因而，后勤补给常常产生一个矛盾：即战争尤其是现代高技术局部战争的物资消耗是巨大的，但又难以准确预测，如物资储备过多会造成巨大的浪费。比

即时制后勤补给

即时制后勤补给是指一切物资只按需要的量，在需要的时间投放到需要的地点，而不为应付可能发生的情况做过多储备，这是企业运营管理上常用的一个使成本最小化的库存补货方法。

如，在1991年的第一次海湾战争中，运到战区的4万只集装箱中有约2万只集装箱的物资没有启用，最后美军动用了6 000人的预备役部队，花费27亿美元，用了近1年的时间才把它们运回原处。

为做到即时制后勤补给，美军一是战前加大了预置物资储备，在科威特、卡塔尔和海上预置的物资装备不仅有力保障了部队的快速机动，而且使物资储备时间降低为7天（第一次海湾战争中后勤储备要60天）。正如洛科岛陆军战场保障司令官文森特·E·波尔斯准将所说："预置的物资装备至关重要，它使我们的胜利成为可能，这是我们从沙漠盾牌和沙漠风暴行动中总结出来的经验。"二是合理运用储备系统。结构合理的多级储备在战斗中被纷纷调动起来，以信息系统为核心，以补给链为通道，构成了一体化的动态储备网络，确保了物资供应的持续高效。三是大量采用先进的信息技术，实现以信息代替储备的思想。

1.1.5 先进的信息技术

第二次海湾战争是美国进行的一场立体化战争，在海、陆、空立体作战的同时，以信息技术为依托实现各兵种信息资源共享，作战信息及时交换。以美军第4机步师为例，其每一辆坦克、装甲车、火炮和直升机都配备电脑，一个称为"战术互联网"的无线网络把该师的计算机连在一起。在战场上，友军和敌军的位置信息都实时显示在电子地图上，如果需要还可以随时下载新的地图，因而对需要保障的部队提供物资保障是非常容易的，可见第二次海湾战争中美军在后勤补给上全面采用了先进的信息技术。

以C^4I系统和后勤设施、设备的实时监控系统组成的军事后勤信息系统，使后勤指挥机构对后勤保障的控制更加精确。通过军事后勤信息系统，后勤部门能够不间断地跟踪作战部队的消耗和需求状况，以便在准确的时间、地点为作战部队提供精准的物质技术保障。比如，美军第3机步师的一个装甲团，从伊拉克边境出发前携带了大约能行驶400公里的油料，当该装甲团推进至纳西里耶以南地区时，设在科威特的后勤基地利用后勤信息系统精确测定出该团的位置后，由直升机直接向该部队空投软体油料罐，坦克履带碾过软体油料罐时，罐内油料自行通过导管补充到坦克里，坦克即可继续前进。

美军C^4I系统包括在运输车辆上装备军用GPS系统，该系统包括射频卡、车载微机、射频卡阅读器、无线电接收机等，这套GPS

系统可以随时了解车辆的运输状态，实现了在运物资的可视化。同时，C^4ISR 系统还包括使用自动装卸系统，该系统综合了电子控制技术、液压技术、机械技术，主要用于弹药、给养等托盘化集装物资的运输，3 吨以下的大型物资只需 1 名驾驶员便可完成装卸任务。

1.1.6　美军后勤保障成效

第二次海湾战争中美军共运送各类物资 770 余万吨，相当于把一个中等城市从美国搬到了中东沙漠地区，但更关键的是海湾战争中美军使用了大量高科技装备，其复杂的武器系统使各类配套物资的品种激增，仅美军后勤部统计的物资品项就达 226 万种，因而，其后勤工作量之巨是难以想象的，但第二次海湾战争只打了 3 个多星期，美军就几乎全面占领了伊拉克。美军速胜的原因自然很多，但不能忽略的就是现代化的后勤保障起到了至关重要的作用。

1.2 物流管理概论

简单地说，物流管理是指为达到低成本取胜或以服务取胜的目的，以信息技术为支撑、以组织管理为保证，把 1 个中心、3 个基本点有机地结合起来。其中，1 个中心是指以顾客服务为中心，3 个基本点是指运输、仓储和库存。

1.2.1　物流概念的由来及含义

物流的概念是从日本传入我国的，日本的物流定义源于美国，而美国关于物流的定义来源于军事。迄今为止，它已经历了两个比较明显的发展期。

1.2.1.1　物流概念的产生

“二战”前，人类虽早已从事了数千年的物流活动，有了一定的物流“意识”，但没有形成明确的物流概念和理论。直到“二战”中美军及其盟军的军事人员、物资、装备的制造、供应、战前配置与调运、战中补给与养护等军事后勤活动需要运用系统的思想和分析方法进行管理时，物流的概念才真正诞生。战争开始前，军队后勤部门要为参战人员提供弹药及装备；战争开始后，军事物资和装备必须保持可以供应的状态。但是，兵工厂应该生产多少数量的各种战备物资和装备？应该为每一个不同兵种的士兵配备多少数量的各种武器和物资才最合理？应该设多少储备仓库？储备仓库设在哪里？储备仓库中应该储存多少数量的各种物资和装备？物资和装备如何组织运输？物资的生产与配送、储备与运输如何协调？这些都是直接决定战争胜败的问题。“二战”期间，美军积累了大量军事后勤保障理论、经验，形成了军事后勤学（logistics）。战后，这些理论和方法运用于民用领域，极大地促进了经济的发展。

军事后勤理论在民用领域的应用最初集中在工商企业产成品的配送阶段。在军事后勤理论产生之前，美国的工商企业是用 physical distribution 指代企业物流的，但这个概念主要侧重于商品物理移动的各项功能，是在流通阶段上发生的所有商品实体的实际流动。显然，这种意义上的物流指的是产品销售领域的物流。“二战”后的一段时间，市场逐渐由卖方市场向买方市场过渡，企业为扩大市场份额，满足不同层次顾客的需求，扩张其生产线，不仅为同一基本产品增加了不同品牌，而且在产品的尺寸、大小、形状、色彩等方面都实行了差异化，这就大大增加了产成品的库存单位，也导致库存成本、订单处理成本及运输成本的增加。为了提高销售领域的物流效率，降低产成品的配送成本，企业开始把军事后勤中的一些提高物流作业效率的方法移植过来，这在 20 世纪五六十年代表现得非常明显，这一时期是企业物流理论形成的早期阶段。因为这时的物流概念指的是产品销售领域的配送，侧重的是产品销售领域各项物流活动的有效完成，人们通常又把它称为传统物流，英文仍用 physical distribution 表示。进入 70 年代，随着石油危机的爆发，买方市场的形成，世界经济环境发生了根本的变革，物流所面临的经济环境也有了很大变化。主要表现在：第一，运输行业的放松管制政策使经济自由的空间越来越大，真正意义上的物流竞争开始广泛展开，从而为物流业的进一步发展提供了更大的机会；第二，随着电脑和数据处理技术的广泛商业化以及通讯技术的发展，许多公司开始尝试用计算机把顾客、供应商连接起来，以便及时、准确地进行信息交换和数据处理；第三，企业合并和市场集中化的发展使原来的经济结构发生了改变，这种变化要求物流必须具备以最低的成本提供较高的顾客服务的能力；第四，经济全球化的发展使物流跨越了国界。在这种背景下，原来狭义的物流概念受到了前所未有的挑战和批判：一是传统的狭义物流概念只重视产品的销售过程，忽视了与生产有关的原材料和零部件的采购过程；二是传统的物流是一种简单的物质流通过程，即商品从生产者手中转移到消费者手中，而没有考虑商品消费后包装物或包装材料等废弃物品的回收以及退货所产生的物流活动；三是传统的物流只是生产销售活动的附属行为，并主要着重在物质产品的传递，从而忽视了物流对生产和销售在战略上的能动作用，特别是以日本为代表的及时制生产管理体系在世界范围内的推广，使得以时间为中心的竞争愈益重要。

与上述环境的变化和对传统物流的批判相对应，1985 年美国物流管理协会正式将物流的名称由 physical distribution 改为 logistics，并将此定义为"物流管理是以满足顾客需要为目的，对货物、服务及相关信息从起源地到消费地的有效率、有效益的流动和储存进行计划、执行和控制的过程。"这个定义的特征是强调顾客满意度，物流活动的效率性以及将物流过程从原来单一的销售阶段扩展到采购、生产和销售阶段。

2003 年美国物流管理协会再次修订该定义为："物流管理是供应链管理的一部分，通过计划、实施和控制物品、服务以及相关信息在链条的源头和消费终端之间能有效率和有效益的正向与逆向流动，从而满足消费者需求。"

它就是人们常说的物流管理或现代物流。

物流管理

物流管理是供应链管理的一部分，通过计划、实施和控制物品、服务以及相关信息在链条的源头和消费终端之间能有效率和有效益的正向与逆向流动，从而满足消费者需求。

1.2.1.2 物流概念在中国

虽然在美国物流的概念已从 physical distribution 演变为 logistics，但中国为什么不把它直译为后勤，而通俗地称之为物流呢？这要从日本的物流定义谈起。

20 世纪 50 年代中期，日本的企业界和政府为提高劳动生产率，组织了各种专业考察团到美国参观学习并公开发表了详细的考察报告，全面推动了日本企业经营管理的发展。在这些考察团中有一个由 12 名专家学者组成的"流通技术专业考察团"，从 1956 年 10 月下旬到 11 月末，在美国各地进行了实地考察（当时美国正处于军事后勤的一些技术广泛应用于工商企业产成品销售领域之际），在考察中发现美国企业的 physical distribution 涉及大量的流通技术，对提高流通的劳动生产率很有好处，于是，在考察报告中对 physical distribution 进行详细介绍。随后，这一概念引起了日本产业界的重

物流

物流是物质资料从供给者向需求者的物理性移动，是创造时间性、空间性价值的经济活动。

视，日本人逐渐把它译成日文“物流”，并将其定义为：物流是物质资料从供给者向需求者的物理性移动，是创造时间性、空间性价值的经济活动，从物流的范畴来看，包括信息、运输、保管、库存管理、流通加工、装卸搬运、配送等诸种活动，如果不经过这些过程，物品就不能移动。这个定义一直持续到90年代，由于欧美国家已纷纷将“物流”从 physical distribution 改称为 logistics，1992年，日本物流系统协会也正式将“物流”改名为“logistics”（日文中另有片假名），其含义基本上等同于美国物流协会1985年所下的定义。

1979年6月，中国物资工作者代表团赴日本参加第三届国际物流会议，回国后在考察报告中第一次引用和使用了物流这一术语。此后，有关部门、团体和少数学术机构展开了物流研究，并取得了一些成果。但由于时年中国的经济还相对落后，政府和企业对物流的重视程度和支持力度还不够，致使中国的物流研究并没有真正深入地开展起来，但也没有间断。直到20世纪90年代后期，由于中国经济的发展及改革开放的深入，尤其是流通体制的改革、流通领域连锁经营的发展以及1997年以来电子商务的开展，国内落后的物流状况严重制约了电子商务的发展，引起了有关政府部门、企业和学术机构的关注，物流才在我国流行起来。但“物流”一词在中国是个外来语，其内涵在国际上已随着经济环境的变迁有了很大的变化。如果为了反映这种变化而将其英文 logistics 直译为后勤是不符合中文语义环境的，因为国内企事业、机关的“后勤”指的是行政性、事务性、接待性等非生产、经营性工作，这种意义上的“后勤”显然不是由“物流”演变而来的“后勤”。为了避免产生这种误解，人们通常用“物流”来指代 logistics，而用“配送”表示 physical distribution。

1.2.2 物流活动

物流在企业中处于十分重要的地位，它与生产、营销、财务、技术开发等系统一道构成企业的活动。企业物流包含的活动范围非常广泛，主要有顾客服务、需求预测、仓储和库存、运输、包装、物料处理、订单处理、采购、退货处理、回收物流等基本内容。这些基本的物流活动有机组合就构成了各种不同的物流过程和物流系统，整个物流过程的管理也是建立在这些基本物流活动的有效管理基础之上的。

1.2.2.1 顾客服务

顾客服务是一种以顾客为导向的企业经营理念，强调在优化的服务成本—服务水平组合下，对企业与顾客连结层面的所有要素进行集成管理。作为物流系统的产出，顾客服务的具体含义简单地说就是在恰当的时间、恰当的地点、恰当的条件下，将恰当的商品送到恰当的顾客手中。良好的顾客服务是顾客满意的根本保证。

顾客服务

顾客服务是一种以顾客为导向的企业经营理念，强调在优化的服务成本—服务水平组合下，对企业与顾客连结层面的所有要素进行集成管理。

1.2.2.2 需求预测和计划

在企业经营活动中存在多种需求预测：市场营销部门基于促销、价格竞争等影响因素做出顾客需求预测；生产部门根据市场销售预测和当前库存水平做出生产计划；物流部门则通常从采购的角度预测需向供应商订购多少原材料，或预测需向每个目标市场运输产品的数量。在一些企业中，物流部门甚至要负责生产计划的制定。

1.2.2.3 库存管理

库存管理需要对库存持有水平和顾客服务水平两者进行权衡。与库存相关联的成本，如库存占用资金成本、各种存储费用、过期库存物资损失等，对企业来说是一笔很大的开支。因此，对库存的控制是现代物流中一项十分重要的内容。

1.2.2.4 仓储

商品的时间和地点价值只有在运输和仓储的支持下才能得以实现，许多重要的决策与仓储有关，包括仓库数目、仓库选址、配送中心的设计与构建、仓库租借决策等。

1.2.2.5 运输

产品在空间位置上的转移必须通过运输来实现，这是一种十分重要的物流活动，也是大多数企业开支最多的物流活动，其主要内容包括选择运输方式、确定正确的运输路线、选择承运人等。

1.2.2.6 包装

包装不仅具有广告宣传的营销功能，从物流的角度看还具有保护和存放商品的功能。良好的产品包装设计应当符合仓储和运输的特定需要。

1.2.2.7 物料处理

物料处理包含了原材料、在制品和产成品在工厂和仓库中的搬运和装卸等活动，这类操作活动不会实现物品的增值，因此物料处理的一个基本目标是尽可能降低操作成本。通过对物料流的细致分析，物料管理能为企业节省大量开支。

1.2.2.8 订单处理

企业订单处理系统的功能

企业订单处理系统的功能包括：接收顾客订单，根据订单向顾客供货，跟踪订单处理状况，向顾客反馈订单处理信息。

企业订单处理系统的功能包括：接收顾客订单，根据订单向顾客供货，跟踪订单处理状况，向顾客反馈订单处理信息。订单处理对顾客满意度影响极大。目前，企业越来越多地通过互联网、电子数据交换和电子转账等手段来加快订单处理速度，提高订单处理的准确性和效率。

1.2.2.9 采购

把采购归入物流是因为运输成本与生产所需的原材料、零部件的地理位置有关，采购的数量与物流中的仓储、运输成本也有关。是否将采购归入物流领域，需看其是否对降低成本与协调各环节活动有益。现在，越来越多的公司将采购归入了物流领域。

1.2.2.10 退货处理

退货处理十分重要，要求物流系统将分散的少量退货从顾客手中收集并运回，其物流流向与销售物流相反，而平均成本通常是后者的数倍之多。除了成本因素外，退货处理对顾客满意程度的影响也很大。因此，退货处理越来越受到企业的重视。

1.2.2.11 回收物流

回收物流特指物流过程中各种废弃物的回收与处理。随着社会对环保问题的日益关注，企业在环保方面受到越来越多的管制，回收物流的重要性日显凸出。

1.2.3 物流管理的特征

物流一词从 physical distribulion 发展到 logistics 的重要变革，是将物流从被动、从属的功能活动上升到企业经营战略的一个重要组成部分，因而需要把物流活动作为一个系统整体加以管理和运行。

也就是说，物流本身的概念已经从活动的概述和总结上升到管理学的层次。具体而言，物流管理的特征表现在：

物流管理的特征

1. 物流管理以实现顾客满意为第一目标；

2. 物流管理着重企业物流系统的整体最优；

3. 物流管理强调物流系统的优化应以企业整体最优为前提；

4. 物流管理在追求单个企业物流系统优化的同时正逐步朝供应链一体化方向发展。

1.2.3.1　物流管理以实现顾客满意为第一目标

企业的任何业务产生和发展的基础，是向顾客提供服务并尽力满足其需要。在激烈的市场竞争中很多企业都提供了在价格、特性和质量方面雷同的产品，这时，顾客服务的差异性将成为企业超越竞争对手的竞争优势的有效手段。从物流管理的角度看，顾客服务是所有物流活动的产物，顾客服务水平是衡量企业物流系统为顾客创造时间和空间效用的尺度，决定了企业留住现有顾客和吸引新顾客的能力，即顾客服务的质量直接影响着顾客满意的程度。因此，现代物流通过提供顾客所期望的服务，在积极追求企业交易量提升的同时，强调实现与竞争对手的差异化，进而达到提高顾客满意度的目的。物流管理本质上即是在顾客服务水平与物流总成本间寻求平衡（见图1-1）。

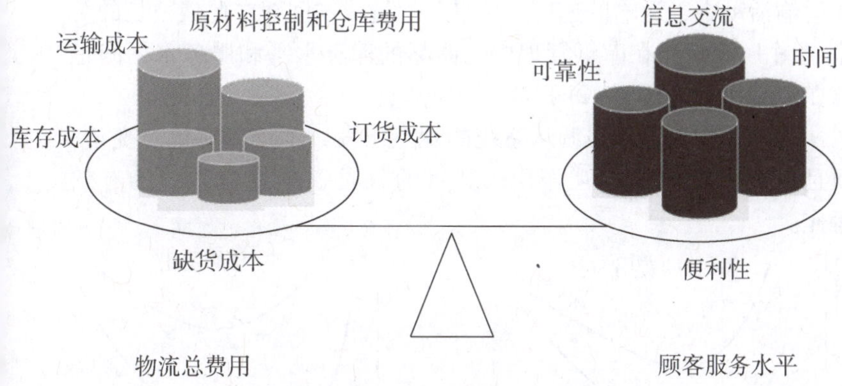

图1-1　物流管理服务—成本平衡

1.2.3.2　物流管理着重企业物流系统的整体最优

物流管理的精华就是利用系统和集成化思想来管理物流活动。系统的思想就是从相互影响和相互作用的角度，全面地理解和把握物流过程中的一切功能与活动，尤其是对物流服务有影响的部分。

企业物流的各项活动相互依赖、相互作用构成了一个有机的整体——物流系统。企业物流系统的总目标是在恰当的时间、恰当的地点和恰当的条件下，以恰当的成本、为恰当的顾客提供恰当数量、恰当质量的恰当产品。要达到这个要求并不容易，因为物流系统的各子系统之间的目标和利益并不完全一致，有时甚至是对立的。也就是说，在物流系统中，某一项活动优化和利益产生的同时，必然存在另一项或几项活动的利益损失，反之亦如此，即物流系统各子系统之间存在着一种此长彼消、此盈彼亏的现象。比如，顾客服务水平显然受库存状态影响，为提高服务水平最好是有庞大的库存，但庞大库存的代价是库存成本的提高；同样，为了降低运输费用，选择廉价的运输方式，其结果往往导致运输速度缓慢，仓储成本增加，而这些额外的费用可能比节省的运输成本更大，此种现象被称为交替损益。即当同时存在两个目标需要使用到同一资源时，为了更好地完成一个目标，就需要对另一个目标的完成做出部分牺牲，这种目标之间的关系就叫做交替损益。如果从物流管理的角度出发，所谓交替损益就是改变物流系统中的任意要素都会影响到其他要素，系统中的任一要素的增益都会对系统中其他要素产生减损作用。交替损益存在于物流活动的各个环节中。在仓储活动中，仓库/配送中心的数量选址决策中服务和成本存在交替损益；在运输活动中，运输的速度、质量与运输成本间存在此消彼长的关系（图1－2a）；在库存管理中，商品的库存水平和服务水平间也存在交替损益（图1－2b）。

交替损益

当同时存在两个目标需要使用到同一资源时，为了更好地完成一个目标，就需要对另一个目标的完成做出部分牺牲，这种目标之间的关系就叫做交替损益。

因此，物流管理强调从系统的观点出发，不仅关注单个变量，而且更重视总体的相互作用，其目的就是整个物流系统的有效运作。

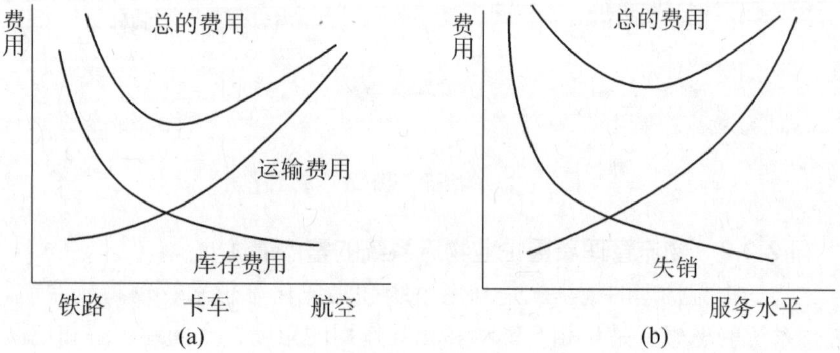

a　　b

图1－2　交替损益示意图

1.2.3.3　物流管理强调物流系统的优化应以企业整体最优为前提

正像企业物流系统中运输活动的优化不能以牺牲其他相关活动

为代价一样，物流系统只是企业的一个子系统，它与企业中其他各分支系统相关联，彼此影响，其活动目标也应服从企业活动的总体目标，因此，不应以牺牲企业其他领域的利益为代价进行优化。比如，假设企业物流部门为客户提供订货后 5 天交货服务时，物流总成本最低，但这会与营销部门发生冲突，因为企业竞争对手在同一市场提供订货后 3 天交货服务。显然，物流领域的优化不符合企业的总目标，物流部门需要将顾客订货后 3 天交货作为约束条件，然后在此约束条件下设计出最优系统。企业的高层管理者需要根据企业利润来权衡营销与物流的关系。除了营销部门外，物流系统还受生产、财务、人事、技术开发、企业战略、社会经济、政治环境等的影响，它不是孤立存在的，它从属于企业整体目标与战略，与生产、营销、财务一样属于同一职能层次。

1.2.3.4　物流管理在追求单个企业物流系统优化的同时正逐步朝供应链一体化方向发展

物流管理认为企业物流活动不是单个生产、销售部门或企业的事，而是包括供应商、制造商、批发商、零售商等关联企业在内的整个供应链的共同活动，单个企业的活动只是价值增值过程的一个部分。许多企业认识到，市场竞争不仅仅是单个企业之间的竞争，同时也是供应链之间的竞争，只有整个供应链在市场上具有竞争力，供应链各成员企业才有共同发展的空间。供应链以物流与市场营销为中心，其管理目标是库存与各企业间的关系，重视供应链上所有参与者（包括客户的客户和供应商的供应商），重视与上游组织和下游组织的相互影响关系。由于供应商、客户以及第三方物流在设计与管理供应链中的协作可以增加价值、降低成本，因此，对供应链的管理就要对原材料和产成品从供应地流向消费地的所有参与者和所有环节进行一体化管理，实现整条供应链的最优。只有这样，才能彻底消除库存、降低成本，并对客户需求做出快速反应，从而使整条供应链的总利润最大化。显然，这种系统活动的管理应超越部门和局部的层次，实现高度的统一管理。可以认为，供应链一体化管理是物流管理的合理条件。

1.3 物流与竞争优势

长期以来，物流只被企业看作可以降低成本的一个领域，而没有摆到战略的高度，没有把物流管理纳入战略管理的范畴，从而丧失了许多赢得竞争优势的机会。物流作为企业的资源具有价值性、稀缺性和难于仿制性，它可以构成企业的核心能力，使企业赢得竞争优势。

1.3.1 资源与物流

资源基础论认为，企业是由一系列资源有机结合而成的，当企业能够比竞争对手更好地使用这些资源完成某项工作时，企业就拥有竞争优势。企业的资源既有有形的生产要素，也有无形的生产要素，包括投入的要素、资源和能力。

1.3.1.1 投入的要素

> **投入的要素**
> 投入的要素是指在市场上可购买的一般性资源。

投入的要素是指在市场上可购买的一般性资源。与物流相关的投入要素包括包装材料、叉车、货架、装卸工、驾驶员、分货技术、计算机操作技术等。

1.3.1.2 资产

> **资产**
> 资产是指企业拥有或可控制的要素。

资产是指企业拥有或可控制的要素。当投入的要素在企业长期运行中被使用后就转化为资产。资产是投入要素的积淀，企业既有有形的资产，也有无形的资产，如专利、商标等。与物流相关的资产有仓库、车队、EDI 网络等。

1.3.1.3 能力

> **能力**
> 能力是一组投入的要素（主要指技能）、资产以及它们不断被运用中所形成的积累性学识的集合体。

能力是一组投入的要素（主要指技能）、资产以及它们不断被运用中所形成的积累性学识的集合体。能力与资产的最大区别在于能力是与“行动”相关的，而资产是与“拥有”相关的，能力主要体现于企业的无形资源，不像实物资产会随使用而折旧，相反它是集体“干中学”的结晶，在不断应用和分享过程中得到改进和精炼，如订单履行能力、管理供应商关系能力等，比较突出的例子是沃尔玛的快速补充存货的能力。

1.3.2　核心能力与物流

企业资源基础理论的核心假设：拥有稀缺而异质的资源就会获得租金——资源的最优使用获得的收入与次优使用获得的收入之间的差异。由此得出的结论是：有效的资源配置、开发和保护是取得最佳绩效的必由之路，更准确地说，为了成为企业持续竞争优势的源泉，战略资源必须具有价值性、稀缺性和难于仿制性。战略资源由占优资产和独特能力构成。其中，公司层面（相对于战略事业单位）的独特能力就是核心能力，它们的关系见图1－3。

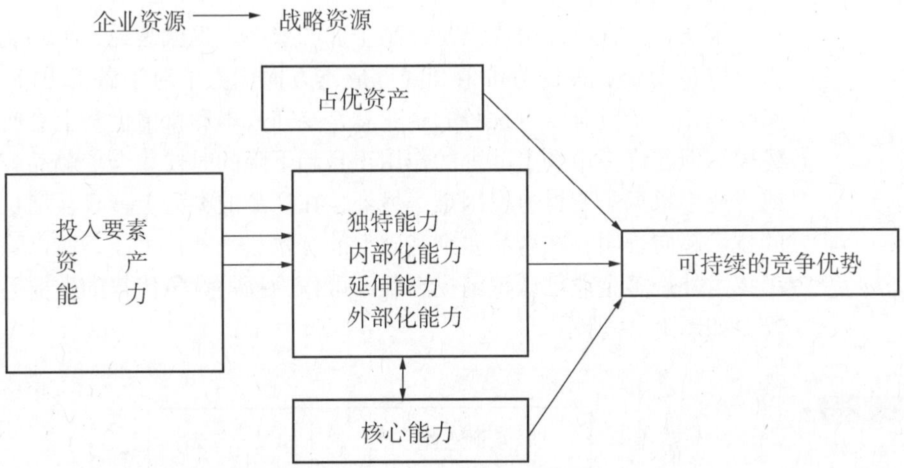

图1－3　资源与竞争优势

所谓核心能力是组织中的积累性学识，特别是关于如何协调不同的生产技能和有机结合多种技术的学识。它既是组织资本，也是社会资本。组织资本是建立在信息基础上的，使组织提高对所承担的任务协调能力的资产，它包括物流管理能力。物流管理从产品配送管理阶段演变到供应链物流管理阶段，其根本的客观原因就是信息技术的迅速发展。借助电脑与网络实行电子数据变换（electronic data interchange，EDI）技术，可实现数据的快速、准确传递，使供应商与制造商之间的协调与合作程度进一步提高：通过数据共享，供应链上每一方都可以跟踪商品，随时了解商品的销售、库存、运输、配送和流通加工等方面的信息，从而弱化员工自己拥有的私人信息量，便于进行管理；社会资本是指作为资源提供给行为人用来获取收益的那部分社会结构的价值。它存在于行为人的关系结构中，而不存在于行为人或物质产品中，它也包括物流管理能力。在供应链管理中，早期的观点认为供应链管理是制造企业中的一个内部过程，后来供应链管理的概念注意了与其他企业的联系，注意了供应链的外部环境，偏向于定义它为一个通过链中不同企业的制造、组装、分销、零售等过程将原材料转换成产品到最终用户的管理过程，由此供应商和用户伙伴关系管理就是其中的重要内容，一些新的物流管理方法也不断涌现出来，如准时化（just in time，JIT）采购以及第三方物流。

准时化采购

供应商和生产商之间的一种战略伙伴关系——供应商的销售代表派驻购买方公司采购部门工作，肩负买方采购员、物料计划员以及供应商销售员的职责，购买方公司允许供应商派驻人员深入接触其机构与设施、信息、员工，从而使双方在物料需求与采购上结合更紧密。

第三方物流

第三方物流提供者在特定的时间段内按照特定的价格向使用者提供的个性化的一系列物流服务，这种物流服务是建立在现代电子信息技术基础上的，企业之间是联盟关系。

作为核心能力，应具有如下几个主要特点：

（1）价值性

很明显，核心能力应当是提高企业的效率，也就是说，核心能力可以帮助企业在创造价值和降低成本方面比竞争对手做得更好。实际上，一个具有竞争优势的企业总是要在成本和价值优势上有所建树，但在许多市场上品牌的作用正日趋下降的时候完全依赖品牌或企业形象竞争变得愈发困难。另外，在产品的类型上，日益增长的技术趋向表明，在产品差别基础上的有效竞争不再可能，所以除了技术外许多企业已认识到提高服务可作为赢得竞争优势的重要手段，如图 1－4 所示。

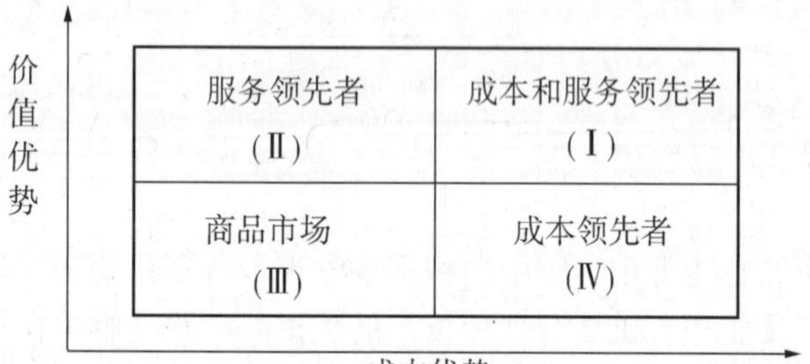

图 1－4　竞争优势矩阵模型

对于第Ⅲ象限的企业来说，其产品既不能与竞争对手区分，又没有成本优势，最终只有向模型的右边转移达到成本优势或向上转化达到一个合适的处境，但要做到成本领先并不容易，特别是在成熟的市场中，要靠成本领先分享市场份额会倍感艰辛。而通过提升商品的附加价值以取得竞争优势却大有文章可做，特别是当价值增值可不必通过有形的产品特征只需改进服务即可时，物流系统通过储存、运输、装卸、包装、流通加工、订单处理和信息沟通等功能，将正确的产品在正确的时间、正确的地点送到正确的顾客手中，创造出时间和空间的效用，从而实现价值增值。例如，物流管理领域流行的快速反应、JIT供应、商品连续补充技术等在降低成本、提高顾客服务水平方面都取得了明显的效果。

（2）稀缺性

核心能力可以看作企业的一种专门资产，它以某种方式用于特定的目的、地区、顾客或组织环境，而且用于形成这些能力的投资具有高度的不可还原性。核心能力的资产专用性是知识积累的结果，对人力资源有相当的依赖性，因为企业的员工部分地充当了核心能力的承担者，然而，核心能力又并非存在于任何单个人中，而是置身于企业的组织环境中，必须通过规范的形式来体现。20世纪90年代，西方领导潮流的公司认识到将自己的成本简单地转移到上游或下游企业并不能使他们增强竞争力，力图通过增加整个供应链提供给消费者的价值，以及减少整个供应链的成本来增强整个供应链的竞争力，采用了集成供应链管理的方法，引起大批企业纷纷仿效，但只有少数企业获得成功，主要原因就是合适的伙伴是难觅的，但一旦建立了稳固的伙伴关系，企业无论在成本还是在顾客服务方面都会得到显著的改善。

（3）难于仿制性

一旦一个企业拥有了有价值的资源，那么企业获得租金的能力就依赖于相关资源仿制的难易程度，如果企业的专长很容易被竞争对手所模仿，或通过努力可以很快建立，它也就不成其为核心能力了。核心能力之所以难于仿制，主要源于因果关系含糊不清的认知限制、企业资源积累的路径依赖以及后来者的进入障碍等。众所周知，沃尔玛之所以成为世界零售业的巨头，其快速连续补充系统功不可没，凯一玛特对此标杆瞄准了多年，但其年销售额始终不及沃尔玛。

可见，物流作为企业的重要资源，它也同样具有价值性、稀缺性和难于仿制性而为企业带来竞争优势。

1.4 物流管理基本理论框架体系

高效物流已经成为实现竞争差异的有力措施之一，在20世纪八九十年代企业就已经不再将物流简单地看作是节约成本的措施，而是将其作为一种促进产品或服务供给的手段来创造竞争优势。

尽管物流在企业战略和全球经济中的作用越来越重要，但物流学科没有像社会学、人类学、哲学和心理学等学科一样形成一套统一的理论体系。随着物流学科逐渐从供应链管理中分离出来，一套独立的物流学科的统一理论应该被建立起来。因此，2004 年 Mentzer 等人以物流的战略角色及其各项功能为背景构建了一套物流管理的基本理论框架体系，如图 1－5 所示。

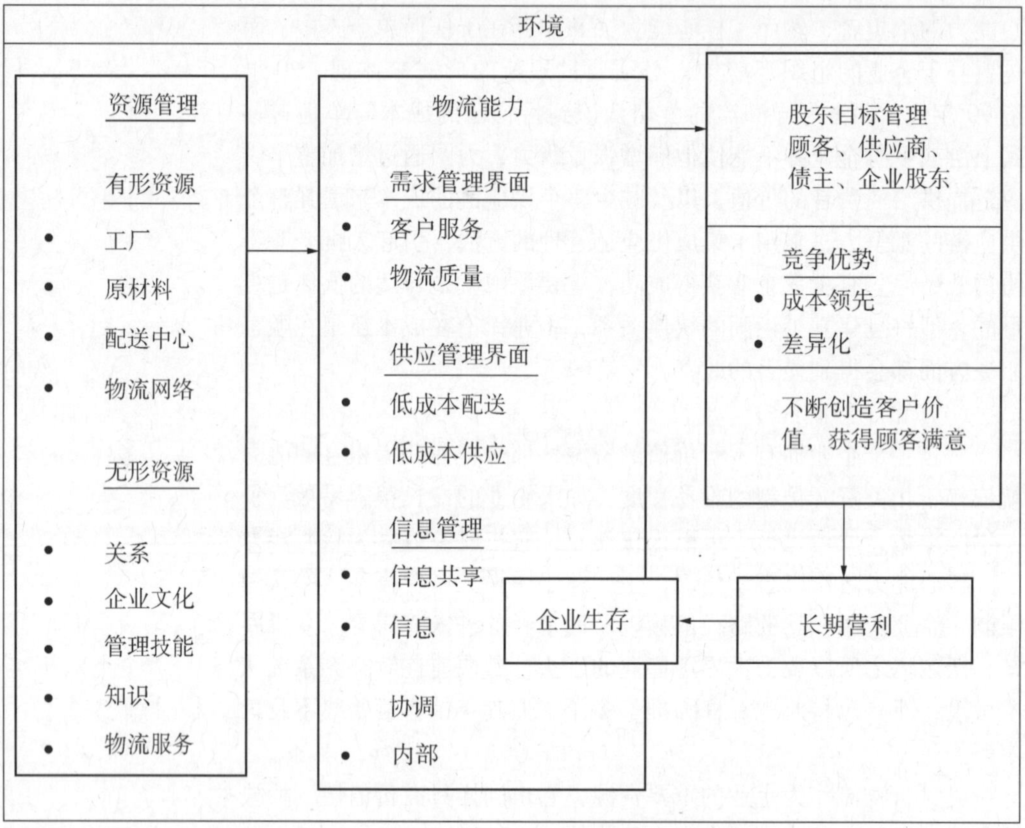

图 1－5　Mentzer 等人构建的物流管理基本理论框架体系

1.4.1　企业物流外部环境

企业会遇到许多影响企业目标、活动和决策的环境因素。企业必须通过不断学习和总结来应对环境的变化，就像适应不同股东的目标一样。虽然企业会遇到许多环境问题，但困扰大部分企业的还是两个重要的因素：技术和全球竞争。如果企业采用最新的技术，那么企业的生产过程如制造、订货以及库存管理都会变得高效起来，企业通过利用资源和各种功能（包括物流）的差异性就能取得竞争优势。事实上，一个企业能否生存取决于相对于其他企业它是如何运作以及它是否能取得竞争优势。物流是受技术驱动的，因而在一个行业中竞争越是全球性的，物流对企业的成功就越重要。

1.4.2　企业物流的目的

企业的目标驱动企业活动，也引导着经理和其他企业利益相关者的行为。早期，经济理论强调利益最大化目标，但现在企业理论强调满意目标。此转变发生在新理论开始专注于企业内部时。除了对营利能力的关注，多重目标还可能存在于各种各样的职能（如物流、市场、生产、财务等）之中，包括库存优化、销售与市场份额、产量和利润。企业的目标也会受外部因素的影响，如竞争者、持股人、供应商、消费者和行业结构。这些团体向企业提出不同的要求，使得企业目标的确定变得更加复杂。在这种情况下，经济理论建议应通过权威结构来调整目标，而在这种结构中由经理或股东制定目标。企业目标是经过一个协商过程后决定的，由于股东不断改变对企业的限制，还可能会出现多变的目标。这样，股东不仅会影响企业目标的制定，还会影响目标的实现程度。

首先，考虑到资源不均衡性存在于不同的企业和职能中，而这两项又是企业能否生存的决定性因素；其次，消费者的价值感知对企业的财务表现起决定性影响，因而，企业的一个目标便可能是不断创造顾客价值来取悦最终用户。根据资源基础论，通过企业网络往往能弥补企业内部资源的不足，因此，企业在企业间交易中通过合作来增加价值或减少成本。诚然，从一个买方企业的观点来看，最好绩效的企业不是那些有权利支配供应商的企业，而是那些为了给最终客户提供更好的服务而与供应商相互依赖的企业。因为企业更愿意与能传递价值的供应商合作，而且，创造顾客价值同样有利于供应商企业的最终效益：长期保有老顾客的经济价值大大高于替换他们的经济价值，增加客户价值的供应商往往能增加自己的“客户份额”，不这么做的供应商的客户则会减少。企业不可能在竞争加剧的情况下通过操纵消费者来长期获利或生存下去，一个企业在市场上的成功取决于它通过创造顾客价值来吸引、满足以及保有顾客的能力。Rsox 等（2000）指出，在供应链上企业内外整合物流的目标是增加最终客户价值。

企业战略理论认为，企业是一个做前瞻性决定以最好地利用其独特的专门资源的实体。资源的不均衡性是企业竞争优势的源泉，因为每个企业都是其竞争对手无法完全模仿的。这些模仿的障碍不仅解释了企业维持租金的能力，还解释了同行业不同企业间所具有的差异性。资源可以是有形的（比如工厂、装备、原材料、配送中心，以及由工厂和配送中心构建起来的物流网络），或者是无形的（比如关系、企业文化、管理技术、物流专业知识和顾客忠诚度）。在企业理论中经常讨论的一种无形资源是知识。不同企业有不同的技术知识和组织知识基础，这些决定了企业如何利用资源来创造产品或服务。企业创造出一种集合过去出现的问题和解决方法的记忆系统，还创造出一系列行为规范和标准执行程序以面对环境的变化。作为一种资源，知识（包括物流专业知识）可以帮助企业创造竞争优势。专业知识是很难转移到别的企业的，即使雇员从一家企业转移到另一家企业。一个原因是任何一个员工都只了解企业的部分信息，此外，其他企业也不具备可以运用这些知识的相同资源。因此，这些通过实践得到的经验知识是企业独有的、可以被用作竞争性武器。通过优化物流管理知识也能形成一种强有力的竞争优势。

总之，企业的目的之一就是不断创造顾客价值来满足终端消费者的需求。事实上，企业都不可能靠操纵终端消费者获得长期发展。因此，利润和长久生存的结果是顾客的一种回报而不是企业的目标。由股东和各种集团组成的企业通过提供必要的资源（包括物流系统）来实现企业创造顾客价值的目标，但同时会受到各个股东自身目标以及企业对这些目标的管理状况的影响。

创造顾客价值需要协调企业的各种职能，结果各项职能之间的界限就变得模糊了。因此，为了获得竞争优势，企业的各项职能应该遵循合作的理念而不是相互冲突。相似的，由于企业与供应链上伙伴的合作，不同企业之间的界限也不明显了。因而，企业内部各项功能的协调运作以及供应链上伙伴间的有效合作对于将股东的目标转换为企业的竞争优势是必须的，但物流与企业竞争优势之间的关系会受到对股东目标管理状况的影响。

1.4.3 物流与竞争优势

早期的物流理论关注企业成本控制，其中总成本分析是物流理论非常重要的内容，对物流作用的认识是使厂房的数量、大小、地理位置、仓库的安排最优，选择合适的运输工具来控制配送成本。从20世纪80年代开始，企业就将时间视为一种具有竞争优势的资源。基于各种观察，企业通过提高质量、洞察不断演变的顾客需求、开辟新兴市场、进军新的业务、挖掘新的思路，再将以上因素结合起来进行创新，从而形成自己的竞争优势。在这个对质量和时间有着高要求的激烈竞争的时代，物流更是至关重要。事实上，许多企业尤其是那些小型商品生产者和便利店都是凭借物流系统而不是营销战略成功的。因此，创造顾客价值最好是在物流过程中提供良好的客户服务。除了物流各种功能的有效性，物流更是作为企业竞争优势的来源之一。物流通过创造经济的（成本领先）和基于市场的（差异化）价值来提高企业的竞争力。物流的效率性体现在帮助企业实现成本领先，从而形成自身的竞争优势；物流的有效性体现在帮助企业形成差异化来创造竞争优势。

1.4.4 物流能力

物流能力可以分为以下几类：需求管理界面能力、供应管理界面能力和信息管理能力。所有这些能力的实现都需要企业内部和外部能力的协调一致。物流的需求管理界面能力（比如客户服务和物流质量）提供有差异的产品或服务，在顾客心中形成持久的独特印象。这些能力也被称作是基于顾客的、有附加值的、能整合顾客的。它们有助于企业瞄准目标客户，通过提供独特的、有附加值的行动来满足甚至超过顾客的期望。客户服务要求具有灵活性（比如适应没有预料到的环境）和应激性（比如满足顾客特别的或计划之外的要求）来满足顾客不断变化的需求。物流质量作为整个客户服务的重要组成部分，被认为具有遵从顾客要求和标准来配送物品或原料的能力，它有四个衡量指标：及时性、有效性、配送质量和与顾客的相关沟通。这些指标再结合更广泛的服务质量要求，还有其他属性如价格和产品质量，从而更好地解释了顾客的购买行为。随着时间的推移，当企业将物流需求方的各种指标以一种独特的方式融合在一起来对付竞争者时，就在市场竞争中创新性地形成了自己的核心竞争力。

物流能力分类

物流能力可以分为以下几类：需求管理界面能力、供应管理界面能力和信息管理能力。

衡量物流质量的指标

衡量物流质量有四个指标：及时性、有效性、配送质量和与顾客的相关沟通。

1.4.4.1 物流需求管理界面能力

物流需求管理界面能力可以被看作属于资源依赖理论的范畴。

根据资源基础论，企业最终的目标是获得高于平均水平的回报，要实现这个目标，可以生产顾客心中有特色的产品（比如相对于市场上的替代品，企业的产品必须带给消费者不一样的、具有吸引力的功能或价格体验），或者其生产成本更低，否则就不会有自己的竞争优势。顾客感知到的最优服务来源于各种各样的物流活动，比如快速的订单配送运输方式或处理订单的方式，物流能使产品—服务的供给具有差异性，因为配送可以作为目标市场选择自己的重要因素，通过设计成独特的配送方式来区别于其他竞争者。基于资源的各种理论（尤其是知识基础论）认为企业可以通过组织学习创造出积极独特的生产价值。因为物流是一种可以学习的、可持续的独特的技能，通过提高及时性和质量可变成企业的一项核心竞争力。核心竞争力是企业必需的，因为企业的成功大多源于自身独特的资源，比如通过集体学习形成的管理和实践技能。

1.4.4.2 物流供应管理界面能力

供应管理界面能力是操作技能，包括最小化总成本和有效率的物流程序。总成本最小化（作为优化程序的衡量标准）是供应管理界面能力的核心部分，同时也能最小化整个系统的成本，从而对各个功能之间的权衡进行细致考虑。供应管理界面能力也是企业的一种独特能力，能在企业面对一些紧急、特殊的客户问题时提出及时、有效和有创造性的解决方案，同时，这种能力也能在各种供应链流中简化和标准化关键的物流活动。

现在，供应管理界面能力更多地停留在对物流功能的传统认识上，被作为是降低成本和投资的根本来源，但降低成本不应以牺牲客户服务水平来实现，因为两者不是截然矛盾的。比如，既对时间同时也对质量进行控制的物流管理新方法，包括及时制（JIT）、快速反应（QR）和卖方管理库存（VMI），就不仅消除了浪费而且还提高了服务速度。因而，物流供应管理界面能力有助于优化物流活动的整个过程，最小化系统总成本，以及形成自己的竞争优势。

1.4.4.3 物流信息管理能力

物流在处理上游（比如物资管理）和下游（比如分销）的“货物、服务和相关信息”流中有着特殊的作用。因此，物流所具备的信息管理能力就能获取、分析、储存甚至能在供应链网络中分配企业内外部的战术和战略信息。信息管理能力包括信息技术

（比如硬件、软件、网络与设计）、信息共享（比如关键技术、财务、运营、战略信息的交换）和连接性（比如数据交换的及时性、灵敏性和有效的格式）。这些能力满足了企业战略上和操作上的需求，促进了供需平衡，也方便了供应链企业间的交易。不仅如此，用信息代替库存能直接消除在老技术上的投资，从而快速应对不断变化的顾客需求，这些都有助于企业的兴旺长存。

1.4.4.4 物流的内部协调能力

物流必须通过相关的活动与其他相关的企业职能进行计划、整合、协调。为了方便操作的同步和相互协同，物流和企业的其他职能要共同履行全企业的标准化（比如跨部门的政策和程序）、简化（比如通过标杆瞄准的持续改进）、行政化（比如坚守制定的操作程序和政策）。战略物流通过协调和整合一系列不同领域的独立活动将自己与传统物流区分开来，正是因为这些不同的新增功能和方法，物流才能不断地创造附加的顾客价值。

企业内部物流跨边界的能力可以用企业的行为理论进行解释。企业由许多小集体结合形成（比如部门和职能领域），各部门和职能就是为企业提供特别资源的专家。为了提高工作的有效性和效率性，企业内部各个领域的专家都要与外部伙伴（比如供应商、分销商和顾客）协商沟通，从而为企业提供不间断的资源。但是，每个职能领域都受到其他部门目标的约束，这样就会造成职能间的战略冲突。物流在战略整合的过程中扮演着与众不同的角色，这是因为在战略背景下它通过双向交流和信息处理提高效率（如降低成本和资金投入）和有效性（如客户服务）来获得竞争力，而这一切都是为了企业的生存和长期营利。企业存在是为了获得满意的利润（而不是最大利润），竞争优势是企业为其客户创造的高于成本的价值，物流就应该协调企业内部各部门的力量共同促进企业发展，使企业以最低的总成本提供有竞争力的客户服务水平，创造出顾客价值。物流的各子系统在协调企业内部职能过程中起着重要作用。物流以运输的形式传递内需的资源和外销的货物，因此，物流在时间要求高的商业环境中尤其重要；其次，物流线路的可见性——由跨越供应商、分销商以及顾客边界的物流信息网络实现，也对企业的战略规划过程有着重要作用；物流的供应能力能确保新技术引进、提高质量、降低成本，与关键供应商保持良好关系（这是企业的重要资源）；物流的需求能力（有效性、及时性、配送质量和沟通能力）对客户满意起着重要影响，因为物流工作人员经常是顾客的主要接触者（配送员或订单员都是了解客户的第一线员工），物流促进了营销。因而，物流的内部协调能力有助于整合企业战略来获得竞争优势。

1.4.4.5 物流的外部协调能力

将物流定义扩大到超出企业范畴而延伸至供应商和顾客的范围时，除了物流本身的能力外，物流过程中的很多环节都得到改善，如资产效率、运营效率、低成本性以及提升顾客价值等。那些有着供应链视角的企业都将物流视为一种战略先机，物流对供应链管理有着重要作用。

供应链管理的最终目标是实现参与方以及供应链整体的长期成功。内部和外部交易的高效协调会造成超常的收益，换言之，应从市场获取企业内部没有的独特能力来成就超常的经营业绩，供应链管理的核心——物流的跨边界管理能力能为企业创造超常收益。当供应链的上游或下游存在环境不确定因素时（比如技术性干扰或供需波动），物流对于快速调整生产、减少库存乃至最终降低总成本都有至关重要的作用。特别是当信息逐步成为企业的重要资源时物流的重要性也与日俱增，反之，如果机会主义行为（比如用诡计获取个人私利）抑制了供应链成员的合作关系，物流的跨边界能力将不能有效发挥。物流的跨边界能力可以协助企业建立良好的伙伴关系，比如，潜在的机会主义行为带来的不确定性会增加交易成本，但通过有效地管理供应链中的信息流，物流能成功地减少供应链伙伴间的交易成本，增强企业间的信心，从而降低不确定性。同样，通过联结系统和操作界面形成集成物流可以发挥它的协调功能，在保持操作同步的同时减少冗余，与供应商和顾客进行联合优化可以降低成本和（或）增加差异性，从而把供应链管理得更好。

1.4.4.6 借助外部的物流能力——自营 VS 外购

企业理论的中心问题是一家企业能否更有效率地在其内部组合各种投入要素或者在市场上获得。如果在企业中的交易费用少于在市场中的交易费用，那么，成立企业是明智的选择。自营或者外购的决定不仅对企业的存在有影响，并且影响到企业的业务范围。物流功能外包给第三方物流提供者（3PLs）已逐渐成为传统的、垂直整合的企业结构的强有力的替代方式。日益变化的顾客需求和运输行业的放松管制鼓励企业将物流业务外包，以获得迅速适应市场的灵活度。3PLs 的业务范围包括一系列从狭窄的（限制到特殊的业务，如运输）到宽泛的选择（包括在整个供应链上独立存在的活动），比如3PLs 愿意为企业承担部分或者全部的物流需求，包括运输、仓储、订单履行、信息管理，加工装配、库存管理、咨询和物流网络布局。

外包物流业务增长的主要原因是节约成本和提高收益。根据新古典价格理论，企业之所以成立，其目的是使总的交易费用最小，因而，如果市场合同能减少交易费用，企业就会更偏向于市场交换而不是内部的劳动分工。企业期望通过雇用第三方物流提供者来减少总的交易费用。当物流业务的资产专用性比较低时（比如运输和仓储业务），制作商就会将物流业务外包。当资产专用性很高且市场情况不确定时，制造商则有可能将物流业务内部化或是执行与3PLs 的更细节化的法律合约。

尽管新古典价格理论提供了一种有价值的理论基础来解释众多的3PLs 安排，但它并不能解释日益增长的在买家和卖家之间的长期的、尽职尽责的战略伙伴关系（比如提供最终装配、打包和配送活动的安排）。资源基础论对此给出了解释，它认为与3PLs 的紧密合作关系是在垂直供应链中的拥有非均一的资源和能力的企业的自然结果。因此，对于供应链上一家单独的企业来说，达到其开发新产品和市场的目标是较为困难的，因为缺少了在高度竞争的商业环境下资源的提供。当消费者的需求发生变化时，企业的物流能力显得更为重要，在这种情况下 3PLs 能提供高水平的物流服务。每个功能专家都应该从适当的外部联盟中获得一定的资源流，物流资源和能力是3PLs 的核心竞争力，但并不是众多制造商和零售商的强项，因此，3PLs 允许被参与专注于自己核心竞争力的联盟，3PLs 业务在一家或多家企业的供应链功能上产生出核心竞争力，这使得企业能从资源优势中获得租金。一言以蔽之，物流活动在企业战略实施中起着非常重要的作用，使得一些企业通过专门提供独特的物流服务（比如3PLs）给其他企业使之赢得竞争优势。

综上所述，物流通过为企业提供跨边界服务、协调供需一致以及满足企业所需来创造顾客价值，最终提高顾客满意。因此，物流对形成企业的竞争优势是至关重要的，这一切都是因为物流既有效率（成本领先）也有效果（客户服务）。形成企业竞争优势的物流能力主要表现在需求管理界面能力（客户服务和物流质量）、供应管理界面能力（供应和销售的低成本）、信息管理能力（通过信息技术和联系实现信息共享）以及协调能力方面。物流能协调企业内部不同的职能领域，并且在核心企业和供应链伙伴之间起重要作用。

物流不仅能使物品或服务差异化从而满足不同顾客的多样性需求，而且在生产过程中物流还能降低成本和投资，同时还能保证服务质量，物流还能协调企业和供应链上的合作伙伴（比如供应商、经销商还有其他中间成员），通过控制供需流来传递顾客价值和实现利益共享。

本章小结

本章在分析美军第二次海湾战争后勤补给特点的基础上，对物流管理的概念和内容作了介绍，并对物流管理的作用和意义进行了阐述。最后对物流管理这门学科的基本理论框架体系进行介绍，这是本章的重点和难点。

复习思考题

1. 什么是物流管理？
2. 物流管理有哪些基本活动？
3. 物流管理的意义是什么？
4. 物流管理的基本理论框架体系是什么？

第2章
运输管理

学习目标

通过本章的学习，学生应掌握物流中运输的概念及其原理；了解物流活动运输的方式、特点及其选择方式的影响因素；此外，还应对运输管理的业务流程和运输的规划及调度方法有所了解。

关键词

运输（transportation）；运输方式（mode of transportation）；运输规划（transportation programming）

社会产品的生产和需求之间存在着空间上和时间上的差异，产品此地有余而彼地不足，是由生产布局和各地区经济发展的不平衡所导致的；有些产品此时有而彼时不足，是由产品生产与消费存在时间上的差异所导致的。这些就要靠流通过程加以调节，尤其是运输，它是物流过程中最主要的增值活动，无论在物流领域还是在国民经济领域都具有十分重要的地位。

我国运输经济学家方举指出："交通运输是社会生产必备的一般条件，是整个经济的主要基础。生产、分配、交换和消费，必须通过运输的纽带才能得到有机的结合。生产的社会化程度越高，商品经济越发达，生产对流通的依赖性愈大，运输在再生产中的作用愈重要。"经济学家哈努科夫在讨论运输与生产力布局的关系时也曾指出："运输是社会生产力的组成部分，同时也是物质资料生产的一般必要条件，它对生产配置和社会劳动生产率的水平有着巨大的影响。现代大生产要求按时供应大量的原料、燃料和材料，并从生产地输出成品到消费区。为了完成这个任务，就必须要有发达的运输。”可以说，物流的核心业务是运输，是物流运作与管理不可缺少的一环。

案例 2.1

沃尔玛降低运输成本的秘诀

世界500强之首的沃尔玛公司是美国最大的企业之一。沃尔玛是如何降低运输成本，实现合理化运输的呢？

沃尔玛有时采用空运，有时采用船运，还有时采用公路运输。在中国，沃尔玛完全采用公路运输，如何降低卡车运输成本，是物流管理面临的重要问题，为此其采用了一些针对性措施。

① 大运量卡车。沃尔玛使用16米加长的货柜卡车，比集装箱运输卡车更长更高，每次装车都很满，有助于节约成本。

② 安全第一，礼貌第一。沃尔玛的自有车队规模非常大，对运输车队来说，保证安全是节约成本最重要的环节。因此，沃尔玛的口号是“安全第一，礼貌第一”，而不是“速度第一”。运输过程中，司机都自觉遵守交通规划，创造了惊人的安全纪录。

③ GPS的应用。沃尔玛采用GPS对车辆进行定位，任何时候沃尔玛都知道卡车在哪里，产品在哪里，能精确估计运输时间，有效提高物流效率。

④ 沃尔玛的物流部门24小时工作，保证在15～18小时完成运输工作，使沃尔玛在速度上取得优势。

⑤ 沃尔玛将商品运到商场后，可以直接卸货而不用检查，加快了沃尔玛物流的循环过程，降低了成本。

⑥ 沃尔玛直接将商品由厂家运至商场，节省了仓储成本和转运成本。

（资料来源：www. chinawuliu. com. cn.）

2.1 运输功能与原理

2.1.1 运输功能

在物流管理过程中，产品转移和产品储存是运输主要提供的两大功能。

运输的两大功能

在物流管理过程中，产品转移和产品储存是运输主要提供的两大功能。

① 产品转移：以最短的时间、最低的成本将产品转移到规定地点是运输的主要目的。因此，产品在价值链中实现位移，从而产生空间效用和时间效用，就是运输的主要功能。

② 产品储存：对产品在运输期间进行临时储存就是运输的另一大功能，也就是说，将运输工具（如车辆、船舶、飞机、管道等）作为临时的储存设施，而且是免费储存、自然储存。总之，把物流系统联结在一起的纽带是运输，它是物流过程中不可缺少的组成部分，快速有效的物流必须具备良好的运输条件，没有运输就没有物流。

2.1.2　运输原理

规模经济（economy of scale）和距离经济（economy of distance）分别是指导运输管理和营运的两条基本原理。随装运规模的增长，每单位重量的运输成本下降——规模经济。例如，零担装运（LTL）的单位成本高于整车装运（TL），汽车或飞机之类运输能力较小的运输工具的单位重量的费用要高于如铁路或水路之类运输能力较大的运输工具。这是因为，转移一票货物有关的固定费用可以按整票货物的重量分摊，一票货物越轻，每单位重量的成本就越高。接受运输订单的行政管理费用、定位运输工具装卸的时间、开票以及设备费用等是这里的固定费用。每单位距离的运输成本随距离的增加而减少——距离经济。例如，400 公里的两次装运要高于 800 公里的一次装运成本。运输距离亦可分摊固定成本，距离越短平均每公里支付的总费用越高。

这些原理是在评估各种运输战略方案或营运业务时要重点考虑的因素。其目的是要满足顾客的服务期望，同时还要使装运的规模和距离最大化。

2.2
运输方式

影响不同层次物流系统对运输方式的选择的因素包括不同运输方式的服务质量、技术性能、方便程度、管理水平。因此，物流管理者要想作出正确的选择，就必须了解各种运输的方式及其特点。

2.2.1 基本运输方式及特点

各种运输服务都是围绕着公路运输、水路运输、铁路运输、航空运输和管道运输五种基本的运输方式展开的。它们各自有不同的特点。

2.2.1.1 公路运输

> **公路运输**
>
> 优势：全运程速度快，运用灵活，受地形、气候限制小。
>
> 劣势：载运量小，安全性差。

在所有的运输方式中影响面最为广泛的一种运输方式是公路运输，其优势在于：

① 全运程速度快。公路运输可以实现“门到门”运输，旅客转换运输工具所需要的等待时间与步行时间可以减少，在限时运送货物或为适应市场临时急需货物方面，公路运输服务优于其他运输工具。其整个运输过程的速度，尤其是短途、高价值产品运输，较任何其他运输工具都更为迅速、方便。

② 运用灵活。公路运输不受时间限制可随时调拨，富于弹性及适应性可随处停靠，故运用灵活。

③ 受地形气候限制小。汽车在路上行驶不受地形限制，在遇到恶劣气候时较飞机、船舶受影响小。

但是，因为环境及技术条件等因素的影响，公路运输也存在一定的劣势，主要表现有：

① 载运量小。从货运考虑，汽车普通可载运 3 ~ 5 吨，即使使用全拖车也不过数十吨，无法与铁路或轮船的庞大容量相比；从客运角度，少到三四人，多到数十人。

② 安全性差。公路运输发生交通事故较多，主要由于车种复杂、路况不良，以及驾驶人员的疏忽等引起，故安全性较差。

因此，公路运输适合于短距离、小批量的运输。

2.2.1.2 铁路运输

> **铁路运输**
>
> 优势：运量大、运距长且运价低廉，行驶具有自动控制性，有效使用土地，污染性较低，受气候限制小。
>
> 劣势：资本密集，固定资产庞大，设备不易维修等。

铁路运输也具有一些其他运输工具不能取代的优点。主要有：

① 运量大、运距长且运价低廉。铁路运输中列车运行阻力小，能源消耗量低，所以系统价格低廉，而且由于采用大功率机车牵引列车运行，可承担长距离、大运输量的运输服务。

② 行驶具有自动控制性。铁路运输在列车行驶上具有高度导向性，具有专用路权，可以采用列车自动控制的方式控制列车运行，以达到车辆自动驾驶的目的。目前，最先进的列车已经可以通

过高科技电脑的控制，使列车的运行达到全面自动化，甚至无人驾驶，从而减轻了司机的劳动强度，运输安全大大提高。

③ 有效使用土地。铁路运输的基本单元是客车、货车组成的列车，可以在有限的土地上进行大量的运输，因此，铁路运输较公路可以节省大量的土地，使土地资源达到最有效的利用。

④ 污染性较低。如在噪音方面，铁路所带来的噪音污染不仅比公路低，而且是间断性的，而城市道路则是持续性的高噪声污染。因此，铁路的污染性较公路低。

⑤ 受气候限制小。铁路运输具有高度的导向性，受气候因素限制很小，只要行车设施无损坏，在任何气候条件下，如下雨、冰雪，列车均可安全行驶，所以营运最可靠的运输方式是铁路。

但是，铁路运输系统也有如资本密集、固定资产庞大、设备不易维修，且战时容易遭破坏等缺点。对于物流管理来说，其缺点主要表现在以下方面：

① 货损较高。铁路运输容易造成所承载货物的损坏，这是因为列车行驶时的震动与货物装卸不当，而且运输过程需要经多次中转，也容易导致货物损坏、遗失。一些货主不敢将高价值的货物交由铁路承运，主要是因为铁路运输的货损比例远高于公路运输。

② 营运缺乏弹性。铁路容易产生空车回送现象，从而造成营运成本的增加，而公路运输灵活，可以随货源或客源所在地而变更营运路线。

铁路运输由于受到现代公路运输的竞争，也不得不持续改革营运技术与管理方法，以求满足现代社会的运输需求。

2.2.1.3　水路运输

利用船舶航行于水域，完成旅客与货物运送的经济活动便是水路运输。在各种运输方式中，最便宜的运输方式是水路运输，但运输速度最慢，其具体特征如下：

> **水路运输**
> 优势：运输量大，能源消耗低，单位运输成本低，续航能力强。
> 劣势：可及性低。

① 运输量大。船舶货舱的比例较其他运输工具都大。因此，可供货物运输的舱位及其载重量都比陆运或空运大。最大的集装箱船每次可装载20 ft集装箱4 000 TEU，而就国际最大的超巨型油轮而言，其每次载运原油的数量可以高达56万吨。

② 能源消耗低。据测量，同样距离运输1吨货物，水运所消耗的能源最少。

③ 单位运输成本低。水运的运输成本为铁路运输的1/25～1/

20、公路运输的1/100。因此，最低廉的运输方式是水运（尤其是海运），它适于运输费用负担能力较弱的原材料及大宗物资的运输。

④ 续航能力强。商船具有独立生活的各种设备，如发电、制造淡水、储藏大量粮食的粮仓、油槽等，能独立生活。而且商船出航时所携带的燃料、粮食及淡水可维持数十日，绝非其他运输方式可比。

但是，水路运输可及性低，主要受气候和商港限制。商船航行于海上遇大雾需按避碰章程办理，遇暴风雨需及时躲避以防损害，这些都是气候对水路运输的限制。另外，商船到达商港，港湾水深或装卸设备的缺乏也会限制商船的入港与作业。而且，水路运输往往需要地面运输系统的配合才能完成客、货运输过程，可及性不高。

2.2.1.4 航空运输

> **航空运输**
>
> 优势：速度快，不受地形限制、机动性强，舒适、安全，适用范围广，基本建设周期短、投资少。
>
> 劣势：运输具有国际性，载运量小、成本高，受气象条件限制。

民航运输的特征主要表现在以下几个方面：

① 速度快。它是民航运输的最大优势，现代喷气式客机巡航速度为800～900公里/小时，比汽车、货车快5～10倍，比轮船快20～30倍，而且距离越长，航空运输所能节约的时间越多，快速的特点也越显著。

② 不受地形限制，机动性强。飞机受陆地地形因素限制很少，受航线条件限制的程度也远比汽车运输、铁路运输和水运小得多。它可以定期或不定期飞行，可以将地面上任何距离的两个地方连接起来。尤其对边远地区的急救，对灾区的救援、供应等紧急任务，航空运输已成为必不可少的手段。

③ 舒适、安全。现代民航客机的客舱宽敞，噪声小，机内有视听、供膳等设施，旅客乘坐的舒适程度较高。喷气式客机的巡航高度在10 000米左右，飞行不受低空气流的影响，舒适平稳。航空运输的安全性也由于民航客机适航性严格的要求和科学技术的进步比以往大大提高。

④ 适用范围广泛。飞机，尤其是直升机，不但可供客货运输，而且在邮政、农业、渔业、林业、救济、工程、警务、气象、旅游观光和军事等方面也适用。因此，航空运输用途十分广泛。

⑤ 基本建设周期短、投资少。要发展航空运输，从设备条件上讲，与修建铁路和公路相比建设周期短、占地少、投资省、收效

快，只要添置飞机和修建机场就可基本满足。据计算，在相距1 000公里的两个城市间建立交通线，若载客能力相同，开辟航线的投资是修建铁路的5/8倍。开辟航线只需2年，而铁路修建周期为5~7年。

同时，航空运输也有其不利的方面：

① 运输具有国际性。航空事业需考虑国际化服务与合作，因为其属于环球多国籍的运输行业，具有跨国服务的特性。例如，天空开放和代码共享的出现。

② 载运量小、成本高。航空运输载运量小，主要是由于受飞机机舱容积制约，运载成本和运价比地面运输高。

③ 受气象条件限制。航空运输工具因为要在空中飞行，所以受气象条件限制较大，常影响飞机的航期和安全，且噪声污染比较严重。

航空运输之所以在客运和进出口贸易中，尤其是在运输贵重物品、精密仪器、鲜活物资等方面起着越来越大的作用，是因为其具有快速、机动的特点，可以为旅客节省大量时间，为货主加快资金周转。

2.2.1.5 管道运输

使用管道输送流体货物的运输方式是管道运输，油品（原油和成品油）、天然气（包括油田伴生气）、煤浆以及其他矿浆是其所输送的主要货物。管道运输是随着石油开发而兴起的，并随着石油、天然气等流体燃料需求量的增长而发展。

管道运输是通过输送设备（如泵、压缩机等）驱动货物，使之通过管道流向目的地。管道是静止的，它不同于用车、船舶、飞机等运输方式。因此，管道运输的特性是：

① 运量大。年输送易凝高黏原油2 000万吨只需要一条管径720毫米的管道，相当于一条铁路的运量；而一条1 220毫米的管道，年输量可达1亿吨以上。

② 易选取捷径缩短运距，永久性占用土地少。管道多埋于地下，永久占用土地少，埋入地下部分一般占管道总长度的95%以上，管道可以翻越高山，横越沙漠，也可以从河流、湖泊乃至海洋穿过，允许敷设坡度较铁路、公路大。

③ 可长期稳定运行。可以长期连续不断地稳定运行，受恶劣气候条件的影响较小。

管道运输

优势：运量大，易选取捷径缩短运距，可长期稳定运行，便于管理，安全可靠，运输费用低，耗能低，漏失污染少，沿途无噪声。

劣势：缺乏灵活性，不能改变线路，承运货物单一。

④ 便于管理。易于远程监控，便于运输管理，维修量小，劳动生产率高。

⑤ 安全可靠，损耗少。易燃的油、气密闭于管道中，不仅可减少挥发损耗，而且较其他运输方式安全，系统机械故障率低。

⑥ 运输费用低、能耗低。输送每吨公里成品油运费仅为铁路的1/6～1/3，接近于海运。轻质原油的能耗只有铁路的1/17～1/2，且无需装卸、包装，无空车回程问题。

⑦ 漏失污染少、沿途无噪声。据近 10 年西欧石油管道的统计，漏失污染量仅为输送量的4%，且管道运输沿途无噪声。

但是，管道运输不如其他运输方式灵活，货源减少时不能改变路线，当运输量降低较多并超出其合理运行范围时，优越性就难以发挥，承运的货物比较单一。因此，只适于定点、单向、量大的流体运输。

物流企业在选择运输方式时的参考指标是以上五种运输方式的特点。对我国物流企业来说，运输成本问题是在选择运输服务方式时最关注的问题，而各种运输方式中运价、运输时间（速度）、货物的灭损情况（安全可靠性）以及运输方式的可得性（运输方式服务于任何给定的两个地点间的能力）是对运输成本影响显著的主要营运特性。对于这几个运输特性我们将在后面作专门讨论，这里为了清晰可见，将五种运输方式的各营运特性简单地归纳汇总如表 2－1 所示。

表 2－1　各种运输方式相关营运特征

营运特征	铁路	公路	水路	航空	管道
运价	3	2	5	1	4
速度	3	2	4	1	5
可得性	2	1	4	3	5
可靠性	3	2	4	5	1
能力	2	3	1	4	5

排名按由高到低、由大到小顺序

2.2.2　运输方式选择的影响因素

物流企业为使其所获得的运输服务成本最低，可以根据所需运输服务的要求，参考不同运输方式的不同营运特性进行最优选择。

当然，有时往往需要几种运输方式的组合才能实现，而单靠一种运输方式无法实现最低成本。因此，必须考虑以下几个因素，才能选择正确的运输方式降低运输成本。

2.2.2.1　运输服务价格

运输货物的在途运费加上提供额外服务的所有附加费或运输端点费用就是运输服务价格。如果是自用运输，运输服务成本就是分摊到该次运输中的相关成本，如燃油成本、人工成本、维修成本、设备折旧和管理成本等费用。如果是使用受雇运输，运输服务的总成本就是货物在两点间运输收取的运费加上所有附加费，如保险费、装卸费、终点的送货费等。

> **运输服务价格**
> 运输货物的在途运费加上提供额外服务的所有附加费或运输端点费用就是运输服务价格。

运输成本在不同的运输方式之间相差很大。管道运输和水上运输是最便宜的，航空运输是最昂贵的，而铁路运输又比公路运输便宜。但是，这种成本比较，是使用运费收入除以所运货物的总吨数得到的比值，而各种运输方式的综合效益并不能被确切地反映。在实际运营中，必须根据实际运费、货物的性质、运输时间以及运输安全等进行综合比较。

2.2.2.2　运输时间

货物从起点运输到终点所耗费的平均时间通常表示运输时间。这个时间的长短，从两方面影响运输的费用：

> **运输时间**
> 货物从起点运输到终点所耗费的平均时间通常表示运输时间。

① 货物在运输中由其价值表现的资本占用费用，对货运量很大的货物或高价值货物，这可能占成本的很大部分。

② 货物价值由于其时间价值的适用期有限而造成的损失，如报纸、时装等；或其适用期有限可能造成的损失，如水果、蔬菜等。

因此，运输服务的一个重要指标就是平均运输时间。运输方式的不同，提供的货物平均运输时间也不同。有些能够提供起止点之间的直接运输服务，有些则不能。但如果要对不同运输服务进行对比，即使涉及一种以上的运输方式，也最好是用门到门运送时间来衡量。在考虑运输时间时，运输时间的变化也是要注意的一个问题。各种运输方式下多次运输间出现的时间变化指的是运输时间的变化。它是衡量运输服务的不确定性的指标。即使起止点相同，使用同样运输方式的每一次运输的在途时间也不一定相同，因为诸多因素都会影响在途时间，如天气、交通拥挤、中途暂停次数、合并运输所费的时间不同等。一般来说，运输时间的顺序与运输时间的变化率的排序大致相同。也就是说，铁路的运输时间变化最大，航空运输最小，公路运输介于中间。但要注意的是，如果从平均运输时间与变化率的比值来看，则公路运输最可靠，而航空运输最不可靠。

2.2.2.3 灭失与损坏

运输质量中的安全性问题是指灭失与损坏。因为各承运人安全运输货物的能力不同，所以选择承运人的重要因素就是承运人运输中灭失或损坏的记录。合理速遣货物，并以恰当的方式避免货物的灭失和损坏是承运人的义务。但是，如果由于特殊原因造成货物的灭失和损坏，如自然原因、托运人过失或承运人无法控制的其他原因，承运人可以免除责任。虽然承运人会在托运人准确陈述事实的情况下承担给托运人造成的直接损失，但在选择承运人之前托运人应该认识到会有一定的转嫁成本。客户服务是托运人承受的最严重的潜在损失。在运输延迟或运到的货物不能使用的情况下会给客户带来不便，会造成缺货或延期交货的增多，或者会导致库存成本上升。托运人如果要进行索赔，需要费周折准备适当的索赔单据，花时间搜集相关证据，在索赔处理过程中还要占用资金，如果索赔只能通过法庭解决，还可能涉及很高的费用。显然，对承运人的索赔越少，用户对服务越满意。对可能发生的货物破损，增加保护性包装是托运人的普遍做法，而这些费用最终也一定由用户承担。

由此可见，运输时间、价格及货物的灭失和损坏，直接或间接地影响着物流运输成本。因此，在选择运输方式时，上述三个因素是物流管理首要考虑的基本因素。

2.2.3 运输方式的选择

单一运输方式

选择一种运输方式提供运输服务，就是单一运输方式。

2.2.3.1 单一运输方式的选择

选择一种运输方式提供运输服务，就是单一运输方式。企业可以根据五种基本运输方式的特点，结合自身运输需求进行恰当的选择。

多式联运

选择使用两种以上的运输方式联合起来提供运输服务就是多式联运。

2.2.2.2 多式联运的选择

选择使用两种以上的运输方式联合起来提供运输服务就是多式

联运。在不同运输方式间自由变换运输工具，以最合理、最有效的方式实现货物运输过程是多式联运的主要特点。例如，将铁路车厢被拖上船，或卡车上的集装箱装上飞机等。多式联运的组合方法有很多，但实际上，这些组合并不都是实用的，一般较为广泛采用的是铁路与公路联运、公路或铁路与水路联运。

在铁路平板车上载运卡车拖车，通常运距比正常的卡车运输长，这就是铁路与公路联运，即公铁联运，或称驮背运输。它综合了铁路长距离运输经济与卡车运输的方便、灵活的特点，运费通常比单纯的卡车运输要低。这样，铁路部门能够分享到某些一般只由卡车公司单独运输的业务，而卡车运输公司也可以延伸其服务范围，同时托运人也可得以在合理价格下享受到长距离门到门服务的便捷。因此，最受欢迎的多式联运方式是驮背运输，即铁路公路联运。

公铁联运

在铁路平板车上载运卡车拖车，通常运距比正常的卡车运输长，这就是铁路与公路联运，即公铁联运，或称驮背运输。

将卡车拖车、火车车箱或集装箱转载驳船或船舶上进行长途运输，即公路或铁路与水路联运，也称鱼背运输。这种使用水路进行长途运输的方式，是最便宜的运输方式之一，在国际多式联运中应用广泛。

此外，将航空货运与卡车运输结合起来应用也较广泛，即航空与公路联运，这种方式的灵活性和所提供的服务可与公路直达运输相比拟。

由于两种以上运输方式的连接所具有的潜在经济价值，所以多式联运吸引了托运人和承运人。多式联运的发展对物流计划者具有很大的利益，这种发展增加了系统设计中的可选方案，从而可以降低物流成本、改善服务。

2.2.2.3　运输中间商的选择

运输中间商，一种是运输代理人，一种是运输承包公司。在国际货物运输业务中，运输中间商是运输代理人的主要应用。国际间货物运输业务的范围遍布国内外广大地区，不仅涉及面广、头绪多，而且情况复杂，任何一个运输经营人不可能亲自处理每一项具体运输业务，这就需要把不少工作委托给代理人代办。

运输代理人接受委托人的委托，代办各种运输业务并按提供的劳务收取一定的报酬，即代理费、佣金或手续费。一般经营运输多年、精通业务、经验比较丰富，且熟悉各种规章制度和运输手续，并与交通运输部门以及贸易、银行、保险、海关等有着广泛的联系和密切的关系，具有有利条件为委托人代办各种运输事项的人才能作为代理人。虽然委托人要花费一些酬金，但委托人从代理人提供的服务中可以得到补偿。

不具有运输工具或只具有少量短途运输工具，而以办理货运业务（或兼办客运业务）为主的专业运输业务企业被称为运输承包公司。采用运输承包发运货物时，可以把有关货运工作委托给运输承包公司，货物运输全过程中所发生的与运输有关的事务由他们负责办理，并与掌握运输工具的运输企业发生托运与承运关系。特别是对于一些运输条件要求较高、货运业务手续较为繁杂的情况，比如零担货物的集结运输，由于零担货物重量小、批数多、发散地分散、品种复杂、包装不统一、形状各异，由运输承包公司承包此项业务，不仅可以方便货主、提高运输服务质量，而且还可以通过运输承包公司的货物集结过程化零为整，提高运输效率和运输过程的安全可靠性。因此，代理业务在运输业中的发展非常迅速。

2.2.2.4 自用运输的选择

自用运输

使用自有的运输设备运输自有的、承租的或受托的货物的活动，即所谓的自用运输。

使用自有的运输设备运输自有的、承租的或受托的货物的活动，即所谓的自用运输。比如，拥有或租用汽车、火车车皮、货用飞机及运输船舶运输自己的，或自己受托，或自己承租的货物等，都是自用运输。拥有自用运输设备，对随时适应顾客的需要具有更大的控制力和灵活性，这种高度的反应能力可以使企业缩短交货时间，减少缺料的可能性和减少库存，而且可以不受商业运输公司运价和服务水平的限制，并有利于改善与顾客的关系。但是，运输成本较高是自用运输的一个很大的弊端。回空问题是主要原因，运出或运入的单程货运成本要计入回空成本，这样货运成本实际是单程成本的两倍。因此，企业是选择自用运输还是选择运输中间商，一定要做好成本的比较工作，选择最佳运输方式。

2.2.2.5 运输方式的定量分析

定量分析

对所选择的运输方式的各种指标（即影响因素）绩效进行评分，给出衡量值，然后物流管理运输部门根据各种指标的重要程度给出不同的权重，用权重乘以运输方式的绩效衡量值就得到运输方式在该评估因素中的等级，将个别因素等级累积起来就得到运输方式的总等级，就是所谓的定量分析。

上述是对各种运输方式服务选择的定性分析，除此之外，我们还需要进行一定的定量分析，将指标量化，让所选择的运输方式的优劣可以一目了然。对所选择的运输方式的各种指标（即影响因素）绩效进行评分，给出衡量值，然后物流管理运输部门根据各种指标的重要程度给出不同的权重，用权重乘以运输方式的绩效衡量值就得到运输方式在该评估因素中的等级，将个别因素等级累积起来就得到运输方式的总等级，就是所谓的定量分析。如果绩效衡量值和权重分值越低，表示绩效越好，评估指标越重要，那么总等级分值越低的运输方式越好；反之，如果绩效的衡量值和权重分值越高，表示绩效越好，评估指标越重要，那么总等级分值越高的运输方式越好。

我们要说明这种定量分析的方法是以选择承运人为例（表2-2）。我们选择一个3分制的评定标准，承运人绩效的评定范围从"1—绩效好"到"3—绩效差"，各评估指标的权重值范围为"1—高度重要，2——一般重要，3—低度重要"。这样，我们便可以计算出表2-2中承运人的总等级为26。用此方法，承运人的总等级分最低的应是最佳承运人。

在目前的物流环境中，因为各种新运输形式的出现，各种承运方式能提供的服务和能力也在不断增长，这就使选择运输方式比过去更加复杂，评估也变得更加困难。因此，物流公司必须慎重考虑许多因素，对其进行定性和定量分析才能选择最佳运输方式。

表2-2　承运人选择评估标准

评估因素	相对重要性	承运人绩效	承运人等级
成本	1	1	1
中转时间长度	3	3	9
中转时间可靠性	1	2	2
能力	2	2	4
可达性	2	2	4
安全能力	2	3	6
承运人总等级	26		

2.3
运输业务及成本

运输管理，即为了充分发挥物流系统中的运输功能，必须对所提供的运输服务进行系统全面的管理。运输管理业务主要包括运输规划和管理决策、运输成本管理、运输业务管理等。

运输管理业务内容

运输管理业务主要包括运输规划和管理决策、运输成本管理、运输业务管理等。

2.3.1 运输业务的特殊性

一般的商品交易只涉及买方和卖方，而运输交易与一般的商品交易不同，运输交易往往受到五个方面的影响，分别是：托运人（起始地）、收货人（目的地）、承运人、政府和公众。

为了加强运输管理，了解运输决策机制，考察这五方面各自的作用和影响有助于我们理解运输环境的复杂性和运输决策机制的复杂性。

在规定的时间内以最低的成本将货物从起始地转移到目的地，这是托运人和收货人的共同目的。具体的提取货物和交付货物的时间、预计转移的时间、零灭失损坏以及精确和适时地交换装运信息和签发单证，都应包括在运输服务中。

承运人作为中间人，他的目的与托运人和收货人多少有点区别，以最低的成本完成所需的运输任务，同时获得最大的运输收入是他的期望。因此，承运人希望按托运人（或收货人）愿意支付的最高费率收取运费，而使转移货物所需要的劳动、燃料和运输工具的成本保持最低，并且期望在提取和交付时间上有灵活性，以便能够使个别的装运整合成经济运输批量。

政府要维持交易中的高效率，是由于运输也是一种经济行业。形成稳定而有效率的运输环境，促使经济持续增长，使产品有效地转移到全国各市场中去，并以合理的成本获得产品是政府所期望的。为此，许多政府比一般企业更多地干预了承运人的活动，这种干预往往采取政策促进、规章管制、拥有承运人等形式。政府通过确定他们所能收取的价格或限制承运人所能服务的市场来规范他们的行为，通过提供诸如公路或航空交通控制系统之类的通行权或支持研究开发来促进承运人发展。

在英国、德国等国家，某些承运人为政府所拥有，市场、服务和费率被政府保持绝对的控制。这种控制权使政府对地区、行业或厂商的经济成功具有举足轻重的影响。

最后的参与者是公众，他们关注运输的可达性、费用和效果，以及环境上和安全上的标准。公众按合理价格产生对周围商品的需求并最终确定运输需求。尽管对于消费者来说，重要的是最大限度地降低成本，但与环境和安全标准有关的交易代价也需要加以考虑。尽管目前在降低污染和消费安全方面已有了重大进展，但运输的一个重大问题仍是空气污染和石油溢出所产生的影响。既然要把降低运输工具事故或环境风险的成本转嫁到消费者身上，那么对运输安全的判断和决策，他们也必然会共同参与。

显然，运输关系由于各方的参与变得很复杂，运输决策也变得很复杂。这种复杂性就要求运输管理考虑多方面的因素，顾及各方面的利益。

2.3.2　运输管理业务流程

由于运输环境的复杂性，要求企业内部必须有一个专业的管理部门来管理运输服务，也就是运输管理部门。对企业提供的运输服务进行计划、安排、监督以及货单审查、运价和服务谈判、货损索赔的预防和处理等活动就是运输业务管理，而执行这些职能的部门机构是运输管理部门。在日常工作中，各个运输管理部门的管理业务虽然有所不同，但一般包括以下业务程序：

2.3.2.1　制订货运计划

与采购和分销或生产部门互相协调，不断监控承运人和运出货物的日程，保证生产的连续进行，不能因运输而受到阻碍，即制订货运计划的任务。另外，物资的装卸应根据有效地利用劳动力、码头和站台的原则按计划进行。运输管理应保证在时间安排上，不过早或超过实际需要，否则将会因货位、设备滞留、车道拥挤和拖延而支付罚款或额外费用。

2.3.2.2　选择运输公司与运输方式

对货物运输公司及运输方式的选择问题是运输管理工作所涉及的。运输经理在选择运输服务时首先要考虑的是成本效益问题，无论是企业自有运输资源或是购买外部运输服务。也就是说，如果购买外部运输服务的成本高于使用自有运输资源的成本，企业可以选择使用自有运输资源，否则应该购买外部运输服务。但无论是使用哪种运输服务方式，都要考虑许多因素。最经常考虑的因素是：

① 运输时间。主要的选择条件往往是运输时间的长短。一般情况下企业都不愿意选由几家公司联运，而愿意由一家公司直运，并力求避开拥挤的场站。但在某些情况下，当托运人和收货人都不想增加货物库存时，他们也会寻求速度慢的运输方式。此时，运输中的货物是不用花费库存费用的，而运输车辆被当作活动仓库。

② 运输计划和时间安排的一致性。有些运输任务要求符合发

货计划，使托收双方都能预计到货时间。对严格按进度进行装配的行业，或在收货人希望能满足生产实际需要而只保有小量库存的情况下，这都是决定性的因素。一些运输经理为了按时到货，宁愿选择速度较慢的或花钱较多的但十分可靠的运输公司，而不选择速度较快但只有少部分货物能按时到达的运输公司。研究表明，企业选择运输公司和运输方式时所要考虑的主要因素就是成本和运输时间的准确性。

③ 设备可利用性。货主在获取运输服务或运输工具比较困难的情况下，往往根据其提供货运工具的能力来选择运输公司。例如，货主因为铁路车辆的专用化，往往根据铁路公司所能提供的专用车辆数量选择运输公司或分配运输量。

④ 运价。这是一个重要的选择因素。在同等服务水平的情况下，人们愿意选择运价低的公司。当然，除了运价低，还应该使包括运费在内的总费用最低。

⑤ 货差与货损。在运输公司的选择中起着一定的作用的，还有发生货差货损的相对次数以及处理索赔的快慢和赔偿金的比例。货主往往拒绝在这方面声誉不佳的运输公司，而多愿选择历来货差货损少的运输公司。

⑥ 互惠合作。货主经常使用采购他们运输设备和其他生产资料的运输公司，这有利于双方互惠互利，有利于取得有关运输公司的服务和设备信息，运输公司也乐意协商运价和改进服务。

2.3.2.3 安排运输服务工作

安排运输服务工作要与相关车辆调配人员取得联系，由他们安排空车或电话通知汽车货运公司当地的调度人员。在这两种情况下，为了使车辆一送到就可以开始各项装货作业，应向运输公司人员通报货主的姓名和接货地点、货物重量，有时还需知道货物体积、类别和到站情况。这些工作步骤一般根据预先制订的货运计划进行，包括指定人员、安排装货、货物固定、货物衬垫、办理有关文件手续和其他工作。

2.3.2.4 发运/货运跟踪

这类业务工作包括两部分，即连续跟踪货运过程和在必要时提醒运输公司中途改变运输路线。有些货主通过计算机网络直接与运输公司的货运系统联网。这样，每天都可得到货主的所有车辆和货物位置的报告。因为他们要根据货运进程或出现的问题来计划他们的生产和接运，所以发运/货运跟踪对托运人和收货人都具有重要意义。

2.3.2.5　验货/确定运费

为一次货运确定适当运费的过程被称为验货。托运人在运输公司填写货单前会同承运人验货，这样可以减少或避免少收或超收运费情况的发生。

2.3.2.6　审验/付费

检查货单的计费是否准确是通常所说的审验。这项工作在运输公司提出货单或付费后进行。一些企业由本单位审核，有的则在付费后再请财务顾问完成这项工作。货单一般要经运输部门核实再交给负责支付的部门。

2.3.2.7　延期/滞留

由于装卸超过规定的时间而使运输工具耽搁，由运输公司向托运人或收货人收取的费用就是延期费。而铁路运输企业的用语为滞留，概念相同。运输经理一般要对延期和滞留负责监控、管理和付费。运输经理必须在设备延期费用与装卸和人力成本之间权衡比较，作出决策。

2.3.2.8　索赔

在货运过程中，运输公司可能会发生货差和货损。办理索赔可以补偿部分损失或全部损失，这主要由运输经理负责。此外，还要处理货单多收运费等事宜。

2.3.2.9　自用货车和汽车车队的管理

在一些企业中，运输经理还要负责对自用货车和汽车车队的管理。为降低车队成本和提供优质服务，运输经理需要做好协调和管理工作。

2.3.2.10　运输预算管理

防止财政超支的一项重要工作便是运输预算管理。运输经理应随时掌握现在和未来的各项活动及其开支，并与原定计划相对照。

例如，能源费用的上涨让大多数试图在计划预算内运营的运输经理都很苦恼。今后，随着费用的上涨还会使成本和预算问题越来越复杂。

总之，运输管理人员必须熟悉上述业务程序，在选择运输服务时，运用总成本分析方法进行全面的权衡比较，把存货量、顾客服务、生产和其他费用考虑在内，作出总成本最低的选择，才能更好地完成运输管理任务。

2.3.3 运输成本管理

承运人和托运人十分关心的另一个问题是运输成本。最佳的选择不一定是运价最低，运输过程的总成本最小才是最佳选择。综合考虑运输过程中的各种因素，就是为了选择总运输成本最低的运输服务，因此，成本管理便成为运输管理中的关键工作。以下是运输成本的构成。

2.3.3.1 变动成本

变动成本

在一段时间内，由于运输工具投入使用所发生的费用被称为变动成本。

在一段时间内，由于运输工具投入使用所发生的费用被称为变动成本。开动运输工具要花费劳动力、燃料、维修保管费等，运输数量越多，运输路程越长，费用就越高。这些随运输数量、里程而变动的费用，就是变动成本。因此，变动成本只有在运输工具投入营运时才发生。承运人运输每一票货物有关的直接费用，如劳动成本、燃料费用和维修保养费用等，都包含在变动成本内。一般来说，期望承运人能维持营运而又要求他按低于变动成本来收取运费是不可能的，运输费率至少必须弥补变动成本，通常按照每公里或每单位重量成本来计算。

2.3.3.2 固定成本

固定成本

在短期内不随运输水平的变化而变化的成本就是固定成本。

在短期内不随运输水平的变化而变化的成本就是固定成本。它主要包括铁路、站台、通道、机器设备等运输基础设施建造、设立产生的成本以及管理系统费用（诸如端点站或管理部门之类的费用）。这些之所以被称为固定费用，是因为成本的大小不受营运量大小有无的直接影响。这些成本费用也必须通过营运而得到补偿，比如由上述按每票货计算的变动成本的贡献率（contributions）来弥补。

2.3.3.3　联合成本

联合成本指的是提供某种特定的运输服务而产生的不可避免的费用，如运输返回的空车费用等。从A至B运输的“联合”成本，就是承运人将货物从A运往B，再从B至A空车返回发生的费用。这种联合成本要么必须由最初从A至B的运输弥补，要么必须找一位有回程货的托运人以得到弥补。承运人索要的运价中必须包括隐含的联合成本，故联合成本对于运输收费有很大的影响。

联合成本

联合成本指的是提供某种特定的运输服务而产生的不可避免的费用联合成本，如运输返回的空车费用等。

上述成本结构是承运人在向托运人索要运费时必须考虑的主要成本。为确保运输费率的精确性和营利性，必须定期对其进行评估。

2.4 运输规划

2.4.1　运输规划概述

物资运输计划和调度人员制订运输计划的科学方法，就是物资运输规划。根据给定的运输任务确定如何从多个供应点通过运输网络将货物最经济地运输到多个用户就是它的基本内容。

2.4.1.1　物资运输规划问题的一般模型

设要从m个生产厂分别将货物运输到n个用户，从第i个生产厂运输到第j个用户的运量X_{ij}既要满足供应厂的可供应量$a_i(i=1,2,\cdots,m)$的条件，又要满足用户需求量$b_j(j=1,2,\cdots,n)$的条件。物资运输规划问题的一般模型为：

$$\min F=\sum_{i=1}^{m}\sum_{j=1}^{n}C_{ij}X_{ij};$$

其中，$\sum_{j=1}^{n}X_{ij}=a_i(i=1,2,\cdots,m)$；

$\sum_{i=1}^{m}X_{ij}=b_j(j=1,2,\cdots,n)$；

$X_{ij}\geqslant 0$。

求解步骤：

① 建立初始运输表格。包含所有源点和所有汇点，并且源点、

汇点间的运价系数齐全、供需平衡的单纯型表格就是所谓的初始运输表格。当 $\sum_i a_i \neq \sum_j b_j$ 时，要设立虚源和虚汇，化为平衡模型。如果源点和汇点之间有多条路径，应该取其中的最短路径作为运价系数。

② 用最小元素法求初始解。在初始运价表格中，依次优先从最小的运价系数的单元格开始，分配由源量和汇量允许的最大的调运量，直到所有的源量分配完毕、所有的汇量都得到满足为止。基本格就是填上解的这些单元格，它们的个数应当有 $m+n-1$ 个。

③ 对求出的解进行位势法检验。先由基本格根据 $c_{ij}=u_i+v_j$ 的关系，求行位势 u_i 和列位势 v_j，然后判断非基本格单纯型系数 $z_{ij}=c_{ij}-u_i-v_j$ 是否不小于零，如果所有的单纯型系数都不小于零，则得到最优解，退出。否则，进入下一步。

④ 对解进行回路法调整。起点是单纯形系数 z_{ij} 负值最大的基本格，首先向左右前进，碰到基本格拐弯，构造出闭合回路，并在各顶点依次标注"+"号和"-"号。然后从标注"-"号的各格中找最小的调运量作为调整量，并在回路中将所有带"-"号的格的调运量分别减去这个调整量（这时消除了一个基本格）、将所有带"+"号的格的调运量依次加上这个调运量（这时添加了起点一个基本格）就得到一个改进解。然后转到③。

【例 1】 多分支多闭合回路运输网络如图 2-1 所示，求调运方案。

解： 第一步，首先根据运输网络图建立初始运输表格，如表 2-3所示。表中的最右一列和最左一列分别是对应的源量 a_i 和源点，最下一行和最上一行分别是对应的汇量 b_j 和汇点，中间主体

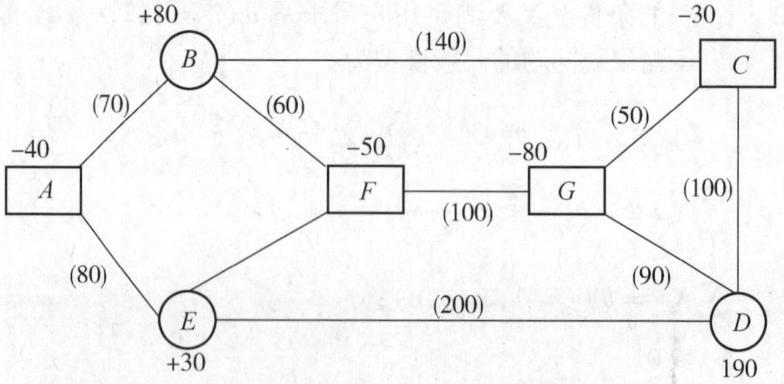

图 2-1　多闭合回路运输网络图

部分的每一格左上角带半括弧的数字都是相应源点到相应汇点的运价系数 c_{ij}，并且总源量等于总汇量，供需平衡。

表2-3　初始运输情况

	A	C	F	G	源量 a_i
B	70)	140)	60)	160)	80
D	280)	100)	190)	90)	90
E	80)	230)	80)	180)	30
汇量 b_j	40	30	50	80	

第二步，用最小元素法求初始解。

首先，最小元素为60，对应由 B 到 F 的运量，对应的源量是80、汇量是50，所以允许分配的最大的调运量是50，填入该单元格中，得到一个基本格。这样，F 列已得到满足，后面不能够再填了。

接着，在剩下的各格中找到70为最小元素。对应由 B 运到 A，对应的源量还剩30（虽然原来是80，但已经分配 F 点50）、汇量40，所以允许的最大调运量是30。并且 B 行已得到满足，以后不能够再填了。同样，依次填上其他各个基本格，到所有源量分配完、所有汇量都得到满足，共得到 $m+n-1=3+4-1=6$（个）。见表2-4。

表2-4　初始解

	A	C	F	G	源量 a_i
B	70) 30	140)	60) 50	160)	80
D	280)	100) 10	190)	90) 80	90
E	80) 10	230) 20	80)	180)	30
汇量 b_j	40	30	50	80	

第三步，位势法检验。

先由基本格根据 $c_{ij}=u_i+v_j$ 的关系，求行位势 u_i 和列位势 v_j：

假设 $u_i=0$，由 $c_{11}=u_1+v_1=70$，得 $v_1=70$，由 $c_{13}=u_1+v_3=60$，得 $v_3=60$；

再由 $v_1=70$，$c_{31}=u_3+v_1=80$，得 $u_3=10$；

再由 $u_3=10$，$c_{32}=u_3+v_2=230$，得 $v_2=220$；

再由 $v_2=220$，$c_{22}=u_2+v_2=100$，得 $u_2=-120$；

再由 $u_2=-120$，$c_{24}=u_2+v_4=90$，得 $v_4=210$。

这样就求出了所有的行位势和列位势：

$u_1=0, u_2=-120, u_3=10, v_1=70, v_2=220, v_3=60, v_4=210$

再由行位势 u_i 和列位势 v_j 根据公式 $z_{ij}=c_{ij}-u_i-v_j$，判断非基本格的单纯形系数 z_{ij} 是否大于等于 0。因为：

$$z_{12}=c_{12}-u_1-v_2=140-0-220=-80;$$
$$z_{14}=c_{14}-u_1-v_4=160-0-210=-50;$$
$$z_{21}=c_{21}-u_2-v_1=280+120-70=330;$$
$$z_{23}=c_{23}-u_2-v_3=190+120-60=250;$$
$$z_{33}=c_{33}-u_3-v_3=80-10-60=10;$$
$$z_{34}=c_{34}-u_3-v_4=180-10-120=-40。$$

从中可以发现，负值最大的是 c_{12}，对应 B 与 C 的交点格。

第四步，回路法调整。

起点是负值最大的 B 与 C 的交点格，遇基本格拐弯构造闭合回路，并依次填上“+”号和“-”号（表 2-5）。调整量（20）是负顶角中最小的数字，在各个顶角分别加上或减去这个调整量，得到一个新的解（表 2-6）。

表 2-5　回路法调整

	A	C	F	G	源量 a_i
B	70) 30	140)	60) 50	160)	80
D	280)	100) 10	190)	90) 80	90
E	80) 10	230) 20	80)	180)	30
汇量 b_j	40	30	50	80	

表 2-6　调整解

	A	C	F	G	源量 a_i
B	70) 10	140) 20	60) 50	160)	80
D	280)	100) 10	190)	90) 80	90
E	80) 30	230)	80)	180)	30
汇量 b_j	40	30	50	80	

再返回第三步检验。先求行位势和列位势，再求单纯型系数，发现所有的非基本格单纯型系数都大于或等于0，这个解就是满意解，即调运方案如下（图2-3）：

由 B 点出发80：$X_{BA}=10$，$X_{BC}=20$，$X_{BF}=50$。

由 D 点出发90：$X_{DC}=10$，$X_{DC}=80$。

由 E 点出发30：$X_{EA}=30$。

A 点总共收到40：$X_{BA}=10$，$X_{EA}=30$。

C 点总共收到30：$X_{BC}=20$，$X_{DC}=10$。

F 点总共收到50：$X_{BF}=50$。

G 点总共收到80：$X_{DG}=80$。

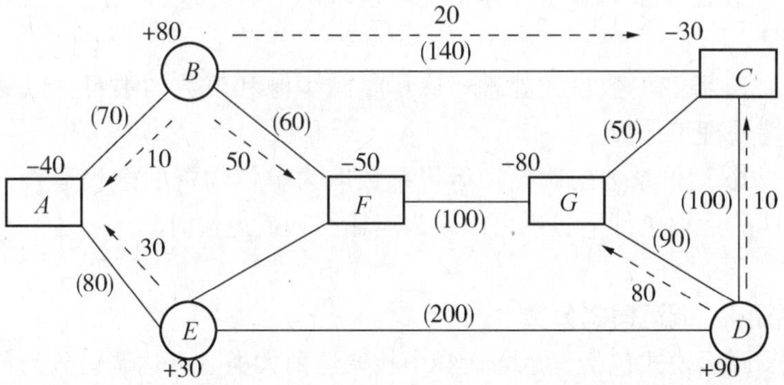

图2-3　多闭合回路调运方案图

2.4.1.2　调运约束

要考虑各种约束条件，在实际制订运输计划时，这些约束条件有：

① 根据国家经济发展计划和供需矛盾情况而制定的物资分配计划的约束。

② 为满足特殊用户需求量而进行的物资调度约束的特殊调度约束。这些特殊用户一般是关系国计民生的重点项目或者紧急项目等。

③ 用户根据产品质量需要选定供应厂商的用户质量要求的约束。

④ 供需双方已经结成了互惠互利的供需关系的供需协作约束。

⑤ 选择订货起点和发货起点二者中较高者的订货、发货起点约束。

⑥ 指运输路段上运输能力的限制条件的运力约束。它具有方向性。

2.4.1.3 调运问题的几点说明

① 合理调运问题的解法，就是解决有以上调运约束条件的运输问题。

② 都是解单一品种，或是虽然不是同一品种，但是可以转换成单一品种。

③ 资源量的确定：等于可供调运的数量，或者经过计划处理的量。

④ 需求量的确定：等于实际需求的数量，或者经过计划处理的量。

⑤ 源和汇数目的处理：应尽量减少源和汇数的数目，以减少运算处理工作量。

⑥ 运价系数的确定：运价系数取为单位物资的全程运费，在同样的运输条件下，也可以取为运输路程或运输时间。

2.4.1.4 调运模式分类

调运模式分类

调运模式包括直达调运和中转调运两大类。

调运模式包括直达调运和中转调运两大类。直达调运分为单一品种调运和同种类多品种调运两小类，中转调运又包括经中转仓库中转、经任意网点中转和运力约束三小类。下面分别说明。

2.4.2 直达调运

从生产厂家直接运到用户的调运就是直达调运，如图 2－4 所示。已知若干个需求点及其需求量，要求把物资从各个供应点运送到各个需求点，求出能满足各种约束条件，并使总运费最省的运输方案是直达调运的一般问题。这种约束条件包括：供应量、需求量约束，特殊调度约束，计划约束，供需协作约束，用户质量要求约束，运力约束等。

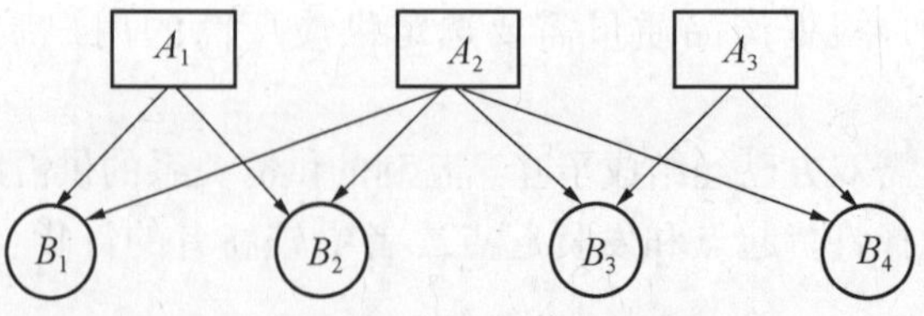

图 2－4 直达调运

计划约束一般表现为：

① 限定用户及其需求量；

② 限定供应点及其供应量：

③ 限定供需关系对。

对源和汇的个数以及相应的供应量或需求量的限定处理，是调运模型对计划约束处理的一般体现。这时，可能要设立虚源或虚汇。

对供需关系及其供需量的限定是特殊调度约束、供需协作约束的一般体现。

用户对供应厂家的选择和供应量的限定是用户质量要求约束的一般体现。其中有两种常见情况：

① 用户对从某供应厂家的进货不少于某个数量的限定；

② 用户对从某供应厂家的进货不大于某个数量的限定。

对于前一种情况，一般把该用户 B_j 及其需求量 b_j 分为两个部分：一部分用 B_j'表示，它是有质量要求的用户，其需求的数量为 b_j'，它不从其他供应点进货（其相应运价系数取 M），只从限定供应点进货（其相应运价系数取实际运价系数）；另一部分用 B_j''表示，它是非质量要求的用户，其需求数量 $b_j''=b_j-b_j'$，它可以从包括限定供应点在内的所有供应点进货，它与各点的运价系数都取实际运价系数。

对于后一种情况，一般也把该用户 B_j 及其需求量分成 b_j 两部分。一部分用 B_j'表示，它是有质量要求的用户，其需求数量 b_j'。B_j'从包括限定供应点在内的所有各点进货（其相应运价系数都取实际运价系数）。另一部分用 B_j''表示，它是非质量要求的用户，其需求的数量 $b_j''=b_j-b_j'$，B_j''只从限定供应点以外的各点进货（它与限定点的运价系数取 M，而与其他各点的运价系数取实际运价系数）。

【例 2】 仍然以例 1 为例（表 2－7），加上以下约束：

① 计划约束：B_1 和 B_3 的需求量各减少 2。

② 特殊调度约束：B_4 从 A_1 进货不得少于 1。

③ 供需协作约束：B_1 从 A_3 进货 1。

④ 用户质量要求约束：B_1 从 A_1 的进货不超过 3。

求合理调运方案。

表 2-7　初始运输情况

	B_1	B_2	B_3	B_4	a_i
A_1	2)	11)	3)	4)	6
A_2	10)	3)	5)	9)	5
A_3	7)	8)	1)	2)	2
b_1	8	2	5	2	

解：① 根据计划约束，B_1 的需求量减少 2，B_3 的需求量也减少 2，此时总供应量等于 $6+2+3+2=13$，总需求量等于 $6+5+2=13$。因为供需平衡，所以不需要设立虚源和虚汇。

② 根据特殊调度约束，B_4 从 A_1 的进货不得少于 1，把 B_4 分成 B_4' 和 B_4'' 两部分，B_4' 只从 A_1 进货 $b_4'=1$，B_4'' 从包括 A_1 在内的所有供应厂家进货 $b_4''=b_4-b_4'=2-1=1$。

③ 根据供需协作约束，B_1 应从 A_3 进货 1，也将 B_1 分成 B_1' 和 B_1'' 两部分：$b_1'=1$，只从 A_3 进货；$b_1''=b_1-b_1'=6-1=5$。

④ 根据用户质量要求约束，B_1 从 A_1 的进货不超过 3，这时只能把 B_1'' 分成 B_1'' 和 B_1''' 两部分，B_1'' 从 A_1 以外各厂进货，$b_1''=5-3=2$，$b_1'''=3$，B_1''' 从包括 A_1 在内的各厂进货 3。

这样得到如表 2-8 所示的初始调运表格。

表 2-8　初始调运情况

	B_1'	B_1''	B_1'''	B_2	B	B_4'	B_4''	a_i
A_1	M)	M)	2) 3	11)	3) 1	4) 1	4) 1	6
A_2	M)	10) 2	10)	3) 2	5) 1	9)	M)	5
A_3	7) 1	7)	7)	8)	1) 1	2)	M)	2
b_j	1	2	3	2	3	1	1	

2.4.3 中转调运

2.4.3.1 经中转仓库中转

由供应点经过中转仓库到用户的运输，就是所谓的中转调运（图 2-5）。

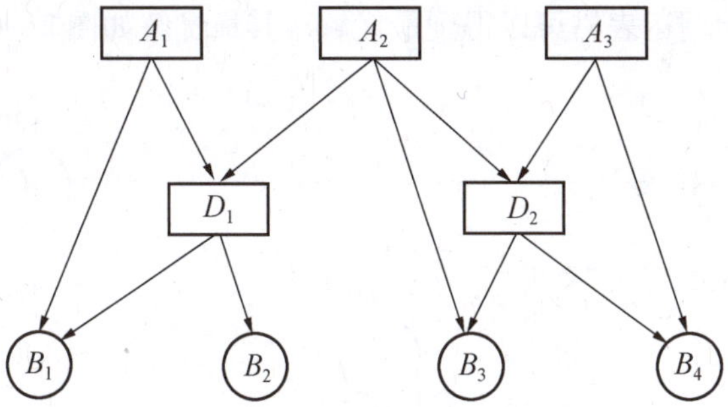

图 2－5　中转调运

中转调运问题的处理，就是要在中转仓库进行数学上的处理，达到把中转调运问题转化成直达调运问题求解的目的。

中转仓库可以进行如下处理：把中转仓库既看成是供应点（因为它们也像一般供应点一样，也向用户供应货物），也看成是用户（因为它们也像一般用户一样，也要由供应点进货）。在初始调运表格中，它们占一列又一行。其行资源量等于列资源量，等于该仓库的中转量 d_k，等于仓库吞吐量的一半。

【例 3】 已知生产厂集 $\{A\} = \{A_1, A_2, A_3, A_4\} = \{200, 120, 140, 60\}$（万吨），用户集 $\{B\} = \{B_1, B_2, B_3, B_4\} = \{100, 120, 160, 140\}$（万吨），中转仓库集 $\{D\} = \{D_1, D_2\} = \{180, 120\}$（万吨）。要求 A_1 供给 B_4 的质量不低于 B_4 需求量的 50%，不允许仓库之间的转运，求合理调运方案。

解： 与直达调运一样，要对调运约束进行处理：把 B_4 分成两部分 B_4' 和 B_4''，仓库之间运价系数取 M，中转仓库占一行又一列。得到初始调运表格如表 2－9 所示。

表 2－9　初始调运情况

	D_1	D_2	B_1	B_2	B_3	B_4'	B_4''	B_a
A_1	7)	9)	16) 10	8) 120	29)	24)	24) 70	200
A_2	3.5)	5)	13)	40)	10) 120	19)	M)	120
A_3	10) 0	1) 100	14)	11)	23)	12) 40	M)	140
A_3	2)	5) 20	24)	28)	16) 40	30)	M)	60
D_1	0) 180	M)	17.5)	7)	18)	14)	M)	180
D_2	M)	0)	8) 90	12)	9) 1	7) 30	M)	120
D_j	180	120	100	120	160	70	70	820

解初始调运表格可以得到最优解。其最优解如图 2－6 所示。

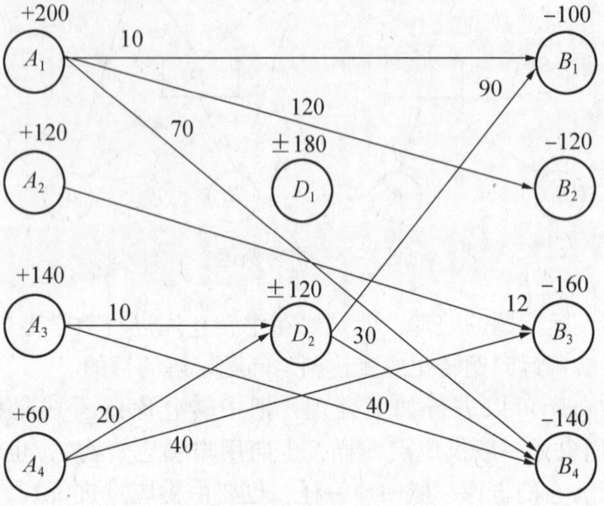

图 2－6　解的直观表示

2.4.3.2　经任意网点中转

一个运输网络是由若干网点构成的，物资运输可能经过其中任意网点中转。这些网点的性质可能有以下几种情况：

① 纯生产厂：提供资源，有出无进。

② 纯消费厂：需要资源，有进有出。

③ 纯中转点：货物只是经过，有进有出，其出等于进。

④ 中转兼生产：既中转又提供，有进有出，其出大于进。

⑤ 中转兼消费：既中转又消费，有进有出，其出小于进。

这时把所有网点情况视为供应点和用户，凡是有出货者都看成源点，在初始调运表格中占一行，其行资源量等于其列需求量（如果有的话）加上其自身的供应量（如果有的话）或减去其自身的消费量（如果有的话）；凡是有进货者都看成汇点，在初始调运表格中占一列，其列需求量等于其进货量，构成直达调运初始表格进行求解。

具体来说可以分成四步：

① 为每个纯生产厂规定一行，其行资源量等于它所能提供的资源量；

② 为每个纯消费厂规定一列，其列资源量等于它所需要的资

源量；

③ 为每个中转点（包括纯中转、中转兼消费、中转兼生产）规定一行又一列，其行资源量等于其列需求量（加上其自身提供的资源量或减去其自身的消费量），其列需要量等于整个系统的总资源量；

④ 相关点的运价系数取实际值，无关点取 M，自身对自身取0。

【例4】已知条件如图2-7所示，求调运方案。

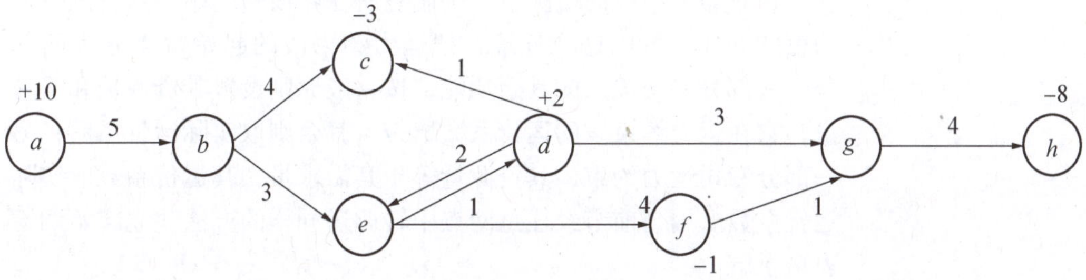

图2-7 调运条件

解：调运方案见表2-10。

表2-10 调运方案

	c	h	b	g	e	d	f	a_i
a			5) 10					10
b	4) 3		0) 2		3) 7			12
g		4) 8		0) 4				12
e					0) 5	1) 6	4) 1	12
d				3) 8		0) 6		14
f							0) 11	11
b_j	3	8	12	12	12	12	12	

2.4.3.3 运力约束

（1）运力约束的概念

交通网络路段上运输能力的限制，是指所谓的运力约束，与路段的设计规模有关，也与物资品种有关，还与运输工具的品种数量有关。

运力约束

交通网络路段上运输能力的限制即运力约束。

运力约束一般有方向性，用箭头线表示，并且有起点和终点，而且也可能是双向的，这时没有箭头，如图 2-8 所示。

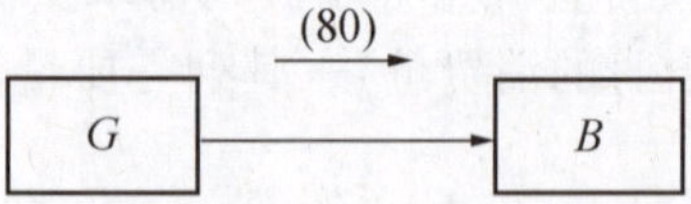

图 2-8　运力约束

（2）运力约束处理原理

在有运力约束的情况下，限制它所在路段的起始端点就是运力约束的处理。可以这样处理：把运力约束段的起始端点分为两部分。一部分专司该点的其余功能，按一般原则设置其资源量和需求量，它在运力约束段的运价系数取 M，其余则取实际运价系数；另一部分专司运力约束，其资源量等于其需求量，其运价系数取实际运价系数。用与前节经任意网点中转调运同样的方法建立起始调运表格求解。

【例 5】有运输网络如图 2-9 所示。假设 $G-B_1$ 路段上有运力约束，由 G 向 B_1 运输通过量限制为 80，则其初始调运表格和最优解如表 2-11 所示。

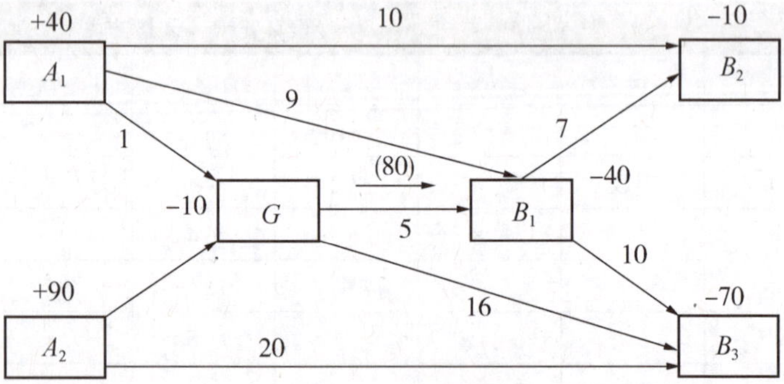

图 2-9　运输网络

表 2-11　初始调运情况和最优解

	C_1	C_2	B_1	B_2	B_3	a_i
A_1	$^{1)}$ 80	$^{1)}$ 30	$^{9)}$	$^{10)}$ 10		40
A_2	$^{3)}$	$^{3)}$ 10			$^{20)}$	90
G_1	$^{0)}$	$^{0)}$	$^{5)}$ 80		$^{16)}$	80

续表 2-11

G_2	$^{0)}$	$^{0)}$ 90	M		$^{16)}$ 30	120
B_1			$^{0)}$ 50		$^{10)}$ 40	90
b_j	80	130	130	10	70	340

本章小结

本章回顾了物流运输管理中的基本概念、管理活动、运输决策方式及关于物流运输的政策，包括从承运人和托运人角度出发的管理策略。例如，运输方式的选择、承运人的选择、运输线路的调度等。

同时，还分享了生产型企业通过物流运输外包获得成功的案例，从而体现专业化分工带来的生产效率的提高，对运输决策中自营还是外购进行了探讨。

复习思考题

1. 降低成本是运输管理的目的，请回答完整的运输管理的业务程序及运输管理中的成本结构。

2. 请结合实例说明运输在物流系统中发挥着怎样的功能？五种基本运输方式各自的特点是什么？在运输方式选择时主要考虑什么因素？并对这几个因素进行简单分析。

3. 作为未来的物流管理人员，本着综合成本最低原则，有几种可以选择的运输方式？应如何对其进行比较选择？

4. 物流运输的成本由哪些部分组成？物流运输的费率受哪些因素的影响，费率的基本形式有哪些？

5. 运输的决策步骤包括哪些？

6. 物流运输线路的决策可使用哪些方法？

7. 自营或者委托运输不仅是一种运输决策，同时也属于财务决策，如果企业要确定是投资建立自有运输车队，还是与一个运输承运人建立合作伙伴/战略联盟关系，那么它在决策时应该考虑哪些因素？

第3章 仓储管理

学习目标

通过本章的学习，使读者全面理解仓储的概念、作用、分类和功能；熟悉仓储设备的选择与管理；掌握仓储信息管理的工具与方法；了解仓库的合理布局；懂得如何实施交叉理货。

关键词

仓储管理（warehouse management）；仓储设备选择（warehouse equipment selection）；仓储信息管理（warehous information management）；仓库布局（warehouse layout）；交叉理货（cross docking）

资料 3.1

气调储藏提高水果附加值

我国是全球水果产量最大的国家，水果销售到全球各地，但是我国水果采摘后的处理技术还比较落后，水果的腐烂损失程度居全球之首，每年储存、保藏、运输、搬运过程中变质的水果占总产量的1/7，造成了巨大的浪费。根据联合国粮食及农业组织对50多个国家的调查发现，发展中国家水果采摘后的平均损失率在30%以上，而发达国家普遍重视农产品产后投入，美国农业总投入的三成用于采摘前，七成用在产后仓储与加工，水果损失不到5%，它的农产品产后产值的和采摘时自然产值比是3.7:1，日本是2.2:1，而我国只有0.38:1。另外，发达国家对即将上市的水果要进行分级、清洗、打蜡、防腐保鲜、精细包装等商品化处理，并采用气调储藏以提高产品的附加值。而我国大部分地区仍以化学制剂、冷藏和土藏为主。国内外的研究表明，水果通过储藏保鲜，可推迟2～3个月上市销售，售价可以提高40%～50%。

（资料来源：梁军．仓储管理［M］，杭州：浙江大学出版社，2009. 有改动.）

仓储和仓储管理活动是物流系统的重要一环，通过仓库对物品进行储存和保管，物品便产生了时间价值和附加价值，同时可为客户提供一些增值服务功能，以实现企业的经济利益。

3.1 仓储管理概述

仓储是社会生产出现剩余产品的产物，也就是说，当产品不能及时销售掉，需要专门的场地存放，并进行保管、控制、整理等便形成了仓储。可以说，仓储就是对物品提供存放场所、对存放物品的保管和控制的过程，是人们的一种有意识的行为。

3.1.1 仓储的概念

在社会生产与生活中，由于生产与消费的不统一，总存在一些产品不能及时使用或者待以后使用或者用不上的情况。如何使生产与消费，即供给与需求相互协调与平衡，妥善处理物品的有用性，是物流中仓储环节所要解决的问题。

仓储是指通过仓库对目前不用的物品或者用不上的物品进行储存和保管。“仓”即仓库，为存放物品的场地，具有存放和保护物品的功能。“储”即储存、储备，表示收存以备使用，具有收存、保管、交付使用的意思。

> **仓储**
> 仓储是指通过仓库对目前不用的物品或者用不上的物品进行储存和保管。

仓储的含义包括以下几个特点：第一，仓储的对象是实物产品；第二，仓储是社会生产的持续过程，它创造产品的价值；第三，仓储既有静态的物品储存，也包括动态的物品保管和控制过程；第四，仓储活动发生在仓库等特定场所。

3.1.2 仓储的作用与分类

3.1.2.1 仓储的作用

仓储活动是由生产与消费的不统一性决定的。商品在向市场销售的过程中，一般要经过商品的仓储阶段，这主要是由于商品生产与消费在时间上、空间上以及品种和数量等方面的不同步所引起的。也正是因为不同步，仓储管理发挥了重要作用。

（1）仓储的积极作用

① 仓储是物流的重要环节之一。商品由生产地向销售地转移，主要依靠运输与仓储活动来实现，运输使商品在空间状态上发生改变，仓储则使商品在时间上发生改变。

② 仓储是保持物资原有使用价值和物资使用合理化的重要手段。生产和消费的供需在时间上的不均衡、不同步造成物资使用价值在数量上的减少、质量上的降低，只有通过仓储才能防止产品一时过剩浪费，实现物品的最大效益。

③ 仓储是加快资金周转、节约流通费用、降低物流成本、提高经济效益的有效途径。通过仓储的合理化，就可以加速物资的流通和资金的周转，从而节省费用支出，降低物流成本，开拓“第三利润源泉”。

（2）仓储的消极作用

① 使商品费用增加。仓储要求企业在仓库建设、仓库管理、仓库工作人员工资、福利等方面支出大量的成本费用。

② 时间价值损失。随着储存时间的增加，存储的产品在发生陈旧变质，严重的更会完全丧失价值及使用价值。同时，一旦错过有利的销售期，又会因为必须低价贱卖，不可避免地出现跌价损失。

③ 保险费用增加。为了分担风险，很多企业对储存物采取投保缴纳保险费的方法。保险费支出在仓储物资总值中占了相当大的比例。在信息经济时代，社会保障体系和安全体系日益完善，这个费用支出的比例还会呈上升的趋势。

由此可见，仓储既有积极的一面也有消极的一面。只有考虑到仓储作用的两面性，尽量使仓储合理化，才能有利于物流业务活动的顺利开展。

3.1.2.2 仓储的分类

（1）按仓储经营主体划分

① 自营仓储。自营仓储包括生产企业和流通企业的自营仓储。生产企业自营仓储是生产企业使用自有的仓库设施对生产使用的原材料、生产的中间产品、最终产品实施储存保管的行为。流通企业自营仓储则是流通企业以其拥有的仓储设施对其经营的商品进行仓

储保管的行为。

② 营业仓储。是指仓储经营人以其拥有的仓储设施，向社会提供商业性仓储服务。仓储经营人与存货人通过订立仓储合同的方式建立仓储关系。

③ 公共仓储。公用事业的配套服务设施，为车站、码头等提供仓储配套服务。

④ 战略储备仓储。是国家根据国防安全、社会稳定的需要，对战略物资实行储备而产生的仓储。

（2）按仓储对象划分

① 普通物品仓储。是不需要特殊保管条件的物品仓储，如一般的生产物资和生活用品。

② 特殊物品仓储。指在保管中有特殊要求和需要满足特殊条件的物品的仓储，如危险物品仓储、冷库仓储等。

（3）按仓储功能划分

① 储存仓储。是物资较长时期存放的仓储。由于物资存放时间长，一般在较为偏远的地方建仓库。

② 物流中心仓储。是以物流管理为目的的仓储活动，为了实现有效的物流管理，对物流的过程、数量、方向进行控制的环节，能够实现物流的时间价值。

③ 配送仓储。也称为配送中心，是商品在配送交付消费者时所进行的短期仓储，即临时为消费者保存商品的仓储中心。

④ 运输转换仓储。是指衔接不同运输方式的转换的仓储，在不同运输方式的相接处进行，如火车站、港口等场所进行的仓储。

⑤ 保税仓储。是指使用海关核准的保税仓库存放保税货物的仓储行为。保税仓储一般设置在进出境口岸附近。

（4）按仓储物的处理方式划分

① 保管式仓储。是以保管物原样保持不变的方式所进行的仓储。保管式仓储也称为纯仓储。

② 加工式仓储。是保管人在仓储期间根据存货人的要求对保管物进行加工、组装和拼装。

③ 消费式仓储。指保管人在接受保管物时，同时接受保管物的所有权，能够对保管物进行销售和其他方式的处理。

（5）按仓储的集中程度分类

① 集中仓储。是大规模地存放物品，是一种大规模储存的方式，可以产生规模效益，仓储费用低，经济效果好。

② 分散仓储。是较小规模的储存方式。往往和生产企业、消费者、流通企业相结合，不是面向社会而是面向某一企业的仓储活动。

3.1.3 仓储的功能

3.1.3.1 储存功能

随着科技、社会生产的发展，劳动生产率的提高，产品产量巨大，相当一部分产品都不能被及时销售掉，需要经过仓储手段进行储存。另一方面，对于生产过程来说，适当的原材料、半成品的储存，可以防止因缺货造成的生产停顿。而对于销售过程来说，储存尤其是季节性储存可以为企业的市场营销创造良机。

3.1.3.2 拼装功能

拼装，就是把多种产品拼到一个仓库里去，然后整合进行单一的一票装运，从而得到最低的运输费率。拼装的流程如图 3 –1 所示。

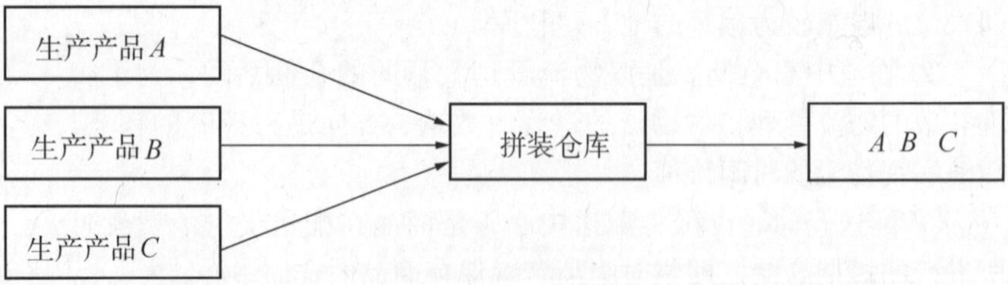

图 3 –1 拼装流程

拼装仓库可以由一家厂商单独使用，也可以由多家厂商联合使用。通过拼装，每个单独制造商或托运人都能够享受到总成本低于各自分别直接装运的成本。

3.1.3.3 分类、交叉功能

分类作业和拼装作业恰恰相反。分类作业接收来自制造商的货物，并把它们装运到个别的顾客（图 3 –2、图 3 –3）。

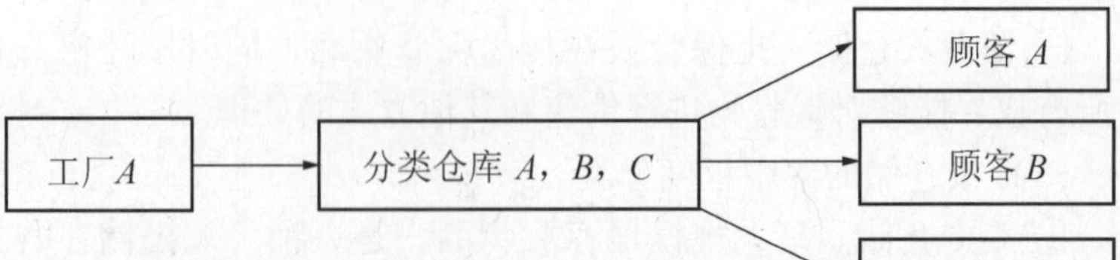

图 3 –2 分类流程

当涉及多个制造商和客户时，就需要采用交叉作业，如图3－4和图3－5所示。

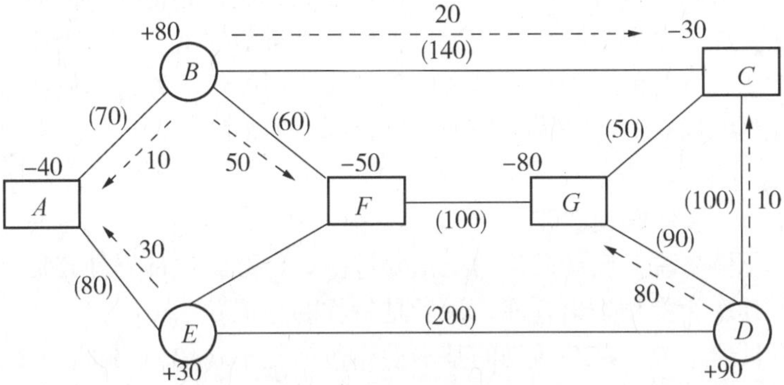

图3－3　用于分拨的配送仓库

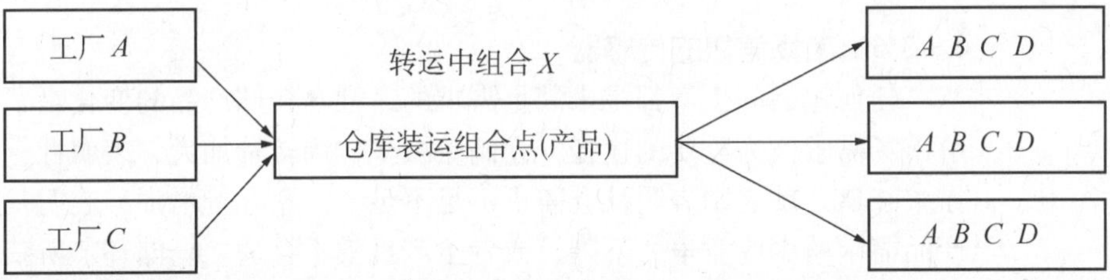

图3－4　交叉站台作业

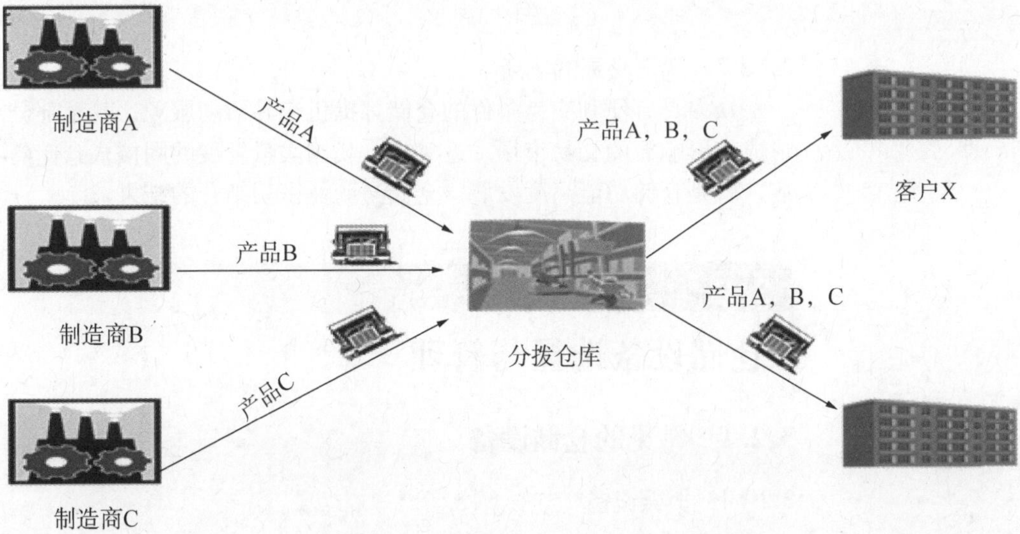

图3－5　利用配送仓库进行产品混合的例子

3.1.3.4 加工功能

保管物在保管期间，保管人根据存货人或客户要求对保管物的外观、形状、成分构成、尺度等进行加工，使仓储物发生所期望的变化。加工主要包括：一是为保护产品进行的加工；二是为使消费者方便、省力的加工；三是为便于衔接不同的运输方式，使物流更加合理的加工；四是为实现配送进行的流通加工。

3.1.3.5 装卸搬运功能

总体来说，装卸搬运功能主要包括三个方面：首先是装货、卸货，其次为货物进出仓库，最后是货物的分拣。

具体来说，装卸活动的基本动作包括装车（船）、卸车（船）、堆垛、入出库以及连结上述各项动作的短程输送，是随运输和保管等活动而产生的必要活动。

3.1.3.6 市场信息的传感器

任何产品的生产都是来满足需求的，社会仓储产品的变化是了解市场需求极为重要的途径。仓储量减少，周转量加大，表明社会需求旺盛；反之则表明社会需求不足不足。厂家存货增加，表明其产品需求减少或竞争力下降，或者生产规模不合适。仓储环节所获得的市场信息虽然比较滞后，但更为准确集中，且信息成本较低。现代物流管理应特别重视仓储信息的收集和反映。

3.1.3.7 现货交易的场所

众多具有便利交易条件的仓储都提供交易活动服务，甚至部分形成有影响力的交易市场。近年来，我国大量发展的阁楼式仓储商店，就是仓储功能高度发展、仓储与商业密切结合的结果。

3.2 仓储设备选择与管理

3.2.1 常见的仓储设备

3.2.1.1 货架设备

（1）托盘货架

托盘类货架是采用单元化托盘存取方式，有效配合叉车装卸，极大地提高作业效率，安全方便，可以充分利用空间高度的货架。

（2）悬臂式货架

悬臂货架采用特种型材立柱，有单面型与双面型，配以高强度受力悬臂，是存储各种长型物料和不规则物料的最佳方案，如型材、管材、板材等。特别适合空间不大又不高的库房，能提高仓库的利用率。

（3）阁楼式货架

因采用人工拣选方式只能达到2米高，从而衍生出阁楼式货架，阁楼式货架是搁板式货架的演变，为了充分利用空间高度，用货架自身结构搭建成两层以上的搁板式货架存储区，使存储货位成倍增加，再配以楼梯、升降机、滑道，方便拣货作业。阁楼式货架最适合对品种多的小件物料进行存储管理，可配合零件盒或周转箱对物料进行分类管理。

（4）移动式货架

移动储物柜是空间利用率最高的一种轻型搁板货架，仅需要一个通道，可以手摇转柄（或电动）将所需取货的通道摇出。搁板货架固定在地面轨道上。

（5）后推式货架

后推式货架是为使保管效率增加而设计的形式，其原理是在前后梁间以多层台车（或导轨）重叠相接，并跨于倾斜轨道上。进货时，将托盘堆放在台车（或导轨）上，后储存托盘将原先的托盘向里面推。出货时，当外面取货点的托盘被取走时，里面的台车会自动滑向取货点。

后推式货架集中了驶入式货架和重力式货架的优点，可实现单端存取，先进后出，适合少品种批量货物存放，对小规模仓库尤其适用。

（6）重力式货架

重力式货架是横梁式货架的衍生品之一，货架结构与横梁式货架相似，只是在横梁上安上滚筒式轨道，轨道呈3°～5°倾斜。托盘货物用叉车搬运至货架进货口，利用自重，托盘从进口自动滑行至另一端的取货口，是先进先出的存储方式。货架深度及层数可按需要而定。重力式货架适用于少品种大批量同类货物的储存，空间利用率极高。

（7）驶入驶出式货架

驶入式货架可用最小的空间提供最大的存储量，广泛应用于存储量大、品种小、进出库频繁的行业，叉车可直接驶入货道内进行存储货物，作业极其方便。存取货时，叉车从通道一端进出，存放时先外后内，体现了典型的先进后出理念。

(8) 旋转式货架

操作简单，存取作业迅速，适用于电子元件、精密机械等少批量多品种小物品的存储及管理。节省人力，增加空间；有标准化的组建构成，适用于各种空间配置；存取口固定，货品不易丢失；计算机快速检索和寻找储位，拣货快捷；取料口高度符合人机学，宜作业员长时间工作。

3.2.1.2 集装设备

(1) 托盘

中国国家标准《物流术语》对托盘（pallet）的定义是：用于集装、堆放、搬运和运输的放置作为单元负荷的货物和制品的水平平台装置。作为与集装箱类似的一种集装设备，托盘现已广泛应用于生产、运输、仓储和流通等领域，被认为是20世纪物流产业中两大关键性创新之一。托盘作为物流运作过程中重要的装卸、储存和运输设备，与叉车配套使用在现代物流中发挥着巨大的作用。托盘给现代物流业带来的效益主要体现在：可以实现物品包装的单元化、规范化和标准化，保护物品，方便物流和商流。

(2) 集装箱

集装箱是指具有一定强度、刚度和规格专供周转使用的大型装货容器。使用集装箱转运货物时，可直接在发货人的仓库装货，运到收货人的仓库卸货，中途更换车、船时，无须将货物从箱内取出换装。

3.2.1.3 装卸搬运设备

装卸搬运设备是用于商品出入库、库内堆码以及翻垛作业。这类设备对改进仓储管理、减轻劳动强度、提高收发货效率具有重要作用。典型设备有如下：

(1) 输送带

输送带又叫运输带（图3-6），是皮带输送机中起承载和运送物料作用的橡胶与纤维、金属复合制品，或者是塑料和织物复合的制品。皮带输送机在农业、工矿企业和交通运输业中广泛用于输送各种固体块状和粉料状物料或成件物品，输送带能连续化、高效率、大倾角运输，操作安全，使用简便，维修容易，运费低廉，并能缩短运输距离，降低工程造价，节省人力、物力。

图3－6　输送带

（2）叉车

叉车是工业搬运车辆，是指对成件托盘货物进行装卸、堆垛和短距离运输作业的各种轮式搬运车辆。国际标准化组织 ISO/TC 110 称为工业车辆。常用于仓储大型物件的运输，通常使用燃油机或者电池驱动。

（3）手推小车

手推小车的种类如图 3－7 所示。

图3－7　手推小车

(4) AGV

AGV 是无人搬运车 (automated guided vehicle) 的英文缩写，是指装备有电磁或光学等自动导引装置，能够沿规定的路径行驶，具有安全保护和移载功能的运输车。AGV 属于轮式移动机器人 (wheeled mobile robot) 的范畴。

3.2.1.4 起重设备

起重设备是指用于搬运或移动重物的机电设备。其范围规定为额定起重量大于或者等于 0.5 吨的升降机；额定起重量大于或者等于 1 吨，且提升高度大于或者等于 2 米的起重机和承重形式固定的电动葫芦、手动葫芦、液压搬运车、叉车设备、小型起重设备、吊具、千斤顶等。

3.2.1.5 计量检验设备

计量检验设备是用于商品进出时的计量、点数，以及货存期间的盘点、检查等。例如，地磅、轨道秤、电子秤、电子记数器、流量仪、皮带秤、天平仪以及较原始的磅秤、卷尺等。随着仓储管理现代化水平的提高，现代化的自动计量设备将会更多地得到应用。

3.2.1.6 保养、检验设备

保养检验设备是指商品进入仓库验收和在库内保管测试、化验以及防止商品变质、失效的机具、仪器。如温度仪、测潮仪、吸潮器、烘干箱、风幕（设在库门处，以隔内外温差）、空气调节器、商品质量化验仪器等。

3.2.1.7 消防安全设备

消防安全设备是仓库必不可少的设备，包括报警器、消防车、手动抽水器、水枪、消防水源、砂土箱、消防云梯、防盗系统、灭火设备等。

3.2.1.8 自动识别设备

自动识别系统是现代工业、商业及物流领域中，生产、销售、流通自动化过程中所必备的自动识别设备以及配套的自动识别软件所构成的体系。

自动识别设备主要包括条码识读、射频识别、生物识别、图像识别、OCR光学字符识别。

3.2.2 仓储设备选择

3.2.2.1 仓储装备的选择与配置

仓储装备是仓储设施的重要部分，直接影响到仓库的自动化水平、运作流程和效率。在选择仓储装备时，应从仓储机械的技术指标和经济指标两方面进行分析评价。

① 仓储装备的工作性能应与仓库的作业量、出入库作业频率相适应；

② 选用自动化程度高的仓储装备；

③ 计量作业和搬运作业同时完成；

④ 注意仓储装备的技术性和经济性的平衡。

3.2.2.2 装卸搬运机械的选择和配置

（1）装卸搬运机械的配置、选择原则

① 根据作业性质和作业场合进行配置、选择；

② 根据作业运动形式进行配置、选择；

③ 根据作业量进行配置、选择；

④ 根据货物种类、性质进行配置选择；

⑤ 根据搬运距离进行配置、选择。

（2）装卸搬运机械数量的确定方法

① 影响装卸搬运机械设备数量的因素：作业量、设备类型和性能、作业均衡性、作业时间、作业条件。

② 装卸搬运机械设备需要量的确定：第一，机械设备作业的测定和计算；第二，作业环节机械设备需要量的计算方法；第三，一条作业线的机械设备需要量。

3.2.2.3 集装单元装卸搬运机械的选择与配置

（1）单元化货物集装搬运机械的选择与配置

① 库内托盘及其单元货物拆码跺，箱内单元货物装卸；

② 库外汽车装卸、库外火车装卸、库外站台及其他集散地拆码跺；

③ 库内外单元货物搬运。

（2）集装箱货物装卸设备的配置

① 库内外装卸作业；

② 火车站台可采用龙门起重机、内燃叉车；

③ 港口码头；

④ 集装箱堆场。

3.2.2.4 搬运车辆的配置、选择和管理

用于短途搬运物品的无轨车辆，又称工业车辆，是广泛应用的物料搬运机械，包括手推车、牵引车和拖车、起升车辆、电动搬运车（俗称电瓶车）、内燃搬运车和无人驾驶搬运车等。其中起升车辆还有堆码和装卸物品的功能。选用搬运车辆的决定性因素有两个：使用需求和性能价格比。

3.2.3 仓储设备管理

仓储设备管理

仓储设备管理是指对设备的选购配置、投入使用、维修保养、改造更新全过程的控制管理。

仓储设备管理是指对设备的选购配置、投入使用、维修保养、改造更新全过程的控制管理。

3.2.3.1 仓储设备管理的特点

① 经济性。仓储设备是生产的重要组成部分，并且仓储设备活动也和其他物质活动一样可以创造商品的价值从而博取利润。

② 技术性。仓储设备作业的机械化、仓储设备管理的信息化已是仓储业的发展趋势。各种新技术的运用都体现出了仓储设备管理技术的特点。

③ 综合性。物流作为跨行业、跨产业的服务功能与各行业的运作特点紧密联系在一起，在整个仓储设备管理过程中要综合利用各学科理论进行商品管理，进行库存控制以保证商品的正常生产和流通，降低成本。

3.2.3.2 仓储设备的管理内容

① 选好设备。就是根据仓储业务的需要，正确地选购配置设备和提供优良的技术装备。

② 管好设备。对购入的设备要做好验收、保管、发放工作，建立领用、回收制度。由商品储存任务发生变化等原因造成设备停用时，也要保持设备的完整、齐全，保证设备经常处于最佳的技术状态。

③ 用好和修好设备。掌握设备的技术性能，按操作规程正确

使用设备，保证设备正常运转；对重要的机械运输设备，平时要做好使用登记和技术资料的统计工作；按照维修计划对设备进行小修、中修和大修。

④ 做好现有设备的革新和改造工作。我国商业仓储物质技术装备水平较低，设备落后，大部分商品装卸搬运仍用手工操作，远远满足不了商品流通日益发展的需要。为此，在管好、用好和修好设备的同时，大力对现有设备进行革新改造，减轻仓储职工的劳动强度，提高仓储劳动效率，促进商业仓储设备的现代化。

3.3 仓储信息管理

3.3.1　仓储信息管理的作用

3.3.1.1　订货、发货业务高度信息化

现代仓储管理无论是采取集约化、综合化的发展模式还是分散化、个性化的发展模式，在进行订货与发货时都非常注重信息化、科技化，采用的都是自动制件发票、账单等业务。

3.3.1.2　基于条形码管理的进货、发货检验集约化

在现代仓储中心，条形码的广泛普及以及便携式终端性能的提高，使物流作业效率得到大幅提高。在检验进货、发货商品时都会加贴代表客户信息的条形码。这样，企业的仓库保管以及发货业务都在条形码管理的基础上进行。

3.3.1.3　仓储中心内的保管、装卸作业自动化

企业在现代仓储中心建设时都极力导入自动化作业，以便在实现物流作业快速化的同时，极力消减作业人员、降低人力费用。自动化靠的是信息管理。

3.3.1.4　场所管理信息化、便利化

现代仓储中心内的场所管理分为两种形态；一种是利用信息系统事先将货架进行分类、编号，并贴附货架代码，各货架内装置的商品事先加以确定，这是一种固定型的场所管理；另一种管理方式

是流动型管理，即所有商品按顺序摆放在空的货架中，不事先确定各类商品专用的货架。

3.3.2 仓储信息管理的工具与方法

3.3.2.1 仓储信息管理系统建设

（1）仓储信息管理系统功能需求

一个功能全面的仓储信息管理系统应包含以下四个系统，如图3－8所示。

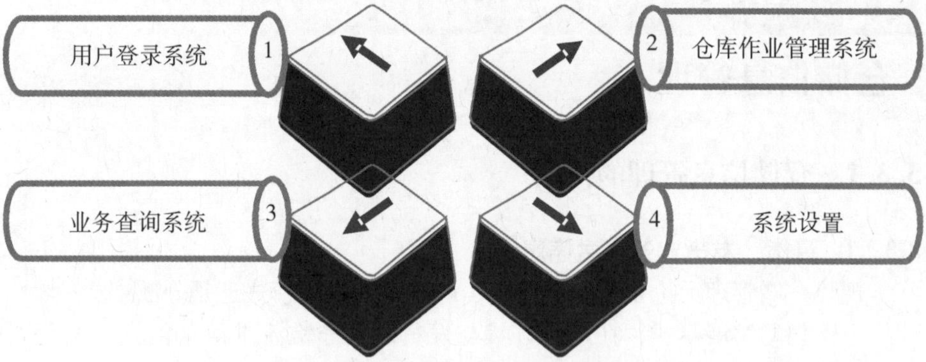

图3－8 仓储信息管理系统

① 用户登录系统应包含用户登录、注销、退出三部分功能。

② 仓库作业管理系统应包含订单处理、入库信息处理、库存信息处理、配送信息处理、货物调拨出库信息处理等模块。

③ 业务查询系统应能够向有访问权限的人员提供信息查询功能。

④ 系统设置包括供应商管理和仓库设置两大部分功能。

（2）仓储信息管理系统构成

仓储信息管理系统主要由软件平台和硬件设施两部分构成，如图3－9所示。

（3）仓储信息管理系统模型

为了满足信息系统的四大功能需求，可按照以下模型设计仓储信息系统。

仓储信息系统将四大功能需求整合后形成管理系统、作业系统，具体构成如图3－10所示。

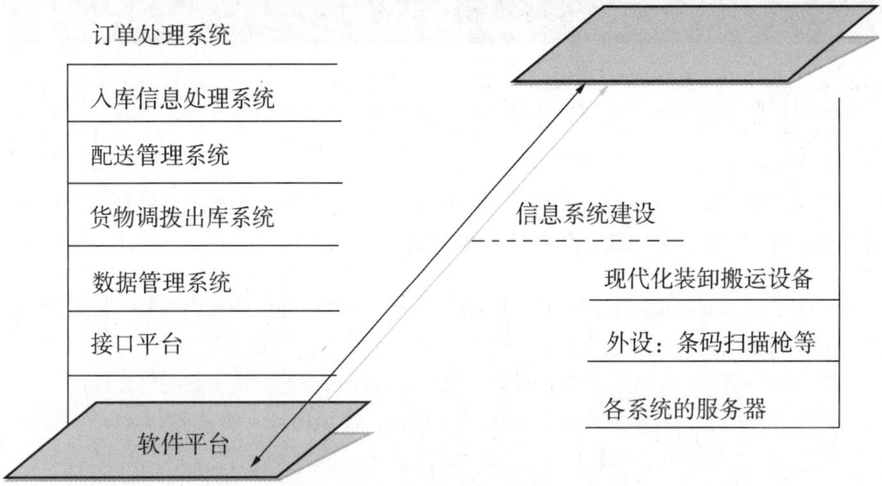

图3－9　仓储信息管理系统的构成

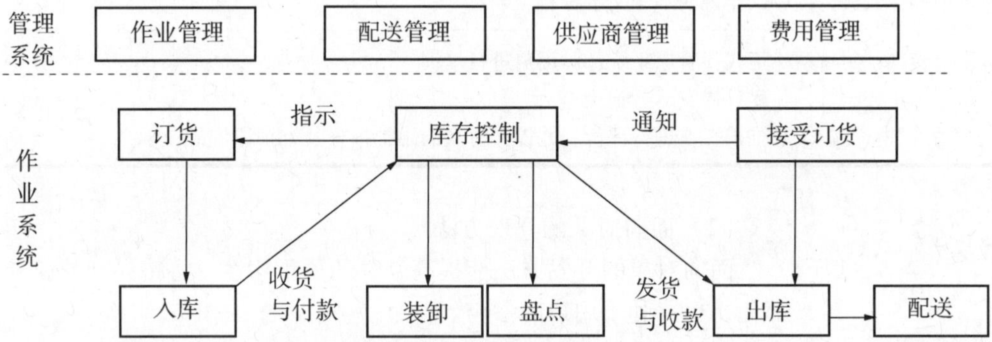

图3－10　仓储信息系统构造

3.3.2.2　仓储信息系统规划方法

（1）生命周期法

生命周期法也称结构化系统开发方法，它是迄今为止各种信息系统开发方法中应用最普遍、最成熟的一种。生命周期法的具体介绍如表3－1所示。

表 3-1　生命周期法介绍

开发阶段	具体操作步骤或工作内容
系统规划	◎ 根据组织的整体目标和发展战略确定信息管理系统的发展战略，制订信息管理系统建设计划
系统分析	◎ 需求分析是了解企业的需求，并在说明书中注明 ◎ 需求分析阶段具体分析步骤如下：提出问题→先行调查→可行性分析→编写可行性报告→详细调查→还原信息系统的逻辑模型→建立新系统的逻辑模型
程序设计	◎ 依据系统分析说明书进行新系统的物理设计，提出一个由一系列物理设备构成的新系统设计方案，并把这一方案表达出来 ◎ 总体设计阶段的主要任务有：系统空间布局设计、系统模块结构设计、系统软硬件设计 ◎ 详细设计阶段的主要任务有：数据库设计、数据文件设计、编码设计、输入/输出设计、逻辑模块设计等
系统测试	◎ 购置计算机硬件、系统软件，并安装调试 ◎ 设计并调试程序及程序系统后，系统试运行 ◎ 培训操作人员、编写操作说明书等文字资料
系统运行和维护	◎ 系统转换，用新系统正式代替原系统；对用户进行培训 ◎ 新系统正式运行，并逐日提交运行记录 ◎ 对系统进行维护及对维护工作进行评价，并提交每次的维护报告及维护评价报告

（2）面向对象的开发方法

面向对象的开发方法能提高软件的可重用性，将错误和缺憾局部化，也有利于用户的参与。

（3）基于构件的开发方法

基于构件的开发方法是将编制好的“构件”插入已做好的框架中，从而形成一个大型软件。这些构件是可重用的软件，既可以由用户自己开发，也可以向供应商购买。当用户发现某个构件不符合要求时，可对其进行单独修改而不会影响其他构件，也不会影响系统功能的实现和测试。

3.3.3　仓储信息管理制度

第1章　总　　则

第1条　目的

1. 有效地收集和使用仓储信息，提高仓库周转率。

2. 提高仓库管理水平，合理控制库存。

第2条　适用范围

本制度适用于所有与仓储相关的信息管理工作。

第3条　管理原则

仓储信息管理应遵照三项原则进行：可靠性原则；完整性原则；经济型原则。

第2章　仓储信息的质量要求

第4条　信息充足

仓储系统的有效运行需要充足的信息，仓储信息是否充足、是否能满足仓储管理工作的需要对公司的有效运营有很大影响。

第5条　信息准确

由于服务对象的可用信息非常少并且模棱两可，经常会导致企业仓储决策不当。只有掌握丰富、准确的仓储信息才能保证企业物流服务的有效运行，给仓储管理工作提供帮助。

第6条　信息标准化

在实际工作中，通过标准化来实现系统的自动数据采集和系统间的数据交换与共享已经成为仓储信息系统建设的必然要求。

第3章　仓储信息的收集和录入管理

第7条　入库信息收集

1. 验收专员为验收合格的物资贴合格章。

2. 入库管理员为物资编码、贴条码，扫描入库货物信息。

3. 中转物资、退货退料等均需及时记录。

第8条　在库物资信息获取

1. 仓库管理员在日常仓库管理过程中，发现物资存储异常时应及时更新物资信息。

2. 定期开展盘点工作，盘点结束后，盘点人员按照财务部的处理方案更新物资信息。

第9条　出库信息收集

所有出库物资办理出库手续后，仓库管理员均应及时更新物资信息。

第4章　仓储信息识别

第10条　物资信息识别

1. 公司所有储存物资全部粘贴条形码，以作为其在整个物流运转体系中的身份标识。

2. 条形码由仓储部按照编码规范统一制作完成。

3. 物资信息应包含品名、规格、储位、储位编码等内容。

第11条　员工信息识别

1. 员工指纹及编号是员工进入仓储信息系统的主要依据。

2. 员工进行指纹及编号备案后，方可获得进入系统的资格。

第12条　客户信息识别

1. 工作人员在接收客户订单信息时要保存客户信息。

2. 客户租用仓库时工作人员应保存客户及储存货物信息。

3. 客户信息应包括客户名称、联系方式等。

第13条　仓库设备信息识别

1. 仓库设备包括仓库货架等存储设备和装卸搬运设备。

2. 仓库设备信息应包含设备名称、规格、数量等。

第14条　其他数据识别

仓储部日常工作中产生的其他数据、表格及相关文件必须符合仓储信息管理系统的要求，以保证信息的标准化。

第5章　物流信息的存储

第15条　储存形式

仓储信息实行电子化存储，由仓储信息管理系统进行存储。

第16条　储存保管

1. 仓储信息录入系统后，经过加工、整理，成为支持仓储系统运行的各种数据信息。

2. 仓库信息管理员每天对其进行维修检查。

第6章　仓储信息的输出管理

第17条　仓储信息调阅权限

各部门有不同的仓储信息调阅权限。

1. 生产部门应有查阅物料存货信息的权限，随时把握物料入库信息。

2. 行政部应有查阅办公用品存货信息的权限。

3. 采购部应有查阅所有采购物资信息权限，以便及时根据物资存货情况安排采购事宜。

4. 销售部应有查阅所有销售产品信息的权限，以便快速处理订单。

5. 财务部应有查阅在库物资信息的权限，以便随时对物资进行登账并安排盘点事宜。

6. 仓储部经理、总经理可以随时调阅、审查仓储信息。

第18条　仓储信息调阅规范

1. 各部门按照各自的权限对仓储信息进行查阅，不得恶意攻击仓储信息系统。

2. 各部门如需要调阅权限范围外的仓储信息，需要按以下程序进行。

（1）使用部门向总经理提出调阅仓储信息的申请。

（2）使用部门向仓储部提交经总经理审批后的“调阅仓储信息申请”。

（3）仓储部审核申请书无误后，登记调阅信息。

（4）仓储部为使用者提供物资仓储信息。

第7章　附　　则

第19条　本制度由仓储部负责解释和修改。

第20条　本制度自颁布之日起实施执行。

（资源来源：李育蔚．仓储精细化管理全案［M］．北京：人民邮电出版社，2012. 有改动.）

3.4 仓库布局

仓库布局就是根据仓库场地条件、仓库作业性质、商品储存要求以及技术设备性能和特点等因素，对仓库的数量、规模、地理位置、货架、通道和库内运输线等各要素进行科学规划和整体设计，以最大限度地提高仓库的储存和作业能力，并降低各项仓储作业费用。仓库布局是仓储管理发挥最大作用的客观需要，其合理与否直接影响到商品的成本、商品储存安全性和工作效率等问题。

> **仓库布局**
> 仓库布局就是根据仓库场地条件、仓库作业性质、商品储存要求以及技术设备性能和特点等因素，对仓库的数量、规模、地理位置、货架、通道和库内运输线等各要素进行科学规划和整体设计，以最大限度地提高仓库的储存和作业能力，并降低各项仓储作业费用。

3.4.1　仓库数量的确定

仓库数量问题对企业物流起着非常重要的作用。一般情况下，如果企业规模比较小，生产的产品数量只是针对某一市场，则企业只需一个仓库或者两个仓库就够了。如果企业的产品遍布各地，企业规模大，则要经过综合权衡各方面因素方能正确选择合理的仓库数量。

3.4.1.1　总成本

企业决定其仓库数量时首先要考虑的是总成本的大小。一般而言，仓库数量的增加，运输成本会减少，而存货成本会增长。总成本曲线和仓库数量的变化范围因公司经营目标不同而异。如图3－11所示。

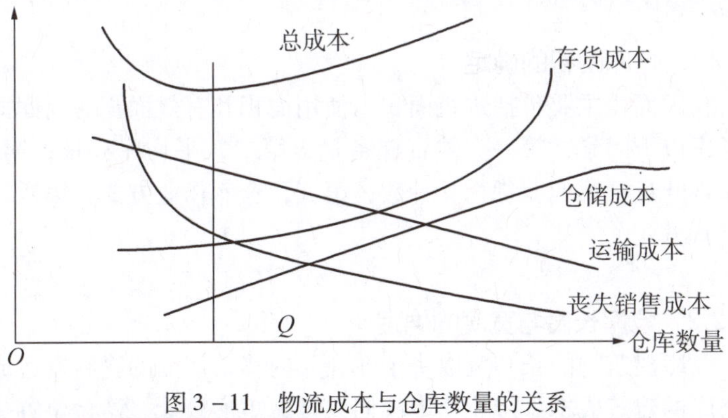

图3－11　物流成本与仓库数量的关系

3.4.1.2　运输能力

运输能力是影响仓库数量的另一因素，如果企业要为客户提供快捷、高效的服务，企业则要选择快捷、高效的运输服务。如果企业得不到合适的运输服务，企业则要增加仓库的数量。

3.4.1.3 客户服务

当今时代，仓储所面临的挑战来自于变动的仓储环境、增长的顾客需求，以及对更好仓储作用的要求。根据延迟理论（theory of postponement），各种活动都应该尽可能推迟，以增加产品满足实际需求的可能性，为客户提供快捷有效的服务。但是，如果竞争对手在市场上提供了更加快捷的服务，那么企业原先的销售量就会降低，企业就要在销售上做出更多的努力来弥补其缺陷。因此，客户服务的要求提高时，我们可以通过增加仓库的数量来满足其客户需求。

3.4.1.4 信息管理系统的应用

随着网络的普及和成本的降低，很多中小企业都把信息管理系统应用到了仓储管理中。

3.4.2 仓库总平面布局

仓库总平面布局就是根据现代仓库总体设计要求，科学地、合理化地解决生产和生活等区域的布局问题。仓库总平面一般划分为仓储作业区、辅助作业区、行政生活区、库内道路、停车场和绿化区等几大部分。仓库的面积、长度、宽度、高度和层数是仓库总平面布局的重要参数。

3.4.2.1 仓库面积的确定

仓库面积主要包括建筑面积、使用面积和有效面积。仓库面积要考虑以下因素，第一，物资储备量；第二，平均库存量；第三，仓库吞吐量；第四，货物品种数；第五，仓库作业方式；第六，仓库经营方式。

3.4.2.2 仓库长度与宽度的确定

仓库建筑物的长和宽取决于在仓库内移动产品的物料搬运成本和仓库的建筑成本。待建仓库我们只考虑矩形设计，站台位置一般设在图中的 X 点或 Y 点，如图 3－11 所示。图中仓库采用矩形巷道，存储 N 种不同类型的货物，地面的面积为 S_1，最优宽度和长度可以通过物料搬运成本与仓库周长成本之间进行的权衡比较来确定。周长成本是指每米仓库周长的年建筑和维护成本。

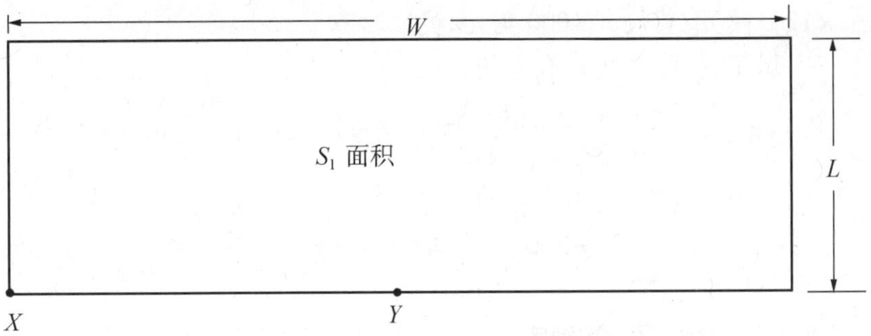

图3－12　仓库面积图

如果站台位于 X 点，长、宽结构的最优值如下：

宽度的最优值 W^* 为

$$W^* = \sqrt{\frac{C + 8k}{2C + 8k}}\sqrt{S} \quad (3-1)$$

长度的最优值 L^* 为 $$L = \frac{S}{W^*} \quad (3-2)$$

如果站台位于 y 点的长，宽结构

最优宽度为 $W = \sqrt{S}$

最优长度为 $L = \sqrt{S}$

式中：C—某种货物出入库的每米总成本之和乘以每年该种货物出入库的预期数量（元/米）；

K—每米的年周长成本（元/米）；

S—所需的仓库地面面积（平方米）。

【例】一家自营零部件仓库的吞吐量约为10万箱，平均出入库物料搬运成本为每英尺0.005美元。拣货时，每件货物均需从出库站台往返，该操作需要30万平方英尺的空间。据估计，一个500×600平方英尺的仓库造价为每平方英尺90美元，该仓库使用年限为20年。装卸站台位于拟建仓库的一角附近。该仓库建筑物最优尺度各是多少？其总相关成本是多少？

解答过程如下：

首先，我们需要求出年周长成本。

仓库周长为（2×500+2×600）英尺=2 200英尺，其造价为90美元×300 000 =2 700万美元。摊销到每一年为2 700万美元/20年 = 135万美元/年。分摊到每英尺周长为135万美元/2 200英尺 = 613.64美元/英尺，这是K的值。C的值为（0.005×100 000

×12）美元/英尺 = 6 000 美元/英尺。

运用式（1）可得仓库的宽为：

$$W^{*}=\sqrt{\frac{6\ 000+8\times 613.64}{2\times 6\ 000+8\times 613.4}}\times\sqrt{300\ 000}\text{英尺}=440\text{ 英尺}$$

运用式（2）可得仓库的长为：

$$L^{*}=300\ 000/440\text{ 英尺}=682\text{ 英尺}$$

3.4.2.3 仓库层数的确定

在土地十分充裕的条件下，从建筑费用、装卸效率等方面衡量，以建平房仓库为最好，若土地紧张的话，则可采用二层或多层仓库。

3.4.2.4 仓库高度的确定

仓库高度取决于库房的类型、货物的品种和作业方式等因素。平房仓库高度一般采用 $3M_0$（300 mm）的倍数；当库内安装桥式起重机时，其地面至走行轨道顶面的高度应为 $6M_0$（60 m）的倍数。

3.4.3 仓库作业区布局

仓库作业区是现代仓库的主体，是商品仓储的主要活动场所。仓库的主要业务和商品保存、检验、包装、分拣、整理等都在这个区域进行（如图 3 - 13 所示）。

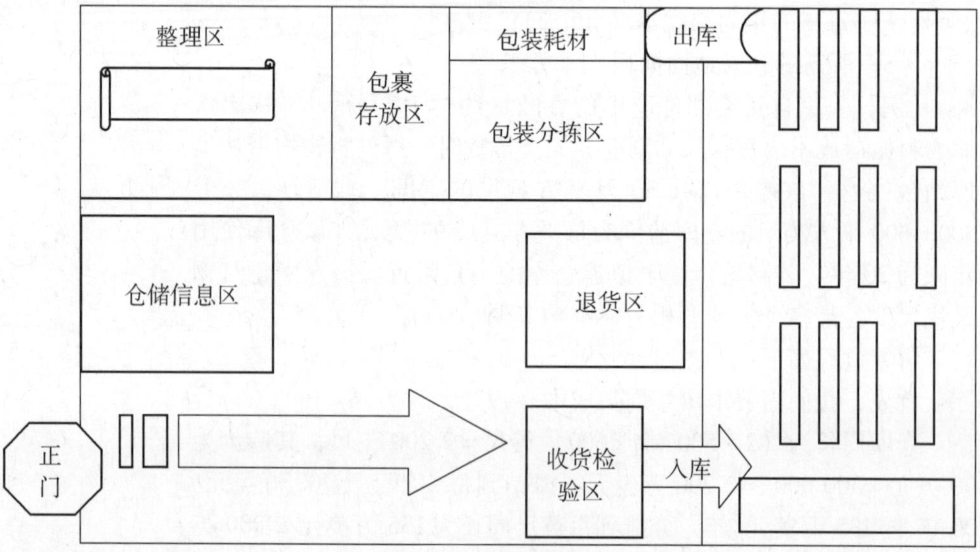

图 3 - 13 仓库作业区布局

3.4.3.1　仓库作业区布局应考虑的因素

（1）仓库业务流程

我们可以把仓库业务流程分为两种形式：一种是整进整出，商品基本按原包装出入库，其作业过程比较简单；另一种是整进零出、零进整出，商品整批入库、拆零付货或零星入库、成批出库，其业务过程相对来说就比较复杂，需要经过接货、保管、检验、拆包、再包装、简单加工、编配和出库等作业环节。为了用最少的人力、物力耗费在最短的时间内完成各项作业，必须按照各个作业环节之间的内在联系对作业场地进行合理布置，使作业环节之间密切衔接、环环相扣。

（2）设施设备特点

不同的商品需要不同的设施设备，为了充分发挥不同设施设备的使用特点，提高作业效率，在布局作业区时就需要考虑所配备的设备的情况。每种设备都有其自身特点，因此，必须从合理使用设备出发，科学、系统地布局作业区。

（3）货物吞吐量

在仓储作业区内，各个库房、货场储存的商品品种和数量不同，并且，不同商品的周转速度也不同，这些都直接影响库房、货场的吞吐量。布置作业区时应根据各个库房和货场的吞吐量确定它们在作业区内的位置。对于吞吐量较大的库房和货场，应使它们尽可能靠近铁路专用线，以减少搬运和运输距离。

（4）仓库通道

仓库通道是指出入库区的通道及库区内连接各库房、货物场所之间的道路。如果有铁路专线的入库区，铁路专线的长度应根据出入库物资的数量和频度来确定，线路的宽度应根据铁路有关规定执行。汽车通道应根据运输量、日出入库的车辆数量、车辆载重量等设计道路宽度与地面承载力等。总的原则是最大限度地减少道路的占地面积。

资料
3.2

海尔物流和立体库

海尔集团公司通过分析发现：在整个生产过程中，最受制约的就是仓储，所以海尔选择了这个作为突破口。在青岛海尔信息园里建了一座机械化的立体库，在黄岛开发区建了一座全自动的立体库。黄岛立体库长120米、宽60米，仓储面积5 400平方米，立体库有9 168个标准托盘位，托盘是1.2米×1.0米；立体库的建筑高度是16米，放货的高度可达到12.8米，每天进出的托盘达到1 200个，实际能力是1 600个，5 400平方米取代了原来65 000平方米的外租库，而且由于使用了计算机系统，管理人员从原来的300多人降为48人。第一个作用是费用的减少。外租库的租金和外租库到车间的来回费用的减少，加上节省的工人工资一年就节省1 200万元。第二个作用是降低了物料的库存。因为海尔在计算机系统里都设定了，比如说只允许放7天的物料，超过7天不允许进入，相对来说使整个库存量下降。当时空调事业部就是一个典型的例子，从9月到12月库存大约降了1.4亿元。第三个作用是深化了企业物流系统的规划。因为立体库使用后是两翼推动，一是海尔要求所有的分供方按照标准化的模式送货，所有的都是标准化的托盘、标准的周转箱。以往都是纸箱，纸箱的坏处在于，产品的零部件容易压坏，上线的时候还要倒箱，多次倒箱增加了人工拣选，保证不了产品质量。采用统一的产品包装之后，从分供方厂里到海尔的生产线整个过程不用倒箱。对车间也是一样，以往车间脏、乱、差现象很严重，使用标准箱之后，全部实行了叉车作业标准化。立体库对双方都产生了有利作用，对分供方以及对海尔内部的整个物流推进都很重要。二是立体库具有灵活性和扩展性，刚开始设计立体库想的只是放空调，但是通过计算机系统管理以后只占很少的库容，公司马上把冰箱、洗衣机、电脑全部放进去，减少了这些产品的外租库，整个效果非常明显。

（资源来源：http：//zhidao.baidu.com/question/445335650.html.有改动.）

3.4.3.2　仓库作业区物流动线形式布局

物流动线的选择与仓库作业流程密切相关，它决定了物流作业在仓库内的连接方式和各种作业之间的位置关系，通常包括以下六种物流动线形式：

① 一字型流动（图3－14）：出/入口在仓库的正反方向，适合于作业流程简单、规模较小的仓库作业。一字型流动受环境与作业特性限制，比如中国北方不适于一字型库房，因为冬季容易形成穿堂风，影响作业。

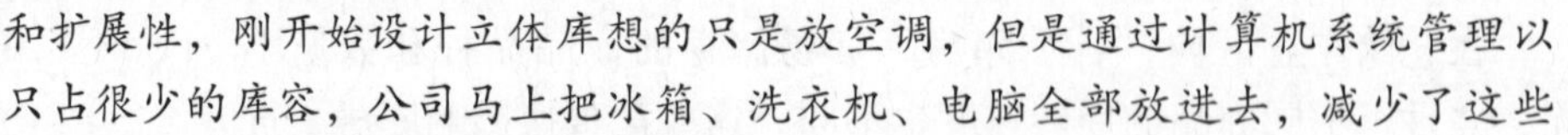

图3－14　一字型流动

② T型流动（图3－15）：出/入口在仓库的相对面，但具有两条通路。适合于作业流程相似，但有两种不同的进出货形态的物流形式。

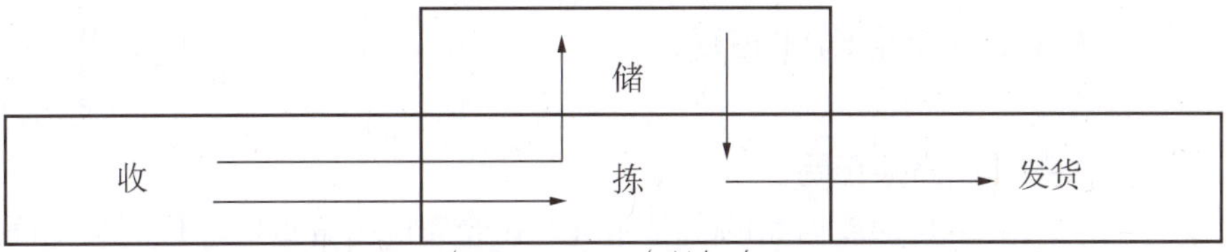

图3－15　T型流动

③ U型流动（图3－16）：在库房一侧有相邻的两个收货站台和发货站台。可根据进出货频率大小，将物流量大的物品安排在靠近进出口端的储区，缩短这些物品的拣货搬运路线。

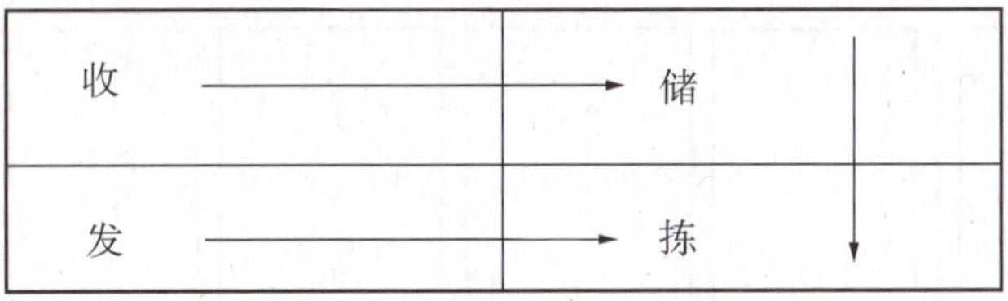

图3－16　U型流动

④ 锯齿型流动：出/入口在仓库的不同侧面，路线成锯齿状，通常适用于多排并列的库存货架区内。

⑤ 分流式流动：适应于批量拣货的分流作业。

⑥ 集中式流动：适应于因储区与物品特性，而把订单分解在不同区域拣货，然后再进行集货的作业。

3.4.4　仓库辅助作业区布局

在辅助作业区进行的活动是为主要业务提供各项服务的，例如车库、设备维修车间、油库、变电室、加工制造、机械存放和垃圾处理等。值得注意的是油库应远离维修车间、宿舍等区域，周围要加强消防设施。

3.4.5　仓库行政生活区布局

它是行政管理机构和员工生活的区域，具体包括行政办公楼、保安室、宿舍、食堂、实验室等。为便于业务接洽和管理，行政管理机构一般设在仓库的主要出入口。此外，仓库的消防水道应以环行系统布置于仓库全部区域，消火栓应沿道路设置，并靠近十字路口，一般其间隔不超过 100 米，距离墙壁不少于 5 米。

3. 4. 6 库房内部布局

3.4.6.1 货架布局

货架是摆放商品的主要场所，在仓库中占有重要地位。由于商品的体积、重量、重要程度、保质期限等等不同需要用不同的货架，才能使仓储成本达到最低。货架布局一般为分为两种形式，一种是靠墙面的货架布局，一种是双面货架布局，如何布局才能达到成本最优化，我们可以通过计算其空间大小来确定其成本最优化。不同的货架计算方式不一样，具体如图 3 – 17 所示。

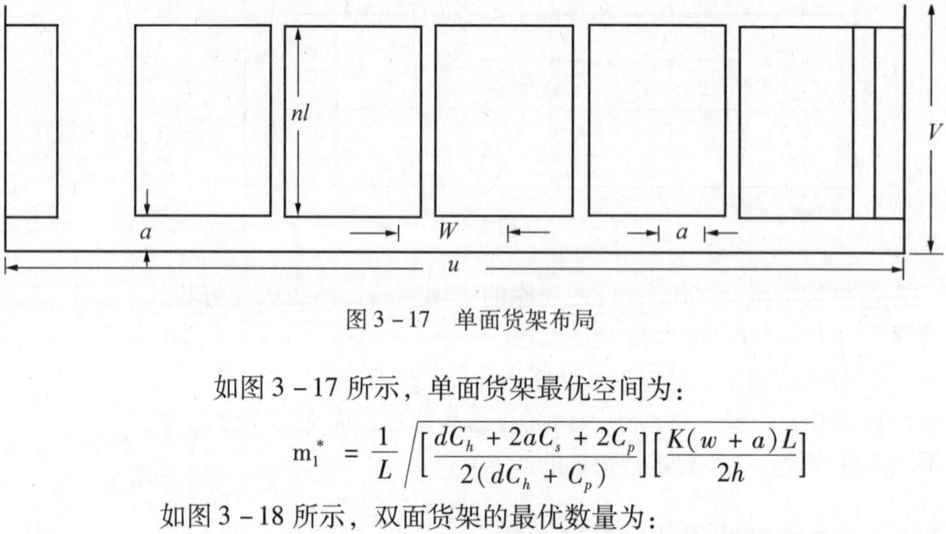

图 3 – 17 单面货架布局

如图 3 – 17 所示，单面货架最优空间为：

$$m_1^* = \frac{1}{L}\sqrt{\left[\frac{dC_h + 2aC_s + 2C_p}{2(dC_h + C_p)}\right]\left[\frac{K(w+a)L}{2h}\right]}$$

如图 3 – 18 所示，双面货架的最优数量为：

$$n_1^* = \frac{1}{w+a}\sqrt{\left[\frac{2(dC_h + C_p)}{dC_h + 2aC_s + 2C_p}\right]\left[\frac{K(w+a)L}{2h}\right]}$$

式中，W——双面货架的宽（英尺）；

L——库存空间的长度，如托盘的宽度（英尺）；

M——货架上的货位数量；

H——垂直方向上的储存层数；

N——双面货架的数量，两个单面货架视为一个双面货架；

K——库存空间内的总库容；

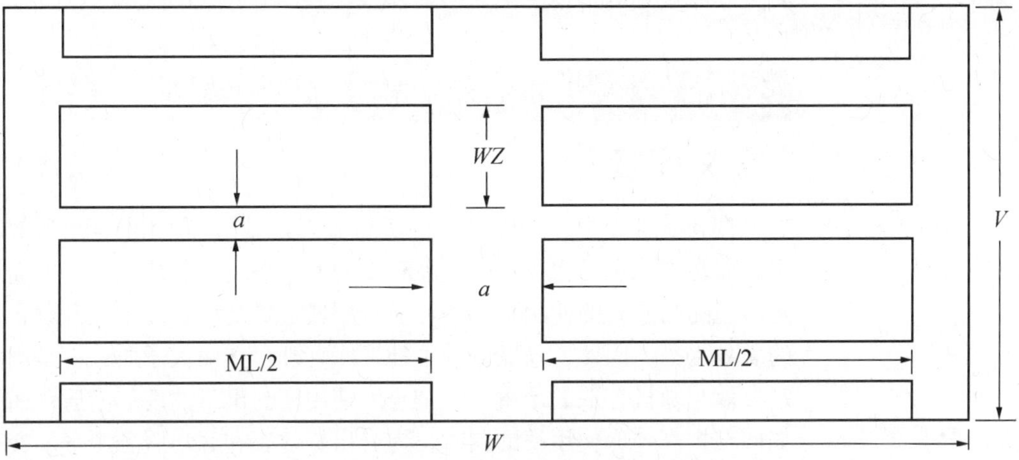

图3-18　双面货架布局

A——一个巷道的宽度（英尺），假定所有的巷道宽度相同；

U——仓库的长度（英尺）；

V——仓库的宽度（英尺）；

D——用存储单位（如托盘）表示仓库的年吞吐量（需求）。假定一种产品占用一个空间单位（产品数/年）；

C_h——一个长度单位的库存货物的物料搬运成本（美元/英尺）；

C_s——每一单位仓库面积的年成本（水、电、维护）（美元/平方英尺）；

C_p——每一长度单位外墙的年成本（美元/英尺）。

3.4.6.2　库房通道布局

一般库房都设有纵向（或横向）进、出库的通道，大型库房还应同时设纵向和横向进、出库通道。

在库房内货位之间还应留有作业通道。通道的宽窄应根据装卸搬运机械的类型确定，同时应考虑对于库房面积的充分利用和各种作业的方便与安全。

汽车进库房，其通道宽度不应小于4米，并应设有进、出口（不同道）。

对于仓库的具体布局规划，在本书中不作过多说明，可以参考有关仓库规划的书籍。

3.5 交叉理货

在仓储管理中，入库管理的关键在于提高入库的准确性和效率；而在库管理的重点在于提高仓库的使用率和出货速度，一方面是希望提高仓库的使用率，一方面希望通过提高出货效率提升顾客的服务水平。因此，仓储管理中的在库管理存在两大矛盾：一是固定存取与随机存取的矛盾；二是仓库使用率与出货速度的矛盾。而如何在提高仓库使用率的同时，提升出货效率和客户服务水平。交叉理货为解决这样的矛盾带来了新的契机。

3.5.1 交叉理货的定义

> **交叉理货**
> 交叉理货是物流配送领域中 JIT（just in time，及时制）理念的体现，它通过商品在理货台上的迅速处理、转移来实现。

交叉理货是物流配送领域中 JIT（just in time，及时制）理念的体现，它通过商品在理货台上的迅速处理、转移来实现。交叉理货被广泛地应用于快速消费品行业中。交叉理货是这样一种流程，在某个场合中产品被接收，或与同一去向的其他产品合并，之后以最快的速度运出，而无长久储放。其物流运作应具备三个显著特征：第一，产品无论在接受环节还是存储环节，其停留时间应压缩至最短。某些专家甚至声称，产品在中转处停留时间超过一天，该过程都不能称之为交叉理货。第二，收货后，货物或能直接运出，或能在中转区域停留，或能直送至拣货区而绝对不能放在长久存放货物区域。用交叉理货的方法，存储空间被减少许多。第三，相关系统到位以保证实物流、信息流交换的有效性和高效率。交叉理货的不同参与者需要充分的协调，必须周密考虑进出货物的计划调配，甚至在收货前就能定出其必须到达的下一站，以使货物的停留时间最短。

3.5.2 交叉理货的两种模式

交叉理货能够使商品的收货环节和发货环节高度整合到一起，体现的是物流配送的 JIT。而快速消费品因其周转期短、批量大、商品价值低和对生鲜度要求高等特性，使得交叉理货技术在快速消费品行业中被广泛应用。在现实操作中，根据商品的属性，可以划分为两种交叉理货模式。

3.5.2.1　预先包装型交叉理货

供应商事先按照最终订单的要求进行备货，配送中心在接到各供应商的商品后，将理货平台上其他供应商同类操作拣选好的商品直接按各零售商门店的需求合并，不做任何分拣操作直接发运。

3.5.2.2　中间处理型交叉理货

物流配送中心收到供应商的单元商品，将原来的包装单元根据客户订单需要拆分为新的单元，贴上标签后直接将商品移动到出货口，并与理货平台上其他已经拆分好的单位商品合并成最终零售商门店需求的商品单元，然后发运。

案例 3.3

MILLER SQA 公司的交叉理货

MILLER SQA 公司是一家家具制造商，根据客户订单提供低价格的优质办公家具。它成为行业的领头羊，源于它的 7 天制造周期，而行业平均水平为 3～6 个星期。一个基于订单制造的系统，产品种类和需求成千上万，计划零部件并非易事。为防止缺货和延误生产，以前生产车间保持了约 15 天的零部件库存量。由此增加了 SQA 的库存存储成本，而且占用了工厂 40% 的空间。此外，由于 SQA 以每年 30% 的速度扩张，增长的产能急需更大的生产和存储空间。

为改善 JIT 流程，公司决定将供货基地近迁，雇请 MENLO 物流公司管理一个距荷兰工厂仅 4 英里的专用件仓库。供货商运来 1 000 多种不同的部件，MENLO 的员工根据 SQA 的实际生产需求分拣，挑选及运送至荷兰工厂。工厂的需求是提前 4 个小时通知这个交叉理货中心。MENLO 用 2 个小时的时间分拣货物，装载到不同的集装箱，然后运送到工厂。之后，这些部件或者被直接运到 SQA 16 个工作中心之一的车间地面，或者暂存在某个区域待用。任何时间在 SQA 的工厂都不会有超过 2 小时的零部件库存。由此，SQA 释放了大量宝贵空间用于生产，同时显著降低了库存存储成本。

此外，是供应商而不是 SQA 拥有在 MENLO 仓库的库存，但这不是简单地将库存转移到下游，事实恰恰相反。供应商被要求在他们的工厂内保留不超过 10 天的库存。另外，在 MENLO 的库存不超过 2 天。SQA 承认从客户到供应商的信息流是 JIT 成功的关键。当收到客户订单时，SQA 的制造软件程序会计算预期的完工时间，并安排相应的生产次序。当生产订单设定后，该系统会将部件需求、生产排序和交货计划以电子文档方式传送给 MENLO 的仓库管理系统。周转箱上的条形码可用来跟踪流动车上的物品类别和数量。当流动车空载时，SQA 组装线的工人就扫描该条形码，控制软件会相应决定何时从 MENLO 提货，以及何时向供应商发送采购订单。

3.5.3 交叉理货的优势

交叉理货现今已经成为一种发展趋势。国内外许多企业已经在使用交叉理货这种物流技术，特别在快速消费品市场上应用更加广泛，如食品行业、饮料行业、低温新鲜行业、百货超市等时间敏感性产品领域。在降低库存成本、装卸成本、减少仓储空间的同时缩短了运输时间，增加了客户提货速度，降低了货物破损率，取得了良好的社会、经济与环境效益。国外统计数字显示，86.8%的快速消费品企业将交叉理货用于实践。之所以应用率这么高，其优势在于：

① 实行交叉理货，配送中心库存极少，在接到客户订单后向上级供应商提货，其补货策略也是基于客户订单需求而制定，货物不进行长期储存。

② 对较稳定的大批量需求，不需要每次都采用定购模式来运作。因为交叉理货可以减少供应链环节上的库存；对稳定而小批量的需求，采用交叉理货来代替零担运输（less than truckload），可以减少运输成本。

③ 交叉理货节省了昂贵的库存费用和管理费用。

④ 对仓储和运输管理进行集成是目前提高供应链管理的一个重要思路，交叉理货是正式实现这种思路的有效手段之一。

⑤ 交叉理货完全符合准时制策略，可为企业实施准时制造提供保障。

3.5.4 交叉理货的实施

3.5.4.1 交叉理货成功实施的条件

交叉理货的目标是消除零售商或者分销商仓库中的非生产性库存，最大特征就是节约商品出入库的时间和成本，包括仓储信息管理的时间和成本。交叉理货优越性很强，但并非所有使用交叉理货的企业都能获得成功，要想成功实施交叉理货，需要满足七个“恰当”。具体包括恰当的产品、恰当的供应商、恰当的信息流、恰当的产品流、恰当的成本、恰当的人员和恰当的组织架构。

① 恰当的产品：仓储成本高；有条形码贴在外纸箱或卡板上以便随时读取产品信息；产品需求可准确预测以便准确计划交货。

② 恰当的供应商：供应商有正确的运作和控制流程，以确保产品以正确的数量在精确的时间内到达。并且始终能和物流中心保持联系，以及提供必要的反馈。如果供应商能事先分类并标贴以卡板为单位的产品，物流中心就能以最少的工作量最快速地进行处理。否则挑选分类会大大增加物流中心工作的复杂性。

③ 恰当的信息流：要求及时、准确，最好是无纸化的信息流在各伙伴间流动，伴随产品顺畅、连续地吻合实际需求地流动。物流计划员需要计划物流中心接收产品时间以配合产品运出时间——产品运出是回应供应链下一点客户的直接要求。唯有准确的信息和货物进出仓的实时反映才能使交叉理货灵活有效地运作。

④ 恰当的产品流：应配备包括运输、仓库设施、设备及运作在内的整套网络到位。在需进行产品分类挑选的环节，必须设计合适的物流设备和运作流程。运输也必须保证快速高效。

⑤ 恰当的成本：任何对交叉理货的投资均要求可接受的现实的回报。

⑥ 恰当的人员：要求其运作人员对产品流动而非产品存储有着最强烈的意识，他们追求绩效，乐于总结改善，并且积极学习物流业最新技术，同时能够主动与供应商和客户沟通协调。

⑦ 恰当的组织架构：交叉理货是一个完全的职能交叉项目，信息系统部、物流部、销售部门等部门都要参与到流程中来。

3.5.4.2 交叉理货的实施流程

（1）预先包装型交叉理货流程

预先包装型交叉理货主要适用于保质期限很短的生鲜产品和销售渠道为中型超市的产品，并且这种商品体积小、品类多，如卫生品、化妆品、服装等。预先包装型交叉理货基本的操作流程如图3－19所示。

图 3－19　预先包装型交叉理货流程

① 零售商发出采购订单到配送中心；

② 配送中心将各零售商订单传达给各家供应商（一张订单一家店）；

③ 供应商收到订单后备货，按照每个零售商的要求备货，做到一张订单对应一家零售店。零售商备货完毕后，通过发运通知传递发运信息给配送中心的同时安排发货；

④ 配送中心收到各供应商送来的商品后，直接在各零售商指定的理货平台上理货发运，并传递发运消息到零售店。

（2）中间处理型交叉理货流程

中间处理型交叉理货适用于大批量、多批次供货或者是为缓解上游发货压力时采用。其基本操作流程如图 3－20 所示。

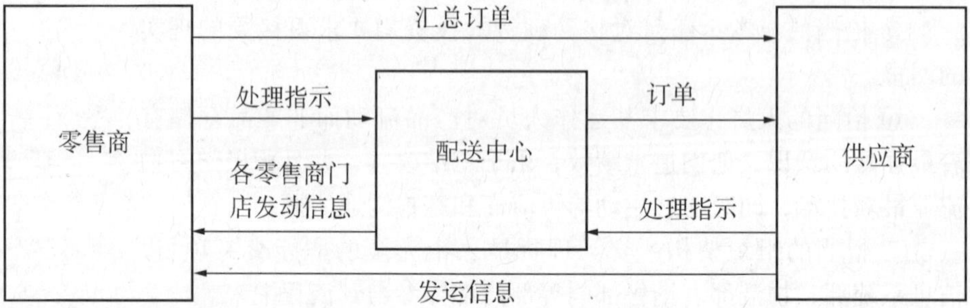

图 3－20　中间处理型交叉理货流程

① 零售商直接将所有的订单发给供应商；

② 供应商按订单备货，同时传递发货已经发出的信息到配送中心和零售商；

③ 零售商在接到供应商的发运信息后传递处理指示到配送中心，指示配送中心该何如对这些产品进行包装，以达到最后的用户需求；

④ 配送中心按照零售商的指示对产品进行再包装，并在理货平台完成处理。

资料
3.4

日本卡斯美中央物流中心的交叉理货

日本卡斯美中央物流中心面积51 390平方米，承担着102家卡斯美超级市场、12家家居中心的商品配送任务。向各店铺发送的商品主要有一般食品、糕点、嗜好品、日用百货、生鲜品、日配品、酒类、香烟、衣料、面包类，占店铺商品总构成的85%。每天发货量为4万箱，动用140部车，送货半径为100公里范围，中央物流中心贯彻“经由式物流”的概念，进行无库存运作、无赤字经营，对支撑整个卡斯美超市连锁网络的经营发挥着巨大的作用。

卡斯美从1961年创业以来，其物流运作经历了批发物流、配送中心物流，以及经由式物流等几个阶段。

从1961年到1975年的十几年间，店铺较少，一直采用批发公司直送门店的方式，一天要有几十家批发公司到门店送货，门店验货时间很长，占用的人员也很多。同时，批发公司要将货品分散送往几十家店铺，物流费用也相当高。

1975年开始导入计算机系统，店铺通过网络订货，当时有13家店铺，但尚未组建配送中心。卡斯美的配送中心于1980年建成运营，此时已发展到30多家店 铺。物流中心开始时只配送常温商品，1984年增建冷藏物流，这时有49家店铺。建成中央物流后，供应商将商品送至配送中心，再由配送中心分别送到各门店。这标志着从1980年前的批发物流转化为配送中心物流。配送中心物流每天有三趟车送往门店，大大减少了门店的接货次数和工作量，使门店能够有序地安排工作。而批发企业不再为每天跑几十家店铺而烦恼，每天只有一趟车送配送中心即可。

卡斯美初期的配送中心库存很大，占用的人员也很多，配送中心赤字经营。这时的配送中心处于库存物流阶段，就像国内很多企业一样，配送中心是一个仓储中心，承担着商品储存配发任务，每年的物流成本非常高。

如何降低物流成本，实现配送中心的收支平衡，采取什么样的运作模式，卡斯美公司为此下了很大功夫。1988年，从商品采购部、销售部、门店等相关部门挑选业务骨干组成项目小组，主要研究配送中心如何摆脱赤字。当时的分析是有库存才会有赤字，如果没有库存，消灭物流赤字将是可能的。

但当时推行零库存改革困难很大，经过4年的努力，卡斯美最终实现了由“仓储物流”向“经由式物流”的跨越。

物流中心彻底摒弃了传统意义上的“储运管理”的动作模式，它是一个现代发货中心、中转中心，即商品进入物流中心不作停留，时刻处在运动当中，经过分货和混载，直至被送往各个店铺。

店铺、物流中心、供应商由电脑网络连在一起，组成供应链物流。电脑联网是配送链高效率运转的强大技术支撑。整个订货过程两天内完成。

店铺12:00之前订货，12:00截止订货，店铺订货信息通过电脑网络发往信息中心，经信息中心处理后，于12:40发给各供应商，同时发物流中心。供应商按照接收到的订货信息将商品送到物流中心。

物流中心主要分为分货区和发货区，没有存储区，商品由供应商每天送达。供应商从12:40接到订货信息后，从16:40开始陆续将商品送到物流中心，司机兼卸货员区分卡斯美不同店铺来卸货。把各店铺的商品存放在一个个笼车里，而不是交一堆总货由卡斯美的员工来分货。卸货以后，有2名卡斯美员工手持电脑终端对实际到货进行核对，数据通过无线操作传输到电脑中心，电脑中心按实际到货数量向批发商反馈1张到货单，这样批发商于次日早上8:00能够看到卡斯美物流中心前一天的实际到货信息，向卡斯美送了多少货，也就是卖给了卡斯美多少价值、数量的商品。

按照店铺的订货需求进行拆零包装，是物流中心的服务职能之一，其工作量约占物流中心工作量的90%。在传统的仓储物流情况下，商品首先运到物流中心，然后进行小包装、等待向商店发运。卡斯美进行物流模式改革后，进行了业务流程的重组，即把拆零分装工作提前到供应商环节，而卡斯美物流中心只做分拣、配货和发运工作。对拆零商品，卡斯美事先根据商店的最小包装订货需求与供应商洽谈，由供应商进行拆零加工，商店就可以按照最小包装进行订货。最小包装的物流意义是很大的，假如没有最小包装，只是整箱整箱地来做物流，商店是买不了也只能从1箱起订，其结果必然是仓储、资金的浪费。

商品经分拣后，各店铺不同类别的商品被装入不同的笼车，标明店号、店名。经过扫描器，店号、店标被扫描器读取，索道控制系统就会将笼车自动送往特定的发货区域。

本日订货的商品将于零点后陆续运往各店铺。第一趟车发运常规卖场商品，7:00左右到商店；第二趟车9:00之前到店铺；第三趟车12:00~14:00送达。

商品配送由卡斯美委托给运输公司来完成，每天动用140部车，跑2个来回，往店里发货笼车5 500台。每辆运输车均配备电脑终端，用以记录车辆出发时间、中途停顿地点、卸货时间及返回时间。除商品之外，店铺员工制服、各种票据、纸本也由配送中心运过去。

由于物流中心已经验货，因此店里不再验货，节省了用工和费用。

（资料来源：http：//www.chinacpx.com/zixun/96323.html. 有改动.）

本章小结

1. 仓储管理简单来说就是对仓库及存取场所进行的管理，是仓储机构为了充分利用资源提供高效的仓储服务所进行的计划、组织、控制和协调过程。虽然说仓储的本质是对物品的储藏和保管，但由于经营主体不同、仓储对象不同、经营方式不同、仓储功能不同使得不同的仓储活动具有不同的特性。

2. 合理地使仓储功能得以实现，就得对仓储设施设备进行了解及选择，并对仓储设施设备进行合理地管理。

3. 仓储信息管理对仓储管理起着重要的作用，仓储信息管理工具与方法、仓储信息管理制度是进行仓储管理的重要手段。随着现代信息技术发展，仓储管理已经呈现出仓储作业自动化和仓储安全监控电子化等现代化的发展趋势。

4. 仓库布局是物流管理中重要的一环，恰当的布局能够使工作效率大大提高和成本的减少。

5. 交叉理货是JIT理念的体现，是现代仓库业发展的客观需要和重要保证，它能够减少运输成本和流通时间，它在仓储管理中扮演着重要的角色。

复习思考题

1. 分析仓储活动的意义，并举例说明。

2. 举例说明仓储的功能。

3. 简述不同类型货架的用途。

4. 如何理解交叉理货的概念？其主要特征是什么？其实现的条件有哪些？

5. 查找相关资料和到企业中调查，举例说说仓储信息管理在企业中的应用。

6. 有人说，零库存要求取消仓库，还有人说，不管现在还是将来仓库都是必需的。你同意哪种观点？为什么？

第4章 需求预测与库存管理

学习目标

学生应掌握需求、库存以及库存管理的概念、分类，了解商品库存管理中需求预测的重要性以及库存经营业务、方式，熟练掌握常用库存控制方法。

关键词

需求预测（demand forecast）；定性预测（qualitative forecasting）；定量预测（quantitative forecasting）；库存控制（inventory control）

预测是对未来可能发生的事件的估计。根据不同的对象，预测有许多不同的个类，如天气预报、地震预报、经济预测、需求预测等。每种预测的原理和方法也各不相同。在库存系统中，需求预测是一项重要的工作。之所以要进行需求预测，主要原因一是一般库存系统中存在补货提前期，即在发出货物补充请求之后要滞后一段时间才能到货；二是在货物补充过程中的批量规模效应，即一次补货应尽可能使批量大些，以降低相关成本。因此，要有效地进行库存管理，就应提前做好对未来的需求预测，以把握未来需求的规律，为确定最优的补货时机和补货批量提供重要依据。在此基础上，企业需要进一步对库存物资进行管理，包括库存业务管理、库存物资品种数量管理、库存成本管理以及库存量的控制管理，而库存管理的核心就是库存控制。

案例 4.1

戴尔“零库存”现象

戴尔的库存时间比联想少18天，效率比联想高90%，当客户把订单传至戴尔信息中心后，由控制中心将订单分解为子任务，并通过Internet和企业间信息网分派给上游配件制造商。各制造商按电子配件生产组装，并按控制中心的时间表供货。戴尔的零库存是建立在对供应商库存的使用或者借用的基础上，并形成3%的物料成本优势。戴尔的低库存是因为它的每一个产品都是有订单的，通过成熟网络，每20秒就整合一次订单。

戴尔不懈追求的目标是降低库存量。21世纪初期，戴尔公司的库存量相当于5天的出货量，康柏的库存天数为26天，一般PC机厂商的库存时间为2个月，而中国IT巨头联想集团是30天。戴尔公司分管物流配送业务的副总裁迪克·亨特说，高库存一方面意味着占有更多的资金，另一方面意味着使用了高价物料。戴尔公司的库存量只相当于一个星期的出货量，而别的公司库存量相当于四个星期的出货量，这意味着戴尔拥有3%的物料成本优势，反映到产品低价就是2%或3%的优势。

戴尔的零库存是建立在对供应商库存的使用或者借用的基础上。在厦门设厂的戴尔，自身并没有零部件仓库和成品仓库。零部件实行供应商管理库存(VMI)，并且要以戴尔订单情况的变化而变化。比如3月5日戴尔的订单是9 000台电脑，3月6日是8 532台电脑等。每天的订单量不一样，要求供应商的送货量也不一样。戴尔订单的数量不确定，则对供应商配件送货的要求也是可变的，对15英寸显示屏和18英寸显示屏的需求组合是不同的，如3月5日的显示屏需求组合是（5 000 +4 000），3月6日的需求组合是（4 000 +5 000）等。超薄显示屏和一般显示屏的需求组合变化也是一样的。所以，戴尔的供应商需要经常采取小批量送货，有时送3 000个，有时送4 000个，有时天天送货，订单密集时需要一天送几次货，一切根据需求走。为了方便给戴尔送货，供应商在戴尔工厂附近租赁仓库来存储配件，以保障及时完成送货。这样，戴尔的零库存是建立在供应商的库存或者精确配送能力的基础上。戴尔通过对供应商库存的充分利用来降低自己的库存，并把主要精力放在凝聚订单上。而戴尔公司的成品管理则完全是采取订单式，用户下单，戴尔组装送货。由于戴尔采取了以VMI，CRM（客户关系管理）等信息技术为基础的订单制度，在库存管理方面基本上实现了完全的零库存。

（资料来源：http：//wenku. baidu. com/view/89e0b071f242336c1eb95ece. html. 有改动.）

4.1 需求预测

4.1.1 预测的概念及分类

4.1.1.1 什么是预测

> **预测**
> 预测是对未来可能发生的情况的预计与推测。

预测是对未来可能发生的情况的预计与推测。由于未来情况有很大的不确定性和变化，预测不可能是绝对准确的。一般说来，总量预测比单项预测准确，短期预测比长期预测准确。但即使是采用成熟的方法进行的十分周密的预测，也可能与未来事实不完全相符，甚至相去很远。事实上，与未来事实完全一致的预测是相当少见的。然而，"凡事预则立，不预则废"，尽管预测不可能百分之百准确，它仍具有不可忽视的作用。

预测不仅是长期的战略性决策的重要输入，而且是短期的日常经营活动的重要依据。任何组织都应当通过预测来指导自己的生产活动。比如，服务行业，其服务一般是不能储存的，因此，必须尽可能准确地估计未来的需求，以配置适当的服务能力。如果员工太多，势必造成浪费；如果员工太少，就可能失去生意、丧失顾客，或者加重员工的工作负担。

在组织内部，预测为编制各部门的计划提供了基础。显然，当各部门基于相同的预测结果开展工作时，它们的步调是一致的，它们之间的活动是相互支持的。比如，在一个制造企业里，人事部门雇佣适当数量的具有不同技能的员工；采购部门签订各种各样的原材料、零部件购销合同；财务部门在对销售收入和资金需求的估计基础上，决定在适当的时间以多快的速度筹措资金。这些部门都是以共同的预测为基础开展各自的业务的。

4.1.1.2　预测的种类

（1）科学预测

科学预测是对科学发展情况的预计与推测。它有时是可以精确计算出来的。例如，门捷列夫发现了元素周期表，并按照元素周期表预计有3个当时未发现的元素存在，他称这3个元素为亚铝、亚硼和亚硅。后来，这3个元素都被发现了，就是镓、钪和锗。科学预测应该由科学家来做。

> **科学预测**
> 科学预测是对科学发展情况的预计与推测。

（2）技术预测

技术预测是对技术进步情况的预计与推测。电力行业对太阳能和核能方面的技术进步速度感兴趣；石油化工行业关心从油页岩里提炼油的技术的发展状况。一方面，技术进步为很多企业提供了新的产品和原材料；另一方面，也使一些企业面临着同行业或相近行业的更加激烈的竞争。

> **技术预测**
> 技术预测是对技术进步情况的预计与推测。

因为技术进步即使不能从根本上改变一种产品，但它所引起的生产该产品方式的变化也可能导致大量的资金节约（对使用新技术的企业而言）或浪费（对未使用新技术的企业而言）。技术预测最好由该领域的专家来进行。

（3）经济预测

政府部门以及其他一些社会组织经常就未来的经济状况发表经济预测报告。对政府部门而言，关于未来总的经济形势的估计是十分重要的，因为它是预计税收收入、就业水平、货币需求等经济指标的基础。企业可以从这些报告中获取长期的和中期的经济增长指标，以规划自己的行动。

（4）需求预测

需求预测是估计消费者要购买的产品或服务的数量的活动。需求预测不仅为企业给出了其产品在未来一段时间内的需求期望水平，而且为企业的计划和控制决策提供了依据。同时，需求预测也可以用于定价决策和是否应该进入一个新市场的决策。

> **需求预测**
> 需求预测是估计消费者要购买的产品或服务的数量的活动。

（5）社会预测

社会预测是对社会未来发展状况的预计和推测。如人口预测、人们生活方式变化预测、环境状况预测等。

> **社会预测**
> 社会预测是对社会未来发展状况的预计和推测。

4.1.2　影响需求预测的因素

对企业产品或服务的实际需求是市场上众多因素作用的结果。

一般地讲，在这众多的因素中，某产品或服务的需求取决于该产品或服务的市场容量以及该企业所拥有的市场份额，即市场占有率。影响需求的因素多种多样，但其中部分因素是企业努力可以做到的。主要影响因素如图 4 - 1 所示。

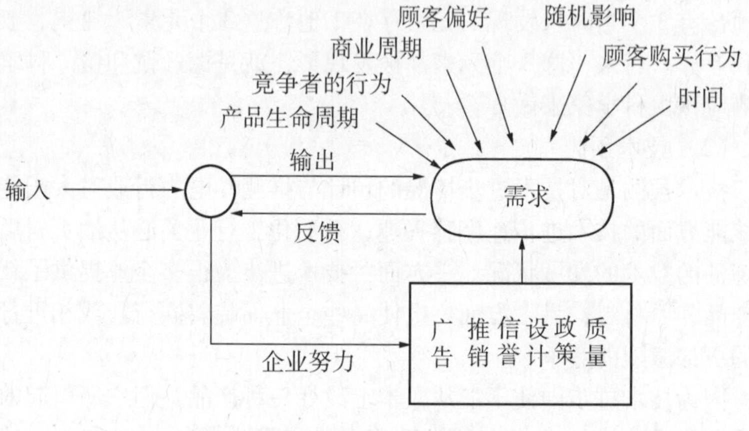

图 4 - 1　影响需求的因素

4.1.2.1　产品生命周期

任何成功的产品都有导入期、成长期、成熟期和衰退期四个阶段，四个阶段对产品需求是不同的。在导入期，顾客对产品了解得不多，销售量不会很大，但呈逐步上升的趋势。到了成长期，产品需求急剧上升，一般会出现仿制品，将影响销售量上升的速度。到了成熟期，每个希望拥有某种产品的人都能买到这种产品，销售量达到最高点。到了衰退期，产品销售量下降，若不进行更新换代或改进，产品就不会有销路。

4.1.2.2　商业周期

商业周期从复苏到高涨，接着到衰退再到萧条，周而复始。处于不同的阶段，需求不同。

4.1.3　预测分类

预测按不同的目标和特征可以分为不同的类型。这里按预测期限的长短、主客观因素在预测中的作用等进行分类。

4.1.3.1　按预测时间的长短分类

（1）长期预测

长期预测（long-range forecast）是指对 5 年或 5 年以上的需求前景的预测。它是企业长期发展规划、产品开发研究计划、投资计划、生产能力扩充计划的依据。长期预测一般通过对市场的调研、技术预测、经济预测、人口统计等方法，加上综合判断来完成，其结果大多是定性的描述。

> **长期预测**
> 长期预测是指对 5 年或 5 年以上的需求前景的预测。

（2）中期预测

中期预测（intermediate-range forecast）是指对一个季度以上两年以下的需求前景的预测。它是制订年度生产计划、季度生产计划、销售计划、生产与库存预算、投资和现金预算的依据。中期预测可以通过集体讨论、时间序列法、回归法、经济指数相关法或组合等方法结合判断而做出。

> **中期预测**
> 中期预测是指对一个季度以上两年以下的需求前景的预测。

（3）短期预测

短期预测（short-range forecast）是指以日、周、旬、月为单位，对一个季度以下的需求前景的预测。它是调整生产能力、采购、安排生产作业计划等具体生产经营活动的依据。短期预测可以利用趋势外推、指数平滑等方法与判断的有机结合来进行。

> **短期预测**
> 短期预测是指以日、周、旬、月为单位，对一个季度以下的需求前景的预测。

4.1.3.2　按主客因素所起的作用分类

（1）定性预测方法

定性预测方法（subjective or qualitative approach）也称主观预测方法，它简单明了，不需要数学公式。它的依据是来源不同的各种主观意见。定性预测方法包括德尔菲法、部门主管集体讨论法、用户调查法、销售人员意见汇集法等。

（2）定量预测方法

定量预测方法（quantitative or statistical approach）又称统计预测法，其主要特点是利用统计资料和数学模型来进行预测。然而，这并不意味着定量方法完全排除主观因素，相反，主观判断在定量方法中仍起着重要的作用，只不过与定性方法相比，各种主观因素所起的作用小一些罢了。定量预测方法可分为因果模型和时间序列模型，时间序列模型还可进一步细分，如图 4－2 所示。定量预测方法是需求预测的重点。

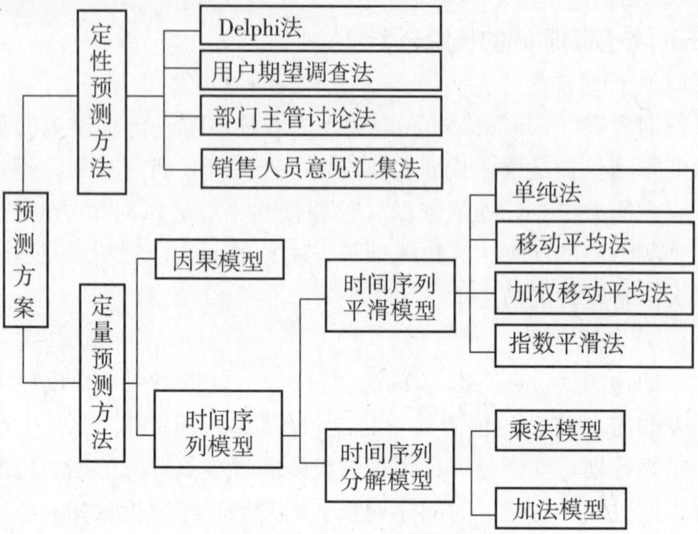

图 4－2　预测方法分类

4.1.4　预测的一般步骤

预测的一般步骤可简单叙述为：①确定预测的目的和用途；②根据企业不同的产品及其性质分类；③确定影响各类产品需求的因素及其重要性；④收集所有可以利用的过去和现在的资料加以分析；⑤选择适当的预测方法或模型；⑥计算并核实初步预测结果；⑦考虑和确定无法预测的内外因素；⑧对⑥、⑦两步进行综合考虑、判断并做出结论，然后求出各类产品或地域性的需求预测；⑨将预测结果应用于生产计划工作中；⑩根据实际发生的需求对预测进行监控。

4.1.5　预测中应注意的几个问题

4.1.5.1　判断在预测中的作用

预测不能被当作像数学、物理一样精确的科学，而应看作一门艺术，一种特别的技巧。预测的输入不像数学、物理的输入那样，是自然现象的确定的表现，而是经验、主观分析等不确定的信息或历史数据提供的过去的信息。同时，影响预测结果的诸因素间也不存在过去、现在和将来都起着同样作用的联系和规律。因此，判断在预测中起着十分重要的作用。

（1）判断在选择预测方法中的作用

面对一个预测问题，首先要确定采用什么样的方法。用定性还是定量方法？用哪一种具体的定性或定量方法？是否采取由多种方法组成的混合方法等。要回答这些问题，必须仔细分析预测的目的、预测问题的环境以及预测者在人、财、物、信息各方面资源的情况，然后再做出判断，选出合适的预测方法。另外，当实际需求发生以后，若实际值与预测值有较大的偏差，原方法是否继续使用？应选用什么新的方法？也需预测者及时作出选择。

（2）判断在辨别信息中的作用

不管使用什么样的预测方法，都存在着输入信息的问题。比如历史数据、各种图表、影响需求的各种因素等都是有价值的，是必须输入的。所有选定的信息是否同等地影响着需求？如何确定各因素的重要程度等。这些问题也只能通过判断来解决。

（3）判断在取舍预测结果时的作用

单个的预测值往往是不准确的，从百分之几到百分之几百的偏差都不足为奇。因此，常常使用多种方法或用一种方法做出悲观、乐观等多种预测。对于各种不同的预测结果如何取舍，同样需要判断。

应该指出的是，上面强调了判断的作用，但绝不能把预测等同于判断。预测虽不能像数学、物理那样具有“科学性”，但较之“拍脑袋”这类纯粹主观的判断，仍要科学得多。这里所强调的判断是指在应用预测方法基础之上的判断，是对迷信预测结果态度的一种批判。

4.1.5.2　基于销售的需求预测需要修正

需求预测往往要利用销售数据，这两者有相关性，但也有很大区别。如果是供不应求的情况，销售数量将低于需求数量；如果实际交货期超过顾客预定的交货期，则需求的时间要早于实际交货期；如果采取促销手段使销售量增加，进行需求预测时也要加以修正。

4.1.5.3　预测的时间范围和更新频率

预测是基于历史、立足现在、面向未来的。从现在到未来之间的时间就是预测的时间范围。不同的预测方法有不同的时间范围，因而在选用预测方法时应特别留意这一点。另外，时间范围越大，预测结果越不准确。

同时，任何一种预测方法都不可能完全适用于某一预测问题，应根据实际需求不断检验预测方法。若预测值与实际值偏离过大，则应更新预测方法。

4.1.5.4 稳定性与响应性

> **稳定性与响应性**
> 稳定性与响应性是对预测方法的两个基本要求。

稳定性与响应性是对预测方法的两个基本要求。稳定性是指抗拒随机干扰，反映稳定需求的能力。稳定性好的预测方法有利于消除或减少随机因素的影响，适用于受随机因素影响较大的预测问题。响应性是指迅速反映需求变化的能力。响应性好的预测方法能及时跟上实际需求的变化，适用于受随机因素影响小的预测问题。良好的稳定性和响应性都是预测追求的目标，然而对于时间序列模型而言，这两个目标却是互相矛盾的。如果预测结果能及时反映实际需求的变化，它也将敏感地反映随机因素的影响。若要兼顾稳定性和响应性，则应考虑除时间以外的内外因素的影响，运用其他的预测方法。

4.1.5.5 预测精度与成本

要提高预测的精度，最根本的是必须正确理解市场和顾客的期望需求。当然，选择正确的预测方法也是十分重要的。在选择预测方法时，显然要在成本和精度之间权衡。精确的预测方法在实施时的成本一般较高，但它能取得较高的精度，即得到与实际需求偏离较小的预测值，从而最终使生产经营成本降低。应该注意的是：第一，不存在百分之百准确的预测方法，因而不要为了预测的绝对准确而白费心机；第二，就任何一个预测问题而言，应选择存在精度比较合理的最低费用区间。

除需求预测外，库存管理也是物流管理中非常重要的活动。所谓库存管理，就是对库存物资的管理。主要包括库存业务管理、库存物资品种数量的管理、库存成本管理和库存量的控制管理。下面将主要从这几个方面来讨论库存管理问题，重点是库存控制管理，库存管理的核心问题就是库存控制。

4.2 库存与库存管理概述

4.2.1　库存概述

4.2.1.1　库存的概念

所谓库存，就是库存物资。凡是处在储存状态的物资，都可以称做库存物资，简称库存。但是，在有些情况下，人们在谈话中也常把库存物资的数量简称为库存。

所谓储存状态，有比较广泛的含义。它包括处在仓库中的物资，无论是长时期的储存，还是临时性的储存，都是库存。即使没有处在仓库中，只要它是处在储存状态，无论是长期的，还是短期的、临时的，都可以称做库存。例如，零售商店里货架上的存货，或者工厂里机床旁边还来不及加工完的工件的临时性堆放，也都可以称做库存。

库存

所谓库存，就是库存物资。凡是处在储存状态的物资，都可以称做库存物资，简称库存。

4.2.1.2　库存的分类

库存按性质分，可以分为两大类，一类是储备库存，一类是周转库存。

储备库存是为备战备荒、防备意外事故而储备的库存，平时不动用，到出现灾害、战争或意外事故时才动用。这种库存要保质保量、长期足额储存，因此这种库存不存在库存控制的问题。这种库存物资的管理，完全可以看成一种仓储管理。

周转库存是为了生产或流通的进行，在生产或流通的各个环节上暂存待用的临时性储备，它们不断地投入生产和销售，又不断地补充进来，这样不断地周转储存，因此叫周转库存。这种库存是保证生产和流通顺利进行的条件，但是又占用流动资金、增加成本，所以对这种库存要特别重视。所谓库存控制，也就是要对这种库存实行库存量的控制。本章的库存管理主要是针对周转库存的管理。

库存按所处领域分，可以分为生产库存和流通库存。生产库存是指处在生产过程中为生产的各个环节顺利进行提供物资准备的库存，包括原材料库存、零配件库存、在制品库存等。流通库存是指处在流通过程中准备用于批发、零售等销售的库存，主要包括生产企业的成品库存、流通企业的批发库存、零售库存等。

库存的分类

按性质分，可分为储备库存和周转库存。

按所处领域分，可分为生产库存和流通库存。

4.2.1.3 库存的二重性

库存具有二重性。一方面，库存是生产和生活的前提条件，没有库存人们就不可能维持正常的生产和生活；另一方面，库存又是生产和生活的负担：库存是一种资金的占用，要花费资金成本，要负担库存物资的保管费用，还要承担库存损失和库存风险。因此，库存不能没有，但是也不能过多，应越少越好。

4.2.2 库存管理概述

4.2.2.1 库存管理的概念

库存管理

所谓库存管理，就是对库存物资的管理。

所谓库存管理，就是对库存物资的管理。

库存管理与仓储管理既有区别又有联系。一般仓储管理主要是对仓库和仓储作业的管理，库存管理主要是对库存物资的管理。但二者又是紧密联系的。仓储作业管理中的具体内容都落实到库存物资上，都是结合库存物资而进行的。所以也有人把库存管理包含在仓储管理之中，作为仓储管理的一个内容。我们这里把库存管理单独分开来讨论，主要讨论库存业务管理、库存物资品种数量的管理、库存成本管理和库存量的控制管理。

4.2.2.2 库存管理的宗旨

库存管理的宗旨或目标主要有两个：一是保障供应，二是降低成本。首先是保障供应，不缺货。仓库的根本任务就是要能够满足需求者的需求。无论是生产、流通还是消费，都离不开库存物资，仓库的第一任务就是要保障供应。

要做到保障供应，有一个很简单的办法，那就是保证大量库存。但是这样做，就必然需要占用很多库存资金，需要大量的仓库，还需要保管维护，因而也就增大了经营成本，给企业造成较大的负担。因此，库存管理不应当采用这样的办法，而应该千方百计降低成本。也就是说，仓库管理的任务，就是要通过科学而巧妙地运作，做到既保障供应，又降低成本。而要把这两个互相矛盾的目标都达到，不是那么容易的，因此就需要科学的库存管理。

4.2.2.3　周转库存特别需要库存管理

为什么要特别对周转库存进行库存管理呢？因为周转库存或者是处在生产企业，或者是处在流通企业，这两种企业都是以通过向社会提供自己的产品或服务来获取利润求得生存和发展的，成本、效率问题是他们获取利润最关键的问题。而周转库存正是企业成本效率问题中最重要的一环。周转库存是为了满足企业生产或流通的需求，而这种需求的满足需要适时、适量，如果不能适时、适量地供应，会对企业造成损害。具体表现为：

① 库存物资占用了企业的资金。这不但造成企业资金的困难，影响正常经营活动的开展，而且要花费资金的使用成本——银行利息。这个贷款利息远远高于存款利息，而且是浮动的。例如，库存资金为 100 万元，贷款利息率按每年 10% 计算，则一年的利息就是 10 万元。

② 增加了库存风险和库存损耗。库存物资有可能因过时被淘汰，变成死库存、积压品或废品，这是风险损失。即使没有风险，库存物资在保管过程中也有可能出现损坏、变质而造成损失，这是正常的保管损失。

③ 增加了保管费用。库存需要租用或占用仓库面积，需要派保管员保管、维护，耗费保管用具用料、水电费、办公费、保管人员工资等，这些都构成保管费用。

以上三个方面，都是超时超量的周转库存所带来的损害。由于通常企业采购进货都是分批次的，所以这种按批次进货与企业持续变动的需求二者之间存在着时间、空间、品种、数量等方面的矛盾和差距，必然导致周转库存出现高库存与高缺货并存的局面，从而给企业带来损害。这种损害的大小，就取决于对周转库存管理的水平。这就是周转库存特别要加强库存管理的原因。

4.2.2.4　库存管理的核心在于库存控制

周转库存的全部意义就是满足企业适时适量的物资需要。而不适时、适量的库存就是企业受损害的根源。它或者造成缺货，影响企业正常经营；或者造成高库存，给企业增加成本，降低利润，降低企业的市场竞争能力。因此，库存管理的全部意义，就在于适时适量。而要做到适时适量，就要进行库存控制，因此，库存管理的核心问题就是库存控制。

4.3 库存品种数量管理

库存品种数量管理

品种数量管理实际上包括了品种管理、大类管理、小类管理、物资编码、ABC分类等。

库存管理的基本工作和首要任务是对库存物资的品种和数量进行管理。

库存品种数量管理的基本内容，就是要建立起库存物资类别品种的体系结构，弄清楚仓库中究竟存放了哪些品种，这些品种可以分成哪些大类、哪些小类，各个大类、各个小类的规格、性能、价值、特点、存放特性、保管要求，存放地点和存放数量等。因此，品种数量管理实际上包括了品种管理、大类管理、小类管理、物资编码、ABC 分类等。这些管理都是库存管理最基础的工作，它为科学的重点管理法、货位规划、存放系列化、计算机信息管理以及库存控制管理等的实施提供了必要的前提条件。

品种数量管理主要是要做大量的调查、登记、统计、整理工作，把已经存放在本仓库或将来准备存放在本仓库的所有品种、规格、数量、特性、价值、存放特性、保管要求等都弄清楚，并且按照一些特征将它们归类，使之系列化、标准化。在这样的基础上再进行物资编码和 ABC 分类。

对于这些调查、整理、统计工作，本节不再作详细讨论，本节主要讨论物资编码和 ABC 分类两种管理方法。

4.3.1 物资编码

物资编码

物资编码是指在对库存物资的品种、类别、规格、性能等进行调查、统计、整理的基础上，形成物资类别品种体系，并进行系统化的统一编码标识工作。

物资编码是指在对库存物资的品种、类别、规格、性能等进行调查、统计、整理的基础上，形成物资类别品种体系，并进行系统化的统一编码标识工作。最基本的物资编码是组合序列码，是用 0，1，2，3，4，5，6，7，8，9 共 10 个数字，有必要的话还加上 A，B，C，D，…，Z 共 26 个英文字母，按大类、小类、品种、规格等层次结构，每一层又按顺序序列依次编号形成的编码。这种编码的好处是简单方便，而且具有可扩充性，比较适合一般的计算机信息管理系统进行查询和统计，缺点是不好记。但是，一般也不需要人们记住，只要计算机能记住，可以连同品名规格一起显示给人们即可。物资编码建立起来以后，库存物资品种类别的完整体系就形成了，可用于品种类别的管理。

物资的另一种编码是条形码（详见第 16 章）。条形码实际上是组合序列码的物理化和电子化的表现形式。其原理还是组合序列码，但不是用数字显示，而是不同宽度的线条组合，用不同宽度的线条来表示数字。这种宽度的差别用肉眼难以识别，但用专用的光电识别器可以很方便地识别。而且光电识别器能够把识别的信号变成电信号直接输入计算机，省去了大量人工输入的工作，非常方便，因此，已经被广泛使用。

4.3.2　ABC 分类

一个仓库，物资品种成千上万，限于人力物力不可能都实行同等程度的精心管理，也没有必要，应当实行重点管理。

在实践中人们发现，库存物资有的销售快，有的销售慢，有的价钱高，有的价钱低。在很多情况下，少数几个品种物资的销售额却占了总销售额的绝大部分，而占库存品种绝大多数的物资销售金额只占一小部分。在这种情况下，可以将那些品种很少，而销售金额很大的物资归为一类，实行重点管理；而把那些品种数多但销售金额很少的物资分为一类，实行一般管理，其余再分成一类，如图 4－3 所示。

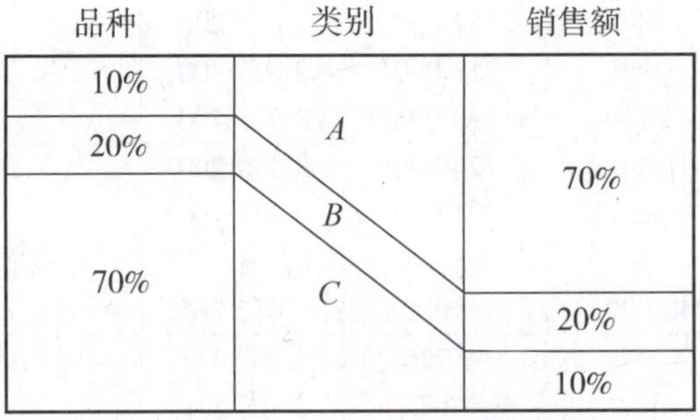

图 4－3　ABC 分类原理

这样实行重点管理，一方面品种少容易管理，另一方面其销售额高，有利于经济效益的提高。

ABC 分类步骤：

① 为确定 ABC 分类，首先要进行统计分析，选定一个合适的统计期：比较靠近当前；销售比较正常（处于正常情况）。

② 分别统计出所有各种物资在该统计期中的销售量、单价和销售额，并对每种物资制作一张 ABC 分析卡，填上品名、编号、单价、销售数量、销售金额（图 4－4）。

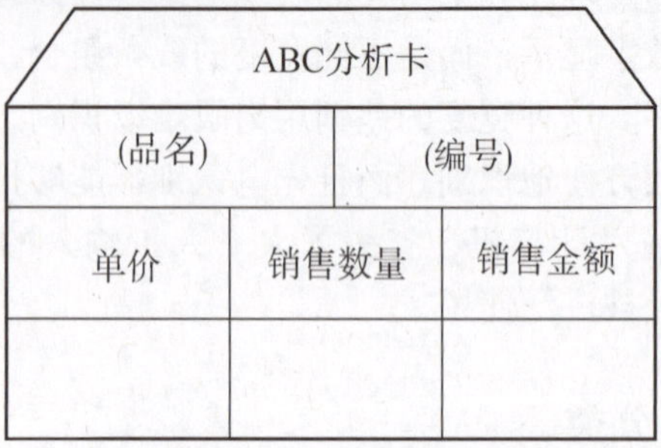

图4－4　ABC分析卡

③ 将ABC分析卡按销售额由大到小的顺序排队，并按此顺序号对各物资进行物料编号。

④ 制作ABC分析表（表4－1）和ABC分类图（图4－5）。

表4－1　ABC分析表

物料编号	品种（%）	累计品种（%）	单价（元/件）	销售量（件）	销售额（元）	销售累计（元）	销售累计（%）	分类
1	2.22	2.22	480.00	3 280	1 833 600	1 833 600	66.8	A
2	2.22	4.44	470.00	1 680	789 600	2 623 200		
3	2.22	6.70	200.00	1 060	212 000	2 835 200		
4	2.22	8.90	8.00	23 750	190 000	3 025 200		
5	2.22	11.10	29.00	6 000	174 000	3 199 200	88.6	B
6	2.22	13.30	45.00	3 820	171 900	3 371 100		
⋮	⋮	⋮	⋮	⋮	⋮	⋮		
13	2.22	28.90	1.50	40 000	60 000	4 012 365		
14	2.22	31.10	10.20	4 880	49 776	4 062 141	100.0	C
15	2.22	33.30	11.25	37	41 675	4 103 816		
⋮		⋮	⋮	⋮	⋮	⋮		
44	2.22	97.80	1.20	1 838	1 606	4 527 607		
45	2.22	100.00	1.00	1 060	1 606	4 529 213		

利用ABC分类法，可以对库存物资进行分类，并实行重点管理。这样做能够把有限的资源进行最合理的分配，既保证了对少数品种的有效管理，从而保证了绝大部分的效益，又能够照顾到一般。

ABC分类法的思想原理，可以用到很多方面。在各种不同情况下，采用不同的分类标准，总可以将对象分为A，B，C三类，

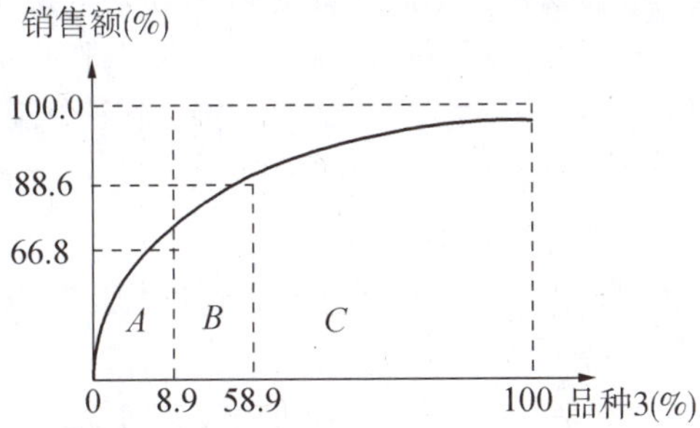

图 4－5　ABC 分类图

实行不同的重点管理。

4.4 库存业务管理

库存业务，是指仓库中的物资进、出、存的业务。但是不要把库存业务看成只是仓库里才有的业务。有些地方没有仓库，但其所进行的业务也可以看成是库存业务。例如，一个商店，一个工产，甚至一个企业，只要它们从事购进物资加以处理然后再输出物资这样一类进、出、存业务，都可以看成是一个仓库模型，它们所进行的业务，也可以看成是一种库存业务。

> **库存业务**
> 库存业务是指仓库中的物资进、出、存的业务。

从经营者的角度看，库存业务就是一种经营业务，是通过库存来进行经营的业务。例如一个商店，就是从事购进物资、储存起来并进行销售的典型经营业务。一个工厂，通过对购进物资进行处理，再销售出去，也是一种经营业务。

强调经营，主要是要讲究效益和成本，讲究通过科学管理来获取利润。从这个角度出发，认真研究库存业务，才能管理好库存业务。

4.4.1　库存经营过程

一个完整的物资库存经营过程，包括以下四个过程：

> **库存经营过程**
> 库存经营过程包括：订货过程，进货过程，保管过程，销售出库过程。

① 订货过程：是指从发出订货单之日起，到出差去参加订货并且订货成交为止所经历的过程。它是一个商流过程，即通过订货成交、签订合同、支付货款，从而取得物资的所有权。经过订货过程，公司在名义上的库存量将增加。

② 进货过程：是指从订货成交之日起，到把货物从对方仓库

运到自己仓库并将货物入库为止的过程。它是一个物流过程。通过进货过程，仓库的实际库存量会增加。

③ 保管过程：是指从货物入库之日起，到该货物出库之日为止的时间间隔。这个过程也是一个物流过程。保管过程不会使仓库库存量发生变化（不考虑库存损失）。

④ 销售出库过程：是指从货物点交到货物出库发运为止的过程。它既是一个商流过程，也是一个物流过程。通过销售出库过程，物资库存量无论在名义上还是在实际上都会减少。

以上四个过程，总体来说就是物资的进、出、存过程，或者叫做进、销、存过程。由以上四个过程可以看出，订货进货过程使库存量增加，销售过程使库存量减少，而保管过程库存量保持不变。所以，为了达到对库存量的控制，既可以通过控制销售过程，也可以通过控制订货进货过程。而控制销售过程意味着控制人们的消费，除非是紧缺物资，一般不会选择这样的控制方式。在市场经济条件下，一般选择根据人们的需要情况来控制订货、进货过程，从而达到对库存量实行控制的目的。

4.4.2 经营方式

在库存控制理论中，经营者的经营方式被分成三种：

① 不允许缺货：用户的所有需求都能由仓库实行现货供应，不能缺货。不允许缺货，就意味着整个物资供应期间，库存量不能等于或小于0，仓库里总是有现货供应用户。生产企业大多属于这种情况，仓库里不能缺货，缺货就会造成停产。

② 可以缺货：允许不保证对用户的现货供应。用户来买货，仓库中有现货，就供应，没有现货就不供应，不会实行欠账供应。缺货，就意味着整个物资供应期间库存量可以等于0。商店就属于这种情况。顾客来买货，商店有货就卖，没有货就不卖，不太在意缺货。

③ 实行补货：所谓补货，就是当用户来买货时，仓库中没有现货供应，但是不丧失这次销售机会，实行欠账供应，答应马上进货，待进货后马上予以补货。补货，就意味着整个物资供应期间，库存量能够等于0，也能够小于0，也就是说仓库里有现货就供应用户，没有现货也供应，实行欠账供应，并采取紧急进货措施，待进货后再补货给用户，消除所欠的账。这种经营模式，是一些精明的企业所喜欢采用的模式。在极端情况下，可以实现无库存经营：

经营者所做的工作，就是每天到处收集补货订单，收集到一定数量的订单后，一起拿到供应商处采购订货，然后要求供应商将货物直接运送给各个用户。

这三种经营方式，其进货方式主要有以下两种：

① 瞬时到货：将一次所订货物一次全部到货补充库存，进货过程不需要花时间（或可忽略），也就是即订即到，一次到货。这里所谓不要花时间，是指不要花一个单位以上的时间，在一个单位时间以内到货，就算瞬时到货。所谓单位时间，是指在整个问题计算中需求量所采用的时间单位。如果问题是以日需求量为单位进行考虑，则时间单位就是天，如果以月需求量为单位进行考虑的话，则时间单位就是月。一般如果进货的距离比较近，一个单位时间可以运回，都可以算做瞬时到货。

瞬时到货

瞬时到货是指将一次所订货物一次全部到货补充库存，进货过程不需要花费时间。

② 持时到货：是指一次所订货物按一定的进货速率逐渐进货，整个订货进货过程需要持续一段时间，最起码要花一个以上单位时间。一般路途比较远，时间需要一个以上的单位时间的进货，都可以算做持时到货。

持时到货

持时到货是指一次所订货物按一定的进货速率逐渐进货，整个订货进货过程需要持续一段时间。

这些不同的经营方式，其库存经营过程都是相同的，都同样具有订货、进货、储存保管和销售出库四种业务过程。但是每种经营方式的经营者具体处理这四个过程的策略却不一样，特别是库存控制的策略不完全一样，这样就形成了各种不同的库存管理模型，也就是我们后面要讨论的库存管理模型体系。

4.5 库存成本管理

讨论库存控制的模型，首先要从库存成本谈起，因为库存管理的目的就是为了降低成本。本节主要讨论库存成本的构成和库存成本管理。

库存成本是整个物流成本的一个主要组成部分，而物流成本在国民经济产值中占有很大比重。据世界银行分析，发达国家物流成本占 GDP 的 10% 左右，美国低于 10%，中国估计约为 16.7%。“十五”期间，如果中国物流成本占 GDP 比重降到 15%，每年将为全社会直接节约资金 400 多亿元，并为企业和社会带来极为可观的经济效益。所以，研究物流成本及其节约方法将有重大意义。

4.5.1 库存成本的构成

在整个库存经营过程中，会发生各种各样的费用。主要有以下几种：

4.5.1.1 订货费

订货费

订货费是指订货过程中发生的与订货有关的全部费用，包括差旅费、订货手续费、通信费、招待费以及订货人员有关费用。

订货费是指订货过程中发生的与订货有关的全部费用，包括差旅费、订货手续费、通信费、招待费以及订货人员有关费用。

订货费用的特点是，在一次订货中，订货费用与订货量的多少无关。若干次订货的总订货费用与订货次数有关，订货次数越多，总订货费用越多。例如，设一次订货费为 c_0，且每次订货费都相等，如在 T 期间内共订了 n 次货，则 T 期间内的总费用 C_0 可表示为：

$$C_0 = nc_0$$

如 T 期间内的总需求量 D 是一个确定不变的值，则 T 期间内的平均订货费 $\overline{C}_0$ 的大小与订货批量成反比：

$$\overline{C}_0 = \frac{C_0}{T} = \frac{nc_0}{D/R} = \frac{R}{Q_0} \cdot c_0 \qquad (4-1)$$

式（4-1）中，R 为 T 期间内的单位时间内的平均需求量，也就是需求速率。Q_0 是平均每一次的订货量，即订货批量。

由式（4-1）可知，当 T 期间内的总需求量 D 确定不变时，单位时间内的平均订货费用 $\overline{C}_0$ 与订货批量成反比。

4.5.1.2 保管费

保管费

保管费是指在保管过程中为保管物资所花费的全部费用，包括：人、出库时的装卸、搬运、堆码、检验费用；保管用具用料费用，仓库房租、水电费，保管人员有关费用，保管过程中的货损货差，保管物资资金的银行利息等。

保管费是指在保管过程中为保管物资所花费的全部费用，包括：人、出库时的装卸、搬运、堆码、检验费用，保管用具用料费用，仓库房租、水电费，保管人员有关费用，保管过程中的货损货差，保管物资资金的银行利息等。

保管费用的特点：保管费用与被保管物资的数量的多少与保管时间的长短有关。被保管的物资的数量越多，保管的时间越长，所承担的保管费用也就越高。

设单位物资单位时间的保管费为 c_1，平均库存量为 $\overline{Q}$，则 T 期间内平均单位时间内的平均保管费用 $\overline{C}_1$ 为：

$$\overline{C}_1 = \overline{Q} \cdot c_1$$

上式中，平均库存量 $\overline{Q}$ 的确定，针对不同的库存状态有不同的求法。如：

① 瞬时到货，即所订货物立刻全部到达，订货进货不需要一个单位以上的时间，即每次订货批量为 Q_0，则平均库存量为 $Q_0/2$，因而 T 期间内的平均保管费用 $\overline{C}_1$ 为：

$$\overline{C}_0 = \frac{Q_0}{2} \cdot c_1$$

可见平均保管费 $\overline{C}_1$ 与订货批量成正比。

这里 c_1 的单位是单位物资单位时间的保管费用，$\overline{C}_1$ 是平均单位时间的保管费用。由这个式子可以看出，一次订货量太高，将导致库存量的增加，从而也导致平均保管费用的增加，所以要注意选择合适的订货批量。

② 持时到货，即订货进货需要一个单位以上的时间，库存量是渐渐增加的，设 p 为进货速率，R 为出库速率，则在进货期间的库存增长速率为 $p-R$，设每次订货批量为 Q_0，则平均库存量为：

$$\overline{Q}_1 = \frac{Q_0}{2} \cdot \frac{P-Q}{P}$$

因而 T 期间内的平均保管费用 $\overline{C}_1$ 为：

$$\overline{C}_1 = \frac{Q_0}{2} \cdot \frac{P-Q}{P} \cdot c_1$$

③ 在一般情况下，$\overline{Q}$ 可以用下式计算：

$$\overline{Q} = \frac{\sum Q_i}{n}$$

4.5.1.3　缺货费

缺货，就是当用户来买货时，仓库因为没有现货供应而丧失了这次销售机会。在这种情况下，仓库中有货就销售，没有货物就不销售，库存量可以降到零。缺货会造成缺货损失，也就是缺货费用。缺货费用对不同的对象是不同的。

对仓库来说，轻则丧失了销售机会，因而丧失了销售赢利的机会，重则误了合同，遭受罚款，更重则失去用户，失去竞争能力，从而失去市场。

对用户来说，轻则多花些差旅费到别处去买，重则停工待料，甚至停产改产。

在具体情况下，缺货费可能与三个因素有关：缺货量，缺货次数，缺货时间。

当缺货费用与缺货量、缺货次数有关时，单位时间的平均缺货费用$\overline{C}_2$ 可以用下式计算：

$$\overline{C}_2 = \frac{\overline{R}}{Q_2} \cdot c_2$$

当缺货费用既与缺货量有关，又与缺货时间有关时，单位时间的平均缺货费用$\overline{C}_2$ 可以用下式计算：

$$\overline{C}_2 = \overline{Q}_2 \cdot c_2$$

上面两个公式中，$\overline{Q}_2$ 是期间内的平均缺货量，c_2 是单位物资单位时间的缺货费或者是单次的缺货费，$\overline{Q}_0$ 是订货批量，$\overline{R}$是需求速率即单位时间的销售量。

4.5.1.4　补货费

补货，就是当用户来买货时，仓库没有现货供应，但不丧失销售机会，而是要求用户仍然在这里订货，进行欠账经营，答应立即进货，待进货后，立即补货给用户。所以，在补货情况下，在欠账阶段，库存量可以下降到负值，在进货后的补货阶段，库存由负值再上升到正值。

这种情况，在用户不是急需的情况下是可能实现的，如计划预订货、老客户订货等。但为了实现补货，往往会发生补货费用。例如，为了吸引顾客，需要花费招待费、感情费、回扣费，或是提供优惠服务、优惠价格等。

在具体情况下，补货费可能与三个因素有关：补货量、补货次数、补货时间。

当补货费用既与补货量有关，又与补货时间有关时，单位时间的平均补货费用可以用下式计算：

$$\overline{C}_4 = \overline{Q}_4 \cdot c_4$$

当补货费用只与补货量、补货次数有关时，单位时间的平均补货费用$\overline{C}_4$ 可以用下式计算：

$$\overline{C}_4 = \frac{\overline{R}}{Q_0} \cdot C_4$$

上面两个公式中，$\overline{C}_4$ 是期间内的平均补货量，c_4 是单位物资单位时间的补货费或者是单次的补货费，Q_0 是订货批量，$\overline{R}$是单位时间的销售量即需求速率。

4.5.1.5　进货费与购买费

进货费就是进货途中为进货所花费的全部费用，即运杂费，包括运费、包装费、装卸费、租赁费、延时费、货损货差等。所谓购买费，即所购买物资的原价。它们的特点是当订货的数量、订货的地点确定以后，总的购买费和总的进货费就是确定不变的，不会随着进货批量变化而变化。也就是说，进货费与购买费都与订货批量无关。我们把这种与订货批量无关的费用称为固定费用，而把那些与订货批量有关的费用称为可变费用。因此，进货费与购买费是固定费用，而订货费、保管费、缺货费、补货费是可变费用。

进货费

进货费就是进货途中为进货所花费的全部费用，即运杂费，包括运费、包装费、装卸费、租赁费、延时费、货损货差等。

设单位物资的进货费为 C_3，单价为 K，订货批量为 Q_0，则总进货费与购买费 c_3 的关系为：$C_3 = (c_3 + K)\ Q_0$。如为简单起见，用 K 表示固定费用（包括单位物资的购买费和进货费，下同），则 C_3 可表示为：$C_3 = KQ_0$。

购买费

购买费即所购买物资的原价。

而单位时间内的平均固定费用$\overline{C}_3$ 为：

$$\overline{C}_3 = \frac{KQ}{T} = K\overline{R}$$

4.5.1.6　总费用

总费用即各项费用的总和。在缺货情况下可以表示为：

$$C = C_0 + C_1 + C_2 + C_3$$

在补货情况下可以表示为：

$$C = C_0 + C_1 + C_2 + C_3$$

注意：在缺货情况下不能补货，在补货情况下不能缺货。而单位时间平均总费用可以表示为：

$$C = \overline{C}_0 + \overline{C}_1 + \overline{C}_2 + \overline{C}_3 \text{（缺货）}$$

$$C = \overline{C}_0 + \overline{C}_1 + \overline{C}_4 + \overline{C}_3 \text{（补货）}$$

其中，缺货和补货是互相排斥的，发生缺货时就不会发生补货，发生补货时就不会发生缺货，缺货和补货不可能同时发生。具体情况可以归纳为四种类型：

① 不允许缺货的情况，可以发生订货费、保管费、进货费和购买费，但不会发生缺货费和补货费。

② 缺货的情况，可以发生订货费、进货费和购买费。在不缺货期间发生保管费，在缺货期间发生缺货费，但不会发生补货费。

③ 补货的情况，可以发生订货费、进货费和购买费。在不补

货期间发生保管费，在补货期间发生补货费，但不会发生缺货费。

④ 在一个长过程中，有时实行缺货，有时实行补货，这时六种费用都发生。

4.5.2 库存成本管理的思路

4.5.2.1 建立起物流成本管理会计制度

现实中要实行库存成本管理，首先就要建立物流管理会计制度，进行物流成本核算。对订货费、保管费、缺货费、补货费、购买费、进货费等分别进行定义、记录和核算。这是一项基础工作，有很重要的意义。只有有记录、有数据，才能够计算，有了计算结果，才能够知道大小、好坏，才能够进行管理。只有把物流管理会计制度建立起来，才能够更好地进行物流优化管理工作，因而也才能搞好库存管理工作。

由于我国长期沿用传统的会计制度，接受物流的概念比较晚，因此目前还没有建立起物流管理会计制度。这个工作要达到全国统一规范，还需要一些时日。

4.5.2.2 把物流总费用最省作为库存成本管理的指导思想

库存管理涉及订货、进货、储存保管、销售出库四个环节，每个环节涉及不同的费用，这些费用还涉及企业中不同的部门。因此，库存成本管理是一个系统工程，需要协调进行。各种费用之间有一个科学的比例，达到这个比例会使总费用最省。例如，订货费与保管费之间就需要协调，这就取决于订货批量与订货批次的关系。订货批次多了，订货费用会升高；订货批量大了，保管费用会升高。只有取一个适当的比例，才会使得订货费用与保管费用平衡，才能使得总费用最省。而要使得订货费用与保管费用平衡，就要制定适当的订货策略，也就是要进行科学的物流管理。

物流总费用最省要求每一个单项费用都不可以任意自由发生。每个单项费用都应当实现局部优化，取最小的费用。只有每一个单项费用都取最小费用，总费用也才能够最小，库存系统才能够达到最优化。

4.5.2.3 建立定期的库存成本统计分析制度

在建立物流管理会计制度的基础上，应当定期对库存成本进行统计分析，一般一个月一次。到了月末，把本月发生的各项成本统计出来，并且求出总成本，然后进行分析。分析的方法与一般财务分析一样。主要包括：①成本时间比较分析，即本月与上月比较，今年与去年同期比较，看变化趋势，分析原因；②成本空间比较分析，即各个部门、各个班组、各个项目发生的费用比较，看各个单位的管理水平、管理措施。经过比较分析，找出经验和教训，制订下一个月的改进措施。

4.5.2.4　零库存指导思想

作为一个生产企业，要想最大限度地降低库存成本，最好的办法就是树立零库存思想。实现零库存的根本途径就是实施准时化作业，如准时化采购、准时化生产、准时化配送、准时化销售等。准时化的思想，就是只在需要的时候，把所需要的品种、数量，送到需要的地点，不晚送也不早送，不少送也不多送，送去的个个都是合格品。这样做可以最大限度地消灭浪费，实现零库存，实现在生产过程中基本上没有积压的原材料和半成品，这不仅大大降低了生产过程中的库存及资金的积压，还提高了相关生产活动的管理效率。

4.6 库存控制管理

库存管理的核心是库存控制管理。它直接关系到库存的成本和效益，是企业大幅度提高物流运作效率和企业经济效益最重要的途径。

库存控制系统可以从微观和宏观两个方面进行设计。微观方面主要包括订货点库存控制系统和准时化同步供应系统。宏观方面主要包括供应链物流、第三方物流和电子商务物流等联合集成库存管理系统。这一节主要讨论前者，后者将在后面的章节讨论。

4.6.1　订货点库存控制系统

订货点库存控制是一个庞大的系统，它一般可以分成 20 个模型。总的来说可以归结为两大系统，即定量订货系统和定期订货系统。既适用于随机型库存，也适用于确定型库存。这两大系统的一个共同原理，就是根据用户需求量的大小情况，制订一个订货进货策略。即在满足用户需求的前提下通过控制订货进货过程，达到控制库存水平，又使库存总费用最小的目的。因此，这些库存控制方法，都是基于订货进货的库存控制方法，所以又叫做订货策略。它们主要都是解决与订货有关的三个问题：

① 什么时候订货？即订货点、订货时机。

② 订多少？即订货批量。

③ 如何实施？即订货法，如何操作。

4.6.1.1 定量订货系统

定量订货系统

所谓定量订货系统，就是预先确定一个订货点和订货批量，随时检查库存，当库存下降到订货点时就发出订货，订货批量取经济订货批量。

所谓定量订货系统，就是预先确定一个订货点和订货批量，随时检查库存，当库存下降到订货点时就发出订货，订货批量取经济订货批量。其原理如图 4－6 所示。

假设实施订货点控制技术之前，已确定好了订货点为 Q_K、订货量为 Q^*。其中 Q_K 由两部分构成，一部分是安全库存 Q_S，另一部分是提前期平均需求量$\overline{D}_L$，$Q_S = Q_K - \overline{D}_L$ 或 $Q_K = Q_S + \overline{D}_L$。在系统开始运转时，从 0 时刻开始，每天检查库存，假设在第一个周期，随着销售的进行，库存量以 K_1 的速度下降，当库存下降到 Q_K（1 点）时，就发出订货，订货批量为 Q^*。随后进入订货进货提前期 T_{K_1}。提前期 T_{K_1} 结束时，消耗掉的库存物资数量为 D_{L_1}，库存水平下降到最低。这时所订货物批量 Q^* 到达，实际库存量一下上升一个 Q^*，达到 Q_K（2 点）时，又发出订货，订货批量为 Q^*。随后进入第二个订货进货提前期 T_{K_2}。提前期 T_{K_2} 结束时，消耗掉的库存物资数量为 D_{L_2}，使库存水平又下降到最低。这时新订的货物批量 Q^* 到达，实际库存量一下又上升一个 Q^*，又达到高库存，然后进入第三个周期的销售。这样不断循环下去。这里假设是随机型，也就是假设 $R_1 \neq R_2 \neq R_3 \neq \cdots$，$T_{K_1} \neq T_{K_2} \neq T_{K_3} \neq \cdots$，因而提前期需求量 $D_{L_1} \neq D_{L_2} \neq D_{L_3} \neq \cdots$，各个提前期需求量进行平均就是$\overline{D_L}$。

当然，也可以是确定型的情况，这时 $R_1 = R_2 = R_3 = \cdots$，$T_{K_1} = T_{K_2} = T_{K_3} = \cdots$，因而提前期需求量 $D_{L_1} = D_{L_2} = D_{L_3} = \cdots$，各个提前期需求量的平均值 D_{L_p} 等于每个提前期的需求量 D_L。

系统运行的结果是，由于控制了订货点和订货量，所以就控制了最高库存水平。名义最高库存（虚线表示）Q_{max} 不会超过 $Q_K + Q^*$，实际最高库存平均不会超过 $Q_K + Q^* - \overline{Q}_L$。

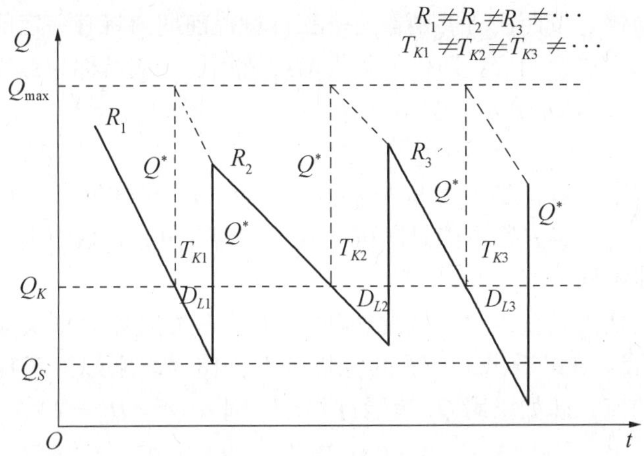

图 4－6　定量订货法原理

系统运行对于用户需求的满足水平主要决定于安全库存量大小的设置。根据库存满足率 p 的大小，来设计安全库存的数量。p 越大，安全库存越高，则库存满足水平也越高。

以上就是定量订货法原理。这个订货策略，其核心是要解决三个问题：第一确定订货点；第二确定订货批量；第三确定如何实施。下面我们分别来进行研究。

（1）订货点的确定

订货点就是发出订货的时机。在定量订货法中，是把发出订货时仓库里该品种还保有的实际库存量叫做订货点。订货点是一个决策变量，是直接控制库存水平的一个关键变量。

显然，订货点不能取得太高，也不能太低。如果订货点太高，就会出现订货物资订回，而原有的库存物资还没有卖完的现象，致使库存太高；如果订货点太低，就会出现订货物资还未订回，旧的库存物资就卖光的现象，造成缺货。那么合适的订货点应该取多少呢？

订货点的大小取决于两个因素：

① 销售速率（对供应者来说，是供应速率，下同）。也就是销售的快慢，用单位时间内的平均销售量 R 来描述。显然，销售速率越高，则订货点应该越高。

② 订货提前期。所谓订货提前期，就是指从发出订货到所订货物运回并入库所需要的时间长度，用 T_K 来描述。显然，T_K 越大，订货点就越高。T_K 的大小取决于路途的远近和运输工具运输

订货提前期

所谓订货提前期，就是指从发出订货到所订货物运回并入库所需要的时间长度，用 T_K 来描述。

速度的快慢。按照已有的销售速率在订货提前期内将有一定的销售量，我们把这个销售量叫做订货提前期销售量，或简称为订货提前期需求量，用 D_L 表示。显然有：

$$“D_L” = “R” \cdot “T_K”$$

这里之所以都加上引号是表示 D_L，R，T_K 在这里都只具有概念意义，它们各自都可能是随机变量或确定变量，在数值上具体表达式可能不同。

提前期需求量 D_L 与订货提前期 T_L 以及销售速率 R 的关系如图 4－7 所示。可以看出，合适的订货点大小应当取刚好等于提前期需求量的值，即如果用 Q_K 表示订货点，则有 $Q_K = D_L = R \cdot T_K$。

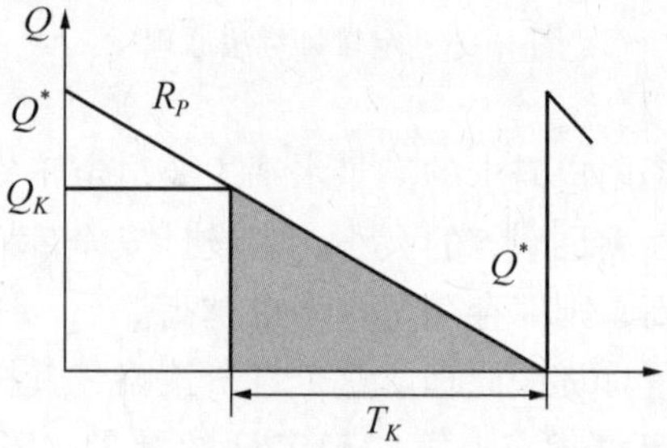

图 1－7　订货点的概念

这是一个概念性的计算方法，针对具体的情况模型，各自有具体的表达形式。在正态分布的需求情况下，有：

$$\begin{aligned} Q_K &= \overline{D_L} + Q_S = \overline{D_L} + a \cdot \sigma_D \\ &= \overline{R \cdot T_K} a \cdot \sqrt{\overline{T_K} \cdot {\sigma_R}^2 + R^2 \cdot {\sigma_T}^2} \end{aligned} \quad (4-2)$$

我们称 Q_S 为安全库存量。它是在平均提前期需求量 $\overline{D_L}$ 之上附加的一个保险裕量。它在数值上等于标准偏差 σ_D 的“个数”，这个“个数”就是安全系数 a。a 越大，则安全库存量 Q_S 也越大。安全系数究竟取多大，要由缺货率 q，或者库存满足率 P 来确定。所谓缺货率，即缺货水平，是指实际发生的提前期需求量 D_L 超过某一个额定库存量 Q_K 的累计概率，用 q 表示：

$$q = P\{D_L > Q_K\}$$

而库存满足率，是指由库存物资现货供应满足用户需求的程度，也称服务率，或服务水平，记为 p。它在数值上等于实际发生的提前期需求量小于等于额定库存量 Q_K 的累计概率：

$$P = P\{D_L \leqslant Q_K\}$$

库存满足率

库存满足率是指由库存物资现货供应满足用户需求的程度，也称服务率，或服务水平，记为 p。

而且有

$$p+q=1$$

也就是说，缺货率和库存满足率是互补的。它们又和安全系数是一一对应的，而安全系数又和安全库存量是一一对应的。所以，安全系数 α 缺货率 q、库存满足率 p 和安全库存量 Q_S 都是一一对应的，知道 α，或 q、或 p 都可以知道 Q_S。例如，当安全系数 $\alpha=0$ 时，$p=0.50$，$q=0.50$，$Q_S=0\times\sigma_D=0$；$\alpha=1$ 时，$p=0.84$，$q=0.16$，$Q_S=1\times\sigma_D=\sigma_D$；$\alpha=2$ 时，$p=0.977$，$q=0.023$，$Q_S=2\times\sigma_D=2\sigma_D$ 等。人们把这种对应关系整理成一个表，叫做安全系数表，见表 4－2。

表 4－2　主要安全系数表

α	0.0	0.13	0.26	0.39	0.54
p	0.5	0.55	0.6	0.65	0.70
q	0.5	0.45	0.4	0.35	0.30
α	0.68	0.84	1.00	1.04	1.28
p	0.75	0.80	0.84	0.85	0.90
q	0.25	0.20	0.16	0.15	0.10
α	1.65	1.75	1.88	2.00	2.05
p	0.95	0.96	0.97	0.977	0.98
q	0.05	0.04	0.03	0.023	0.02
α	2.33	2.40	3.00	3.08	3.09
p	0.99	0.992	0.9987	0.9999	1.0000
q	0.01	0.008	0.0013	0.0001	0.0000

这样，如果知道 q 或 p，就可以由安全系数表查出 α，根据安全系数 α 和标准偏差 σ_D，就可以由式（4－2）求出相应的安全库存量 Q_S。

在式（4－2）中，$\overline{D_L}$ 和 σ_D 是订货提前期需求量 D_L 的平均值和标准偏差，$\overline{R}$ 和 σ_R、$\overline{T_K}$ 和 σ_R 分别是需求速率 R 和订货提前期 T_K 的平均值和标准偏差。

根据式（4－2）就可以求出在正态分布下的订货点。

式（4－2）可以简单地理解为订货点由两部分构成：一部分

是平均的提前期需求量，另一部分是安全库存量。安全库存量也可以简单地用日平均需求量乘以安全天数来计算。

在非正态分布的需求情况下，

$$Q_K = D_L \Big|_{P\{D_L \leqslant Q_K\} = P}$$

也就是说，非正态分布下的订货点等于订货提前期需求量，小于等于订货点的累计概率，等于给定的服务率 p 时的那个提前期需求量。

（2）订货批量的确定

订货批量，就是一次订货所订的物资数量。订货批量也是不能随意确定的，因为订货批量的高低，直接影响库存量的高低，也直接影响物资的供应满足程度。订货批量太大，虽然可以较充分地满足用户需要，但会使库存量过高，成本升高；订货批量太小，库存量虽然可以降下来，但不一定能保证满足用户需要。所以，订货批量也要合适。订货批量的大小，主要考虑两个因素：

① 需求速率$\overline{R}$。需求速率越高，说明用户的需要量大，订货批量也应该大。

② 经营费用的高低。经营费用的高低，对订货批量也有影响。

在确定订货批量时，需要综合考虑发生的各种费用，根据使总费用最省的原则来确定经济订货批量 Q^*。

不同的模型中，考虑的库存费用种类不一样，所以订货批量的大小也不一样。例如，在不允许缺货、瞬时到货的模型中，经济订货批量 Q^* 可以表示为：

$$Q^* = \sqrt{\frac{2c_0R}{c_1}}$$

它取决于单次订货费用 c_0 和单位物资单位时间的保管费用 c_1，还取决于单位时间内的需求量 R。

在随机型的模型中，订货批量也都可以采用这个公式计算。

（3）实施过程

定量订货法的实施步骤，可以分成以下三步：

① 确定订货点和订货批量；

② 库存管理人员或销售人员每天检查库存；

③ 当库存量下降到订货点时，就发出订货。订货量取一个经济订货批量。

运用定量订货法时还要注意它的运用环境和条件。定量订货法适用于以下几种情况：

① 它只适用于订货不受限制的情况，即什么时候想订货就能订到货，想到哪里订货就能到哪里订到货的情况。也就是说，它只适用于物资资源供应充足、供大于求、自由流通的市场。

② 它的直接运用只适用于订购单一品种的情况。如果要实行几个品种联合订购，则还要进行灵活处理才行。

③ 它既适用于确定型需求，也适用于随机型需求。对于不同的需求类型，可以导出具体的运用形式，但它们的运用原理都是相同的。

④ 它一般多用于 C 类物资，这类物质的特点是：品种多而价值低廉，实行固定批量订货。

4.6.1.2　定期订货系统

定期订货系统的原理，是预先确定一个订货周期 T^* 和一个最高库存量 Q_{max}，周期性地检查库存，发出订货。订货批量的大小应使得订货后的“名义”库存量达到额定的最高库存量 Q_{max}。定期订货系统的运行模型如图 4 - 8 所示。

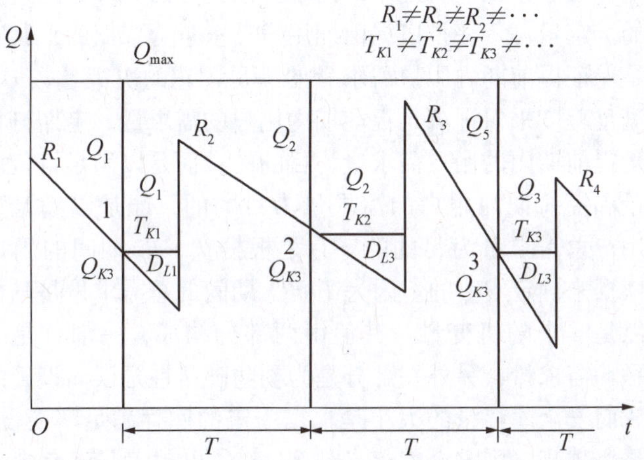

图 4 - 8　定期订货法原理

在系统运行之前，先确定好订货周期，假设为 T，再确定好仓库库存控制的最高库存量，假设为 Q_{max}。库存销售按正常规律进行。假设在时间轴的 0 点开始运行定期订货法，这时检查库存量，库存水平在 1 点，库存量假设为 Q_{K1}。则发出订货，订货量取 Q_{K1} 与 Q_{max} 的差值，即第一次的订货量 $Q_1 = Q_{max} - Q_{K1}$。随后进入第一

个订货提前期 T_{K1}，提前期结束，所订 Q_1 的货物到达，实际库存升高 Q_1，到达高库存。然后进入第二个周期的销售，销售仍然按正常规律进行，销售过程中可以不管库存量的变化。待经过一个订货周期 T，到了按订货周期该订货的日子，又检查库存量，假设这时（2 点）的库存量为 Q_{K2}，就又发出订货量 Q_2，Q_2 的大小等于 Q_{K2} 与 Q_{max} 的差值。随后进入第二个订货提前期 T_{K2}，T_{K2} 结束，所订货物 Q_2 到达，将实际库存量又一下提高到高库存。随后进入第三个销售周期。到下一个订货日，再检查库存、发出订货，这样继续下去。

为什么这样操作能达到既控制库存量又保证满足用户需要的目的呢？

控制库存量是很明显的，整个运行过程的最高库存量不会超过 Q_{max}。实际上，刚订货时，包括订货量在内的“名义”库存量最高就是 Q_{max}，待经过一个订货提前期销售，所订货物实际到达，实际最高库存量比 Q_{max} 还少一个提前期平均需求量，等于 $Q_{max}-\overline{D_L}$。所以 Q_{max} 实际上就是最高库存量的控制线，它是定期订货法用以控制库存量的一个关键性的控制参数。

定期订货法在保证满足用户需求方面的方法原理是与定量订货法不同的。定量订货法是以提前期用户需求量为依据的，制定策略的目的是保证提前期内用户需求量的满足，它的决策参数 Q_K 只能按一定满足程度来保证满足提前期内用户的需求量。定期订货法不是以满足提前期内的用户需求量为目的的，而是以满足订货周期内的需求量和提前期内用户的需求量为目的的，即是以满足 $T+T_K$ 期间的用户总需求量为目的的。它是根据 $T+T_K$ 期间的用户总需求量为依据来确定 Q_{max} 的。因为 $T+T_K$ 期间的总需求量是随机变化的，所以是一个随机变量。其值由两部分构成，一部分是 $T+T_K$ 期间的平均需求量，另外一部分是为预防随机性延误而设置的安全库存量。而安全库存量的大小是根据一定的库存满足率而设置的。库存满足率越高，则安全库存量越多，Q_{max} 也越大，库存满足程度也越高。

实施定期订货法要解决四个问题：

（1）订货周期的确定

定期订货法中，订货周期决定了订货时机，也就是定期订货法的订货点。订货周期，就是订货间隔期。它与定量订货法的订货间隔期不同，定量订货法的订货间隔期互相可能不等，而定期订货法的订货间隔期都互相相等。订货间隔期的长短，直接决定了最高库存量的大小，也就是决定了仓库的库存水平的高低，因而决定了库存费用的大小。所以，订货周期不能太长，否则会使库存水平过高；也不能太短，否则订货批次太多，就会增加订货费用。

在一般情况下，可以用经济订货周期作为定期订货法的订货周期，即：

$$T^* = \sqrt{\frac{2c_0}{c_1 R}}$$

式中的变量的含义与经济订货批量公式中的一样。

实际上，订货周期也可以根据具体情况进行调整。例如，可以根据自然日历习惯，如月、季、年等确定订货周期；也可以根据企业的生产周期或供应周期等确定订货周期，也就是说不一定很精确也可以。

（2）最高库存量的确定

前面已经说到，定期订货法的最高库存量应该以满足 $T+T_K$ 期间的需求量为依据。也就是说，最高库存量等于 $T+T_K$ 期间的总需求量。如果我们用 D_{T+T_K} 来描述 $T+T_K$ 期间的需求量，则有：

$$Q_{\max} = \text{“}D_{T+T_K}\text{”}$$

因为 D_{T+T_K}，一般也是随机变量，所以也存在一个“分布”问题。和定量订货法中的 D_L 一样，我们也把它分成正态分布和其他分布两类。

对于正态分布，最高库存量等于平均需求量，加上安全库存量 Q_s：

$$Q_{\max} = \overline{D_{T+T_K}} + Q_S = \overline{D_{T+T_K}} + \alpha \cdot \sigma_D$$

这是用 D_{T+T_K} 来描述的式子。和定量订货法中的 D_L 一样，D_{T+T_K} 也可以用 R 和 T_K 来描述：

$$Q_{\max} = \overline{R} \cdot (T + \overline{T_K}) + \alpha \sqrt{(T + T_K)\sigma_R{}^2 \cdot \sigma_T{}^2}$$

它们都和 D_L 的情况相似，只是这里用 $T+\overline{T_K}$ 代替了那里的 T_K 而已。

对于非正态分布，$Q_{\max}$ 的求法也类似于定量订货法中的 Q_K 的求法，$Q_{\max}$ 等于某一个 D_{T+T_K} 值，在这个 D_{T+T_K} 点，其累计概率不小于给定的库存满足率：

$$Q_{\max} = D_{T+T_K} \left| P \mid D_{T+T_K} \le Q_{max} \mid = P \right.$$

根据给定的库存满足率 p 到给定的 D_{T+T_K} 的累计概率分布表中

去查对应的 D_{T+T_K}，就可以得出 Q_{max}。

（3）订货批量的确定

定期订货法没有固定不变的订货批量，每个周期的订货批量的大小都是由当时实际库存量的大小确定的，等于当时的实际库存量与最高库存量的差值。这里所谓“实际库存量”，严格地说，是指检查库存时仓库所实际具有的能够用于销售供应的全部物资的数量。它不仅包括当时存于仓库中的物资数量 Q_K，也包括已订而未到的物资数量 I 和已经售出而尚未发货的物资数量 B。Q_K，I，B 都是订货时检查库存而实际得到的数据，每次检查得到的值可能不一样，所以每次的订货批量也不一样。第 i 次检查库存发出订货的数量 Q_i 可以表示为：

$$Q_i = Q_{max} - Q_{K_i} - I_i - B_i$$

（4）实施过程

定期订货法具体实施时，首先要进行需求分析、经营方式分析、控制方法分析等。在确定要用定期订货法时，就要分析、确定决策参数 Q_{max} 和 T。然后在具体运行时，每隔一个订货周期 T 检查库存，发出订货。每次的订货批量都是使得订货后的名义库存量达到 Q_{max}。

定期订货法适用于以下几种情况：

① 它的直接运用只适用于订购单一品种的情况。但是，稍加处理，也可以用于几个品种联合订购的情况。

② 它适用于随机型需求，也适用于确定型需求。对于不同的需求类型，可以导出具体的运用形式，但它们的运用原理都是相同的。

③ 它一般多用于 A 类物资，即品种少而价值高，比较重要的物资。

下面举例说明：

【例 1】 某金属公司销售钢材，过去 12 周每周销售的钢材分别是 162，173，167，180，181，172，170，168，167，174，170 和 168 吨。如果它们服从正态分布，订货进货提前期为 1 周，一次订货费用为 200 元，1 吨钢材保管 1 周需要保管费 10 元，要求库存满足率达到 90%，那么要实行定量订货法控制，应该怎样进行操作？

这里，需求速率是一个随机变量，订货提前期是一个常量。为了计算订货点，先要对 R 和 T_K 进行处理。

R 的平均值：$\overline{R} = \dfrac{\sum_{i=1}^{12} R_1}{12} = 171$。

R 的标准偏差：$\sigma_R = \sqrt{\dfrac{\sum_{i=1}^{12}(R_i - \overline{R})^2}{12}} = 5.23$。

所以，R 服从以 171 为平均值、5.23 为标准偏差的正态分布：

$$R \sim N(171, 5.23)$$

订货提前期是常数：$T_K = 1$。再由库存满足率 $p = 0.9$，查安全系数表得 $\alpha = 1.28$。

所以订货点：$Q_K = \overline{D_L} + \alpha\sigma_D = T_K\overline{R} + \alpha\sqrt{T_K}\cdot\sigma_K$

$= 1 \times 171 + 1.28 \times \sqrt{1} \times 5.23$

$= 177.69$

订货批量：$Q^* = \sqrt{\dfrac{2c_0 R}{c_1}} = \sqrt{\dfrac{2 \times 200 \times 171}{10}} = 82.3$。

所以，具体实施定量订货法就是随时检查库存，当库存量下降到 177.69 吨时，就发出订货，订货批量取 82.7 吨。当然，在实际工作中，不一定要那么精确，可以根据实际情况作一些必要的调整。

【例 2】某商场以前各个月的电视机销售量是随机变化的，大概服从正态分布，平均值为 50 台，变化范围为 ±10 台。电视机订货进货提前期的长度也服从正态分布，平均值为 5 天，变化范围为 ±1 天，商场希望库存满足率达到 95%，则商场实施定量订货法的订货点应取多少为好？

这个例子给出的情况是 R 和 T_K 都是随机变量，而且都服从正态分布。R 的平均值是 50 台/月，标准偏差为 10 台/月，T_K 的平均值是 5 天，标准偏差为 1 天。也就是：$R \sim N$（50，10）（台/月），$T_K \sim N$（5，1）天。R 和 T_K 的时间单位不一致，要化成一致。把 R 化成以天为单位：

$$R \sim N\left(\frac{50}{30}, \frac{10}{\sqrt{30}}\right) = N(1.67, 1.8)\text{（台/天）}$$

注意，化标准偏差不是除以 30，而是除以 $\sqrt{30}$。

要求库存满足率大于 95%，由安全系数表可以查出 $\alpha = 1.65$，就可以求出定量订货法的订货点 Q_K：

$$Q_K = \overline{T_K} \cdot \overline{R} + \alpha\sqrt{\overline{T_K}\sigma_R{}^2 + R^2\sigma_T{}^2}$$
$$= 5\times1.67 + 1.65\times\sqrt{5\times1.8^2 + 1.67^2\times1^2}$$
$$= 15.54$$

【例3】某公司为实施定期订货法策略对他的某个商品的销售量进行了分析研究。发现用户需求服从正态分布。过去9个月的销售量分别是：11，13，12，15，14，16，18，17，19 吨。他们如果组织资源进货，则订货提前期为1个月，一次订货费为30元，1吨物资一个月的保管费为1元。如果要求库存满足率达到90%，根据这些情况应当如何制定定期订货法策略？又在实施定期订货法策略后，第一次订货检查时，发现现有库存量为21吨，已订而未到的物资5吨，已经售出但尚未提货的物资3吨，问第一次订货时应该订多少？

由题意可以得到 $R \sim N(\overline{R}, \sigma_R)$，$T_K = 1$（月），为常数。$c_0 =$ 30元，$c_1 = l$ 元/吨月，$p = 0.9$。第一次检查结果：$Q_{Ki} = 21$ 吨，$I_i = 5$ 吨，$B_i = 3$ 吨（$i = 1$）。

要求定期订货法策略和第一次订货量，先求需求速率的平均值和标准偏差：

$$\overline{R} = \frac{\sum R_i}{9} = 15(\text{吨}/\text{月})$$

$$\sigma_R = \sqrt{\frac{\sum\limits_{i=1} R_i - \overline{R}}{9}} = 1.8$$

再求订货周期 T：$T^* = \sqrt{\dfrac{2c_0}{c_1 R}} = 2$（月）

由于 $p = 0.9$ 时，$\alpha = 1.28$，所以：

$$Q_{\max} = \overline{R}\cdot(T + \overline{T_K}) + \alpha\sqrt{(T + \overline{T_K})\sigma_R{}^2 + R^2\cdot\sigma_T{}^2} = 49$$

因此，具体的定期订货法策略是，设置订货周期 T 为2个月，最高库存量 $Q_{\max}$ 为49吨。周期性地检查库存，发出订货。确定订货量的大小，使得订货以后的名义库存量达到 $Q_{\max}$。所以，第一次检查库存发出订货量为：

$$Q_i = Q_{\max} - Q_{K_i} - I_i - B_i = 49 - 21 - 5 + 3 = 26(\text{吨})$$

4.6.1.3 库存控制方法在确定型库存中的应用

以上库存控制方法公式，无论是对随机型库存还是确定型库存都是适用的。

随机型库存，指 R 和 T_K 的取值至少有一个是随机变化的，因而 D_L 也是随机变化的，σ_R，σ_T 或 σ_D 不全等于零。

而确定型库存，指 R 和 T_K 的取值都是固定不变的，σ_R，σ_T 或 σ_D 都等于零。这时库存控制的方法公式就变得非常简单。

（1）不允许缺货、瞬时到货的确定型库存（其模型如图4－9所示）

其定量订货法的公式变成：

$$Q_K = D_L = T_K R$$

$$Q^* = EOQ = \sqrt{\frac{2c_0R}{c_1}}$$

其定期订货法的公式变成：

$$Q_{\max} = D_{T+T_K} = (T + T_K)R$$

$$Q_i = Q_{\max} - Q_{K_i} - I_i - B_i$$

$$T = \sqrt{\frac{2c_0}{c_1R}}$$

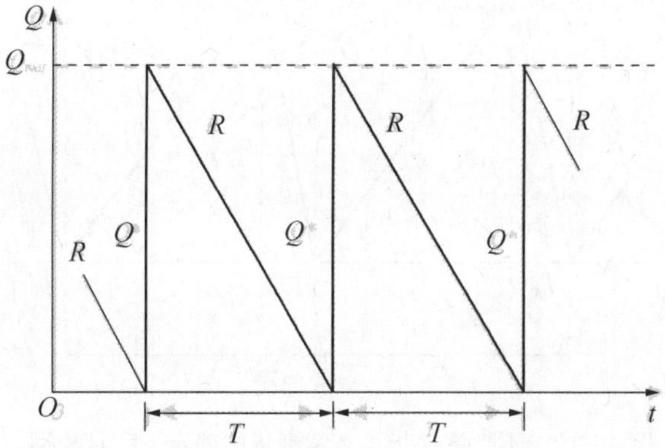

图4－9　不允许缺货、瞬时到货的确定型库存模型

【例1】某商场的面包大约平均每天能够销售20公斤。面包的保管费用为平均每公斤每天5元，面包一次订购费为200元。问：如果采用定量订货法，则订货点和订货量取多少？如果采用定期订货法，则订货周期和最高库存分别为多少？如果采用定期定量法，则应该怎样操作？

依题意，R＝20公斤/天，C_0＝200元，c_0＝5元/公斤·天

因为是瞬时到货，即订货进货不需要时间，T_K＝0。所以：

定量订货法：$Q_K = RT_K = 0, Q^* = \sqrt{\frac{2c_0R}{c_1}} = \sqrt{\frac{2\times200\times20}{5}} = 40$

定期订货法：$T^* = \sqrt{\frac{2c_0}{c_1R}} = \sqrt{\frac{2\times200}{5\times20}} = 2$。

定期定量订货法：$T^* = \sqrt{\frac{2c_0}{c_1R}} = \sqrt{\frac{2\times200}{5\times20}} = 2$

$$Q_{\max} = R(T + T_K) = 40$$

$$Q_K = RT_K = 0$$

$$Q^* = \sqrt{\frac{2c_0R}{c_1}} = \sqrt{\frac{2\times200\times20}{5}} = 40$$

（2）不允许缺货、持续到货的确定型库存（其模型如图4－10所示）

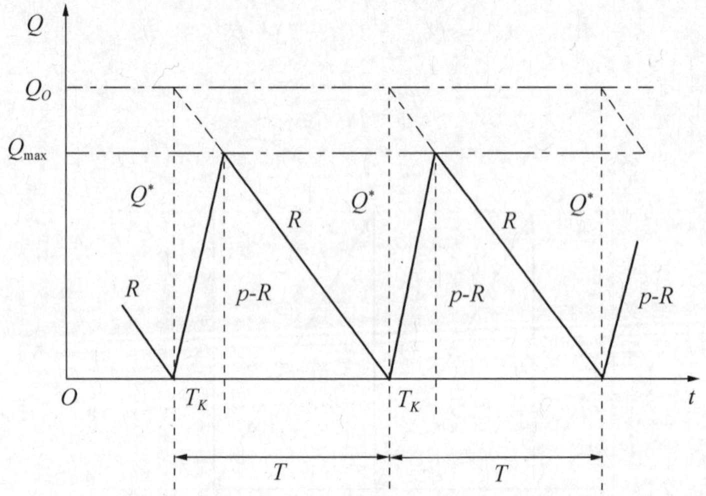

图4－10　不允许缺货、持续到货的确定型库存模型

持续到货，是指订货进货需要花费时间，订货进货提前期 $T_K > 0$。在订货进货提前期内，边进货，边销售，且进货速率 p 大于销售速率 R，实际库存增长速率也大于0，即 $p - R > 0$。由于边进货边销售，实际库存减少，其定量订货法的公式就变成：

$$Q_K = R \cdot T_K$$

$$Q^* = \sqrt{\frac{2c_0R}{c_1(1 - \frac{R}{P})}}$$

其定期订货法的公式就变成：

$$Q_{max} = D_{T+T_K} = (T + T_K)R$$

$$Q_i = Q_{max} - Q_{K_i} - I_i - B_i$$

$$T^* = \sqrt{\frac{2c_0}{c_1 R} \cdot \frac{P}{P - R}}$$

$$Q_K = R \cdot T_K = 20 \times 1 = 20$$

【例 2】如果例 1 中的商场实行持时到货、不允许缺货，且进货速率为每天 50 公斤。商场平均每天销售 20 公斤。面包的保管费用为平均每公斤每天 5 元，面包一次订购费为 200 元。问：如果采用定量订货法，则订货点和订货量取多少？如果采用定期订货法，则订货周期和最高库存分别为多少？

定量订货法：

$$Q^* = \sqrt{\frac{2c_0 R}{c_1(1 - \frac{R}{P})}} = \sqrt{\frac{2 \times 200 \times 20}{5 \times (1 - \frac{20}{50})}} = 52$$

$$T_K = \frac{Q^*}{P} = \frac{52}{50} = 1$$

即随时检查库存，当库存下降到 20 公斤时，就发出订货，订货批量为 52 公斤。

定期订货法：

$$T^* = \sqrt{\frac{2c_0}{c_1 R} \cdot \frac{P}{P - R}} = \sqrt{\frac{2 \times 200 \times 50}{5 \times 20 \times (50 - 20)}} = 2.6$$

$$Q_{额定最高库存} = (T^* + T_K)R = (T^* + \frac{RT^*}{P})$$

$$= 20 \times 2.6 \times (1 - \frac{20}{50}) = 31.2$$

即预先设定订货周期 2.6 天，额定最高库存为 72 公斤。每到订货周期点检查库存，发出订货，以每天 50 公斤的到货速率持时到货，订货批量等于当时的实际库存与额定最高库存 72 公斤之差。

4.6.2　其他库存控制系统

4.6.2.1　准时化同步供应系统

准时化，即 JIT（just in time）的基本思路就是追求“在合适的时候，把合适的品种，以合适的数量，送到合适的地点”。准时化同步供货系统，其实质就是追求最大限度地消除浪费而又恰好满足用户需要的供货理念。实行这样的订货策略，会使得供方和需方都能够实现零库存运作，达到最大限度地节省库存费用而又完全满足用户需求的理想境界，因此也叫做零库存供应系统。

准时供应法能够实现最理想的库存控制，即零库存。但是，实施这种库存控制方法，需要具备一些条件，如要求供应和需求的速度均匀稳定，同步供应商之间空间距离不能够太远等。因此，它一般只适用于均匀稳定生产的企业，而不太适合那种需求速度波动很大的社会流通领域。

准时化的思想在经济和优化领域是一种具有积极意义的思想，运用于很多领域。在物流学中，运用于 JIT 计划、JIT 采购、JIT 配送等方面。

4.6.2.2 计算机模拟库存控制系统

即采用蒙特卡罗模拟法，用计算机处理模仿实际的物资销售的业务过程。已知需求速率和前置期长度的随机分布，将实际业务过程中随机变化的日销售量通过计算机随机数随机取销售量来实现，而将实际业务过程中订货前置期的变化也通过计算机随机数随机取前置期长度来实现。由计算机随机数取得的日销售量和前置期长度就可以计算出该次前置期的销售量。这样重复 N 次，就可以得到 N 个前置期销售量（即需求量）。这 N 个前置期需求量中，有的是相同的，有的是不同的，按从小到大的顺序依次统计出其中互不相同的需求量，并统计出它们相应发生的频数，由此求出各自的概率分布。由此概率分布求出对应的累计概率。该累计概率就是相应的前置期需求量的库存满足率。这样根据给定的库存满足率就可以求出订货点。另外，再根据 C_0，C_1 和 R 求出 Q^*，还可以根据 C_0，C_1，R 和 Q^*，求出 C^*。这样就求出了定量订货法的所有参数，实现了定量订货控制。

本章小结

需求预测与库存管理是物流管理的核心内容之一，本章讨论了需求预测与库存的概念、分类以及相关性质，论述了库存管理的概念和宗旨，强调库存管理的核心在于库存控制管理、周转库存要加强库存管理，并阐述了库存管理的演进。然后分别介绍了需求预测的定性与定量方法、库存品种数理管理、库存业务管理、库存成本管理以及库存控制管理的内容。本章的重点在于库存控制管理，通过理论分析和一些示例说明了库存控制的方法，包括定量订货法、定期订货法和模拟法。

复习思考题

1. 有哪些定性预测方法和定量预测方法？说明它们各自的特点和适应范围。

2. 销售预测和需求预测的关系是什么？

3. 预测可分为哪些类型，时间序列分析预测法一般用于哪些方法，它有哪些明显的优缺点？

4. 什么叫周围库存、储备库存？周转库存与储备库存有什么区别？

5. 库存管理的内容应当包括哪些？

6. 什么叫库存数量管理，库存品种数量管理的方法有哪些？

7. 定量订货法和定期订货法各适用于什么情况？它们各自有什么特点、优点和缺点？

第5章 物流信息系统

学习目标

通过本章的学习，学生应掌握物流信息技术、物流信息和物流信息系统的相关概念、分类和特点；物流信息系统的功能、发展阶段；物流信息系统规划与建设的步骤和方法。

关键词

物流信息（logistics information）；物流信息系统（logistics information system）；物流信息技术（logistics information technology）；物联网（the internet of things）；物流信息系统规划和建设（logistics information system planning and development）

案例 5.1

京东商城：物流信息系统推动电子商务

家住北京市西城区的王先生在京东商城选中了一套松下迷你音响作为送给老婆的生日礼物。上午10时，王先生上网点击了“提交订单”。

同一时间，位于通州五环外2万多平方米的京东商城北京3C仓库里，两台高速打印机正在不间断地打印着新到订单，王先生的订单很快出现在其中。

在这间巨大的库房里，十余万种商品并没有按常规做法依类别摆放。据介绍，京东商城自主研发的信息系统，将整个仓库“切割”成了几十万个虚拟方格子，每个格子有自己的编号，而所有商品都由这套系统根据销量等数据摆放在这些格子里面，最畅销的货品通常都摆放在靠近通道的货架上。

"我们这叫看似无序，实则有序。" 10时10分，拣货员左力进入库房，他需要一次性拣出约40份订单的货品，其中就有王先生的订单。而电脑已经为这些订单设计好了一条最短路线，并通过拣货员手中的PDA告知。

"我其实更像机器人，因为PDA会一一告诉我下一步怎么做。" 左力举例说，PDA上首先显示订单中距离他最近的一份商品所处货架，在取出这一商品后，PDA又会根据他所处的新位置定位出另一份最近商品的货架。

10分钟后，王先生的订单已经完成了整个库房内的流程，被分配到了相应的配送站点，和上万个商品一起等待配送车辆前来。从订单打印，到发货员将其处理完毕送到发货区，只花了大约35分钟。属于"京东"自己的配送车辆"211限时送"前来取走了这批货，与此同时，王先生收到了京东商城的电子邮件，告知："您的商品已经出库"。

17时，配送员小李来到位于北京市西城区西直门附近的配送点，提走了他所负责辖区的所有货品，王先生订购的迷你音响就在其中。每隔半分钟，小李身上的GPS设备就会将他当前的位置发回到总部的GIS（包裹实时跟踪）系统中，王先生可以在网页上实时看到迷你音响一步一步接近他家。

从商品入库到用户下订单到拣货打包，再从商品出库再到用户手中，整个物流过程都在京东商城自主研发的信息系统控制之下完成，电子商务实现了由互联网到物联网的升级换代。由于受到第三方物流能力的限制，目前只有部分京东商品实现了可视化配送。在春节高峰时期，一些商品也难免出现配送延迟。

2011年，京东商城完成了第三轮15亿美元的融资，这是中国互联网市场迄今为止单笔金额最大的融资。北京市电子商务协会秘书长林亚表示，这说明投资者对京东商业模式的认可，对于正在发展的京东商城乃至中国电子商务行业具有非常积极的意义。

（资料来源：新华每日电讯.2011－8－22.有改动.）

5.1 物流信息技术

物流信息技术是指现代信息技术在物流各个环节中的应用，是现代物流的重要标志。物流信息技术主要由自动识别、跟踪定位、通信网络三大部分组成。根据物流信息技术的功能以及特点，本节我们将对条形码技术、射频识别技术、电子数据交换技术、全球定位系统、地理信息系统以及云计算等常用的物流信息技术进行介绍。

物流信息技术

物流信息技术是指现代信息技术在物流各个环节中的应用，是现代物流的重要标志。物流信息技术主要由自动识别、跟踪定位、通信网络三大部分组成。

5.1.1 条形码技术

5.1.1.1 条形码概述

> **条形码**
>
> 条形码是利用光电扫描阅读设备来实现数据输入计算机的一种代码。它是由一组按一定编码规则排列的条、空符号，按照一定的编码规则排列，用以表达一组信息的图形标识符。

条形码（bar code）是利用光电扫描阅读设备来实现数据输入计算机的一种代码。它是由一组按一定编码规则排列的条、空符号，按照一定的编码规则排列，用以表达一组信息的图形标识符。这些条和空组成的数据条形码表达一定的信息，每一种物品的编码是唯一的。条形码技术是随着计算机与信息技术的发展和应用而诞生的，它是集编码、印刷、识别、数据采集和处理于一身的新型技术。由于具有快速、准确、低成本、可靠性高等优点，条码技术已被世界各国广泛用于商业、仓储、邮电、交通运输、图书等领域。

5.1.1.2 条形码的种类

条形码的种类很多，常见的有 20 多种码制，其中一维条形码包括 Code39 码、Codabar 码、Code25 码、ITF25 码、Matrix25 码、UPC－A 码、UPC－E 码、EAN－13 码、EAN－8 码、中国邮政码（矩阵 25 码的一种变体）、Code－B 码、MSI 码、Code11 码、Code93 码、ISBN 码、ISSN 码、Code128 码、Code39EMS（EMS 专用的 39 码）等。此外，二维条码常用的码制有 Data Matrix，MaxiCode，Aztec，QR Code，Vericode，PDF417，Ultracode，Code 49，Code 16K，Han Xin Code 等。

尽管现存的条形码码制多种多样，但国际上通用的和公认的物流条形码码制只有三种：ITF－14，UCC/EAN－128，EAN－13。在选用条形码时，要根据货物的不同和商品包装的不同，采用不同的条形码码制。单个大件商品，如电视机、电冰箱、洗衣机等商品的包装箱往往采用 EAN－13 条形码。储运包装箱常常采用ITF－14 条形码或 UCC/EAN－128 应用标识条形码，包装箱内可以是单一商品，也可以是不同的商品或多件头商品小包装。此外，二维条形

1 00 23183 00941 4

图 5－1 一维条形码

图 5－2 二维条形码

码在物流业逐步被认同和广泛应用。

5.1.1.3 条形码识读工作原理

条形码识读系统由扫描系统、信号整形、译码等部分组成。扫描系统由光学系统及探测器，通常称为“光电转换器”组成，并由它完成对条码符号的光学扫描，并通过光电探测器，将条形码图案的光信号转成电信号。条形码扫描系统可采取不同光源、扫描形式、光路设计实现其功能。条形码识读过程首先通过光学透镜成像在半导体传感器上，经模拟/数字转化（传统的CCD技术）或直接数字化（CMOS技术）输出图像数据。然后，CMOS将采集到的图像数据送到阅读设备进行处理，其处理内容包括图像处理、解码、纠错、译码。最后，处理结果通过通讯接口（如RS232）送往计算机，提供给物流信息系统使用。

条形码识系统

条形码识读系统由扫描系统、信号整形、译码等部分组成。

5.1.1.4 条形码的应用

条形码技术是在计算机的应用实践中发展起来的一种自动识别技术，它能快速、准确、可靠地采集数据。当前，条形码技术已经成为物流现代化的一个重要组成部分广泛被使用，条形码技术在物流领域主要集中在以下几个环节：

（1）物料管理

把物料或出售的商品进行编号，通过条形码来标识，这样有助于物料和商品的跟踪管理。

（2）生产线物流管理

通过制定产品在生产线上的标识码，建立产品档案，从而控制产品在生产线上的流向，提高对产品进行跟踪、控制的效率。

（3）分拣运输

由于物品运输涉及多种途径，如铁路、航空、汽运等，在运输过程中要求货物在很短时间内被准确无误地装载到不同的车次和航班，这就需要通过条形码的识别，实现快速处理。

（4）仓储保管

在一个仓储系统中，物品的种类千差万别、数量成千上万，使用条形码可以标识不同物品信息，经过计算机对信息进行跟踪、处理，有利于提高商品的采购、保管和销售的效率，降低物流成本。

5.1.2 电子数据交换（EDI）技术

5.1.2.1 电子数据交换（EDI）定义

电子数据交换

电子数据交换是指将商业或行政事务处理按照一个公认的标准，形成结构化的事务处理或报文数据格式，从计算机到计算机的电子传输方法。

根据全国科学技术名词审定委员会的定义，电子数据交换（electronic data interchange，EDI）是指将商业或行政事务处理按照一个公认的标准，形成结构化的事务处理或报文数据格式，从计算机到计算机的电子传输方法。EDI 是 20 世纪 80 年代发展起来的一种电子贸易工具，是计算机、通信和现代化管理技术相结合的产物。它将贸易、运输、保险、银行和海关等行业的信息，用一种国际公认的标准格式，通过计算机通信网络，使各有关部门、公司与企业之间进行数据交换与处理，并完成以贸易为中心的全部业务过程。由于使用 EDI 能有效地减少或消除贸易过程中的纸面单证，因而 EDI 也被俗称为“无纸交易”。EDI 作为一种较成熟的网络传输与处理技术，有效地克服了传统手工输入的诸多缺点，在物流管理中得到广泛应用。

5.1.2.2 EDI 分类

根据 EDI 不同的应用途径，可以把 EDI 分为以下四类：

（1）订货信息（ordering information，OI）EDI

该类型 EDI 是最基本、应用最广泛的 EDI，又称为贸易数据交换系统（trade data interchange，TDI）。它的主要用途是用电子数据文件来传输订单、发货单和各类单据。

（2）电子金融汇兑 EDI（electronic fund transfer，EFT）

主要是在金融领域的应用，实现银行与其他组织之间的电子费用汇兑。EFT 可以与其他系统联合起来使用，如与订货信息系统 TDI 联合起来，就形成了一个自动化水平更高的供应链金融汇兑系统。

（3）交互式应答 EDI（iterative query response，IQR）

它可以应用在旅行社或航空公司作为机票预定系统，根据客户的要求，推荐航班、打印机票。

（4）自动传输图形资料（automatic transmission of graphics data，ATGD）EDI

最常见的是计算机辅助设计（computer aided design，CAD）图形的自动传输。如设计公司在计算机上用 CAD 设计房子的平面布置图，客户确认后通过 EDI 传送设计图纸、建筑材料订货单、收据等信息，能在很大程度上提高效率。

5.1.2.3　EDI 的标准

为促进 EDI 的发展，世界各国都大力推进 EDI 标准的国际化。目前国际上通用的标准有北美标准和欧洲标准两种。第一个产业专用的 EDI 标准，是美国运输业数据通信委员会 1975 年公布的 TDCC。后来，美国国家标准协会依据 TDCC 标准，并参考其他行业的 EDI 标准，发展了适用范围更广的 EDI 标准——ANSI X12。在欧洲，1980 年初提出了 TDI（Trade Data Interchange）及 GTDI（Guideline for Trade Data Interchange）作为区域性标准。随后，ANSI X12 与 GTDI 分别成为北美与欧洲的两大区域性 EDI 标准。在欧美两大区域性 EDI 标准试行几年后，两大标准开始集成并进行国际间 EDI 通用标准的研究。联合国欧洲经济理事会从事国际贸易程序简化工作的第四小组（UN/ECE/WP.4）于 1986 年正式提出 UN/EDIFACT 为国际性通用的 EDI 标准，但该标准只是被非美国机构使用。

根据 EDI 使用情况以及未来发展，我国在 UN/EDIFACT 国际标准的基础上，制订了我国的 EDI 标准体系——《EDI 系统标准化总体规范》。根据该规范，把 EDI 标准体系分为基础、单证、报文、代码、通信、安全、管理应用七个部分。

5.1.2.4　EDI 的应用

EDI 在世界各国，尤其是西方发达国家已被广泛应用于汽车业、钢铁业、运输业、百货零售业，以及海关、商检等政府部门。美国最大的 100 家企业已全部在物流管理中应用 EDI，前 500 家大企业中已有 70% 应用了 EDI，而全美企业总体应用率也高达 40%。现在，在美国的汽车、钢铁、物流等行业中，不使用 EDI 的企业已不能生存，而在欧洲大部分国家，EDI 已成为做生意的唯一途径。新加坡是全球第一个在外贸领域全面实现 EDI 化的国家，从 1991 年起就在进出口业务中全部废除使用书面文件。随着网络技术及电子商务的发展，EDI 的应用前景将会更加广泛。

5.1.3 RFID 技术

5.1.3.1 RFID 概述

RFID（radio frequency identification）中文名称为无线射频识别，是20世纪90年代兴起的一种非接触式自动识别技术。最基本的RFID系统一般由电子标签（Tag）、阅读器（Reader）、天线（Antenna）三部分及外围计算机处理系统组成。由于射频识别技术具有非接触、远距离和批量阅读等特点，应用范围不断扩大，随着使用成本的不断下降，大有取代条形码和IC卡的趋势。

5.1.3.2 RFID 的构成

RFID系统在不同的应用目的和应用环境下组成会有所不同。但从RFID系统的工作原理来看，系统一般都由主机系统、读写器、电子标签、天线等几部分组成。

（1）主机系统

主机系统是针对不同应用而开发的应用软件及硬件系统，它可以有效地控制阅读器对标签的读写，并且对收到的信息进行处理。

（2）读写器

又称RFID标签读写装置，负责读取电子标签的信息和数据，并根据主机的控制指令向标签写入相关信息。读写器的频率决定了RFID标签的工作频段，也决定了射频识别的有效距离。

（3）电子标签

标签相当于条形码技术中的条形码符号，用来存储需要识别、传输的信息。与条形码不同的是，标签必须能够自动或在外力的作用下，把存储的信息主动发射出去。每个电子标签携带全球唯一的标识，由一个版本号加上3段数据组成，有64位、96位和256位等多种格式。电子标签按是否有电源分为有源式和无源式标签。有源式在标签上装有电池，能主动发信息给读写器；无源式则利用读写器的电波形成电磁感应与读写器进行通信。

（4）天线

天线是标签与阅读器之间传输数据的发射、接收装置。在实际应用中，除了系统功率外，天线的形状和摆放位置也会影响数据的发射和接收，需要专业人员对系统的天线进行设计、安装。目前，很多电子标签已经内置天线。

5.1.3.3　RFID 的分类

RFID 分类方式多样，主要有以下几种：

（1）按工作频率

按照工作频率的不同，RFID 标签可以分为低频（LF）、高频（HF）、超高频（UHF）和微波等。目前国际上广泛采用的频率分布于 4 种波段，低频（30 ~ 300 kHz）、高频（3 ~ 30 MHz）、超高频（850 ~ 910 MHz）和微波（2.45 GHz）。每一种频率都有它的特点，被用在不同的领域，因此要正确使用就要先选择合适的频率。

（2）按能量供给方式

根据电子标签是主动发送信号还是被动发送信号，又可以把 RFID 分为有源系统和无源系统。通常可以通过标签是否带有电池来判断。有源标签内装有电池，主动把信号发送给阅读器，一般具有较远的阅读距离，工作寿命与电池息息相关。而无源标签靠从阅读器发出的射频能量中提取其工作所需的电源，然后采用反射调制方式完成电子标签信息向阅读器的传送，一般阅读距离较短，寿命较长。

（3）按信息写入方式

从电子标签内保存信息的写入方式，可以将其分为集成电路固化式、现场有线改写和现场无线改写三大类。集成固化方式通常是出厂前已经写好，保存的信息不会改变；现场有线改写式电子标签一般将电子标签保存的信息写入其内部存储区中，改写时需要专用的编程器或写入器，改写过程中必须为其供电；现场无线改写式电子标签一般适用于有源类电子标签，具有特定的改写指令，电子标签内保存的信息也位于存储区内。

（4）按读取标签数据方式

根据读取电子标签数据的技术实现手段，可以将其分为广播发射式、倍频式和反射调制式三大类。广播发射式的阅读器相当于一个只收不发的接收机。倍频式射频识别系统须占用两个工作频点，一般较难获得无线电频率管理委员会的产品应用许可，实现起来有一定难度。反射调制式射频识别系统在技术实现上的难点在于同频接收。

5.1.3.4　RFID 的工作原理

RFID 技术的基本工作原理比较简单，标签进入阅读器发出磁场后，接收解读器发出的射频信号，凭借感应电流所获得的能量发送出存储在芯片中的产品信息（passive tag，无源标签或被动标签），或者主动发送某一频率的信号（active tag，有源标签或主动标签），解读器读取信息并解码后，送至系统的信息处理中心进行有关数据处理。

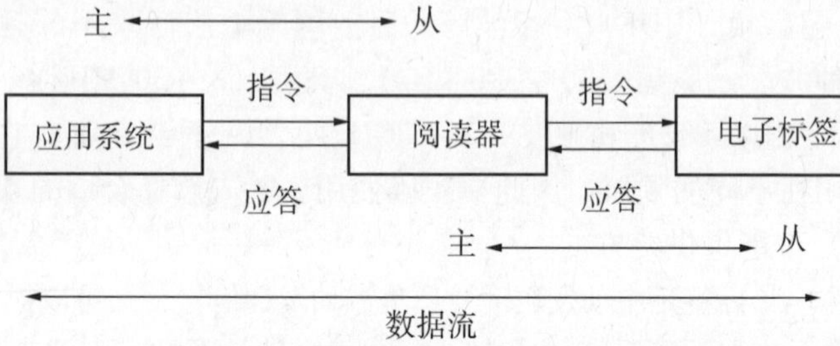

图 5－3　RFID 基本工作原理示意图

5.1.3.5　RFID 的应用

作为 20 世纪重要的发明技术之一，RFID 在国内外的应用越来越普及。RFID 技术在国外被广泛用于工业自动化、商业自动化、交通运输控制管理等众多领域。而在国内，RFID 技术也逐步被使用，目前主要用于高速公路收费、公交卡，仓库管理、生产自动化控制、集装箱识别等。几年来，随着 RFID 的使用成本下降，越来越多的企业在物流环节使用到 RFID。例如：

（1）物流仓储

物流仓储是 RFID 应用最广的领域之一，UPS，DHL，Fedex 等国际物流巨头都在使用，通过 RFID 技术实现对物流过程中的货物追踪、信息自动采集、仓储管理应用、港口应用、快递监控等。

（2）零售业

在沃尔玛、麦德隆等大型超市的大力推动下，RFID 在商品的销售数据实时统计、补货、防盗等方面得到了广泛的应用，为零售业带来了诸多好处，包括降低劳动力成本、提高商品的可视度、降低因商品断货造成的损失、减少商品偷窃现象等。

（3）制造业

特别在贵重及精密的货品生产领域，对生产过程的生产数据进行实时监控，实现质量追踪、自动化生产、个性化生产等。

（4）服装业

随着标签价格的降低，大量 RFID 将会应用于服装的自动化生产、仓储管理、品牌管理、单品管理、渠道管理等环节。

5.1.4　GPS/GIS技术

5.1.4.1　概念

GPS（geographical position system，全球卫星定位系统）是一种先进的导航技术，它由发射装置和接收装置构成。发射装置由若干颗位于地球卫星静止轨道、不同方位的导航卫星构成，不断向地球表面发射无线电波。接收装置通常装在移动的目标（如车辆、船、飞机）上，接收装置接收不同方位的导航卫星的定位信号，计算出它当前的经纬度坐标，然后将其坐标信息记录下来或发回监控中心。地面监控中心利用GPS技术可以实时监控车辆等移动目标的位置，根据道路交通状况向移动目标发出实时调度指令。GPS由空间卫星系统、地面监控系统、用户接收系统三大子系统构成，具有全球性、全能性、全天候优势的导航定位和定时测速功能。

GIS（geographical information system，地理信息系统）是多种学科交叉的产物，它以地理空间数据为基础，结合地理学、地图学以及计算机技术，广泛地应用在不同的领域，实现地理信息的输入、存储、查询、分析和显示地理数据，提供多种空间和动态的地理信息的计算机系统。GIS的基本功能是将表格型数据（无论它来自数据库、电子表格文件或直接在程序中输入）转换为地理图形显示，然后对显示结果进行浏览、操作和分析。GIS显示范围可以从世界地图到非常详细的本地街区地图，显示对象包括人口状况、销售情况、运输线路以及其他内容。GIS与互联网WEB（Internet/Intranet）技术、数据挖掘（Data Mining）技术的结合，为GIS在物流管理上的广泛应用提供了技术条件。

5.1.4.2　应用介绍

以往，GPS/GIS技术都是单独应用于物流行业，GPS用于对物流系统的车辆等移动目标位置进行实时监控，根据道路交通状况向移动目标发出实时调度指令；GIS通过强大的地理数据功能来完善物流分析技术。如果把GPS，GIS和无线通信技术有效结合，再辅以车辆路线模型、最短路径模型、网络物流模型、分配集合模型和设施定位模型等，就能够建立功能强大的物流信息系统，使物流变得实时并且成本最优。GPS/GIS在物流企业应用结合的优势主要体现在三个方面：

① 把 GPS/GIS 的应用结合，将提升物流企业的信息化程度，使企业日常运作数字化，包括企业拥有的物流设备和客户的货物都能用精确的数字来描述，不仅提高企业运作效率，而且提升企业形象，争取更多的客户。

② GPS/GIS 和无线通信的结合，使得不同地方的流动运输设备变得透明而且可控。结合物流企业的决策模型库，根据物流企业的实际仓储情况，由 GPS 获取的实时道路信息，可以计算出最佳物流路径，为运输设备提供导航信息，减少运行时间，降低运行成本。利用 GPS 和 GIS 技术还可以对车辆进行实时定位、跟踪、报警、通信，掌握车辆基本信息，对车辆进行远程管理，避免空载，监控司机行为。同时客户也能通过互联网，了解自己货物在运输过程中的细节，如运送新鲜水果的车辆在途中发生故障，如果使用 GPS/GIS 就能够很快地定位故障车辆的位置，从而马上解决，避免整车的水果坏掉。

③ 利用技术整合，通过对物流运作的协调，让物流企业由单项物流功能向综合集成物流角色转换。因为物流企业能够实时地获取每部车辆的具体位置、载货信息，所以能用系统的观念运作整体业务，统筹安排所有的物流运作，使企业从单项物流分割管理向综合物流管理转型。

5.1.5 物联网

5.1.5.1 物联网概念

“物联网”的概念于 1999 年由麻省理工学院的实验室提出，被称为继计算机、互联网之后世界信息产业的第三次浪潮，许多国家正在花巨资进行深入研究和推广应用。根据国际电信联盟（ITU）发布的 ITU 互联网报告，把物联网（theinternet of things）定义为：通过二维码识读设备、射频识别（RFID）装置、红外感应器、全球定位系统和激光扫描器等信息传感设备，按约定协议，把任何物品与互联网相连接，进行信息交换和通信，以实现智能化识别、定位、跟踪、监控和管理的一种网络。从该定义来看，物联网主要解决物品与物品（thing to thing，T2T），人与物品（human to thing，H2T），人与人（human to human，H2H）之间的互连。物联网的基础与核心是基于互联网的扩展和延伸，使物联网的用户

物联网

通过二维码识读设备、射频识别（RFID）装置、红外感应器、全球定位系统和激光扫描器等信息传感设备，按约定协议，把任何物品与互联网相连接，进行信息交换和通信，以实现智能化识别、定位、跟踪、监控和管理的一种网络。

端可以与任何物体之间进行信息通信与交换。因此，物联网的优势在于可以实现全面的互通互联、全方位的信息感知以及对数据信息的智能处理。

5.1.5.2　物联网的构成

物联网的组成包括感知层、网络层和应用层，基本结构如图5－4所示。

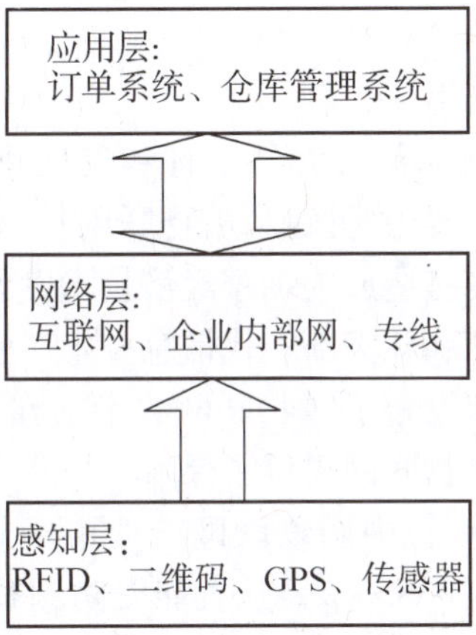

图5－4　物联网的组成

物联网的感知层是通过对物质世界的物理实体的感知布局，实现对物理实体的属性的感知、采集与捕获，使之成为可供传输和识读的信息。网络层是通过相关的工具和媒介对感知层将物体属性转化而成的信息进行汇集、处理、存储、调用、传输的部分。应用层将物联网所提供的物的信息引入相关领域，与其现有技术相结合，实现广泛智能化应用的解决方案。各层在功能上是相对独立的，各层内部的改变不会影响其他层，这使得物联网的设计变得相对简单、灵活，也有利于物联网的扩大和发展。

5.1.5.3　物联网的特点

（1）集成各种感知技术

物联网中可接入大量的多种类型传感器，每个传感器根据其类型采集相应格式及内容的信息，并且传感器按一定的周期采集信息，不断实时更新。

（2）基于互联网技术

互联网依然是物联网的重要基础，为了保障数据的正确性和及时性，传感器定时采集的数量庞大、格式各异的信息，需要通过各种有线和无线网络及互联网进行传输。

（3）自身具有智能处理能力

物联网利用模式识别、云计算等各种智能技术，将传感器和智能处理相结合，分析、加工和处理传感器所采集的信息，从而适应不同用户的需求。

5.1.5.4 物联网的应用

目前，世界各国都花大力气培育和发展物联网，我国更是在2010年的政府工作报告中明确利用物联网技术推动经济发展方式的转变，要把物联网打造成为国家经济技术发展的战略支柱。为加快物联网发展，培育和壮大新一代信息技术产业，2011年11月28日，工业和信息化部发布了《物联网“十二五”发展规划》，从政策方面为应用、发展物联网提供了保障。

截止到2012年底，中国物联网产业市场规模已经达到3 650亿元，比2011年增长38.6%。从智能安防到智能电网，从二维码普及到“智慧城市”，物联网与我们的生活越来越密切。专家指出，伴随着技术的进步和相关配套的完善，在未来几年，我国物联网将会朝着技术与标准国产化、运营与管理体系化等方面发展。而物流产业更将成为物联网未来发展应用的核心。

案例 5.2

物联网的发展与应用

1. 物联网发展

1999年，美国麻省理工学院（MIT）自动识别中心（Auto-ID Labs）的研究人员首先提出了物联网（internet of things，IOT）的概念，认为物联网就是把所有的物品通过无线射频识别（radio frequency identification，RFID）等信息传感设备与互联网连接起来，实现智能化的网络。

2004年，日本提出u-Japan计划，以期建成一个泛在网络社会——随时随地任何物体任何人均可连接，实现人与人、物与物、人与物之间相互连接的网络。

2005 年，在突尼斯举行的世界信息峰会（WSIS）上，国际电信联盟（ITU）发布了《国际电信联盟互联网报告 2005：物联网》，正式确立了“物联网”这一概念，介绍了物联网的关键技术包括无线射频识别技术、传感器技术、机器人技术、通信技术、嵌入式技术及纳米技术等，并指出无所不在的物联网通信时代即将来临，物联网技术将得到广泛的应用，深刻改变世界的面貌。

2006 年，韩国也制定了 u-Korea 计划，以期建成让民众可以随时随地享受各种新型应用和科技智慧服务的智能网络。

2008 年，全球首个物联网会议“物联网 2008”在欧洲召开，该会议探讨了与“物联网”相关的新技术、新理念；未来互联网和物联网的挑战；物联网中的隐私权；物联网在主要工业部门中的影响，移动互联网的应用和服务；互联网的标准化、互联网的架构和管理，以及如何将“物联网”推进到一个新的发展阶段等议题。

2009 年，欧盟委员会发布欧洲物联网行动计划，首次系统地提出了物联网的发展和管理设想，较为详尽地描述了物联网技术的应用前景，并提出 12 项相关行动方案，以此促进物联网的迅速有序发展。同年，美国信息技术与创新基金会（ITIF）智库组织和国际商业机器有限公司（IBM）共同向美国政府提交《复兴的数字之路：增加工作、提高生产率和复兴美国的刺激计划》，此报告得到了美国政府的高度重视，并通过出台《复苏和再投资法》把物联网等新兴技术的开发及应用定位为振兴经济、确立美国全球竞争优势的关键。

2009 年，日本和韩国分别发布《日本新一代信息化 i-Japan 战略》和《物联网基础设施构建基本规划》，将物联网的基础设施构建、物联网的技术开发和应用提升到国家级战略高度。

2009 年 8 月，中国国务院总理温家宝在视察无锡微纳传感网工程技术研发中心后，提出“感知中国”理念，并在 2010 年的政府工作报告中将“加快物联网的研发与应用”明确纳入重点振兴产业。

2. 物联网的应用

（1）物联网在智能城市中的应用

国内的一些地方已经开始对物联网进行了应用性开发。运用物联网技术，上海移动已为多个行业客户量身打造了集数据采集、传输、处理和业务管理于一体的整套无线综合应用解决方案。最新数据显示，上海移动目前已将超过 10 万个芯片装载在出租车、公交车上，形式多样的物联网应用在各行各业大显神通，确保城市的有序运作。在上海世博会期间，车务通全面运用于上海公共交通系统，以最先进的技术保障世博园区周边大流量交通的顺畅；面向物流企业运输管理的“e 物流”，将为用户提供实时准确的货况信息、车辆跟踪定位、运输路径选择、物流网络设计与优化等服务，大大提升物流企业的综合竞争能力。

(2) 物联网在能源管理与公共事业中的应用

预计到2020年，中国将成为世界上最大的能源消费国。由于电网系统效率低下，发电和输电过程中浪费非常严重，我们可以利用高科技对事物有更透彻的感知和度量，不管是安装在室内的计量器还是发电厂里的涡轮。所有这些感知和度量设备支持我们更好地收集信息和数据，透过先进的分析工具产生智能洞察，再依此实时地做出更好的决策。对于电力提供商而言，智慧的电力意味着更高的电力可靠性和电力质量、更短的停电恢复时间，进而实现更高生产率和对电力潜在障碍的防护，从而更精确地预测需替换的资产设备及支出。

(3) 物联网在交通管理中的应用

交通规划者已开始努力促成多个系统的集成，并在各种交通类型、多个城市甚至国家或地区之间整合费用和服务。智慧的交通系统可以缩短人们的空间距离（提高生产效率、降低旅程时间和加速突发事件交通工具的响应速度），也可保护环境（如改善空气质量，降低噪音污染，延长资产生命周期，保护古迹、景点、住宅）。

(4) 物联网在物流业中的应用

中国物流成本所占GDP的百分比一直高于发达国家，这反映出供应链运营效率低下的体制性问题。仅以2010年为例，中国物流成本占整个GDP的18%，而日本为11%，美国为8%，欧盟仅为7%。在这18%中，运输成本总计超过55%，而存储成本达30%。具有物联网智慧的供应链将促使物理网络和数字网络融合，将先进的传感器、软件及相关知识整合到系统中，它可以提高效率（如动态供求均衡、预测事件检测和解决、旨在降低库存的库存水平和产品位置高度可视性）、降低风险（如降低污染和召回事件的发生频率及其影响、减少产品责任保金、减少伪劣消费产品），也能减少供应链的环境保护压力（如降低能源和资源消耗、减少污染物排放）。

物联网在各个领域的应用现状和未来的发展状况表明，各个行业对于物联网的需求程度不一，侧重点更是千差万别。基于目前物联网技术的发展状况，可以预见，物联网正在快速地走进人们的生活，它的实际应用将分以下三个步骤实现：实现物体的自我感知功能；物与物之间相互联系，交换信息；通过系统分析物联节点的信息，做出最优化的调整策略，控制整个系统向优化方向做出改变。

目前物联网的发展正处于起步阶段，仍然面临技术完备性不足、产品成熟度低、成本偏高等诸多制约因素，但目前良好的外部环境，将有利于这些问题的解决。相信在不久的将来我们一定会看到一个充满生机与活力的物联网。

（资料来源：卫菊红．物联网技术发展及应用研究进展．工业控制计算机，2011，24（12）．有改动．）

5.2 物流信息系统概述

5.2.1　物流信息

5.2.1.1　信息

信息（information）与物质、能量构成人类社会存在和发展的三大基础，尽管这个观点早已被科学界所普遍认同，但信息的概念和内涵在不同的时代、不同的领域有不同的解读。作为科学术语，信息最早出现在哈特莱（R. V. Hartley）于1928年撰写的《信息传输》一文中。到了20世纪40年代，被誉为“信息论创始人”的香农（C. E. Shannon）给出了信息的明确定义，认为“信息是用来消除随机不确定性的东西”。此后许多研究者从各自的研究领域出发，给出了不同的定义。我国科学技术名词审定委员会对信息定义为：以适合于通信、存储或处理的形式来表示的知识或消息。该定义更具实操性，得到了广泛的认同，并逐步成为了我国的科研和应用的标准。

5.2.1.2　物流信息

物流活动通常会涉及“四流”，也就是商流、物流、资金流和信息流，它们之间关系极为密切、互为存在的前提条件，又互为存在的基础。其中，信息流是商流、物流和资金流沟通和传输的桥梁，信息流在“四流”中起到了融会贯通的作用。

物流和信息关系十分密切，物流活动贯穿了从生产到消费的全过程。在其活动过程中产生大量的信息，而这些信息又不断反馈给物流活动使用。如果没有信息，物流只能作为一个单向的活动，只有依靠信息的反馈作用，才使物流真正成为一个系统。

信息对于物流系统那么重要，那么如何理解物流信息呢？根据我国《物流术语》（GB/T 18354—2006）对物流信息（logistics information）的定义——物流信息是反映物流各种活动内容的知识、资料、图像、数据、文件的总称，物流信息就是存储并流动在各种物流活动之中，使整个物流活动顺利进行所不可或缺的重要组成部分。

通常，我们可以从狭义和广义两个方面来理解物流信息。

从狭义来看，物流信息是指与物流活动（如包装、装卸、搬运、运输、储存、加工、配送等）有关的信息，狭义信息通常包括物流活动过程产生的信息和支撑物流活动所必须的信息。

从广义来看，物流信息不仅是指与物流活动有关的信息，而且还包括了与其他流通活动有关的信息，如商品交易信息、市场信息以及客户信息等。在经营管理活动中，物流信息与商品信息、市场信息以及客户信息彼此融合，使广义的物流信息不仅连接生产者、批发商到消费者等整个供应链环节，而且利用现代信息技术实现整个供应链系统活动的效率化。

5.2.1.3 物流信息的分类

由于物流活动的多样性，使得物流信息也具有多种类、跨地域和涉及面广等特点。理顺物流信息的分类是建设物流信息系统的基础，我们可以从以下三个方面对物流信息进行分类。

（1）按信息来源分类

物流信息按其来源可分为物流系统内部信息和物流系统外部信息两个方面。物流系统内部信息是指伴随着物流活动而产生的信息，通常包括装卸搬运信息、交通运输信息、仓储管理信息、包装信息、流通加工信息及配送信息等。物流系统外部信息是指在物流活动之外产生的，提供给物流活动使用的信息，包括商流信息、资金信息、消费信息，以及国内外政治、经济、文化等信息。通常，我们可以把外部信息理解为物流活动之外，为物流活动提供辅助生产、管理以及决策等的相关信息。

（2）按信息功能层次分类

从企业物流运作层次来看，可以分为业务、控制、决策和战略四个层次，根据这四个层次所需要和产生的信息，可以把物流信息分为业务操作信息、管理控制信息、决策支持信息以及战略支持信息。一般来说，从操作层往战略层信息量越来越大。

（3）按物流活动环节分类

按物流活动环节划分，主要是针对物流活动由多个不同的功能环节组成的特点，不同活动环节，其表现的信息内涵和特征也有所不同。按环节分类，有订单处理信息、仓储信息、装卸信息、内部分拣信息、运输信息、配送信息以及经营管理信息等，甚至更细化分成集装箱信息、托盘交换信息、库存量信息、汽车运输信息等，贯穿整个物流活动过程。按照这类方法来对物流信息进行分类，其最大的优势就是能够对物流活动的各个环节进行细分，通过每个环节产生的信息分解、收集和处理，确保整个环节信息的准确和顺畅，这样有利于企业对物流活动的整体管理。不过，按这类方法划分信息要注意各个环节之间的“互联互通”，如果某个环节信息不畅通或者缺失，就会影响整个物流活动的效率。

5.2.2 物流信息系统

5.2.2.1 物流信息系统的概念

物流信息系统（logistics information system，LIS）是指由人、计算机硬件和软件、网络、数据资源组成的系统，完成物流信息的收集、处理、存储、传播等功能，为物流生产运作、管理控制提供信息的支持，实现物流运作、管理决策和获取竞争优势。物流信息系统属于企业信息系统中的一种。同时，它与物流仓储系统、运输系统一样都是物流系统的子系统，是现代物流企业不可缺少的基础设施。

> **物流信息系统**
>
> 物流信息系统是指由人、计算机硬件和软件、网络、数据资源组成的系统，完成物流信息的收集、处理、存储、传播等功能，为物流生产运作、管理控制提供信息的支持，实现物流运作、管理决策和获取竞争优势。

物流信息系统是建立在物流信息基础上的，只有具备了大量的物流信息，物流信息系统才能发挥作用。在物流管理中，人们通过物流信息传输与处理找寻最经济、最有效的方法，从而实现生产和消费之间的时间和空间的交互管理。它通常伴随着物流过程中的订货、收货、库存管理、发货、配送及回收等职能的产生和与这些过程的共同作用，从而实现整个物流活动的顺利进行和有效管理。图5－5就是典型的邮政物流信息系统流程，它包含了整个物流运作过程中的信息流、实物流和资金流三大部分。

5.2.2.2 物流信息系统的特点

物流信息系统由人、计算机硬件和软件、网络、数据资源五个要素组成，这五个要素的结合，为企业物流过程提供了事务处理、管理决策等各项功能，从而使物流信息系统呈现以下几方面特点：

（1）人机物结合

物流信息系统的最大特点就是实物流与信息流紧密结合。系统不仅仅对实物流所产生的信息进行收集处理，同时也对实物流向进行管理监控。此外，要充分发挥物流技术系统的作用，更重要的是还需要操作人员对系统的灵活管理与操作，一个优秀的管理信息系统，必然是一个人机协调、高效率的系统。

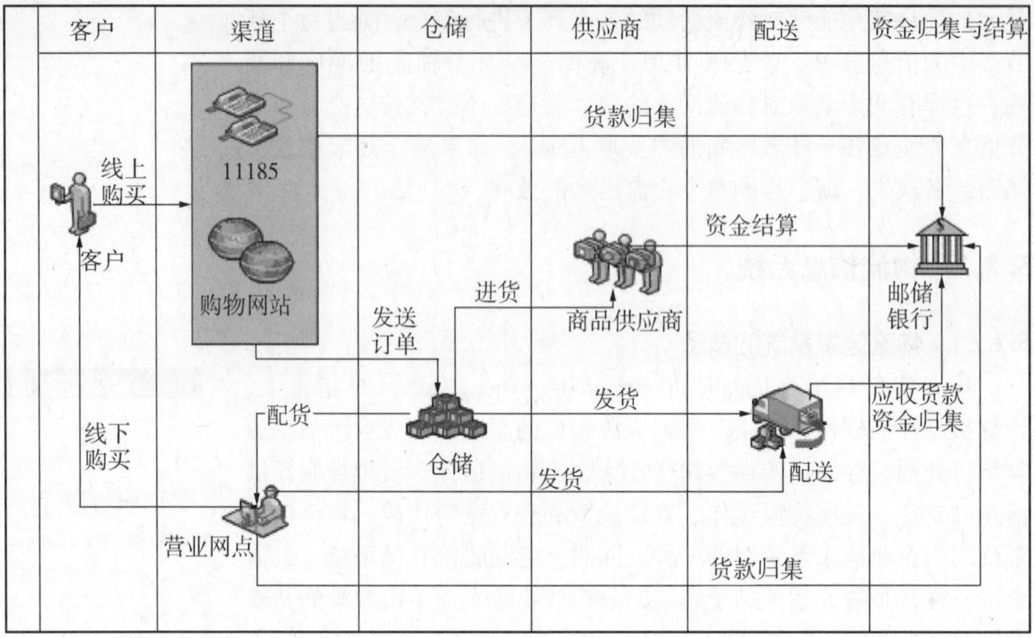

图5－5　典型的邮政物流信息系统流程

（2）资源综合集成

物流系统的综合性反映在以下几个方面：一是多学科交叉，物流系统的开发过程综合运用了系统论、信息论、控制论、行为科学、管理科学、计算机技术、通信技术等多学科知识；二是多种人才的结合，多学科交叉决定了系统开发人员是多方面的人才结合、知识相互渗透的过程，也是一个培养复合型人才的过程；三是软件和硬件的集成，管理信息系统从表面上看是计算机硬件系统和软件系统的集成，而实际上是一个软技术（包括思想、方法、机构、观念等方面）和应用技术（包括企业生产、工艺等方面）的集成。

（3）动态适应性

一方面，物流过程是一个动态的过程。随着时间、空间的变化，物流条件、环境也在变化，如何把这些动态信息反映在物流过程中，对物流过程实时控制，这就要求物流信息系统要具有实时动态的处理能力，实时地进行数据处理和传送物流信息，使整个物流信息系统能够及时地掌握和分享属于供应商、分销商和客户的信息。另一方面，随着环境的变化，系统又会产生新的需求，从而导致新的系统开发，因此系统的维护和开发处在连续不断的动态过程之中。

(4) 智能网络化

智能化表现在物流企业决策支持系统中，可以通过智能算法把决策过程中的物流领域知识、专家决策支持知识和经验知识进行结合与分析，更便捷和直观地提供给决策者使用。而网络化则通过企业内部网络 Intranet 和互联网 Internet 的应用，将物流企业、供应商、分销商和客户按业务关系联系起来，在物流信息系统的管理下实现整体运作。现代物流信息系统往往是建立在网络化环境下，并大多具有智能决策能力。

5.2.2.3 物流信息系统的功能

物流信息系统的功能主要是根据使用环节和层次不同而有所区别。由于物流组织的活动是按不同职能（或环节）划分的，可以分为若干个部门，而每个部门又具有一定的业务功能，各种功能之间相互联系，构成一个有机结合体。因此，物流信息系统可以根据不同环节分为单功能系统，也可以整体集成为多功能系统。一般来说，一个典型、完整的物流信息系统在组织职能上具有订单管理、运输管理、仓储管理、配送管理、财务管理和客户管理等功能；而在人机交互处理方面，则包括数据输入、数据传输、数据处理、数据存储、数据输出、控制功能等功能。

(1) 数据输入

物流信息系统的第一项功能就是获取系统所需的数据，数据获取的来源主要有：客户提供、操作员录入、自动采集以及历史数据。数据的录入通常可以通过条码、RFID、GIS、GPS 等技术手段，进行数据的采集，也可以通过录入界面进行手工录入，从而提供给系统后续处理使用。

(2) 数据传输

物流信息系统一般会通过网络（Internet 和 Intranet）或者 EDI/E-mail 等渠道进行数据传输，从而使数据实现空间的转移，使得不同客户、不同地区、不同企业共享数据和协调开展各项活动。

(3) 数据处理

数据处理是物流信息系统的核心功能，通过数据处理实现统计、分析、控制等功能，从而实现对物流活动的跟踪、预测和分析。

(4) 数据存储

物流作业过程中通常会产生很多数据，物流信息系统的一个重要功能就是对数据进行存储，形成不同环节、不同地域和不同时间的数据，打破时间和空间的隔阂，既能方便用户对历史数据的查询，又能为未来提供预测信息。

(5) 控制功能

物流信息系统的控制功能主要体现在两个方面：一是对构成系统的各成员（如软硬件、人员）进行监控和管理；二是对数据的输入、存储、处理等各个环节的功能进行控制和管理。这是物流作业流程有序和有效进行的有力保障。

(6) 数据输出

输出是物流信息系统人机交互的另外一个重要功能，根据用户的需求，主要实现数据处理的结果展示，通常包括文字、图表、声音以及动画。数据输出功能是实现数据从抽象向具体转换的过程，如财务报表、物流进度情况报告等。

5.2.2.4 物流信息系统分类

目前，物流信息系统分类的方式有多种，我们对其中最常用的两种方式进行介绍。

(1) 按物流信息系统服务的功能层次分类

对应物流信息的功能层次分类，通常物流信息系统可以分为业务操作层、管理控制层、决策分析层和战略支持层四个层次（图5-6）。

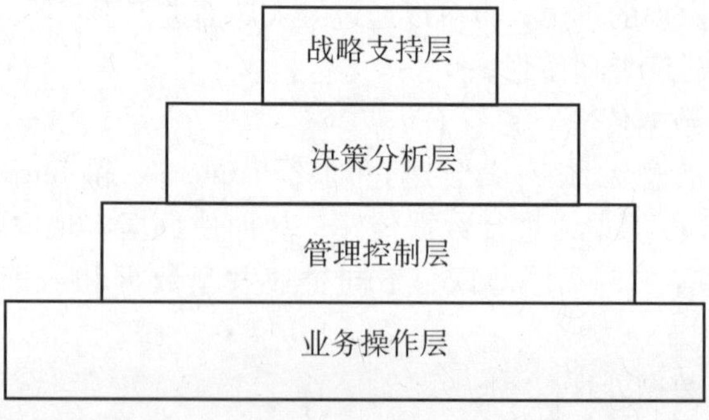

图5-6 物流信息系统的层次结构

① 业务操作系统：该层次的信息系统主要是记录和及时处理基本物流业务，包括收集、加工和存储日常物流信息，处理销售、订货、仓储、运输以及配送等具体物流互动，如订单系统、交易处理系统等。

② 管理控制系统：该层次的信息系统主要用于物流企业的运作管理以及生产控制层面，制定和实现对物流运作的情况进行分析、监控的数据指标以及大量统计，收集、处理和控制业务操作层面所产生的数据，形成相应的报表，为管理控制提供支持。如排班系统、车辆调度系统等。

③ 决策分析系统：该层次的信息系统主要提供给物流业务和过程中决策分析使用。通过建立各种物流活动分析模型，向管理人员提供各种评估结果、比较方案，从而实现各种战术决策，如经营分析系统等。

④ 战略支持系统：主要是信息系统对企业外部（内部运作数据）和企业外部（包括竞争对手和宏观经济）的数据进行挖掘和分析，为企业战略制定和长远发展提供参考，如物流中心选址、决策支持系统等。

（2）按物流服务过程环节分类

这种分类方式比较简单，根据物流活动不同的功能环节所使用的信息系统特点进行分类。主要有计划管理系统（如 MRP，ERP 系统等）、仓库管理系统（WMS）、运输管理系统（TMS）、配送管理（DMS）、客户关系管理系统（CRM）等。按照这种方法对物流信息系统进行分类，其最大的优势就是能够对物流活动的各个环节和功能进行细分。需要注意的是，每个系统只是物流运作中的一个环节，必须从整体角度来分析才能全面了解物流信息系统。

5.2.3　物流信息系统的发展

5.2.3.1　信息系统发展阶段

对于企业信息化的发展阶段，有不同的划分方法和分析模型。有的把信息技术在企业的进化分为电子数据处理、管理信息系统和决策支持三个阶段。而我国著名学者乌家培教授则认为，信息管理经历了文献管理、计算机管理、信息资源管理、竞争性情报管理和知识管理五个阶段。还有的将其分成七个阶段，即辅助工作、业务上的管理支持、附加的顾客价值、竞争优势、战略洞察力、转变、知识网络。此外，在学术上还有两个比较著名的信息化发展分析模型：一个是世界银行报告中提出的信息技术扩散模型，包括替代、提高和转型三个阶段；另一个是诺兰模型，包括初始期、蔓延期、控制期、集成期、数据管理期和信息管理期六个阶段。在信息系统与信息管理学科中，诺兰模型的影响更大一些。

在上述分类中，基本上反映了信息系统发展的一个共同趋势：从单项应用走向综合集成；从技术至上走向技术社会一体化；从对具体业务的支持走向对企业核心竞争力的支持。

5.2.3.2　物流信息系统发展阶段

物流信息系统的发展基本与企业信息系统的发展一样，都经历了不同的发展阶段。随着物流技术特别是计算机和网络技术的发展，使物流信息系统不断被充实和提高。下面我们从三个方面来介绍物流信息系统发展的历程。

（1）电子数据处理系统阶段

这个阶段的特点是数据处理的计算机化，目的是为了提高数据处理速度，这属于物流信息系统发展的初级阶段。根据数据的综合处理程度，电子数据处理系统又分为单项数据处理阶段和综合业务处理阶段。

（2）管理信息系统阶段

由于电子数据处理系统的数据不能提供完整和全面的企业管理信息，因此，对物流信息系统提出了更高的要求。人们把统计学、运筹学、管理科学等科学理念，结合条形码、EDI、网络等新的技术发展融入物流信息系统，大大提高了物流系统的应用范围。这个阶段物流信息系统整合到生产、计划、财务等各个系统，并且与MRP，MRPII，ERP的应用紧密结合，为企业经营提供准确、及时、完整的管理信息。

（3）决策支持系统阶段

决策支持系统是以信息技术为手段，应用决策科学及有关科学的理论和方法，通过数据分析和模型，为管理者做出正确决策提供帮助的系统。这一阶段的兴起主要是由于市场竞争的加剧，超大容量存储器的出现，数据仓库、人工智能等技术兴起，使得物流信息系统从管理信息系统阶段进入到决策支持阶段。决策支持系统为现代物流管理提供预测、运输路线优化、配送中心选择等功能，是企业获取竞争优势的有力支撑。

5.3 物流信息系统规划与建设

5.3.1　物流信息系统的规划

企业建设信息系统的目的是提高企业效率和竞争力，而信息系统的建设存在不少风险，这就要求企业必须对信息系统的建设进行合理的规划。通过了解企业信息化的发展规律和信息系统的开发规律，在充分可行性分析的基础上，有计划、有重点、有步骤、低风险地开发相关的信息系统。

5.3.1.1　物流信息系统规划原则

（1）完整性

不同层次的物流活动通过信息流紧密地结合起来，因此，物流信息系统应该具有完整性的功能，即能根据企业物流管理的实际需要，全面、完整地覆盖物流管理的信息化要求。

（2）可靠性

信息系统的可靠性运行是确保企业日常运作的基础。一个可靠的物流管理系统要能在正常情况下达到系统设计的预期精度要求，不管输入数据多么复杂，在设计范围内都能输出可靠的、预定的结果。因此，物流信息系统除了能处理正常业务，也必须能处理异常情况，使管理者通过信息系统关注最重要的情况，以便及时作出有效的决策。

（3）经济性

通常系统的建设规模与投资成正比，架构越完善、功能越齐备，投入也越多。因此，在规划系统建设的时候，既要考虑完整性，但也要考虑实用性，做到最小的投资、收益最大。

（4）可扩展性

由于技术和市场都在不断变化，在考虑系统建设的时候，应该要考虑与其他系统的对接或者预留未来的发展空间。这样，才能保护投资，不至于每次升级系统都要重头再来。

5.3.1.2 物流信息系统的规划内容

(1) 确定信息系统的总目标和建设计划

进行信息系统规划，应根据企业的战略目标和内外约束条件（如地域因素、行业因素等）来确定信息系统的总目标和总体结构。信息系统的总目标规定信息系统的发展方向，建设计划则提出具体的步骤和每步应达到的子目标，同时还应给出衡量具体工作完成的标准。

(2) 了解企业当前信息系统以及企业管理状况

系统规划应充分了解和评价现有信息系统的状况，包括软件设备、硬件设备、人员、各项费用、开发项目的进展及应用系统的情况。同时，对于企业当前的组织结构、业务流程、企业文化、管理制度等情况也要进行分析，这些情况会对系统建设和使用产生很大影响。上述信息都是制定总体规划的基础。

(3) 预测相关信息技术的发展方向

信息系统战略规划很大程度受到信息技术发展的影响。因此，必须对规划中涉及的软、硬件技术和方法论的发展变化及其对信息系统的影响做出预测，有条件的还应进行评估，以提高技术选型和产品选型的正确性。

5.3.1.3 物流信息系统规划的方法

用于物流信息系统规划的方法很多，主要有关键成功因素法（critical success factors，CSF）、战略目标集转化法（strategy set transformation，SST）和企业系统规划法（businesssystem planning，BSP）。其他还有如企业信息分析与集成技术（BIAIT）、产出/方法分析（E/MA）、投资回收法（ROI）、征费法、零线预算法、阶石法等。用得最多的是前面三种，下面我们对主要方面作简单的介绍。

(1) CSF（关键成功因素法）

关键成功因素法源自企业目标，通过目标分解和识别、关键成功因素识别、性能指标识别等，找出实现目标所需的关键信息集合，从而明确系统开发的优先顺序。关键成功因素的主要工作就是要识别系统目标的主要数据类及其关系，通过树枝因果图等工具识别关键成功因素，抓住主要矛盾，突出目标识别的重点。它主要包含了解企业目标、识别关键成功因素、识别性能的指标和标准、识别测量性能的数据四个步骤。

（2）SST（战略目标集转化法）

这种方法把企业的战略目标看成一个“信息集合”，由使命、目标、战略和其他战略变量（如管理的复杂性、改革习惯以及重要的环境约束）等组成。信息系统的战略规划过程是把组织的战略目标转变为信息系统战略目标的过程，它相对于关键成功因素法来说，目标比较全面、少漏项，但在突出重点方面相对欠缺。战略目标集转化法分两步实现：第一步是识别组织的战略集，考查组织是否有长期计划，如果没有，就要构造这种战略集合；第二步是将组织战略集转化成信息系统战略，信息系统战略应包括系统目标、约束以及设计原则等。最后，选出一个合理方案。

（3）BSP（企业系统规划法）

企业系统规划法是通过全面调查、分析企业信息需求，从而制定信息系统总体方案的一种方法。虽然也首先强调目标，但它没有明显的目标导引过程。它通过识别企业“过程”引出系统目标，从企业目标到系统目标的转换是通过对企业过程/数据类等矩阵的分析得到的。

（4）CSB 方法（即 CSF，SST 和 BSP 结合）

这种方法先用 CSF 方法确定企业目标，然后用 SST 方法补充、完善企业目标，并将这些目标转化为信息系统目标，再用 BSP 方法校核两个目标，并确定信息系统结构，这样就补充了单个方法的不足。当然，这也使得整个方法过于复杂，而削弱了单个方法的灵活性。

由于物流信息系统的规划本身具有非结构性，可能永远也找不到一个唯一解，可以说还没有一种十全十美的物流信息系统总体规划的方法。任何一个企业规划物流信息系统均不应照搬以上方法，而应当具体情况具体分析，选择以上方法的可取的思想，灵活运用。

5.3.2　物流信息系统的建设

物流信息系统的建设是一个庞大的系统工程，它涉及组织的内部结构、管理模式、生产加工、经营管理过程、数据的收集与处理过程、计算机硬软件系统的管理和应用、软件系统的开发等各个方面。这就增大了建设物流信息系统的工程规模和难度。因此，需要科学的开发方法和系统化的建设步骤，以确保整个开发建设工作能够顺利地进行。

物流信息系统建设通常在系统规划完成后，也就是在整体规划框架下进行开发建设。建设过程一般包括需求编制、系统分析、系统设计、代码开发、测试、试运行以及系统上线等几个阶段。

5.3.2.1 需求编制

信息系统的需求编制是对系统实现功能、流程的规范和确认，是系统建设的前提。主要是确定对目标系统的详细要求，并提出这些需求的实现条件，以及需求应达到的标准，也就是解决所建设的信息系统应该做什么、做到什么程度。需求编制的内容包括：

（1）功能需求

列举出所开发的物流信息系统在功能上应做什么，通常也叫业务需求，这是需求最主要的内容。

（2）用户界面需求

物流信息系统与用户界面的友好性是用户能够方便有效愉快地使用该系统的关键之一。从市场角度来看，具有友好用户界面的系统有很强的竞争力。因此，必须在需求编制时，细致地规定用户界面必须达到的要求。

（3）资源和环境需求

这是对物流信息系统运行时所处环境和资源的要求。例如，在硬件方面，采用什么机型、有什么外部设备、数据通信接口等；在软件方面，采用什么支持系统运行的系统软件，如采用什么操作系统、什么网络软件和什么数据库管理系统等；在使用方面，需要使用部门在制度上或者操作人员的技术水平上具备什么样的条件等。

（4）可靠性需求

物流信息系统在运行时，各子系统运行故障对总体运作的影响各不相同。在需求编制时，应按实际的运行环境对所开发软件在投入运行后不发生故障的概率提出要求。对于那些重要的子系统，或是运行失效会造成严重后果的模块，应当提出较高的可靠性要求，同时在开发的过程中采取必要的措施，使信息系统能够高度可靠地稳定运行，避免因运行事故而带来损失。

（5）安全保密要求

工作在不同环境的物流信息系统对其安全、保密的要求显然是不同的。应当对这方面的需求恰当地作出规定，以便对所开发的信息系统进行特殊的设计，使其在运行中安全保密方面的性能得到必要的保证。

（6）成本消耗与开发进度需求

对信息系统项目开发的进度和各步骤的费用提出要求，作为开发管理的依据。

（7）预先估计的可扩展性需求

在系统开发前，应该对系统将来可能的扩充与修改做准备，并提出可扩展性的需求。当有扩展需要时，就比较容易进行补充和修改。

5.3.2.2　系统分析

系统分析又称管理或业务分析，它的主要任务是对系统的详细需求进行分析，也就是说，从技术实现层面判断和分析业务需求是否合理。系统分析的目的是要将需求中业务人员对系统的要求转换成技术人员对系统实现的要求，包括：开发者对现有组织管理状况的了解，用户对信息系统功能的需求，数据和业务流程，管理功能和管理数据指标体系，新系统拟改动和新增的管理模型等。系统分析的主要内容是：分析业务和数据的流程是否通畅、是否合理；分析数据、业务过程和实现管理功能之间的关系；分析旧系统管理模式向新系统管理模式转换是否具有可行性等。系统分析所确定的内容是今后系统设计、系统实现的基础。

系统分析

系统分析又称管理或业务分析，它的主要任务是对系统的详细需求进行分析，也就是说，从技术实现层面判断和分析业务需求是否合理。

在系统分析中最常用的方法是自顶向下结构化的方法。该方法首先将业务或数据流程理顺，然后提出新系统根据需求准备实施逻辑的方案。下面对系统分析的过程进行简单介绍：

（1）组织结构与功能分析

组织结构与功能分析主要有三部分内容：组织结构分析、业务过程与组织结构之间的联系分析、业务功能分析一览表。组织结构分析通常是通过组织结构图来实现的；业务过程与组织结构联系分析通常是利用系统调查中所掌握的资料来反映管理业务过程与组织结构之间的关系，它是后续分析和设计新系统的基础；业务功能分析一览表则是把组织内部各项管理业务功能都用一张表的方式罗列出来，它是进行功能/数据分析、确定新系统拟实现的管理功能和分析建立管理数据指标体系的基础。

（2）业务流程分析

在对系统的组织结构和功能进行分析时，需要从实际业务流程的角度，将系统调查中有关该业务流程的资料都串起来作进一步的分析。业务流程分析可以帮助我们了解该业务的具体处理过程，发现和处理系统调查工作中的错误和疏漏，修改和删除原系统的不合理部分，在新系统基础上优化业务处理流程。好的业务流程分析结果将会给后续工作以及系统设计工作带来很多便利。

（3）数据与数据流程分析

该分析过程包括：调查数据的汇总分析，建立管理数据指标体系，数据流程分析。数据是信息的载体，是系统处理的主要对象，因此必须对调研所收集的数据、统计和处理数据的过程进行分析和整理。数据与数据流程分析是建立数据库系统和设计功能模块处理过程的基础。

（4）功能/数据分析

功能/数据分析法是 IBM 公司于 20 世纪 70 年代初提出的一种系统化的聚类分析法，这种方法不但适用于功能/数据分析，也可以适用于其他各方面的管理分析。该分析的前提是对实际系统的业务流程、管理功能、数据流程以及数据分析都作了详细的了解和规范化描述，目的是为了整体地考虑新系统的功能模块和数据资源的合理分布。

（5）建立新的系统逻辑方案

新系统逻辑方案指的是经分析和优化后，明确新系统拟采用的管理模型和信息处理方法。由于它不同于计算机配置方案和软件结构模型方案等实体结构方案，故称其为逻辑方案。新系统逻辑方案的完成是系统分析阶段的最终成果，它是系统下一步设计和实现的基础性的指导文件。新系统的逻辑方案主要包括：对系统业务流程分析整理的结果；对数据及数据流程分析整理的结果；子系统划分的结果；各个具体的业务处理过程以及根据实际情况应建立的管理模型和管理方法。新系统的逻辑方案是系统开发者和用户共同确认的，作为新系统处理模式的依据。

5.3.2.3 系统设计

系统设计是信息系统开发过程中另一个重要阶段。系统设计的主要目的就是为下一阶段的系统实现（如编程、调试、试运行等）制订蓝图。在这一阶段中我们根据前一阶段系统分析的结果，在已经确定的系统分析报告基础上，进行新系统设计。系统设计包括两个方面，首先是总体结构的设计，其次是具体物理模型的设计。系统设计阶段的主要任务就是在各种技术、资源以及实施方法中权衡，最终形成新系统的详细设计方案。

系统设计所使用的主要方法还是自顶向下结构化的设计方法，但是在局部环节上（或是针对某些规模较小的系统）则通常使用原型方法、面向目标的方法。

系统设计的主要内容包括新系统总体结构框架设计、代码设计、数据库设计、输入/输出设计、处理流程及模块功能的设计。系统设计的结果是一系列的系统设计文件，这些文件是物理地实现一个信息系统（包括安装硬件设备和编制软件程序）的重要基础。现在已经有不少智能系统设计软件，可以把设计结果直接转换为开发语言（如C/JAVA等），大大降低代码开发的工作量。

系统设计的主要内容

系统设计的主要内容包括新系统总体结构框架设计、代码设计、数据库设计、输入/输出设计、处理流程及模块功能的设计。

（1）系统总体结构设计

系统总体结构设计是根据系统分析的要求和组织的实际情况，对新系统的总体结构形式和可利用的资源进行大致设计，它是一种宏观的、总体上的设计和规划。系统总体结构设计的主要内容有子系统的划分（或称系统划分）、网络和设备的配置、设备选型、新系统计算机处理流程图。

（2）代码设计

合理的编码结构是信息系统是否具有生命力的一个重要因素，设计出一个好的代码方案对于系统的开发工作是一件极为有利的事情。它可以使很多机器处理（如某些统计、校对、查询等）变得十分方便；另外，还把一些现阶段计算机很难处理的工作变成很简单。

（3）数据结构和数据库设计

数据结构组织和数据库或文件设计，就是根据数据的不同用途、使用要求、统计渠道、安全保密性等来决定数据的整体组织形式、表或文件的形式，以及结构、类别、载体、组织方式、保密等。一个好的数据结构和数据库应该充分反映物流发展变化的状况，充分满足组织的各级管理要求，同时还应该使得后继系统开发工作方便、快捷，系统开销小（如占用空间、网络传输频度、磁盘或光盘读写次数等），易于管理和维护。

（4）输入/输出设计

输入/输出的工作是依据功能模块的具体要求给出数据输入的方式（用户界面和输入校验方式），以及数据输出展示方式（屏幕显示、打印格式等）。系统输入/输出（I/O）设计是一个重要的环节，但是在系统设计中很容易被忽视，一个好的输入系统设计不但可以为用户和系统双方带来良好的工作环境，同时也为管理者提供简洁明了、有效、实用的管理和控制信息。

（5）模块功能与处理过程设计

模块功能与处理过程设计是系统设计的最后一步，也是最详细地涉及具体业务处理过程的一步，它是下一步编程实现系统功能的基础。

（6）系统设计报告

系统设计阶段的最终结果是系统设计报告。系统设计报告是下一步系统实施的基础。它应包括系统总体结构图（包括总体结构图、子系统结构图、计算机流程图等）、系统设备配置图（主要是计算机系统配置图、设备在各生产岗位的分布图、主机、网络和终端联系图等）、系统分类编码方案（分类方案、编码和校对方式）、数据库结构图（主要指表与表之间的结构、表内部字段和域结构、数据字典等）、I/O设计方案、层次化模块控制图以及系统详细设计方案说明书。

5.3.2.4　系统实施

系统实施的主要内容

系统实施主要内容包括：系统环境搭建、软件代码开发和测试、人员培训、数据准备、系统调测与切换、系统验收。

物流信息系统实施是指将系统设计的结果在计算机上实现，它是信息系统建设的关键阶段。系统实施主要内容包括：系统环境搭建、软件代码开发和测试、人员培训、数据准备、系统调测与切换、系统验收。下面对各个环节作简单介绍。

（1）系统环境搭建

建立系统实施环境包括硬件环境和软件环境的搭建，通常包括系统软件、服务器等硬件及交换机等网络设备的安装部署，这是系统运行的基础和前提。

（2）软件代码开发和测试

代码开发非常关键，其质量好坏直接影响系统的可用性和稳定性。代码开发必须先要考虑程序的可维护性、可靠性和可理解性，然后才是效率。软件代码的开发设计方法通常有结构化程序设计、速成原型式设计、面向对象程序设计以及可视化编程技术。每完成一个功能模块或一阶段程序代码的开发，必须进行测试，以便及早发现问题。

（3）人员培训

人员培训是物流信息系统的重要组成部分，包括使用操作人员、系统维护人员以及系统管理人员的培训。每一个与新系统有关的人员都要了解和掌握信息系统的运作流程和运作方式，培训工作是否到位将会影响系统的实施和应用。如果使用人员不了解情况，那么有可能消极对待新系统，甚至阻碍系统的推广应用。

（4）数据准备

数据准备通常是对系统上线前所需要的基础数据进行初始化，如人员工号、基础参数等。

（5）系统调测与切换

代码开发完成后，必须对系统整体进行测试，包括技术层面和业务应用层面的测试。只有通过测试后，才能让系统正式切换上线。在系统正式切换上线前，必须完成数据准备工作，清理测试数据，否则会造成数据的误差。

（6）系统验收

系统的验收前提是经过测试和验证后，并且切换上线平稳运行一段时间，没有出现大的流程、功能以及数据错误时才能执行，它是系统实施完工的标志。通常，验收通过后，系统就会从实施部门转交到维护部门进行管理。

本章小结

物流信息系统是现代物流运作的基础。本章详细介绍了物流信息和物流信息系统的概念、特点、功能以及分类，讲述了当前流行的物流技术和物流信息系统的发展阶段，并对物流信息系统的规划和建设内容、方法和步骤进行了介绍。

复习思考题

1. 你认为物流信息技术及物流信息系统的发展趋势如何？物流信息系统发展遇到的阻碍是什么？请举例说明。

2. 物流信息系统与企业信息系统的相同点和区别在哪里？

3. 物流信息技术的应用是如何改变了物流行业的格局？

4. 企业建设物流信息系统成功的关键因素是什么？为什么？请举例解释。

5. 物流信息系统规划和建设有哪些步骤？它们之间的关系是什么？

第6章 顾客服务

学习目标

通过本章的学习，应了解顾客服务的含义、特征及其作用；掌握顾客服务的构成要素及其关系；掌握顾客服务战略构建的原则、步骤以及相关方法；掌握顾客服务评价的原则、构成要素、标准和指标。

关键词

顾客服务（customer service）；顾客服务构成要素（elements of customer Service）；顾客服务战略（the strategy of customer service）；顾客服务评价（the evaluation of customer service）

资料 6.1

物流服务成就林德特巧克力质量美名

林德特巧克力公司创立于1845年，总部位于瑞士苏黎世。林德特巧克力公司属于国际控股集团公司，目前林德特巧克力公司欧洲公司年产品销售总额为12.3亿美元，其巧克力加工制造厂除了瑞士本土外，还遍布欧洲地区的法国、德国、英国、意大利、奥地利以及美国等国，是世界上生产巧克力最负盛名的企业。而林德特公司巧克力加工厂规模最大、产量最高的是在瑞士本土。瑞士林德特巧克力加工制造厂的巧克力最近几年的年产量达到5 584吨，分装为20英尺（约6.096米）集装箱250个和40英尺（约12.192米）集装箱250个，全部都是冷藏集装箱设备。林德特巧克力公司以“林德特”命名的绝大部分巧克力产品从欧洲出口到美洲、澳大利亚、亚洲和中东海湾地区，通常使用远洋班轮冷藏集装箱运输，空运巧克力不超过出口巧克力集装箱运量的1%，这是公司考虑到价格本来就不菲的巧克力不要再增加运输成本，以便世界各地更多的平民百姓能够品尝到瑞士“林德特”牌巧克力。

林德特公司通过物流管理实现消费者对林德特巧克力核心价值的追求，消费者购买此品牌的巧克力看重的就是林德特巧克力质量上乘且久经考验，无论在何处生产，其巧克力生产工艺、程序和配方完全一致，质量规范相同，因此深受世界各地消费者的认同。公司为了保证巧克力的质量，不仅在原材料的选取、生产工艺、程序、配方上有特别的讲究，还特别看重产品的物流管理。公司的巧克力物流配送中心分别设置在英国、奥地利、加拿大、西班牙、波兰、中国香港；在美国和中东地区的阿联酋迪拜设立巧克力销售办事处，在全球范围内各国和地区所经营的“林德特”牌巧克力营销和配送等业务全部由独立分销商网络负责操作，这样做使得物流成本居高不下，可这是为了避免假冒伪劣产品混入，确保“林德特”牌巧克力产品的质量不得已而为之。现在，世界各地的消费者只要在专卖店和独立分销商处买到“林德特”牌巧克力都会放心地确信这是真正地道的瑞士“林德特”牌巧克力，就像在专卖店和分销商那里购买瑞士生产的品牌钟表一样。

拥有32家物流配送专业队的林德特巧克力公司物流中心位于瑞士苏黎世湖附近的阿尔腾道夫镇（Alenfor），该中心的仓储实力强大，仅仅托盘（即用来装载巧克力产品或者巧克力制作原料或者包装材料等货物用的平板式货台）就有11 500套，规格全部是1.8米；此外，还有数量没有确切透露的集装箱卡车、装卸工具系列等。但是林德特巧克力公司的物流中心似乎与众不同，因为其主要职责除了负责将从荷兰鹿特丹港进口的原料运送到瑞士阿尔腾道夫加工厂之外，还要把巧克力产品利用冷藏集装箱卡车从阿尔腾道夫的工厂源源不断地输送到欧洲其他国家和世界各地。因此，对所有的配送物流，公司都实施严格的质量管理，其中包括运输车辆的卫生检疫、车辆驾驶员和物流服务操作人员的健康证明、冷藏集装箱温度控制机械系列的技术保障、交通运输安全和食品法规考核等。物流中心不乏食品专家、卫生检疫专家和报关经纪人，凡是有可能影响到“林德特”牌巧克力质量和信誉的海陆空物流服务项目都被纳入该物流中心管辖范围，尤其是卡车的集装箱运输是质量管理的重点。因为从瑞士出口的巧克力大多是用冷藏集装箱卡车运输到欧洲各地的，因此必须从阿尔腾道夫出发直至欧洲任何国家收货人的冷藏集装箱，必须对产品的运输，其中还包括温度、包装、配送、分销到零售商的各物流服务项目等实施全程监控，瑞士海关对“林德特”牌巧克力实施验放优惠服务，凡是在出厂的时候完成海关清关手续的巧克力产品，在出境时，只要单证齐全，没有其他问题，一律免于海关检验，这加强了“林德特”牌巧克力的市场竞争力。在高度发达的信息技术的支持下，“林德特”牌巧克力集装箱物流需求链上的每一个环节都是相互支持、配合默契，多少年来一直没有发生过“林德特”牌巧克力质量的责任性事故。

林德特公司在本土不生产可可豆的瑞士创造了全球广大消费者心中最喜爱的“棕褐色黄金”——林德特巧克力，其赖以生存和发展的秘密其实就是严守产品质量100多年不变，经营管理信誉经得起考验。集装箱物流中心配送程序的严格规范操作，归根结底是“质量”原则高于一切并贯穿始终，其中包括林德特巧克力公司的集装箱物流。没有物流服务持之以恒的质量保证，所谓瑞士林德特巧克力名扬天下只会变成泡影。

（资料来源：牛鱼龙．欧洲物流经典案例．重庆：重庆大学出版社，2007：280－282．有改动．）

企业的生存动力来自于不断地满足消费者的需求，在满足消费者需求的过程中获取价值。在现今激烈的市场竞争中，企业要想生存，仅仅依靠产品、价格、促销等可能无法获取和保有消费者。顾客服务作为产品附加价值的体现，在影响消费者购买决策的过程中发挥着越来越重要的作用，顾客服务水平直接影响到是否能够保有和维持现有顾客以及吸引和获取新顾客的能力，因为高质量的顾客服务能够使企业获得区别于别家的竞争优势，进而成为企业产品或服务组合的一部分，成为老顾客和新顾客选择的重要决策变量；顾客服务水平直接影响企业所占市场份额和企业总成本，并最终影响企业的赢利能力。要保持企业的竞争优势，创造潜在顾客的需求、保持老顾客的忠诚、常葆企业的基业长青，需要重视顾客服务管理。企业通过提供合适价格的产品和贯穿于产品购买过程的顾客服务满足消费者的需求，实现消费者的满意，达到消费者的忠诚。顾客服务的优劣取决于企业物流系统向消费者提供产品的及时、准确、完整、可靠、一致、便捷和柔性，这些需要通过物流管理体系各个环节的顺利实施，如订单管理、验收、分拣、仓储、运输等，才能最终实现顾客服务的目标。

6.1 顾客服务概述

6.1.1 顾客服务的内涵和特征

6.1.1.1 顾客服务的内涵

“We live to delivery.”（使命必达）这是联邦速递的企业宗旨，也是他们的服务承诺和目标。联邦速递公司是全球最具规模的速递运输公司，为全球超过220个国家及地区提供快捷、可靠的快递服务，为客户提供涵盖运输、电子商务和商业运作等的全面服务。速递是最常见的一种顾客服务，能够直观地帮助我们理解顾客服务的定义，顾客服务包含了行动（action）、过程（process）和表现（performance）。服务不同于一般的产品，例如联邦速递所提供的服务表现出不能够直接接触、不能直接看到或不能感觉到的产品，是一种无形的行为和绩效。

顾客服务是为满足顾客的需求而产生，通过顾客的使用使顾客满意。对于顾客服务的定义，学术界有四种较为权威的说法。营销学大师菲利普·科特勒（Philip Kotler）认为：“服务是一方能够为另一方提供的基本上是无形的任何行为或绩效，并且不会导致任何所有权的产生。它的生产可能与某种物质产品相联系，也可能毫无联系。”即服务可能表现为实物产品，也可能与实物产品没有任何关系，而是以信息、技术、劳务或智力等形式表现，因此服务可能不会产生物权；服务是一方为另一方的付出，这一付出会导致价值的传递和让渡，价值的良性传递和让渡必然是一方的付出使另一方满意。这种付出可以使接受者满意。

学术界的另一种看法则来自于西奥多·莱维特（Theodore Levitt），他认为顾客服务是“能够使顾客更加了解核心产品或服务的潜在价值的各种特色、行为和信息”，因此顾客服务是以顾客为核心和对象，以产品或服务为载体的行为和绩效；顾客服务的目标是保有和维系顾客，不断挖掘和开发顾客的潜在价值；顾客服务的方式表现为具体行为、信息支持和价值导向。顾客服务表现出客户关系管理的导向，营销领域已经形成从以交易为中心向以关系为中心的转变。顾客变成了伙伴，并且公司必须长期致力于通过质量、服务和创新来保留这些顾客。为企业的持续发展带来长久的顾客基础和生存理由。

著名服务管理学家 James R. Stock 从战略管理的角度定义了顾客服务，指明要从公司战略层面考虑顾客服务，他对顾客服务的定义为：指发生在购买方、销售方和第三方之间的一个过程。该过程导致交易的产品或服务的价值增值。在交易过程中增加的价值可以是短期的，如单次交易，或者是长期战略物流管理的，如契约关系。增加的价值也可进行分享，从而使参与交易或合约的每一方在完成交易时的状况要比在交易发生前的状况好。因此，从过程角度来看，顾客服务是一个以成本有效性方式为供应链提供显著的利益增值的过程。首先，James R. Stock 的定义强调了客户服务存在于一定的行为和过程当中，这一行为和过程既可以是短期关系可以是长期关系，这种过程所反映的关系实质是一种价值的流动与增值，更体现了一种多方共赢的结果。其次，从战略管理角度，它也强调了物流可以成为企业的经营业务和经营范围，这种经营业务或范围的基点就是以一种成本有效方式满足消费者的某方面需求。

服务管理学者伯纳德·拉·隆德（Bernard J. La Londe）和金斯哲（Paul H. Zinszer）认为，顾客服务是指企业为促进其产品销售和服务的利用，发生在客户与企业之间的相互活动，是一种活动、绩效水平和管理观念。把顾客服务看作是一种活动，顾客是服务的重要组成部分，服务活动的完成需要顾客的参与，这种参与既表明顾客是服务的接受者，又表明顾客是服务的生产者之一，顾客服务是企业与顾客之间的一种互动，在这种互动中，企业应具有管理控制能力；把顾客服务看作绩效水平，是指顾客服务通过相应指标维度的设定可以精确衡量顾客服务水平，并且可以作为评价企业服务水平的一个标准；把顾客服务看作是管理理念，表现为企业对顾客的一种承诺，强调营销以顾客为核心的重要性和顾客服务的战略性，其运行的基础就是供应链一体化。

综合各派学者对于顾客服务的定义，借鉴伯纳德·拉·隆德（Bernard J. La Londe）和金斯哲（Paul H. Zinszer）关于顾客服务的观点，本书对顾客服务的定义为：顾客服务是企业价值管理系统的一项重要产出，这一产出具体表现为从获取顾客订单前后到商品送达顾客为止所发生的所有服务活动的总和。在这一过程中，物流服务与管理对企业价值管理系统有着相当重要的作用，这些服务活动是以理解、认识并达到顾客及其期望为基础的，它表现为：

顾客服务

顾客服务是企业价值管理系统的一项重要产出，这一产出具体表现为从获取顾客订单前后到商品送达顾客为止所发生的所有服务活动的总和。

① 企业经营理念或经营哲学。将顾客服务提升至企业战略层

面来考虑，是公司战略的重要组成部分。良好的顾客服务可以是企业生存的理由，也可以是企业获得竞争优势的来源，同时也可以是企业持续发展的动力和源泉。顾客服务应该渗透到整个企业及其所有活动当中，企业进行资源累积和资源配置时应考虑顾客服务，并重视企业物流管理在顾客服务达成过程中的作用。

② 企业管理的过程。顾客服务是企业满足顾客需求，实现顾客满意的一系列具体管理活动或职能的体现，它贯穿于物流管理活动的整个过程，这一过程的起点就是要理解、认识顾客对服务的期望，进而通过服务的一系列过程达到顾客的期望，使顾客满意。如客户订单处理、订单收款、开票、产品接收和送达、产品返回、投诉处理、索赔处理、客户关系管理等。

③ 业务绩效。顾客服务是企业满足顾客需求、实现顾客满意、获取经营收益业绩水平的定量化表现，顾客满意和经营收益是通过具体绩效评价标准和指标进行衡量的，从而可以避免定性衡量的随意性和主观性。这些特定的衡量指标包括订单完成率、订单准时完成率、订单处理效率、顾客的投诉率、顾客的索赔率、利润总额、资金利润率、销售利润率等指标。

6.1.1.2　顾客服务的特征

为顾客提供的服务与商品之间存在着一些内在的区别，这些区别被称为顾客服务的特征，对这些特征的归纳有着重要的作用，一方面对企业管理者来说是一项战略挑战，另一方面也是战略机遇和优势。在利用这些特征之前，先归纳一下顾客服务特征的具体内容。

（1）无形性

无形性是顾客服务的最基本特征。服务是一项活动或绩效，不以实物形式存在，在很大程度上表现出看不到、感觉不到、触摸不到的特点。服务不以物质形态存在，而是一种精力或劳务的支出，虽然某些客户服务的过程中包含一些物质产品（如物流服务中物品的包装），但客户服务的核心内容还是向客户提供有价值的活动，而并非使产品的所有权在服务提供企业与顾客之间转移。顾客服务的无形性给管理者带来了战略挑战。第一，顾客服务的无形性使得它呈现出不易储存的性质，它不能像产品一样，能够在市场大量消费之前就生产和储存，以应对需求高峰，因此对顾客服务进行需求管理具有一定的难度。第二，顾客服务的无形性使得它不能申请专利，因而新的服务理念和概念可以轻而易举地被竞争对手模仿，影响企业创新的源动力。第三，顾客服务的无形性使营销服务对消费者的宣传产生一定的障碍，因为顾客服务不易向顾客展示或轻易地沟通交流。第四，顾客服务的无形性使得顾客在服务购买之前不能对服务的特征做出评价，而只能在服务购买和消费后才能感知服务的特征（移动通信服务），或是在消费后也很难对服务做出评价（医生的手术等专业服务）。所以对无形顾客服务的评价较为困难。

（2）异质性

顾客服务由一系列的行为组成，这种行为的提供需要人的参与，这些人包括提供服务的人员和接受服务的消费者。服务人员在提供服务的过程中与消费者交互和接触，这种交互和接触会有差异，因而没有两次服务会完全一样，这表现为顾客服务的异质性。对于一项服务，不同的服务人员、不同的顾客、不同的时间、不同的地点等都会使现实服务存在一定的差异。服务的异质性主要是由于服务人员和顾客的交互作用以及伴随这一过程的所有变化因素所导致的。顾客服务由于时间、服务人员和顾客的不同而具有异质性，同时这种异质性还来自一些服务提供人员所不能把握的因素，包括消费者清楚表达需要的能力、服务提供人员满足这些需要的能力和意愿、其他顾客是否参与，以及对服务的需求程度等，因而要保证消费者获得一致的服务质量是一个富有挑战性的问题。制定一定的服务标准在某些意义上可以消除异质性对服务质量的影响。

（3）生产与消费的同步性

大多数商品流动的顺序是按照生产、销售和消费进行的，然而大多数服务却是按照先销售，然后同时生产和消费的顺序流动。消费者往往在服务生产的同时进行消费，大部分消费者会在服务现场，一般会观察甚至参与到服务生产的过程当中。如果一项服务的提供过程涉及到多个消费者，这些消费者在消费的过程中一般会有相互作用，因而会影响彼此的体验。例如，在电影院看电影，若是观影者有不文明行为，势必会影响其他观影者。顾客服务的生产与消费同步性还显示出服务生产企业本身就是服务的一部分，并且是消费者对服务体验的一个基本因素。这种顾客服务生产与消费的同步性给服务提供企业带来了一定的挑战。因为顾客服务生产和消费的同时性，所以对顾客服务的大规模生产很困难。顾客服务质量和顾客满意度在很大程度上依赖于服务关键时刻的绩效，包括消费者和服务提供者之间的相互作用。虽然关键时刻的优势在于可以为单个顾客提供定制服务，但是同时也意味着对顾客服务进行集中生产进而获得显著的规模经济效益不太可能。由于服务生产和消费的同时性，消费者能够参与到生产过程中并且能够观察生产过程，所以，他们可能会影响（积极或消极的）服务接触的预期结果。

（4）易逝性

顾客服务是一次行动或一个过程，不是消费者和服务提供企业能够保留的一个有形产品，所以顾客服务是不能被储存、转售或退回的。这与有形商品能够采用库存以便在另一天出售，或是由于顾客不满意而进行退货的情况形成对比。顾客服务的易逝性给服务提供企业带来了挑战，如果在一定时期内没有产生服务需求，则没有使用的生产力会形成浪费，而在需求高峰期，则会出现生产力超负荷或无法满足需求，这样可能会影响服务的质量或失去消费者。在这种形势下，充分利用生产能力进行需求预测并制定有创造性的计划将会成为最重要的和最具挑战性的决策问题。顾客服务不能被退回或重售的特点决定了要制定行之有效的服务补救战略，重新唤起消费者对服务的信心。

专栏6－1　服务提供商的挑战和困难

由于服务的这些基本性质，服务营销人员面临一些很实际而又独特的挑战。服务经理们在回答下面所列出的这些问题时往往会被难住：

当产品是无形且非标准化的时候，如何定义并改进服务质量？

当服务基本上是一个无形的过程时，如何有效地设计和检测新的服务？

当如此多的营销组合因素需要向顾客进行交流沟通，并且有些因素就是服务提供者本身时，企业如何确知它是在传递一个一致而又相关的形象呢？

当生产能力固定且服务本身易逝时，企业如何适应需求的波动？

由于服务是即时提供的，因而员工成为产品本身关键的一部分，那么企业如何更好地激励和挑选服务人员？

当难以确定产品的实际成本，而且价格与顾客对质量的感知密切相关时，如何定价？

在营销、运作和人力资源这些职能部门中，当任何一个部门中的一项决策对其他两个部门产生重大影响时，企业应如何权衡以便能制定更好的战略和战术决策？

为使组织效率和顾客满意度达到最大，如何平衡标准化和个性？

（资料来源：（美）瓦拉瑞尔·A·泽丝曼尔，玛丽·乔·比特纳，德韦恩·D·格兰姆勒著．服务营销（原书第四版）．北京：机械工业出版社，2008.）

6.1.2 顾客服务的构成要素及其关系

顾客服务的目的就是要满足顾客的需求，达到顾客的期望，从而实现顾客的满意。怎样实现顾客的满意是顾客服务研究的重要议题，顾客服务的构成要素就是围绕着实现顾客满意展开，它是顾客满意的重要因素。顾客的满意是一个心理感受和认知的结果，顾客是否满意取决于顾客和企业之间交易的全过程，甚至要延伸到交易后的过程。企业不仅要从产品或服务的价格、质量等因素使顾客满意，更应该重视产品或服务交易前、交易中、交易后三个阶段的顾客服务构成要素，在这三个阶段，物流管理充当了相当重要的角色。每个阶段的构成要素如图 6－1 所示。

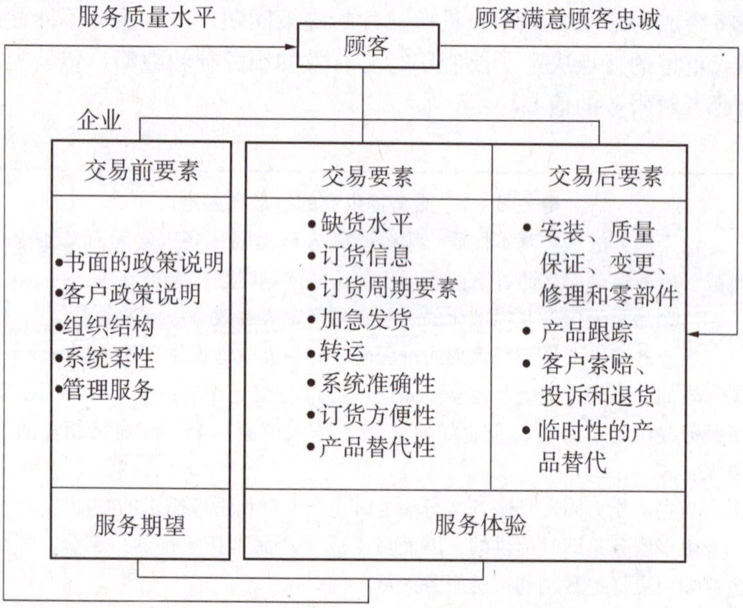

图 6－1 物流顾客服务的构成要素及其关系

6.1.2.1 交易前要素

顾客服务的交易前要素主要是非日常性、与政策有关的活动，需要管理要素投入，可能这些活动没有明确地涉及物流，但它们的最终目的在于给现实顾客和潜在顾客良好印象，从而促使交易的顺利进行。交易前顾客服务的构成要素的内容包括：

（1）顾客服务政策的书面声明

顾客服务政策声明应注重下述要件：①满足顾客的需求；②明确规定服务应达到的水平；③确定双方沟通中绩效评估主体以及沟通的频率；④突出顾客服务可操作性或能够被实施。

（2）顾客接受服务政策的声明

客户服务政策声明主要是明确在既有的成本效益水平之下，为企业实现市场开发和提高企业的市场份额，能够为顾客提供的服务内容和服务水平。给顾客提供书面的声明，可以减少顾客对产品性能存在的某些不切实际的期望的可能性。声明必须为顾客提供有关在具体的性能指标没有达到的情况下，如何及时与公司有关部门进行沟通。

（3）组织结构

企业选择的结构应该有利于那些实施顾客服务所涉及的职能部门之间的沟通与合作，有利于顾客与公司的沟通。为了达到上述目的，要在企业内部给予顾客服务管理的部门和个人适当和明确的职责和职权，给予考核，并予以奖惩。

（4）系统柔性

企业的顾客服务能够有效地应对无法预料的事件，例如应对自然灾害、原材料或能源的短缺、罢工等，不能因为无法预料的意外事件，而使产品或服务的传递影响到顾客对服务的期望。顾客服务系统必须表现一定的柔性，能够对意外事件进行处理或达到事先的承诺，实现顾客期望，或采用服务补救，使顾客的失望降低到最小程度。

（5）管理服务

顾客的管理服务包括帮助客户提高库存管理水平、订货或购买的培训手册和研讨会。

顾客服务交易前的五方面构成要素主要与企业的战略导向有关，它为顾客服务交易中和交易后要素奠定了基础。

6.1.2.2　交易中要素

交易中要素是指那些直接对企业接收顾客订单到把产品送达顾客这一过程造成影响的因素。这些因素与顾客服务直接相关，直接决定了产品的销售、顾客服务的质量水平和成本效益。这些要素的内容包括：

> **交易中要素**
>
> 交易中要素是指那些直接对企业接收顾客订单到把产品送达顾客这一过程造成影响的因素。

(1) 缺货水平

缺货水平是对产品现货供应水平的一种测度。为了快速应对缺货对顾客服务的影响，维持良好的顾客关系，第一步，根据产品和顾客登记缺货信息；第二步，当出现缺货时，公司可以安排合适的替代产品，或当产品已入库时，可以通过加急发货来维持与顾客的良好关系。

(2) 订货信息

订货信息是指快速和准确地提供顾客关心的库存情况、订单状态、预期发货和交付日期以及延期交货等信息的能力。延期交货能力可以让公司确定和加快处理那些需要重点关注的订单。公司可以按照顾客和产品类别对延期交付的数量进行记录，利用延期交付的订单数量及其相关的订货周期时间来评估系统的绩效水平。

(3) 订货周期

订货周期是指从顾客开始发出订单到产品交付给顾客过程的总时间，包括订单传递时间、订单录入、订单处理、分拣货物、包装、运输等多个环节。通常，顾客更多地关注订货周期，而对服务的某一具体环节耗时并不在意，因此，利用现代科技，尤其是现代网络技术、通讯技术、条码技术等最大可能地缩短总的订货周期是当前物流管理的主题。

(4) 加急发货

加急发货是指那些为了缩短正常的订货周期而需要得到特殊处理的货物。尽管加急发货的成本要比标准处理的成本高得多，但相比顾客的流失而言，则加急成本要低得多。对于管理者来说，决定哪些顾客应该得到加急发货，哪些顾客不适合采用加急发货是非常重要的，这一决策应根据顾客的赢利贡献确定。

(5) 转运

转运是指为避免缺货，产品在地区之间运输。转运通常是根据顾客订单的预测来进行的。

(6) 系统的准确性

订货数量、订购产品和发票的准确性对于企业和顾客来说都是很重要的。如果交付的货物、数量、制作的单证出现错误，就会对顾客和企业带来一定的成本上涨的影响。提高系统准确率就是节约成本，提高效率，并且保持顾客的忠诚。

(7) 订货的方便性

订货方便性是指顾客确定订单的容易程度。模糊的订单形式或非标准化的术语会加大顾客确定订单和企业理解订单的难度。将传统商务手段同电子商务相结合，有助于方便客户订购产品或服务，从而加大顾客的消费量。

（8）产品的替代性

当一个顾客所订购的产品被同一种但不同尺寸的产品或另一种具有同样性能或性能更好的产品所代替时，企业可以在降低库存的同时维持较高的服务水平。要更好地实施产品的替代政策，企业应该与顾客密切合作，为他们提供信息或征求他们的同意；同时，也应该保留产品替代的记录用来监控服务绩效水平。

6.1.2.3 交易后要素

顾客服务的交易后要素指顾客使用产品的后续服务，即售后服务，也指为保证顾客服务所涉及的一系列措施，包括产品安装、维修、产品跟踪、客户投诉的处理等。这些服务的因素能够提高顾客满意程度，实现顾客的忠诚，所以其重要性得到越来越多的企业和顾客的认同。交易后要素具体包括：

> **交易后要素**
>
> 交易后要素指顾客使用产品的后续服务，即售后服务，也指为保证顾客服务所涉及的一系列措施，包括产品安装、维修、产品跟踪、客户投诉的处理等。

（1）安装、质量保证、变更、修理和零部件供应

顾客服务的这些要素在顾客的采购决策中是一个重要的因素，所以，企业要对这些因素进行评估，以满足不同顾客的不同需求。评估的准则如下：①确保服务在顾客开始使用时其体验与期望的要求相符；②零部件和修理人员的可获性；③对现场人员的文件支持以及容易获取零部件的供应；④确保服务质量而采取的有效管理职能。

（2）产品跟踪

产品跟踪是顾客服务的另一个必要的组成要素。为了使企业免于诉讼或是对社会产生负面影响，企业必须在发现问题之初，就对存在潜在危险的顾客服务采取特别措施。目前，由于物流管理技术的提高，产品或服务的跟踪适用范围在不断扩大，这样为顾客提供更好的服务提供了方便。

（3）顾客索赔、投诉和退货

一般的企业物流系统考虑的是单向物流，即产品是由企业传递给顾客。但其实很多企业都会面临着顾客投诉、退货和索赔，若企业若忽视这些方面，在社会信息传递和扩散迅速的今天，将会对企业的社会形象造成极大的负面影响。企业应建立物流回收系统以应对突发状况，消除对企业的负面影响，将其对顾客和企业的损害程

度降到最低。另外，通过物流回收系统还能收集有关索赔、投诉和退货等方面的信息，从而为产品开发、市场营销、物流和企业其他职能部门提供有价值的信息。

（4）临时性的产品替代

为满足顾客的需要，对尚未交付的货物或正处于维修阶段的货物提供临时性替代产品，这样可以保证顾客在缺少某些货物时，仍然可以正常进行相关生产或消费活动。这一要素可以提高客户的满意度。

6.1.2.4 顾客服务构成要素之间的关系

企业的整个销售过程就是向顾客提供服务的过程。在服务过程中各构成要素之间的关系如图 6－1 所示。

首先，企业在交易前向顾客传达自己的产品或服务信息，通过宣传和咨询服务，使顾客对产品有所认识，然后向客户阐述自己产品或服务的优势，从而说服客户在众多竞争对手中选择自己的产品或服务，在这个过程中，会产生两个结果：一方面，让顾客了解公司的产品或服务，另一方面，让顾客对企业所提供的服务产生期望。

其次，企业要按照事先签订的协议履行企业的职责，按照顾客的要求完成生产、加工、包装、装运等工作，并保证在指定的时间把顾客所需的产品运送到指定的地点，期间可以通过缺货水平的管理、订货信息的公开、订货周期的控制、转运、订货方便性、产品替代性和系统准确性等要素满足顾客的需要。交易的过程与顾客服务直接相关，其中任何一个环节都不能出现问题，一旦出现问题，特别是一些重要问题，如订单处理、产品品质、交货时间，都会导致服务水平的下降，严重的会导致交易的失败和顾客的流失。

最后，是交易后的后续服务。后续服务是产品或服务附加价值的体现，在一定程度上会影响企业的服务水平。

交易中和交易后的要素形成顾客对服务的体验，与交易前形成的顾客服务期望相比较，这个比较的差异构成了顾客对服务质量水平的感知。若服务体验高于或等于服务期望，则顾客满意；若服务体验低于服务期望，则顾客不满意。顾客满意会促成顾客忠诚，与企业达成长久合作协议，在战略上建立长期合作伙伴关系。

6.1.3　物流服务在顾客服务中的作用

顾客服务中有关的物流因素很重要，经常位于产品价格、产品质量及其他与营销、财务和生产有关的因素之前。企业价值链的运作和优化，物流服务起到了支持的作用，并且物流服务能影响销售企业的赢利能力与顾客的忠诚。物流服务的作用具体表现为以下方面：

6.1.3.1　物流服务对销售的影响

市场营销的激烈竞争，表现为企业保持或增加市场份额，企业的竞争手段过度地聚焦于价格、促销、质量等因素。近年来，物流服务也逐渐成为影响企业营销活动的重要因素，成为产品附加价值的来源，是顾客服务的重要组成部分。通常，如果企业提供的物流服务能够满足顾客的需求，就可以直接增加产品的价值，增加企业的销售收入，提高市场份额，从而增加企业的利润，使企业获得持续发展的动力。调查显示，工业品市场的顾客服务水平下降5%会使现有顾客的购买量下降24%。

6.1.3.2　物流服务对顾客购买的影响

从购买促发的角度看，通过上节的分析可以看出，物流服务中交易前、交易中、交易后的构成要素直接作用于顾客。顾客接受服务的过程实质上是服务期望形成和服务体验实现的过程，由这两者之间的差异所反映的服务质量水平将会对顾客购买产生很大的影响，若服务体验高于服务期望，则可以实现顾客的忠诚，促发顾客的重复购买。从产品的价值角度分析，顾客购买产品会得到各种利益，它不仅包含产品的实物特点，还包含产品的附加价值。而物流服务就是这些附加价值的体现之一，这个价值的附加也会对顾客的购买产生影响。

6.1.3.3　物流服务对企业经营业绩和经营成本的影响

物流服务水平反映了服务的质量，它的确立对企业的经营绩效具有重大的影响，不同的服务水平决定了经营成本，经营成本决定了经营效益。企业要根据细分市场的选择和定位，结合企业本身的资源累积和配置情况，制定物流服务水平及服务的相关内容，它对物流服务系统设计很重要，同时也是企业经营战略的重要环节，高效的物流服务系统和服务水平可以有效地将供应商、厂商、批发商和零售商联结起来，它能有效地降低采购、生产流通及产成品分拨的总成本，还能创造出一种超越单个企业的协同物流供应链价值。

6.2 顾客服务战略

顾客服务的含义之一就是将顾客服务视为一种企业经营理念和经营哲学，这是从企业战略管理的角度来看待顾客服务，把顾客服务贯穿于企业管理的各个层次，成为具有完整体系的指导企业经营活动的整体战略。从本质上来说，顾客服务战略就是以顾客为中心思想的体现。

6.2.1 顾客服务战略基本思想

顾客服务战略的基本思想体现在企业物流管理的各个方面，它具体的含义是：企业的整个经营范围和经营活动要以“实现顾客满意”为使命，要站在顾客的角度、采用顾客的思维来分析顾客的需求，理解、尊重和维护顾客的利益。奉行这一方针的企业，从广义的产品概念即核心产品（基本功能等要素组成）、有形产品（质量、特色、款式等组成）和附加产品（提供信贷、交货及时、使用方便、售后服务完善）三个层次出发全面满足顾客的需要。

> **顾客服务战略**
>
> 企业的整个经营范围和经营活动要以“实现顾客满意”为使命，要站在顾客的角度、采用顾客的思维来分析顾客的需求，理解、尊重和维护顾客的利益。

顾客服务战略的基本思想对企业提出了以下要求：

① 通过各种渠道收集顾客的需求信息，分析其需求特征，从而研究和设计企业的产品或服务，消弭顾客需求与服务所满足的需求之间的差距，从需求认知上消除顾客可能的不满意。

② 根据顾客需求建立企业的服务质量标准。服务质量标准要以顾客的主要需求为重心，考虑企业本身的资源能力。

③ 企业在宣传服务特色和优势时，要恰如其分地描述企业所提供的服务水准，既不夸大也不保留。

④ 企业在提供服务的过程中，要以服务标准为准绳，力求顾客的服务体验和服务期望相匹配，在这一过程中，应重视顾客的建议和投诉，不断完善服务系统，包括提高服务速度、服务质量、服务员工与顾客的接触等方面问题。

⑤ 不能把服务提供看作一次性交易，而是要通过满意的服务实现顾客的忠诚，实现顾客的循环购买。

⑥ 在企业内部建立顾客沟通的部门，形成响应顾客需求和意见的快速反应机制。

⑦ 对员工分级授权，提升员工为顾客服务的主动性和创造性，在直接服务接触中建立顾客与员工的良好关系，从而实现企业和顾客的良好关系。

⑧ 通过一系列的服务活动和服务理念，将顾客视为企业的财富，将企业的服务战略建立在顾客关系管理的基础之上。

6.2.2　顾客服务战略的构建原则

顾客服务战略的构建应遵循一定的原则，虽然不同顾客的要求会有差异，但这些原则对不同类型的顾客都适用。顾客服务战略构建的目的是通过有效的客户关系管理，满足顾客的需求，实现顾客的满意，以最高效的成本效益获取、保留和维持顾客。

6.2.2.1　以顾客为中心，对顾客群进行细分

帕累托定律指出：样本总体中的大多数事件的发生源于为数不多的几个关键因素。这一概念通常也被称作 80/20 定律。根据这一定律，企业利润的 80% 很可能是由 20% 的顾客所创造的；并且，由于顾客需求的多样化，不同顾客对服务质量水平和服务内容也有着不同的要求和偏好，上述两点是实行服务差别化定位的依据。以顾客为中心，通过对市场进行细分，重新对顾客所在的目标市场进行定位，了解不同营利水平顾客的需求信息，根据企业的资源实力，对不同顾客需求的盲点和弱点进行分析，有选择性地进行改进。对相对忠诚、销售量大的客户群采取更为快捷、优质和多样化的服务，这样既为企业带来了财源，也增加了顾客的附加价值，有利于加强企业与顾客的联系，建立与顾客的长期合作共赢关系。

6.2.2.2　以企业的生存发展为目标，对成本和收益进行权衡

满足顾客的需求是企业经营的中心，这一中心的成立必须建立在企业能够生存、能够开展经营活动的基础上。企业在满足顾客需求时必须获得维持企业生存的行业平均利润，否则企业就可能退出该行业，而企业为了让顾客接受服务，获得或保持一定的市场占有率，就至少要达到市场的最低服务水平——这是顾客容许的最低服

务水平（水平太低，顾客将流失）。要达到这个最低水平，企业要投入一定的成本，得到一定的效益，并产生一定的利润，若要提高企业的竞争能力，争夺更多的顾客，可能会提高服务水平，此时会增加服务成本，企业可能会营利，也可能会亏损。服务水平、服务成本、服务收益、服务利润之间的关系如图 6－2 所示。

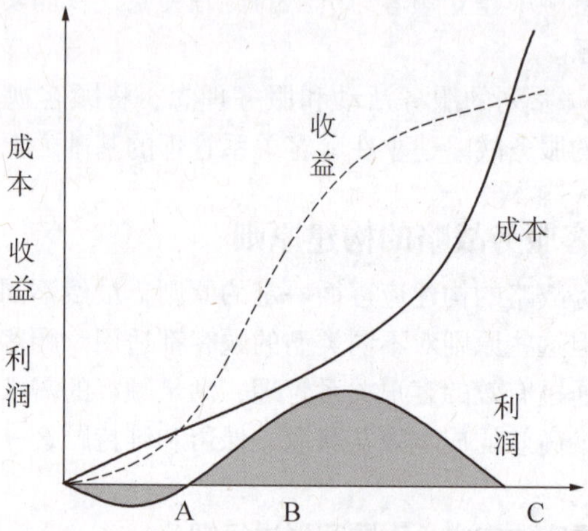

图 6－2　服务成本、服务水平、服务收益和服务利润之间的关系

当服务水平在 A 以下时，企业利润为负，服务水平大于 A 后利润逐渐提高，并且增加的速度加快，在 B 点达到最大值，这时若提高服务水平，成本的增加率会超过收益的增加率，企业的利润为正，但是呈现减少趋势。当服务水平等于 C 时，收益等于成本，企业利润为零，无利可图。由此可见，企业的服务水平不是越高越好，在满足顾客需求的前提下，应选择合适的服务水平，企业才能获得相应的利润。

6.2.2.3　以信息化服务为手段，拓展顾客服务价值

信息网络技术是推动企业物流系统变革和提升服务水平的重要工具，它逐渐成为企业现代物流体系的重要组成部分，为提升物流服务效率提供了重要的技术保障，是围绕着以顾客为中心服务体系的重要内容。实现顾客服务各环节的实时跟踪、有效控制和全程管理，形成企业对顾客服务高效敏捷的响应能力，则需要构建一个完善的信息收集、整理、发布、跟踪、查询并能进行客户关系管理的系统。信息整合和集成利用使顾客服务系统能够有效地缩短供应渠道的长度，减少备货时间，增加备货效率，从而提高企业的反应速

度，提升服务质量，实现顾客满意和顾客忠诚。

6.2.2.4　以持久性顾客关系的建立为核心，形成企业的核心竞争力

企业提供的服务仅仅只追求客户满意是不够的，必须通过持久性顾客关系管理的建立来提升顾客的忠诚度。顾客满意并不意味着顾客忠诚，持久性顾客关系管理将会成为企业的核心竞争力，这种核心竞争力来自于深入了解顾客的满意和忠诚，并识别出顾客满意和忠诚的形成机制，这些是别的企业所不能模仿的，具有持续性、延展性、不可替代等特征。再者，从营销角度看，企业销售收入的实现大部分来自于老顾客，并且老顾客还会产生一定的口碑效应，是企业免费的推销员和宣传员，这实质在一定程度上减少了企业的运营成本。因此，建立持久性的顾客关系管理是企业减少总成本、获取竞争优势和核心竞争力的重要途径。

6.2.2.5　不断发展潜在顾客，创造企业竞争的出海口

企业不光要维持原有顾客，也应该不断发展潜在顾客，潜在顾客可以在需求引导和营利管理下，逐渐成为企业顾客群的中坚力量，这样既可以消化服务规模经济产生的剩余生产能力，也可以成为企业利润新的增长点，进而形成企业竞争的出海口。

6.2.2.6　以诚信为核心经营理念，提升企业的经营形象

诚信在企业顾客服务中有着相当重要的影响，顾客服务中的物流服务有较强的诚信敏感度。由于物流服务通常会深入到购买企业的核心层面，选择物流服务的购买企业会非常谨慎。同时，物流服务可能涉及购买企业经营运作的一个或多个环节，一旦这些环节处于不确定或多变的状态之下，购买企业的经营运作就会受到相当大的影响。所以，提供服务的企业要生存并壮大，必须把诚信作为企业的经营理念。保密作为诚信的基本内容是企业提供物流服务应该遵守的基本职业准则。

6.2.3　顾客服务战略的构建步骤

顾客服务战略是企业经营战略的重要方面，企业面临着激烈的市场竞争，怎样获得竞争优势？怎样获得优秀的市场地位？怎样获得持续的发展？一直是所有企业思考的问题。企业在研发、生产、

营销、财务、人力资源管理等方面要创造优势，同样在物流管理方面也需要建立自己的优势。优势的来源就是要建立以顾客为中心的顾客服务战略，为顾客提供合适质量的服务，满足顾客的需求，会产生一定的服务绩效，进而带来顾客满意度，从而实现顾客的忠诚。因此，科学、合理、系统地进行顾客服务战略的分析和决策是企业管理活动的一项十分重要的活动，顾客服务战略的构建主要有以下几个步骤。

6.2.3.1 理解顾客需求，确定顾客服务要素

顾客需求可能不断改变，企业在提供顾客服务时必须预料这种改变，并表现出较为敏捷的反应能力，以此达到较好地理解顾客需求的能力，把顾客的需求转化为具有可操作性的顾客服务要素，因此，必须通过对顾客进行调查和访谈，以及搜集企业市场部门关于顾客信息处理的反馈，确定哪些服务要素是顾客真正重视的。通常，这些要素包括：备货数量和周期、订货周期的稳定性、订货周期的决定时间、订货单位、订单信息共享程度、订单满足率、延期订货策略、单据处理的程序和时间、退回措施。

6.2.3.2 对顾客服务的信息进行调查，识别服务要素的控制机制

顾客服务信息的调查可以依据调查主题的重要程度、调查对象的范围大小、调查方法的难易程度、调查预算的多少等方面确定企业自主调查，还是委托第三方调查专业公司进行调查。调查的内容一般包括顾客服务要素的重要性、满意度以及本企业与主要竞争企业各方面服务绩效水平对比，以此来识别服务要素的控制机制。要明确以上内容，调查的方法主要有以下三种形式：

（1）顾客需求分析

顾客需求分析主要是了解顾客需求与企业所实施的顾客服务水平的差距。一方面了解企业服务改善的潜力，另一方面为细分市场的定位提供依据。如图 6 - 3 所示。

这种方法的关键就是对顾客需求所涉及的问题要尽量具体、全面、具有可操作性，否则无法真正全面掌握顾客的需求和顾客对企业顾客服务的期望。此外，顾客会对需求的服务要素进行重要性排序，一般位于优先位置的是企业顾客服务的核心要素，而且在不同的细分市场，顾客服务要素的先后顺序也不尽一致。

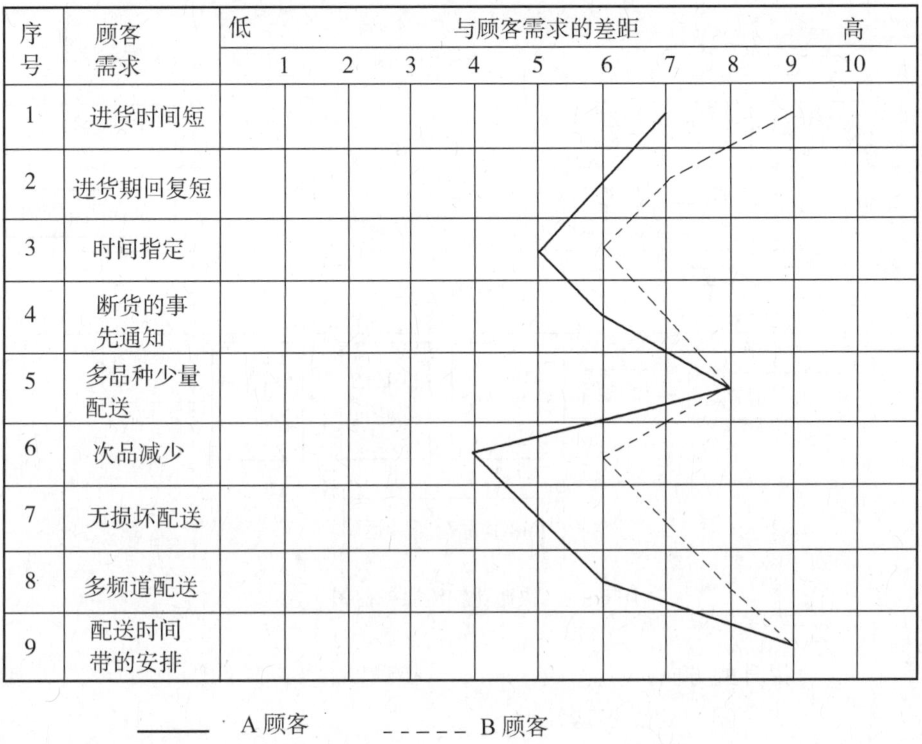

图6－3　顾客需求分析

（2）顾客服务流程分析

采用服务蓝图的方式，确定顾客服务流程中企业与顾客的接触点、顾客和企业员工的角色，以及在接触时的服务业绩及满意程度。

服务蓝图作为服务传递系统的一种可视技术，由感知和满足顾客需求的一系列有序活动组成，包括顾客行为、前台员工行为、后台员工行为、支持过程、可视分界线、互动分界线以及由竖向虚线间隔的企业顾客服务的各项职能。以快递业顾客服务为例，如图6－4所示，前台员工行为与顾客行为由一条互动分界线隔开，在这一过程中，他们有实质的互动接触，如服务信息、邮寄包裹、收到包裹；前台员工可能与顾客还会有单向接触，如获得包裹和配送货物。可视分界线将前台员工与后台员工隔开，内部互动线将后台员工与支持过程的员工分开。

通过将服务蓝图的相关过程与服务要素相结合，评估影响服务业绩和顾客满意度的重要过程和因素，为制定服务战略提供改进和

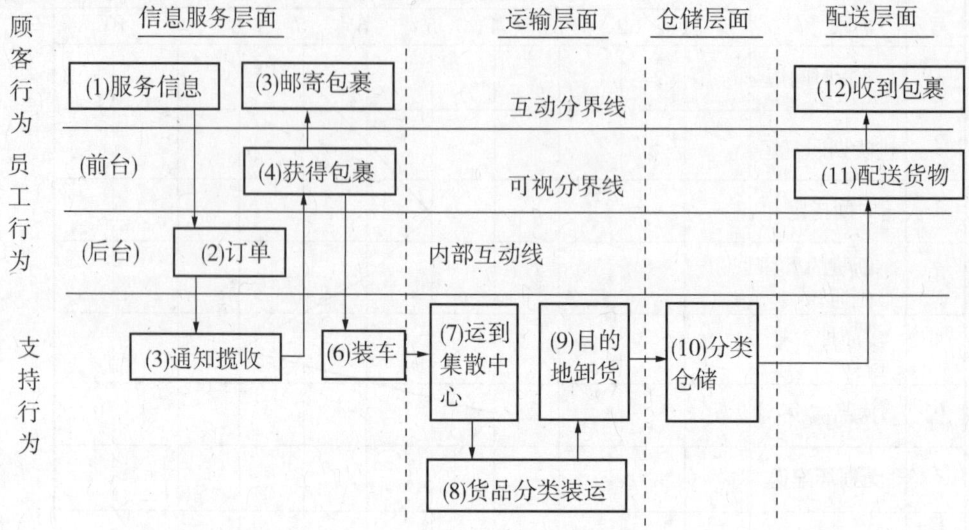

图6－4　快递业物流服务蓝图

提升的方向。

（3）定点超越分析

顾客服务的定点超越是通过将企业与竞争对手或优良企业的服务水平相比较进行分析，找出本企业顾客服务的不足之处，并加以改善。目前，主流的方法主要有服务流程的定点超越和顾客满意度的定点超越，如图6－5和图6－6所示。

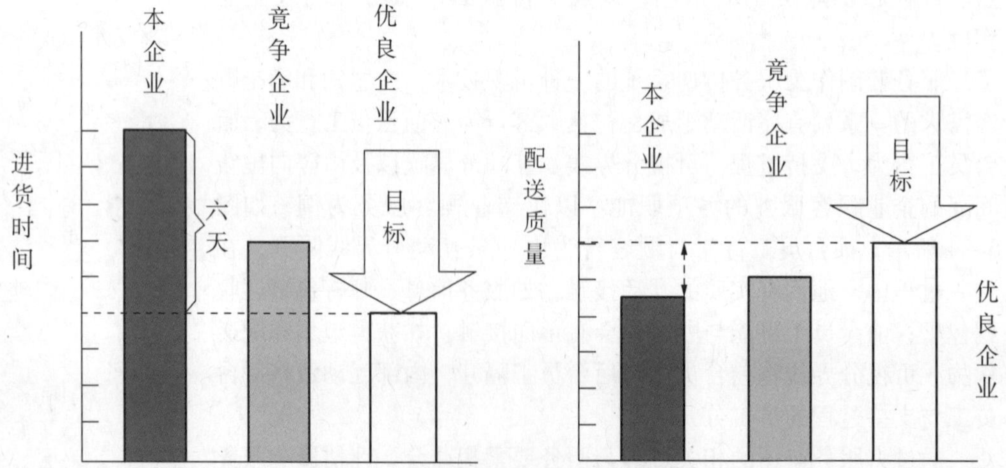

图6－5　服务流程的定点超越实例

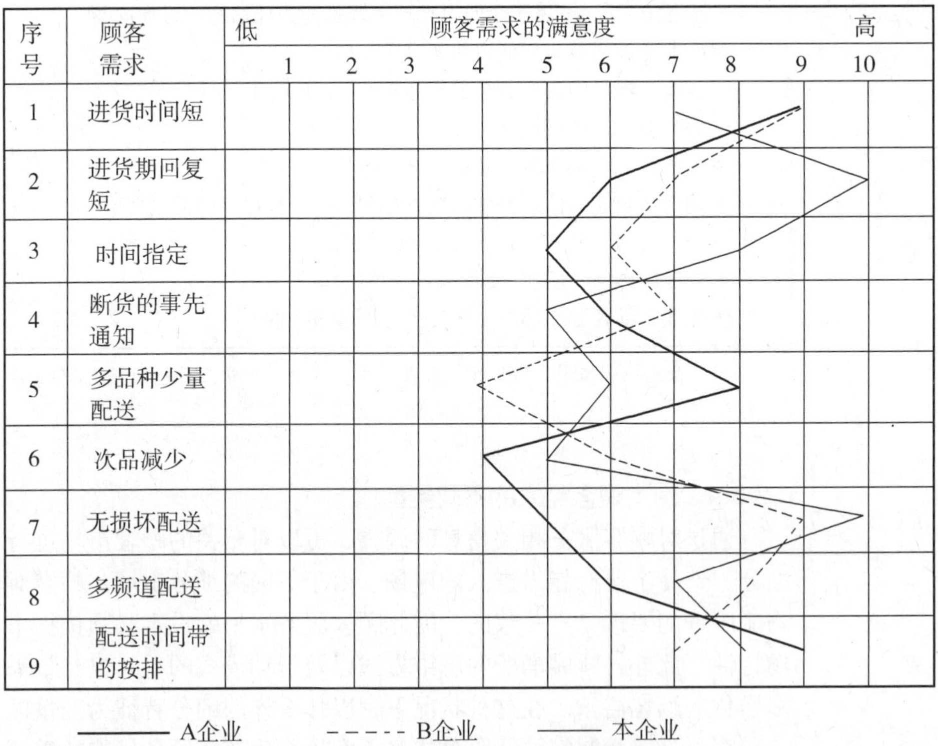

图6－6　顾客满意度定点超越实例

6.2.3.3　评估企业内部顾客服务的能力

一旦理解顾客的需求，找出了顾客服务的要素和服务要素之间的控制机制，企业必须对其内部的服务能力进行评估，审查企业当前服务业务的运营情况，了解企业服务能力和顾客实际要求之间的差距。同时，也应该测定顾客实际接受到的企业顾客服务水平，原因在于顾客对服务的评价有时也会偏离企业的实际运作状况，如果企业确实已经做得很出色，则应当注意通过营销教育、培训和促销来改变顾客的观念和看法，而不是一味地提高企业的服务水平。

> **专栏6－2　适用于企业内部顾客服务能力评估的一系列问题**
>
> • 企业内部当前是如何评估顾客服务的？
> • 各服务项目的工作业绩如何考核？
> • 服务的标准或目标是什么？
> • 当前企业内部服务达到什么样的服务水平？
> • 如何从企业的信息系统或定货处理系统中导出这些测量要素？
> • 企业的内部顾客服务报告体系是什么？
> • 企业内部的各职能部门是如何理解顾客服务的？
> • 企业内部各职能部门是如何传递顾客服务的？

（资料来源：徐勇谋．现代物流管理基础．北京：化学工业出版社，2003．有改动．）

6.2.3.4　确定顾客需求的不同类型

通过对顾客服务相关信息的调查，可以对相关的顾客市场进行细分，选择企业有能力进入的市场。由于不同的细分市场，顾客对物流服务的要求是不一致的，因此顾客服务水平的设定必须依据市场特性。此外，顾客消费的思维方式以及行动模式的差异也会带来多样化的顾客需求。在这种状况下，以什么样的细分特征为变量区分顾客群将成为制定顾客服务战略，发挥企业核心服务优势的重要问题。最后，在对顾客需求进行分类时，应当充分考虑不同顾客群对本企业的赢利贡献度以及顾客的未来贡献潜力。总而言之，就是以一个标准对顾客进行分类，以明确企业的资源配置，从而设定不同顾客服务内容和服务水平。

6.2.3.5　确定顾客服务水平

对顾客服务水平的确定，一个普遍的方法就是以竞争对手的服务水平作为基准进行设计，但如果只是参照竞争对手的服务水平可能存在一定的局限性，因为这样很难判断竞争对手是否很好地把握了顾客的需求并采用了适合的服务水平。可以采用以下方法来确定顾客的服务水平：

（1）顾客对缺货的反应

企业的顾客服务战略最重要的一点是保证终端顾客能方便及时地了解和购买到所需的商品。为了满足这一要求，企业需要调整订货周期、供货满足率、运输方式等，尽量避免终端环节出现缺货现象。而企业可能不能直接面对终端顾客，而需要通过供应链的中间环节才能到达终端顾客，因此很难把握缺货对终端顾客的影响。企业应通过对前向供应链信息的整合，了解顾客对缺货的反应模式，从而有针对性地调整顾客服务水平。顾客服务水平主要涉及订货周期及数量等方面。

（2）成本与收益的权衡

成本与收益的权衡，主要是从企业营利角度考虑服务水平的设定。顾客服务的大部分费用来自于物流服务，物流总费用包括库存维持费用、运输费用、信息/订货处理费用、管理费用等，这些都是企业在顾客服务上的开支，顾客的购买取决于企业提供较高的服务水平，而较高的服务水平会给企业带来较高的服务成本，服务成本又会影响收益，从短期来看，成本与收益在一定程度上存在着反向相关。但从长期来看，如图6-2所示，在某种服务水平区间，成本上升的速率小于收益上升的速率，此时提高服务水平能够带来收益的大幅度提升。所以，企业的服务水平最好保持在这一水平区间（这一水平区间可能随某些因素的变化而变化，如竞争对手服务水平的变动、顾客收入的变化、顾客需求的变化、服务成本的变化等因素），并采用多种方式在多个环节上降低物流总成本，在市场组合的四要素之间合理分配资源以获得最大的长期效益，实现竞争优势和企业营利的双赢。

（3）顾客服务的ABC分析

ABC工具的理论依据来自于80/20定律，即企业的大部分利润来自于某些产品或顾客。所以，通过ABC分析可以将各种产品和顾客按照其重要程度进行分类。对企业来说，某些顾客和产品比其他顾客和产品更有利可图，因而要受到特别的关注，这类顾客和产品应是企业服务的重点，所以企业应配置更多的资源。具体而言，利润率最高的顾客产品组合应配以最高的顾客服务水平。

我们将营利能力（利润率）作为度量顾客和产品重要性的指标。从表6-1可以看出，顾客产品贡献矩阵将不同顾客的重要性与不同产品的重要性联系在一起，以确定能给企业带来最大受益的顾客服务水平。

① 表格的横向表明产品的营利能力由大到小的排序，A类包括公司最营利的产品，接下来是B类、C类和D类。A类中的产品占公司产品线的小部分比例。D类中的产品代表公司最不营利的产品。一般来说，80%的产品线归到这一类中。

② 表格的纵向表明顾客的营利能力由大到小的排序，Ⅰ类中

的顾客是公司最赢利的顾客；他们的数量可能不会超过 5 个或 10 个，Ⅴ类中的顾客是最不赢利的顾客，因为这些顾客进行小批量购买或者产生的年销售量最少，Ⅴ类通常包含大多数的顾客。

表 6－1　顾客产品贡献矩阵

客户类别	产品类别			
	A	B	C	D
Ⅰ	1	2	6	10
Ⅱ	3	4	7	12
Ⅲ	5	8	13	16
Ⅳ	8	14	15	19
Ⅴ	11	17	18	20

③ 矩阵中的数表示按顾客—产品的营利贡献水平高低所排出的服务优先级，最营利的顾客—产品组合发生在把 A 类产品销售给Ⅰ类中的顾客时（优先级为 1），第二最营利的组合发生把 B 类产品销售给Ⅰ类顾客时。第三最营利的组合是把 A 类产品销售给Ⅱ类顾客，以此类推，直到最不营利的顾客—产品关系，即把 D 类产品销售给Ⅴ类顾客（优先级数为 20）。

借助之前对于顾客—产品贡献矩阵对于顾客—产品组合优先级的划定，企业对于顾客—产品组合所提供的服务水平会有差别，从而使企业的物流成本与物流效益达到最优化配置。

在此例中，如表 6－2 所示，企业对优先等级为 1 ～ 5 的顾客—产品组合，采用 100% 的在库标准，交付标准为 48 小时，按订单送货完备率标准为 99%。其他组合以此类推。

表 6－2　基于顾客—产品贡献矩阵的服务水平实施表

优先等级	在库标准（%）	交付标准（小时）	按订单送货完备率标准（%）
1 ～ 5	100.0	48	99
6 ～ 10	97.5	72	97
11 ～ 15	95.0	96	95
16 ～ 20	90.0	120	93

通过顾客—产品贡献矩阵可以了解顾客对服务的要求，并从中识别出在不同细分市场最重要的服务要素和各自不同的服务水平。

ABC分析工具还可以对顾客的重要性进行分析，从而避免因订单过多，员工选取较简单的订单进行处理，而忽略订单数量多、手续复杂的重要顾客，造成重要顾客流失。因此，应依据顾客重要性，对顾客按ABC分类，实现分类管理。通常，从订单受理程序方面，对顾客ABC分析可依据下述三点分类：

① 每类顾客的购买量占公司销售的百分比；

② 每类顾客对公司纯利润的贡献度；

③ 考虑每类顾客与公司的其他关系。

通常，对A类顾客应分配最重要人力、物力以作优先处理，而对C类客户则可按部就班，但仍要考虑其向上延伸到B类或A类顾客的可能性，寻求企业新的市场潜力。此外，在设置配送中心时也可参考此种分析，将配送中心设于重要顾客附近，以减少转运成本及重要客户延迟交货的次数，从而提高重点顾客的服务水准。

6.2.3.6　顾客服务组合的管理和决策流程

要以一种动态的眼光来看待顾客服务组合。也就是说，通过前述过程确定最初的顾客服务组合和服务水平之后，这一组合和水平会随着各种因素的变化而变化，所以要经常定期核查、变更，以确保顾客服务的效率化。从顾客服务管理决策的全过程看，决策流程可以分为五个步骤，即顾客服务现状的把握、顾客服务的评价、顾客服务组合的设定、服务系统再设计、顾客满意度的定期评价等几个方面，通过这些步骤的不断循环，以推动物流服务满足顾客不断变化的需求，实现服务水平的提高和企业经营运转效率的最优化。

6.3 顾客服务的评价

对顾客服务进行评价，首先就必须对顾客服务的实效进行衡量，对衡量的结果按照客观标准进行评价，有助于了解顾客服务的优势和劣势，利于服务改善，此外也为服务的控制奠定了基础。

6.3.1 顾客服务的评价原则

6.3.1.1 客观性原则

对顾客服务评价要遵循客观性原则，它包含三方面的含义，即准确性、及时性、全面性。所谓准确性，即需要采用合适的评价指标、正确的评价方法、合适的评价对象对顾客服务进行评价。所谓全面性，即根据设定的评价目标，要求评价内容的全面性，要对顾客认为重要的、所有的服务要素都进行评价。很多企业喜欢评价那些容易衡量的要素，而不评价那些顾客认为最重要的服务要素。例如，只评价订单处理和货物分拣时间，而不评价订货和补充订货周期，原因是前者容易衡量，后者难以衡量，然而顾客对订货和补充订货周期两个要素又较为看重。所谓及时性，则是对评价的内容必须是对现阶段服务水平的及时反映。这对评价时间计划的界定、评价周期的界定都有一定的要求。

6.3.1.2 过程化评价原则

顾客服务评价既应把顾客服务放在供应链运行的全过程中进行考察，以发现企业这一节点对供应链效率和价值的贡献，又要把顾客服务本身看作一个过程来考察，从各环节（包括某个环节或节点的专项服务）、各要素上发现问题，对其逐个进行督查评价。

6.3.1.3 连续性原则

顾客服务评价是一个连续性很强的活动。虽然对于顾客服务的评价会因侧重点不同而使评价内容有所不同，但要求整个过程、各次评价都应该保持一种关联性。这种连续性还应体现在某一服务过程的某一环节顾客服务的评价时，同样也应采用不同的方式连续进行，以免结论失真。同时，还要将日常性评价与专项性评价结合起来，使评价连续地进行，减少随意性和主观性。

6.3.1.4 内部、外部评价相结合的原则

企业顾客服务既可以由企业内部自行评价，也可以委托专业服务机构评价，但最好的方式是将内外部评价结合起来。由于自评有利于不断自我提高，他评有利于发现自评不能发现的问题，因此应将内外部评价结合起来进行。现场办公会、协调办公会和专家共评

会是优秀公司通常采用的方法，它们能将内部与外部评价结合起来。这些方法既能使合作双方开诚布公地探讨问题、研究解决方案，还能把问题放在未来的发展中去评价和考虑。

6.3.2 顾客服务评价的核心要素

根据顾客服务的过程和构成要素，要对顾客服务做出客观而实用的评价，需要对顾客服务核心要素进行评价，这些要素包括可得性、作业绩效和可靠性三方面。

6.3.2.1 可得性

可得性是指当顾客产生需求时企业所具有的供应能力。为了实现这种能力，一般是按预期的顾客订货进行存货储备。所以，仓库的数量、规模、位置和库存策略是企业最基本的考虑因素。高水平存货可得性关键在于合理利用企业的有限资源，对首选顾客或重点顾客实现高水平的存货可得性，同时维持库存和仓储设施的最低水平。对可得性有以下三个评价指标：

（1）缺货频率

缺货频率是指缺货发生的概率。当需求超出可得性时就会发生缺货现象，缺货频率就是衡量需求超出可得性的概率。将所有产品的缺货次数加总起来，就可以反映一个企业实现服务承诺的状况。

（2）供应比率

供应比率是衡量缺货的程度和影响大小的指标。当需求超出存货可得性时，供应比率是衡量供应商所能提供的存货与客户的需求的比率。当然，当一种产品出现缺货现象，也不一定就会导致客户的不满，应该首先弄清楚客户的需求时间，再判断缺货是否会影响服务的绩效。

（3）订货完成率

订货完成率是衡量供应商拥有客户所预定的全部存货所需时间的指标。这一指标以订单为基本单位，是最严格的衡量指标。

将上述三种衡量指标结合在一起，就可以识别一个供应商存货战略满足顾客期望的程度。

可得性评价指标

对可得性的评价有三个指标：缺货频率，供应比率，订货完成率。

6.3.2.2 作业绩效

作业绩效评价了服务过程中各个作业环节的效率，一般可以用速度、一致性、灵活性、故障与恢复四个指标来衡量。

作业绩效衡量指标

作业绩效一般可用速度、一致性、灵活性、故障与恢复四个指标来衡量。

（1）速度

速度即完成订货发货周期的速度，是指从开始订货到货物实际抵达客户处为止的时间。通常，供应商可以通过延长作业时间和引进先进的设备这两个途径来缩短订货、发货周期。但是，并不是所有的顾客都希望能得到最大限度的订货、发货速度，因为这样会导致物流成本和服务价格提高。所以，应根据不同顾客的特征采用不同的速度水平。

（2）一致性

一致性是指供应商能够随时按照对客户的配送承诺加以履行的作业能力。虽然服务速度至关重要，但一致性同样也是服务始终强调的要点。一致性是顾客服务的最基本问题。如果供应商履行订单的速度缺乏一致性或发生经常性波动，就会一定程度上影响顾客计划的制订。

（3）灵活性

灵活性是指处理异常的顾客服务的能力。供应商的服务能力还应涉及在无法预料的环境下妥善处理问题的能力。厂商需要灵活处理的典型事件有：修改基本服务安排计划；支持独特的销售和营销方案；新产品引入；产品衰退；供给中断；产品回收；特殊市场的定制或顾客的服务层次；在物流系统中履行产品的修订或定制，诸如定价、组合或包装等。在许多情况下，顾客服务优势的精髓就体现为灵活性。

（4）故障与修复

故障与修复能力是指厂商有能力预测服务过程中可能发生的故障或服务中断，并有适当的应急计划来完成修复任务。因为在物流作业中发生故障是可能存在的，必须对故障快速反应，及时修复。

6.3.2.3 可靠性

可靠性是衡量供应商向客户提供的顾客服务中物流服务质量指标。这一要素不仅包括物流服务的质量，也包括向客户提供及时准确的物流信息。企业应注重服务的质量，确保服务的可靠性，达成顾客的满意，但对于顾客难以预料的服务意外失误，如果通过物流信息准时告知，顾客就能对缺货或延迟配送等意外失误做出调整，这也是可靠性的表现。

6.3.3 顾客服务的评价标准与指标

6.3.3.1 顾客服务的评价标准

顾客服务评价标准是衡量顾客服务工作和服务水平的一条准绳。制订合适、全面、有价值的评价标准，一直是服务管理的难题。依据顾客服务的构成要素等相关内容，可以从顾客服务的交易前、交易中和交易后的三个关键时期的重要要素出发，提出一个顾客服务的评价标准，如图6-7所示。

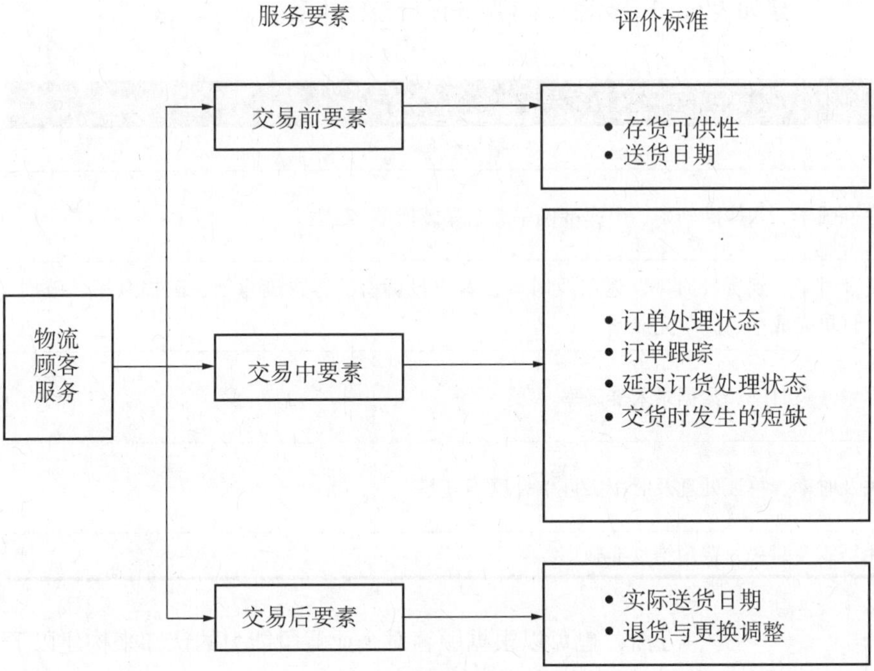

图6-7 顾客服务评价标准

该指标体系从顾客服务构成要素方面设计，反映了顾客服务系统的各个方面，在这一系统中，物流服务因素占据了重要地位。需要注意的是，企业所重视的服务要素应当与顾客所认为的重要要素一致。诸如存货可供率、送货日期、订货处理状态、订单跟踪以及延期订货状态等要素，需要通过企业与顾客之间良好的沟通来确定。目前，很多企业在订货处理过程方面存在技术落后的问题，可从这一方面挖掘顾客服务水平的潜力。通过供应链各节点企业信息的整合和共享，可以提升信息传递与交换的效率，各节点企业可以获取即时动态的库存信息，在缺货时可自主安排其他产品替代组合，还可以获知较为准确的送货时间与收货日期，从而提高顾客服务的水平。

6.3.3.2 顾客服务的评价指标

上述的顾客服务评价标准反映了顾客的需求和顾客的期望。为了使服务业绩的评价具有可操作性和针对性，并且为管理层控制顾客服务提供参考指标，一方面可结合企业主要业务过程的特征，构建如表6－3所示的顾客服务评价指标体系。

表6－3 基于服务过程的顾客服务评价指标体系

指标类别	指标名称
仓库管理和操作评价指标	库存准确率、入库准确率、出库准确率、仓库破损率
运输服务评价指标	发货及时率、到货及时率、返单及时率、客户投诉率、客户满意度、破损频率、破损率、订单完成率、急单完成率
数据录入工作评价指标	数据录入及时率、数据录入准确率
进出口业务评价指标	报关及时率、单证处理及时率、订单处理正确率
费用结算评价指标	费用结算及时率、费用结算准确率

另一方面，也可以根据顾客对企业竞争能力的认知来构建以下顾客服务指标体系，如表6－4所示。

表6－4 基于顾客认知的顾客服务评价指标体系

指标类别	指标名称
功能性指标	客户服务水平（缺货频率、客户满意度、平均交货期）； 配送功能（配送安全性、产品可得性）； 运输功能（运输能力、车辆满载率、商品损毁率）； 库存功能（库存能力、库存周转率、预测准确率）

续上表	
经营性指标	客户服务水平（缺货频率、客户满意度、平均交货期）； 管理水平（供应计划实现率、业务流程规范化）； 信息化水平（软件先进程度、信息共享率、实时信息传输量）； 资源整合能力（供应商资源整合能力、整合资源利用率）
稳定性指标	客户服务水平（缺货频率、客户满意度、平均交货期）； 技术实力（技术人员比重、技术开发经费、创新和技术改造力）； 企业实力（财务投资能力、市场增长率、营利能力、应变能力）； 成本水平（单位物流成本、库存单位成本、每个客户服务成本）
经验性指标	历史背景（行业服务时间、供应商稳定性、客户稳定性）； 企业形象（员工素质、经营理念、市场信誉、社会责任）

以上两种方法都能衡量企业顾客服务的绩效，第一种方法面向服务的各个环节，第二种方法则是从企业全局考量顾客认知对企业顾客服务绩效的评价。评价标准和指标体系构建完成后，则可以评价企业顾客服务的绩效。

6.3.3.3　顾客服务的评价

顾客服务评价反映的是企业服务的绩效，为企业认识自身优势和劣势提供科学和实用性依据。顾客服务可按以下四个步骤进行评价和控制：

① 制定每一服务要素的绩效量化标准；
② 评估每一服务要素的实际绩效；
③ 分析实际绩效与目标之间的差异；
④ 采取必要的纠正措施将实际绩效纳入目标水平。

本章小结

本章通过对顾客服务内涵特征和顾客服务构成要素的分析，可以看出物流要素对顾客服务水平和顾客满意的重要作用，在此基础上深入分析了顾客服务战略的基本思想、构建原则，并系统地提出构建步骤，其中的许多分析方法对现实应用具有很强的指导意义。顾客服务的评价也是顾客服务的重要方面，本章从顾客服务的评价原则、核心要素以及评价标准和指标等方面展开。

复习思考题

1. 什么是顾客服务？顾客服务有何特征？
2. 顾客服务的构成要素有哪些？它们之间有何联系？
3. 请举例说明顾客服务水平与成本之间的关系。
4. 简述构建顾客服务管理的原则。
5. 简述构建顾客服务战略的步骤。
6. 简述确定顾客服务水平的方法。
7. 顾客服务的评价需要遵循哪些原则？
8. 顾客服务主要评价哪些要素？
9. 顾客服务有哪些评价指标？

第7章 企业物流战略规划

学习目标

通过本章的学习，学生应掌握物流战略、物流规划、顾客服务水平和网络设计等基本概念，掌握物流网络选址模型等相关内容，了解物流网络设计的流程。

关键词

物流战略（logistics strategy）；物流规划（logistics layout）；顾客服务目标（customer service goal）；顾客服务水平（customer service level）；物流网络设计（logistics network design）；选址模型（location model）

无论企业追求的是利润、生存、社会效益、投资回报还是企业发展，针对企业目标制定企业物流战略是至关重要的，企业物流战略决定了其在市场上的竞争力。本章试图站在战略规划的高度设计整个物流系统，其中网络设计是主要工作，而顾客服务水平是制定物流战略的前提条件，如果没有这个前提，那么物流战略就是空谈，就是“无源之水，无本之木”。

资料 7.1

德邦物流仓库的选址

德邦物流是国家AAAA级综合服务型物流企业，专业从事国内公路运输和航空运输代理。迄今为止，公司设立了广州（公司总部）、深圳、东莞、华东、华北、西南等八大区，拥有270家直属分公司及营业部，服务网络遍及国内400多个城市和地区，总资产逾亿元。德邦已有这么多个网点，这些网点密切配合，支持着德邦客户提供高效的服务，然而德邦为什么要把总部和最大仓库、配送中心设在广州呢？我们不得不来分析德邦这样做的优点。

任何一个仓库在规划建设初期都会将如何快速有效地送达货物作为考虑因素之一。货物的目的地大多是人口聚集地，因此库址相对于大都市的远近，在运输成本和操作效率上所反映出的相关性就十分显著。而德邦选择了我国东南部城市广州，很能体现它的优势。广东省的水、陆、空交通都在我国处于领先地位，这里有医疗设施齐全的医院，也有路线完善的员工上下班的公交，公安、银行、电话等服务性设施更是应有尽有，是个服务设施完善的好地方。

选址咨询人员为客户在寻找合适的物流咨询人员方面提供帮助。拥有充足的技术型员工是未来仓库建设运营不可或缺的一部分，因此在中国物流网专栏中，列举了广东省所有大中型城市附近的物流设施（运输和配送）和物流行业劳动力的基本情况。广东省是美国物流服务最集中的地方，拥有第一大物流劳动力资源。但是在选址问题上我们不能仅仅考虑两个影响因素——广东省的公路情况以及香港的影响。在广东省用卡车运输货物是非常方便的，相对于公路的密度、拥挤和安全性来说，广东省的城市水平大都处于非常好的水平。

选址问题还需要考虑其他因素。第一，要确定该地点建立的是工厂还是配送中心。不同的城市运输涉及的问题相对固定。如果你通过铁路车载和卡车来接收你的货物，那么铁路和公路因素将是主要的考虑因素；如果你接收货物仅为一卡车或者还没有一卡车的容量，作为包裹运输又嫌太重，或者要求特定的到达时间时，空运就成为我们依赖的方式，这种情况下我们的考虑重点又不同了。第二，需要考虑成本问题。德邦物流公司作了大量有关仓储业发展的实践调查，并且提供了一份关于50个顶级城市仓储配送中心运营成本的比较分析报告。如常人所料，建设一所仓储或配送中心所花费用最低的前10个城市均集中在西北部地区，而成本高昂的地区是东部和东南部地区。在所有50个城市里，上海的建设费用是最高的。为了构造成本模型，他们假定一个占地350 000平方米和有150名配套劳动力的仓库通过公路为全国市场运输货物。工人的种类从秘书到叉车司机共约16种，这就构成了运作一个配送中心的基本薪水账册，德邦在研究中将该方法运用到这50个城市中，并做出了适当的比较。其他的基本成本还包括能源、供热和空气条件，以及运输成本。建筑物比较包括分期贷款成本和财产所得税。成本因素也是形成这种趋势的原因之一。同时公司发现可以将很多管理职能从办公室转移到生产一线。简单地比较一下，仓库内每平方英尺（1平方英尺＝0.092 9平方米）的费用为40元，而在白领写字楼里，同样的面积需要160元。在一个现代化的仓库里面，你不仅会见到叉车司机，也会发现软件工程师和原本入驻公司总部的其他合作企业的驻司代表。大量的人员需求和技术需求使得员工成本分析成为决定仓库选址的因素之一。然而，仓库的最基本功能仍旧是运输和接收货物。为了突出这一点，德邦在模型中假定了一个外运成本，来区别各类始发—终到类型。德邦的外运模型包括了作为目的地的10个城市，这些城市都具有可以很好地服务于美国的消费者市场。在模型中，广州、上海、北京、深圳、青岛仍然是运输成本最高的城市。同样地，内地中心城市，如武汉、长沙甚至郑州在全国范围内的运输成本方面有着强劲的优势。

有一点需要指出的是，当我们确定一个仓库位置的时候，没有一个单一的工具可以给出完善的发展蓝图，库址周围业务量的膨胀会使建筑物的规模、构造以及劳动力的需求产生相应的增长。当我们把眼光从物流场地选址咨询人员所提供的考虑全面的基本方案过渡到基于各种现实成本因素而提供的方案时，我们就又接近了目标。

（资料来源：蒋长兵，王珊珊．企业物流战略规划与运营．北京：中国物资出版社，2009．有改动．）

7.1 企业物流战略

企业制定物流战略必须考虑企业所面临的经济、法律法规和竞争市场等环境，要服从一定的企业战略目标和一定的顾客服务水平。而满足顾客的需求一直是物流管理的最终追求，因此技高一筹的物流战略以及高效的物流系统是体现企业竞争力的重要因素。

7.1.1　物流战略的概念

我国学者钱学森认为：系统是由相互作用、相互依赖的若干组成部分结合而成的具有特定功能的有机整体，而且这个有机整体又是不断变化的。根据系统论，物流系统的设备、输送工具、仓储设备、人员以及通信联系等要素之间也是相互影响、相互作用，并且不断发展变化的。那么，企业就必须具有洞察这些变化的敏锐观察力，为自己定位并发掘潜在能力，赢得市场。物流战略正是为寻求物流的可持续发展，就物流发展目标以及达到目标的途径与手段而制定的长远性、全局性的规则。它为整个物流系统设置了一个可见和可以达到的未来，为物流基本要点的设计和选择指明了努力方向，是物流战略规划中各项策略制定的基本依据。

从宏观角度来说，物流系统是整个社会系统的一个子系统，它对社会的商品流通、国民经济效益会产生一定的影响。除此之外，物流系统还会在经济性以外的其他方面对社会系统产生影响，如物流设施的建设可能会对周围居民、环境带来不利影响。

从微观角度来看，物流系统的目的是让所有相关的企业获得相应的经济利益。也就是说，通过对物流活动中“物”的组织，尽可能降低物流总成本，产生尽可能大的物流总效益，从而实现各个不同企业的营利。通常在物流战略的规划过程中，要兼顾宏观与微观上的最终目标，一般包括三个目标：成本最小、投资最少和改进服务。

7.1.1.1 成本最小

物流系统为达到其经济效益的总目标，降低物流总成本是必然的要求。而成本最小是指降低可变成本，即降低运输成本和存储相关的成本以达到成本最小。为实现这个战略目标，在顾客服务水平一定的情况下选出成本最低的战略方案。如将仓库地址选在租金较为低廉的地区或选择收费较为便宜的运输方式就是降低成本的策略。总之，有效利用物流空间、采用集约化经营等，都是降低成本的手段。

7.1.1.2 投资最少

投资最少指的是对物流设施等硬件的投资最小化而使企业获得最大投资回报。例如，在保持顾客服务水平不变的情况下，运用 JIT 策略或直运越库来避免库存，或者选择使用公共仓库来代替自建仓库等措施来减少投资。当然，这些措施有可能会提高可变成本，但却不失为减少投资的好方法。总之，企业追求利润——这是最终目标，如果可变成本上升值小于投资成本的减少值就值得一试。

7.1.1.3　改进服务

物流管理的最终目的是满足顾客的需求，因此，改进服务可以获得更多顾客的好评，是赢得顾客、提高竞争力的有效方式。顾客服务水平提高了就能留住原有客户，并能开拓市场争取新客户。但是，高服务水平需要高成本来维持，企业利润的增加可能会跟不上成本的上涨，因此，企业要权衡利弊，既要考虑到企业面临的环境也要考虑到顾客服务水平与成本之间的悖反规律，制订最适合自己的物流战略。

针对企业的战略发展目标，并结合客户、供应商、竞争对手和企业自身四个部分提出契合企业需要的战略。接下来，企业将长远的、全局的规划和谋略转化为细致的计划，在对自身的财务状况、市场地位、产品竞争能力和员工技术构成有了清楚认识后，针对不同的市场机遇做出相适应的指导方针以实现企业蓝图。

7.1.2　物流战略的环境

根据系统论的观点，企业也只是市场这个大系统中的一员，企业在制定物流战略时，要做到“知己知彼、百战不殆”就需要从外部及内部环境充分考虑对企业的影响、与企业的联系、对企业长远发展的作用等，具体如图 7－1 所示。

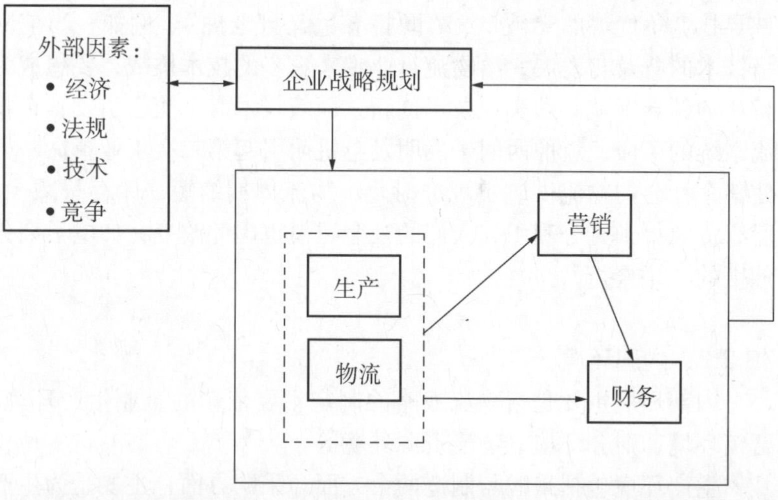

图 7－1　企业战略结构图示

7.1.2.1 外部环境

外部环境分为宏观环境和行业环境。宏观环境主要是指宏观的社会经济发展状况，比如经济增长率、利率、汇率和通货膨胀率等都会影响宏观经济环境，进而影响企业的发展。事实上，经济增长具有周期性，而一个地区的经济发展状况决定了其社会购买力，经济发达地区和欠发达地区的居民消费情况也有很大的差异。除了经济因素，还有政治因素，因为政治稳定是经济繁荣的基础，因此，一个国家的政治、法律环境是否稳定直接影响物流战略的制定。如中国由于政局稳定、经济环境较好，吸引了众多跨国公司入驻，目前已成为世界第二大经济体。但是，中国作为一个向市场经济转型的国家，在法律法规的制定方面日新月异。法律法规可能会支持物流服务的某部分产业而对另一部分产业进行管制。企业需要敏锐地抓住这些会对各类产业格局和企业行为带来深刻影响的变化和机遇，制定有利于企业发展的物流战略。

行业环境包括市场规模与发展、竞争者情况、新技术、新产品等，是影响物流战略制定的直接外部环境。有句形容国内市场竞争激烈的老话：“前有狼，后有虎，旁边一群小老鼠。”企业在制定物流战略计划时，需要考虑到现在及未来企业的物流业务面临着激烈的行业竞争环境，依据现有环境看发展前景，结合自身的技术条件寻找竞争优势的突破口，“既打老鼠又打老虎”。例如，当前网络技术的普及与发展，给物流行业带来更多的技术挑战，要想成为行业的领导者就必须实现技术创新。而新技术有可能会引发整个物流系统的革命，就像西门子发明发电机而引起第二次工业革命一样使整个社会的物流供应实现准时化，物流周期缩短，库存量减少，所有资源得到充分利用，人们的社会习惯也因此改变，如电子商务催生的“宅经济”。

7.1.2.2 内部环境

内部环境主要是指物流战略的制定主要依赖的企业生产环境、营销环境、财务环境、物流资源环境等。

生产环境包括采购与制造两个方面。采购方面，主要是为生产寻找能够提供新技术、潜在的新材料或服务以及新的供应货源的信息，从而为企业提供新的市场机会，抢占市场先机。采购应该以支持物流企业的总目标为前提寻找采购信息，识别供应商网络，最终结合来自物流和其他职能部门的信息，做出最后的采购决定。制造方面，主要是提供生产设施清单及相关的制造能力，将采购回来的资源整合，计划性地生产相关产品。制造需要预测销售情况并权衡必要的制造成本，将可以在一个以上工厂制造的产品，设置在最经济的地方，从而节约生产制造成本。生产环境，即是在产业链的前端，通过预测新资源、新服务及维护生产经济性，为物流企业的战略制定提供相关的信息与支持。

营销环境可以为企业提供产品、价格、渠道及促销战略的建议。营销作为接触产品最终消费者的前端，能够为物流战略制定提供多种需要的信息。

财务环境为企业的细分市场及成本权衡提供必要的成本数据。同时，财务从数据上为企业提供可降低成本的环节信息及其他对战略制定有参考价值的信息，如关于库存、设施及设备等物流资产融资的资本可获得途径等。企业物流资源环境提供了企业所拥有的物流网络，包括制造点、配送中心、各地的储存地点等所形成的物流网络结点以及供应商与工厂之间、工厂与配送中心之间的运输连接等情况，可以为企业改进物流系统设计提供参考。

7.1.2.3　内部物流运行

除了从宏观上对物流企业所处环境进行分析外，还应在微观上对企业进行分析。内部物流运行是对内部环境的补充与具体化，主要包括以下五个方面：

(1) 产品特征

企业内部物流首先应了解产品的物理性、化学性等特征。因为不同的产品特性对物流系统的要求并不一致。例如，有些产品需要冷藏，则物流企业需要提供相应的冷链物流；又如某些化学制剂之间可能会产生化学反应，因此不可以共存在同一个空间中，那么在运输和库存时需要对这部分产品进行特殊处理。

(2) 订货数量、频率、季节、订货处理方式

有些产品具有季节性，分淡季和旺季，如空调，而有些产品则四季需求相似，如日用品；有些产品属于一次性大批量订购但订购频率较低，而有些产品则是多次小批量订购而配送时采取特殊的运送方式。当然，大部分产品是按照最普通的订货方式进行处理。企业需根据所服务的产品的情况，提前预知所需要的相关设备并做好产品与服务的计划。

(3) 采购方式

企业采购生产原料的情况，如企业的各类原料采购交易是处于买方还是卖方市场，企业获取新的供货源的难易程度，企业采购过程的信息途径是否广泛，采购原料的运送方式等，这些为企业未来的物流网络设计提供参考依据。例如，仓库、配送中心选址问题，同样也需要考虑原料供应商的所在地，尽可能节约运输等物流成本。

(4) 仓库地点、规模、数量

企业当前的仓库地点、规模与数量，是对物流网络的现状描述，对企业在操作层上的战略选择具有参考价值，如线路的选择等。

(5) 库存水平、控制方式

企业产品目前的库存水平、其安全库存的设置方式，库存水平的控制情况等企业运作的信息，一方面可以为企业安全库存的再设计提供依据，另一方面也可以为企业配送及相连接的其他物流活动作参考。

总之，对企业所处内外环境的分析让我们基本上做到了“知己知彼”，但是否就可以“一劳永逸”、“百战不殆”了呢？其实，环境是时刻发展变化的，没有任何“以不变应万变”的“万能物流战略”，因此，我们需要不断创新战略来适应新的环境。

7.1.3 物流战略规划及实施

物流规划试图解决做什么、何时做和如何做的问题。基于前面内外部环境的详细分析，在制订物流战略时，可根据单个的物流活动进行详细的战略制定，如在库存、运输、顾客服务、仓储及采购等方面；也可以由宏观的把握逐步细化到基层的操作。

7.1.3.1 物流战略规划层次

根据物流战略目标，可以将物流规划细分为战略层、策略层及操作层，具体如表 7－1 所示。

表7-1　战略、策略和运作的决策层次

决策类型	决策层次		
	战略层次	策略层次	运作层次
选址决策	仓库、工厂、中转站的数量、规模和位置		
库存决策	存货点和库存控制方法	安全库存的水平	补货数量和时间
运输决策	运输方式的选择	临时租用设备	运输路线，发货安排
订单处理	订单录入、传输和订单处理系统的设计		
客户服务	设定标准	决定客户订单的处理顺序	加急送货
存储决策	选址搬运设备，设计仓库布局	存储空间选择	拣货和再存储
采购决策	发展与供应商关系	洽谈合同，选择供应商，先期购买	发出订单，加急供货

从战略层来看，物流战略最重要的是根据行业的物流服务情况，设立顾客服务标准。根据顾客服务标准，考虑需求市场的分布、细分市场的具体情况，然后根据企业的产品制定相应的采购政策。综合上述结果，企业还需要决定仓储的地点、布局选择，以及库存的相应布局。

从策略层来看，是根据企业管理者做出的战略决策，得出更为具体的、可执行的策略。例如，针对制定出的采购政策，与供应商洽谈合同等。如根据做出的仓储与库存战略布局，进一步细化：在仓储方面，其存储空间如何安排，如何合理安排产品在仓库的位置以便于仓库管理；在库存方面，确定安全库存数量及相应的位置等。再由仓储与库存的策略，决定连接这两个结点的运输方式。最后，需要由确定的仓储与库存网络及制定出顾客服务标准，确定处理顾客订单的先后顺序。

物流战略规划的最后一个层次是操作层，即付诸实践层面。这个层次需要根据具体的策略指导物流行为。这时，企业需要根据合同，向供应商发出原料订单；在仓库实行产品出入库的作业；确定库存补货的时间与数量；针对顾客的订单需求执行相应的物流活动；确定物品的发货以及相应的运输线路。

物流战略的规划，即是这样一个由上及下，逐步细化与深化的过程。把握好物流战略的整体方向，则物流活动便是一艘掌了舵的船驶向正确的胜利彼岸。决策的重点在于如何利用战略性规划的物流渠道快速、有效地运送产品。

7.1.3.2　物流战略规划领域

物流规划主要解决四个方面的问题，即顾客服务目标、设施选址战略、库存决策战略和运输战略，如图 7－2 所示。

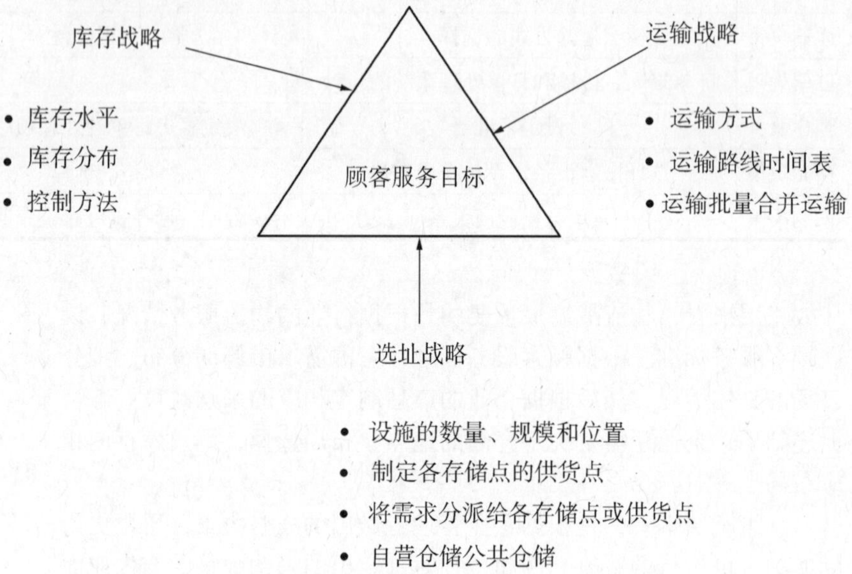

图 7－2　物流决策三角形

（1）顾客服务目标

要高度重视顾客服务水平，因为这是系统如何设计的决定因素。若将顾客服务水平定在较低的层次，则企业可以使用较便宜的运输方式和比较少的仓储地点集中存货；若提供较高的顾客服务水平，则要求运输和存储都要有足够的保障，如此物流成本上升比服务水平上升得更快。因此，企业在战略设计时应权衡利弊，确定适当的顾客服务水平。

（2）设施选址战略

物流设施分布包括产品从工厂、分销商或中间库存到客户整个产品供应的活动和相应的费用，存储点和供货点的地理分布构成了物流网络的框架，应选择不同策略来满足客户需求，如直运越库会影响分拨成本。因此，物流设施战略要解决的核心问题就是寻求最低成本或最高利润的分销方式。

（3）库存战略

库存指产品的停滞与储藏，是供将来使用的所有闲置资源。有两种库存战略，其一是将总的存货分配到不同的存储点；其二是通过补货自发拉动库存。采取不同的库存管理方式也会影响设施选址决策，所以库存战略也必须在物流战略规划中予以考虑。

（4）运输战略

运输所涉及的问题包括运输方式的选择、运输批量、运输路线和日程安排。这些决策受到仓库与客户及他们之间距离的影响，同时，物流设施的分布也会影响这些决策。当然，库存水平也会透过运输批量间接影响到运输决策。

顾客服务目标、设施选址战略、库存决策战略和运输战略相互联系，直接影响到企业的利润率、现金流和投资回报率；并且它们之间相互联系、相互悖反，因此在做战略决策时应该充分考虑到这四个方面是不可分割的整体，要获取整体利益。

7.1.4　物流规划的时机

如果企业已有物流系统，需要做的是判断旧有系统是否还是当前的环境下的最优设计；如果是新企业或企业需要建立新的物流系统，则需要设计物流系统。那么究竟什么时候进行系统规划或旧系统改造呢？我们无法给出明确的答复，但是可以给出一些评判准则，这些准则包括需求、顾客服务、产品特征、物流成本和定价策略五个方面。

7.1.4.1　需求

需求的水平和地理分布是决定物流网络设计的主要因素。一般来说，企业的销售并不平衡，在某个区域的销售会比其他区域增长或下降得更快。因此，企业需要定期考察各地区的销售情况，确定增长最快和下降最快的地区，在当前设施的基础上进行扩建或压缩。例如，在需求增长较快的地区建造新的仓库或工厂，而在市场增长缓慢或萎缩的地区，则可能要关闭某些设施。

7.1.4.2　顾客服务

顾客服务包括现货率、送货速度、订单履行速度和准确性。随着顾客服务水平的提高，与这些因素相关的成本会以更快的速度增长。由于竞争的压力，如果原本顾客服务水平已接近上限，分拨成本受顾客服务水平的影响很大，之前制定战略的基础已经发生了变化，企业通常就需要重新制定物流战略。如果顾客服务水平很低，变化幅度也很小，就不一定要重新规划物流战略。

7.1.4.3 产品特征

物流成本受产品特征影响很大，比如产品的重量、数量、价值等因素将直接影响运输成本和仓储成本。由于产品特征的变化可以改变物流系统的结构和最佳的平衡点从而改变物流成本，所以当产品特征发生重大改变时，需要重新规划物流系统。

7.1.4.4 物流成本

物流成本占总成本的比重也将决定是否应该重新规划物流战略。对于一些生产高价值产品（如机床）的企业来讲，物流成本占总成本的比重很小，物流战略是否优化对企业竞争力的影响不是很大。但是对于类似食品业和轻工业来说，物流成本的比重是很高的，物流战略是其关注的重点，即使只对物流系统做稍许改进也有可能引起物流成本的大幅下降。因此，高频率地重构物流系统是必要的。

7.1.4.5 定价策略

产品采购或销售的定价政策发生改变也会对物流战略产生影响，这是因为定价政策决定了买方与卖方承担物流活动的划分比例。如果供应商将出厂价格改为到货价格，则意味着供应商需要承担物流活动。

7.1.5 物流战略规划原则

7.1.5.1 总成本最小化原则

物流系统中一个环节的成本下降可能是与其他环节的成本上升联系在一起的，如提高顾客服务水平，那么就不会因为缺货、送货慢、运输时间长等缺点失去顾客；但同时维护客户服务水平的成本就会提高。因此，要平衡各项活动以使总成本达到整体最低。

7.1.5.2 多样化原则

（1）多样化分拨战略

不应对所有产品提供统一的顾客服务，这是物流规划的一条基本原则。这意味着管理者要在同一产品系列内采用多种分拨战略，如将产品按销量分为高、中、低三组，并确定与之相适应的库存。但这也会导致过高的分拨成本。

（2）混合战略

与多样化分拨类似，针对不同的产品分别确定最优方案，形成混合方案。这样，往往比单一战略成本要低。

（3）合并战略

合并是和多样化策略相反的策略。在战略规划中如果运量较小，将小运输批量合并成大批量会产生规模经济效应。运输量越小合并策略所获得的收益越大。

（4）推迟战略

任何规划都是在预测的基础上进行的，预测的失误可能会造成如产品款式不符合需求所引起的缺货、库存增加等问题。那么事先准备好通用性较强的半成品或将产品分散储存在便于运输给客户的储存点，推迟产品的最后加工和运输，这就是推迟策略。标准化和推迟战略常常综合运用来解决为了使市场上的产品多样化但同时又不使物流成本显著增加的问题。如汽车生产中的标准化可以生产多种具有可替性的汽车零配件，汽车制造商以此来有效控制库存。

除此之外，在制定物流战略时还应该考虑生产技术和生产流程的特点、产品特征和市场特征。

综上所述，为顾客提供产品和服务是企业存在的意义，而顾客服务是企业设计物流系统的基础。由于功能层和操作层的计划涉及非常具体的问题，很多是企业的个性化计划，因此，接下来我们主要介绍物流系统设计的战略层——顾客服务，以及结构层——网络设计（渠道设计）。

7.2 顾客服务目标的制定

正如一个建筑师是想建造一座高楼大厦还是一间仅够遮风避雨的小平房，对于地基和构建方式是大相径庭的。同样，基于不同顾客服务目标构建的物流系统也不一样。首先企业应充分地了解顾客服务需求，制定顾客服务目标，针对目标制定物流战略，然后设计成本最低的物流系统来获得最大利润，这是理想的物流系统设计模式。

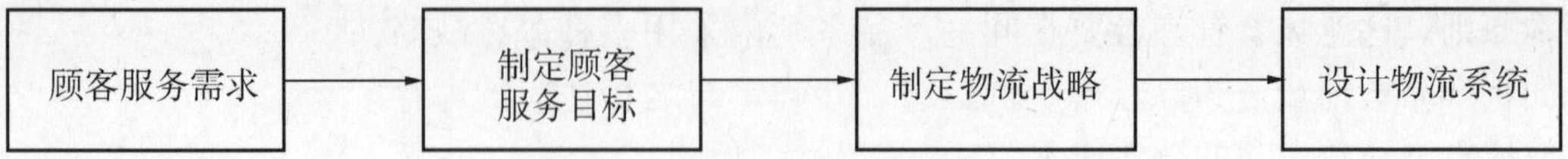

图 7－3　物流系统设计流程

7.2.1　顾客服务目标

许多企业设计物流系统的目的只是为了降低成本，但要所有的物流活动的出发点都是为了满足顾客的需求，因此当企业追求成本最低的战略目标时一定要考虑物流成本与顾客服务水平之间的悖反关系，不要因为要达到单一目的而损害整体利益。

物流战略的目标就是以最低成本提供最完善的顾客服务。所谓最完善的顾客服务就是所有的顾客需求都被满足，这样的服务可以是针对个别顾客，也可以是针对顾客群，关键是要清楚顾客的真实需求。事实上，不同顾客产生的利润是不同的。不仅不同的顾客对商品的数量要求不同，而且提供给不同顾客的服务成本也是不同的。以 19 世纪意大利经济学家帕累托的名字命名的 80/20 规则可以说明这个问题。帕累托规则表明 80% 的利润来自于 20% 的“重要的少数”顾客；而 80% 的服务成本集中在 20% 的“微不足道的多数”顾客身上。即大部分的利润是由少数顾客产生的，而大部分的服务成本却花在了其他顾客身上。因此，在制定顾客服务目标时首先要识别顾客的比例，然后再制定相应的服务战略以提高利润。同时，因为预算或成本的约束，企业不可能对所有顾客都提供“最完善的服务”，必须区别顾客服务的优先级。这就如我们入住五星级酒店理所当然就会要求被五星级服务，但如果入住青年旅社也要求星级服务就不合适了。

总之，制定合适的顾客服务目标是企业不可忽视的重要工作，对内它是“企业的大脑”，具有协调组织内部资源的指导工作的作用，对外它是“企业的外衣”，有助于企业树立以顾客为中心的良好社会形象。

7.2.2　顾客服务的重要性

顾客是企业生存与发展最重要的资源，顾客忠于企业，将会给企业不断带来更多新的顾客。顾客服务重要性主要体现在以下几个方面：

7.2.2.1 出色的顾客服务水平可以增强竞争力

在当前供大于求的消费者市场上，顾客越来越追求产品内含的服务价值，及时准确地为顾客提供产品和服务是企业除了价格之外的重要竞争因素。如IBM做到了在24小时内迅速回复每一位顾客的意见。虽然IBM在技术方面并不是一直处于领先地位，但其在顾客服务方面的优势很明显。事实上，在世界500强企业的物流战略中都非常注重顾客服务水平，并强调以非价格因素作为竞争策略来赢得市场。

7.2.2.2 顾客服务水平决定了物流系统

正如前文所言，对顾客服务水平的设置不同，物流服务形式也会不同。那么，由此物流战略制定和物流网络选址等都会随之改变。因此，整个物流系统的设计必须建立在顾客服务水平基础上。

7.2.2.3 顾客服务水平有助于企业树立服务品牌

作为企业来讲，为顾客提供专业的服务可以牢固树立企业的服务品牌。如史密斯和海尔的电热水器都具有很高的知名度，很多人选择购买史密斯电热水器是因为产品质量特别好，经久耐用，几十年都不坏，这就是产品品牌。但购买海尔电热水器的人也不少，虽然海尔的电热水器质量没有什么优势，功能也与其他品牌差不多，但是海尔的服务好，如产品有问题，打个电话维修人员就会上门维修，而且服务态度特别好，这就是服务品牌。而服务品牌带给企业的不仅是短期的经济利润增长，更重要的是使企业获得了顾客的口碑，获得了长远生存发展的活力。

对于企业而言，在不同的时期和发展阶段企业的战略目标是不同的，因此采取的顾客服务也是不一样的。但是，顾客服务水平关系到企业服务系统的设计，甚至是企业未来的生死存亡。企业该如何监督，又如何确定顾客服务水平呢？

7.2.3 顾客服务分析

顾客服务分析作为评价顾客服务水平的一种方法，也是企业调整顾客服务策略、评价服务绩效优劣的度量，这种方法可以帮助企业设定顾客服务水平。

顾客服务分析的目的在于：识别关键的顾客服务要素；识别这

些要素的控制机制；评估企业内部信息系统的质量和能力。为了达成以上目的，顾客服务分析应包含四个过程：外部顾客服务分析；内部顾客服务分析；识别潜在改进方法和机会；确定顾客服务水平。

顾客服务分析过程

顾客服务分析应包含四个过程：外部顾客服务分析；内部顾客服务分析；识别潜在改进方法和机会；确定顾客服务水平。

7.2.3.1 外部顾客服务分析

对整个顾客服务分析的起点就是外部顾客服务分析，在这一过程中，企业要采用多种方法和多个途径了解外部顾客服务的影响因素，主要是顾客在购买活动中最看重的服务要素；了解本企业和竞争对手顾客服务的相对市场地位，主要通过市场份额的比例来描述，并找出市场地位差异的相关原因。

7.2.3.2 内部顾客服务分析

内部服务分析主要是分析企业当前的服务业务的运作状况，分析的结果是企业内部服务系统的运行结果，这一结果表现为是否满足了顾客需求，是否使顾客满意，以及是否满足了企业内部顾客的需求，实现了内部服务系统的效率。内部服务分析的本质是从企业服务系统的运行效果与效率的角度探究顾客服务水平优劣的企业内部根源，为此，内部顾客服务分析应对以下问题进行：

① 企业内部当前是如何评估顾客服务的？

② 各服务项目的工作业绩如何考核？

③ 服务的标准或目标是什么？

④ 当前企业内部服务达到什么样的服务水平？

⑤ 如何从企业的信息系统或定货处理系统中导出这些测量要素？

⑥ 企业的内部顾客服务报告体系是什么？

⑦ 企业内部的各职能部门是如何理解顾客服务的？

⑧ 企业内部各职能部门是如何传递顾客服务的？

⑨ 企业内部各职能部门在传递服务时怎样控制服务质量？

⑩ 企业内部各职能部门的沟通与控制关系是什么？

7.2.3.3 识别潜在的改进方法和机会

外部顾客服务分析明确了企业在顾客服务和市场营销战略方面的问题，结合内部顾客服务分析的各方面，考虑竞争对手的情况，管理层可以针对企业的不同顾客对服务的要求和企业内部的能力调整顾客服务战略和服务水平，既能提高企业的营利能力，又能满足顾客的需求。

这种顾客服务战略和水平的确定，需要将本企业和竞争对手的服务业绩对比评价，这对于企业或顾客而言都显得格外重要，下面结合化工行业某一细分目标市场的例子来说明竞争性对比法。

（1）制表

表中包含了顾客对关键服务要素重要性的评分及对两家相互竞争企业服务绩效的评分（最高为 7 分），作为简化，本例只取 10 个要素，并按顾客对其重要性的平均分的高低进行排序，如表 7－2 所示。

表 7－2　顾客服务要素的重要性和业绩评估

序号	评价要素	业绩评价			
		对顾客重要性	A 企业绩效	B 企业绩效	相对绩效
1	按订单供货的准确率	6.42	5.54	5.65	－0.11
2	快速处理紧急订单的能力	6.25	4.98	5.23	－0.25
3	处理顾客抱怨	6.07	4.82	5.18	－0.36
4	对顾客定制的产品按期供货的能力	5.92	4.53	4.73	－0.20
5	供货完备率（最终按订单送货的百分比）	5.69	5.29	5.27	0.02
6	对开具单证和送货时发生错误的迅速纠正	5.34	4.64	4.90	－0.26
7	一揽子订单的可供率	4.55	5.03	4.15	0.88
8	送货频率	4.29	5.07	5.03	0.04
9	当地市场上有企业的专门人员处理订货	3.58	5.33	5.21	0.12
10	订单处理计算机化	2.30	4.07	3.53	0.54

（2）绘制二维竞争地位矩阵（重要性和相对业绩）

相对业绩可通过计算本公司的服务业绩分值减去竞争对手分值的差值得到。通过表 7－2 可得到如图 7－5 所示的竞争地位矩阵。由矩阵可知，两个竞争对手 A 企业（本企业）和 B 企业的服务业绩在顾客看来基本等同。

根据企业的相对绩效（横轴）和顾客服务要素的重要性（纵轴），矩阵的 9 个单元格可划分为三类：

① 竞争优势。包括主要能力（重要性高，相对业绩好）和次要能力（重要性低，相对业绩好）。

② 优势相当。

③ 竞争劣势，包括主要不足（重要性高，相对业绩差）和次要不足（重要性低，相对业绩差）。

最重要的单元格代表本公司的主要能力（竞争优势）。在与顾客沟通时要强调本单元格内的服务要素；次重要的单元格代表本公司的主要不足（竞争劣势）。对其中的服务要素应加以改善，或使顾客确信这些要素是不重要的；次要能力的单元格表示本企业做得很好但并不为顾客所重视的服务要素。企业要引导顾客相信这些要素是很重要的，或者减少这方面的开支。

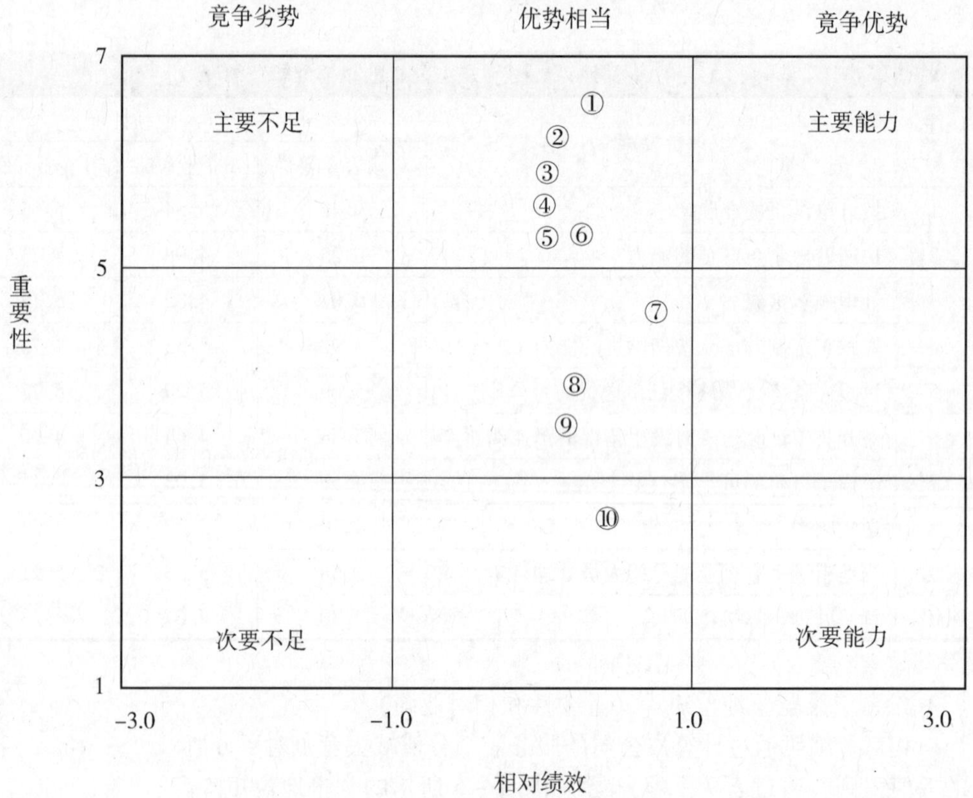

图 7－4　竞争地位矩阵

从矩阵中可以看出，两个企业的大部分因素都位于优势相当单元格内，表明 A 企业应当改进编号为①～⑥的服务要素的服务水平，持续改进所需的费用肯定低于因此而增加的收益。

下面我们将看到，仅仅通过竞争地位矩阵来识别赢得竞争优势

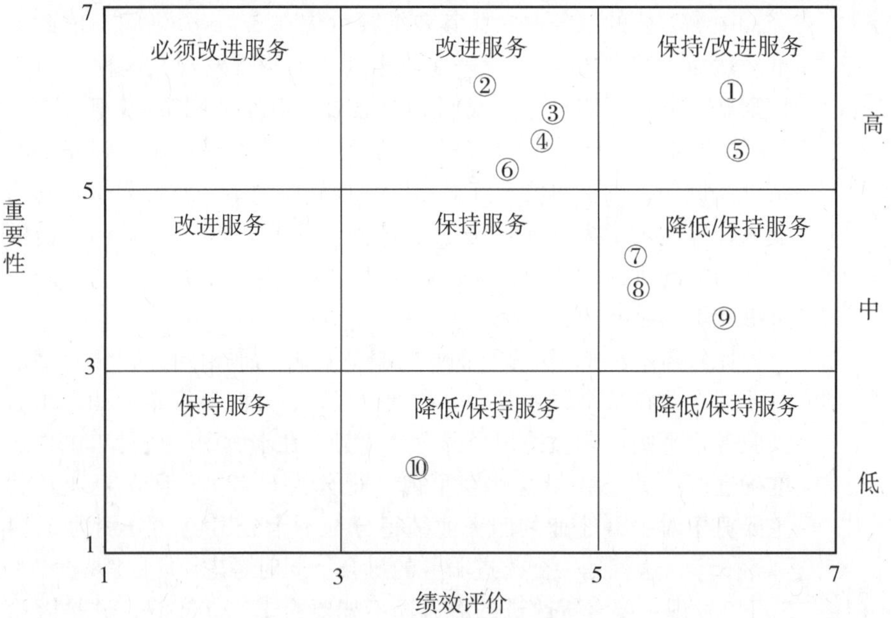

图 7－5　A 企业业绩评价矩阵

的战略机会是不完善的，必须结合业绩评价矩阵来综合。业绩评价矩阵的横轴为顾客对企业各服务要素的业绩评价，纵轴为对每一服务要素的重要性评价（图 7－5）。该矩阵可划分为 9 个单元格：保持/改进服务（重要性高、业绩好），改进服务（重要性高、业绩一般），必须改进服务（重要性高、业绩差），改进服务（重要性一般、业绩差），保持服务（重要性一般、业绩一般），降低/保持服务（重要性一般、业绩好），保持服务（重要性低、业绩差），降低/保持服务（重要性低、业绩一般），降低/保持服务（重要性低、业绩好）。

如图 7－5 所示的 A 企业业绩评价矩阵显示：在顾客最重视的前 6 个服务要素中，A 企业有 4 项低于顾客的期望。而对于重要性最低的 2 个要素（重要性得分分别为 2.30 和 3.58），A 企业的业绩又超出了顾客的期望。此处须注意，如果业绩评价得分的标准差过大，则要考虑是否存在细分市场的问题，倘若确实存在明显的细分市场，则必须按细分市场进行。

图 7－5 还说明：当企业的市场营销资源达到有效率分配时，所有的要素代码都应当落到矩阵的对角线上。也就是说，顾客认为

是十分重要的服务要素（得分为5～7），其业绩评价应当高于5分；中等重要的服务要素，其业绩评价应在3～5分之间。依此类推。然而，结合图7－4竞争地位矩阵我们不难发现，这种“对角线策略”并不一定理想。我们必须把两个矩阵（图7－4和图7－5）结合起来分析，因为单靠其中任何一个矩阵都不能得到完备的结论。例如，竞争地位矩阵显示：管理层应当增加对要素①～⑥的投入，以使之变为主要（竞争）能力。看起来这6个要素都提供了相当大的机会。然而，通过业绩评价矩阵发现要素②③④⑥的改进更能增强企业的竞争优势。

比较显示：A，B两家企业的服务业绩几乎相同。有时，整个行业的企业在某个服务要素上都做得很差，此时某家企业如果改进其服务水平则可能赢得相当的竞争优势。在本例中，按订单供货的准确性（要素①）最受顾客重视（得分为6.42），但A企业及其主要竞争对手B企业的服务业绩得分都不十分出色（分别为5.54和5.65），这就是一个改进服务的机会。同时考虑图7－4与图7－5可以发现：要素⑤改进的潜力远不如要素①②③④⑥，这是因为A企业在该要素上的服务业绩与顾客的期望值十分接近，图7－5显示要素⑦⑧⑨⑩的服务水平都可以适当降低（根据“对角线策略”），但图7－5则认为降低A企业对要素⑧⑨⑩的服务水平可能导致相对于B企业的竞争劣势。

对数据的理解必须结合服务要素的具体内容。比如要素⑩（计算机订货系统）的重要性得分最低，但这一要素对企业为数不多的大客户来说是至关重要的。直接通过计算机联网向企业订货可以帮助大客户节省许多人力与时间耗费；而计算机订货系统对大量的小客户来说则并不重要。图7－5较全面地显示了如何调整企业资源的配置以增强竞争优势。提高要素①②③④⑥的服务水平，使之更具竞争能力，其中要素②和④还可能变成主要竞争能力并成为竞争优势的主要源泉。如果要将要素①③⑤⑥发展为主要竞争能力，则必须加强顾客对这些要素的重要性评价，否则超过1.0的相对绩效会导致A企业在这些方面的服务水平超过顾客的期望而显得过高。对于要素⑦，A企业应当降低服务水平，但如果有一部分特殊顾客十分重视该要素的话，则应当针对这一特殊顾客群体加强要素⑦的服务。

对于要素⑧（送货频率），A企业应当告知顾客并使之相信小批量高频率的送货是十分重要的，它优于大批量低频率的送货。事实上，顾客之所以忽视该要素是因为他们认为大批量低频率供货稳定性好，有利于计划工作。同时也要让顾客相信要素⑨（在当地市场上有企业的专门人员处理订货）是不必要的，从而企业可以减少这方面的开支。对于要素⑩（订单处理通过计算机网络进行），应根据顾客群体的分类来决策。如图7－6上的虚线箭头所示：对购买量大、企业获利高的大客户，应加强该要素并使之成为重要竞争能力；对普通的小客户，则可以减少这方面的开支。

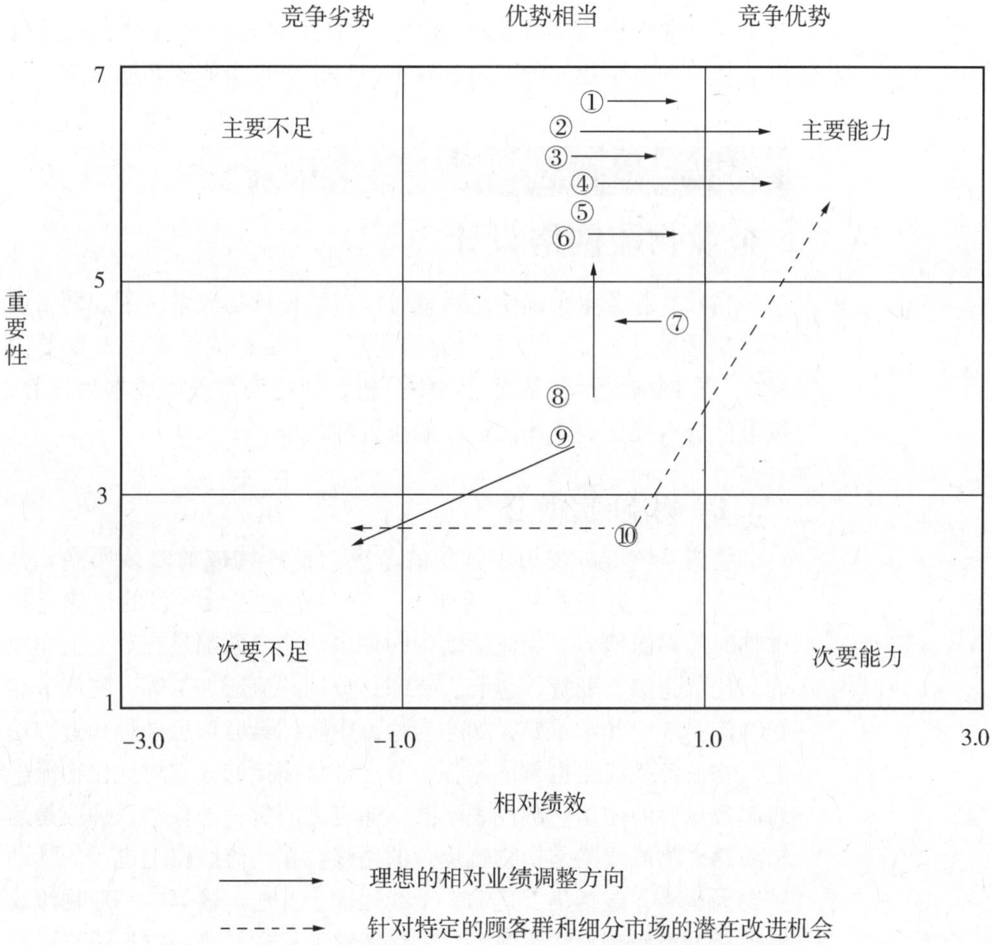

图7－6　获取竞争优势的战略机会竞争地位矩阵

7.2.3.4 确定顾客服务水平

顾客服务分析的最后一个过程是制定服务水平评价标准和绩效考核方法。企业管理层必须根据不同顾客的相应特点和对顾客服务要素的要求制定相应的服务水平。这些针对不同顾客的服务水平是企业内部相关部门和员工工作的准则，同时为了使这些准则及时、准确地执行，需要制定相应的激励政策来激励相关部门和员工努力实现企业的顾客服务目标。此外，企业还要有一套正式的业务报告文本。企业管理层必须定期和不定期按上述过程进行顾客服务分析，从而确保企业的顾客服务政策与运作满足当前顾客的需求。

7.3 企业物流网络设计

当顾客服务水平确定之后就可以着手设计物流系统了。网络设计（渠道设计）是物流系统的结构层，也是物流管理的最重要内容之一。网络设计就是通过网络分析，使物流系统以成本为核心，按最低成本优化确定物流设施的位置和数量。

7.3.1 物流网络概述

物流系统可以视为由抽象的节点与链所构成的复杂网络。其中，物流节点是指在物流活动中“物”在运往最终目的地的过程中临时停靠的地方。物流活动中的许多功能要素都是在节点上完成的，比如仓储、配货、包装、装卸、分拣、流通加工等。物流节点在物流系统中非常重要，如作为物流中转站具有信息处理和管理功能，物流各条线路也是依靠各个节点进行衔接的，它对优化物流网络起着重要的作用。链代表不同存储点之间货物的移动，抑或是运输线路。物流线路是指物流运营的路线。在物流线路上进行的活动主要为运输，包括集货运输、干线运输、配送运输等。一般物流线路包括的类型有：铁路线路、公路线路、海运线路、空运线路。企业根据不同的客户需求采用不同的线路运输。如远距离运输物品且要求订货周期短时，可考虑采用空运线路等。物流网络规划的目的是确定产品从原材料到消费者即从起点到终点的流通渠道的结构。物流的全部活动，都是在链与节点上进行的。

7.3.2　物流网络设计步骤

7.3.2.1　数据的收集

（1）销售量和客户订货量

如年度销售预测表、每月的销售百分比及产品季节分布类型表等，通常这些是决定物流量和活动水平的。虽然运输形式主要依据市场和数量，但是之前的客户订单样本也可以为运输形式的决定提供参考。

（2）运输数据

这类数据包括所使用的运输方式的类型、选择运输方式的准则、运输费率和运达时间以及运输政策等。

（3）物流空间量度

此项需要特定的客户数据，为了有效的物流管理必须考虑同跨越空间距离移动产品相联系的成本和时间。

（4）渠道结构

通过对原材料和零部件的分类来比较与制造和采购有关的成本。其中要考虑的因素有：工厂的数量与地理分布、生产产品的类型、生产精度计划时间表和季节性因素。另外，还必须明确库存转移、重新订货以及仓库加工处理的成本，尤其是库存战略规划和产品加工配送常常是需要考虑的最重要的因素。除此之外，还必须考虑现有的和潜在的仓库成本、储存成本和服务能力。

在数据收集过程中，必须注意数据的有效性和可用性。

7.3.2.2　模型的选择

收集数据之后，就要展开网络规划以确定最优设计方案。建模分析是解决网络设计问题的流行方法，因为很多工作我们不可能放到实际运作中来进行，只能借助于适当的模型。基准的设置是模型中重要的一步，典型的基准是企业当前物流系统的成本与顾客服务水平。即在一定的顾客服务水平以及工厂生产能力与仓库容量约束的情况下，对发生在生产、采购、仓储、运输等环节的物流成本进行平衡，以达到最低的物流系统总成本。通过调整模型中的参数与变量，得到不同的运行结果，将这些结果与基准进行对比，可以确定一些重要参数（如需求量、库存量、运输批量等）与模型运行结果（如物流成本和顾客服务水平）之间的关系，据此选择出最优的物流网络设计方案。

物流网络规划模型

物流网络规划中使用的模型大致可分为五类：图表技术，模拟模型，优化模型，启发式模型，专家系统模型。

物流网络规划中使用的模型大致可分为以下五类：

(1) 图表技术

泛指大量的直观方法。图表技术方法被广泛应用，虽然不需要深奥的数学知识，但能够综合反映各种现实的约束条件，加上技术人员的经验、洞察力，以及对网络设计的良好理解，往往能得到满意的设计方案。

(2) 模拟模型

因为很多工作我们不可能放到实际运作中来操作，因此模拟技术在物流规划中十分重要。模拟技术能方便地对成本、运输方式与运输批量、库存容量与周转等要素以合理的数量关系加以描述，并可以处理随机性的变量要素，通过编制计算机程序进行物流网络的模拟运行，以此选出最优的网络设计方案。

(3) 优化模型

优化模型是指通过精确的运筹学方法求出决策问题的最优解。在给定的假设前提和足够的数据后，优化模型能够保证最优解。但由于数据的庞大，某种程度上来说优化模型只具有理论研究意义。

(4) 启发式模型

启发式模型介于模拟模型与优化模型之间，追求的是满意解，而不是最优解。因此，它能对现实问题进行较为全面的描述，可以解决物流管理中较难决策的问题。

(5) 专家系统模型

专家系统，又称人工智能系统，是将专家的智慧与知识转化成计算机程序，计算机通过“学习”专家的解决问题的逻辑思维来解决实际问题。这种模型的实际操作性较小，使用并不广泛。

7.3.2.3 物流网络设计

物流网络设计步骤

物流网络设计的一般步骤包括：顾客服务审计，组织和开展研究，确定目标基准，网络架构设计，渠道设计。

网络设计是物流规划的起点，包括确定仓库、工厂以及其他节点的数量、选址与运行能力（容量或产量）、设定各节点的库存水平等。网络设计所需的数据为总量数据，该项工作的间隔期通常在一年以上。网络设计的一般步骤如下：

(1) 顾客服务审计

顾客服务审计可以确定企业当前的顾客服务水平是否与顾客对服务水平的实际期望相符，顾客服务水平对企业的物流成本与物流网络的收益能力影响很大。在网络设计中，顾客服务水平是最重要和最基本的约束条件。

(2) 组织和开展研究

网络设计第一阶段的工作通常包括定义项目的范围和目标、组建研究队伍、确定所需信息是否可得和收集信息这些步骤。目的显然是为了确定战略性研究的可能性，确定研究队伍的人员构成，以及得到有价值的研究结果的可能性。

(3) 确定目标基准

以企业当前的管理政策、物流运作模式与绩效作为参照，即设定目标基准。典型的基准是企业当前物流系统的总成本与顾客服务水平。

(4) 网络架构设计

应该以尽可能地扩大在一定顾客服务水平下所创造的收益与物流总成本之间的差距来获得最大利润为目标来设计网络，但是，由于实际操作上的困难，只能要求在一定的顾客服务水平约束下使得物流总成本最低。网络架构主要确定设施的选址，考虑各种产品究竟是如何在物流网络中流动，直至到达消费者手中。

(5) 渠道设计

渠道设计归根结底是对物流网络进行规划，主要解决两个问题：仓库在什么地方，即选址问题；仓库的数量。这些是使“物”流动起来的成本，它占了物流总成本较大的比例，因此，物流网络设计重点在于仓库选址设计。

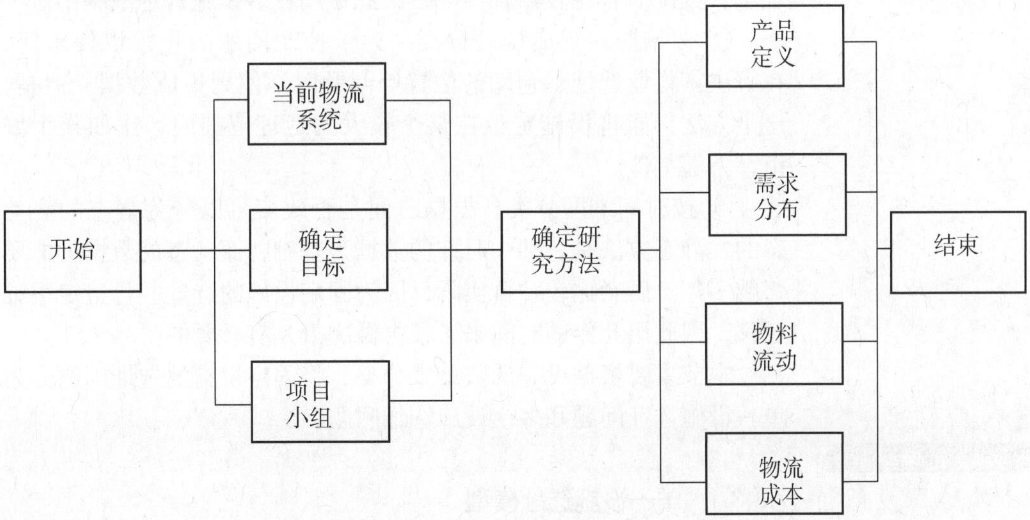

图7－7　物流网络设计前期准备

7.3.3 物流网络选址战略

顾客服务水平会随着竞争对手的战略以及市场需求而发生改变，那么物流系统的设施规模也会相应地随之扩大或缩小。而固定设施选址与物流系统的设计在运作中相互制约，固定设施决定了整个物流系统的模式、结构和形状，而物流系统的设计又限定了物流系统的成本。这些设施包括网络中的节点如工厂、仓库、销售网点等地点，我们这里将从战略角度来考察固定设施选址问题。固定设施选址的研究已初具规模，在早期的研究中运输成本贯穿整个选址战略，而较现代的研究主要是运用数学的方法来确定物流系统中各个节点的数量、位置及规模。选址战略能够使物流网络的结构和布局合理化，从而降低物流总成本。

选址问题根据研究目的可以分为以下几类：

① 按驱动力分类。若经济因素或地址因素比较重要，那么就按照经济因素或地址因素选址。例如，仓库的选址最重要的因素就是经济因素。零售服务设施选址需主要考虑地理位置。

② 按设施的数量分类。单一设施与多设施的选址战略设计是完全不同的，单一设施选址主要考虑运输成本，而多设施选址问题还需要考虑竞争力、设施之间需求的分配、集中库存的效果和成本等。显然，单一设施选址比较理想化也较简单。

③ 按离散程度分类。按照连续程度分为连续选址法和离散选址法，其中后者比较贴合实际，因此常用在多设施选址战略中。

④ 按数据的集成程度分类。为了控制问题的规模以便求解，在解决零售业选址、仓库的位置等问题时常使用集成数据。但是，这个方法只能将设施定位在某个较大的地理范围内，比如某个城市，不够具体。

⑤ 按时间维度分类。根据时间是否改变可以分为静态的和动态的。静态方法是以某一时期的数据为基础，而动态的数据可能要跨越多年。后者比较贴合实际，因为固定设施的选址一旦选定很难迁移，因此用几年的时间来考察再做决策是有必要的。

本节主要根据设施的数量来分类，将固定设施的选址问题分为单一设施选址问题和多个设施选址问题。

单一设施选址模型

单一设施选址是为单个物流设施进行选址，如物流中心的选址。

7.3.3.1 单一设施选址模型

单一设施选址是为单个物流设施进行选址，如物流中心的选址。通常采用重心模型（又称精确重心法、网格法），该模型以运输成本作为唯一的选址决策因素，属于静态连续选址模型。

（1）精确重心法

设 TC 为运输总成本，V_i 为结点 i 的运输总量，R_i 为将选址设施到结点 i 的运输费率，D_i 为将选址设施到结点 i 的距离，则用重心模式的公式求运输总成本最小的公式如下：

$$\min TC = \sum_i V_i R_i D_i \tag{7-1}$$

其次，假设有 n 个客户 P_1，P_2，…，P_n 分布在平面上，其坐标分别为（X_i，Y_i），最后需要确定一个设施 P_0 的位置（X_0，Y_0），使总费用最小。其选址坐标公式如下：

$$\overline{X} = \frac{\sum_i R_i X_i / D_i}{\sum_i V_i R_i / D_i} \tag{7-2}$$

$$\overline{Y} = \frac{\sum_i V_i R_i Y_i / D_i}{\sum_i V_i R_i / D_i} \tag{7-3}$$

其中，$\overline{X}$，$\overline{Y}$为位置待定的仓库的坐标；X_i，Y_i 为产地和需求地的坐标。距离 D_i 可以由下式估计得到：

$$D_i = k\sqrt{(X_i - X)^2 + (Y_i - Y)^2}$$

k 是坐标单位与实际空间距离的比例尺。

上述公式的求解过程如下：

① 确定各产地和需求地的坐标值 X，Y，同时确定各货物运输费和直线运输费率。

② 不考虑距离 D_i，用公式求得初始选址地：

$$\overline{X} = \frac{\sum_i V_i R_i X_i}{\sum_i V_i R_i} \tag{7-4}$$

$$\overline{Y} = \frac{\sum_i V_i R_i Y_i}{\sum_i V_i R_i} \tag{7-5}$$

③ 计算 D_i，其中比例参数 k 暂不考虑。

④ 将 D_i 代入公式，求出修正的$\overline{X}$，$\overline{Y}$的坐标值。

⑤ 根据修正的$\overline{X}$，$\overline{Y}$坐标值，再重新计算 D_i。

⑥ 重复步骤④和步骤⑤，直到$\overline{X}$，$\overline{Y}$的坐标值在连续叠加过程

中都不再变动或变动很小。

⑦ 可以利用式（7－1）计算选址的成本。

【例 1】 某公司有两个工厂向仓库供货，由仓库供应三个需求中心，工厂和需求中心的空间分布如图 7－8 所示，我们需要寻找使运输成本最小的单一仓库的位置。将一张坐标方格图放在公路地图上，可以得到各地的相对位置。产品 A 由工厂 P_1 负责供应，产品 B 由工厂 P_2 供应。具体如图 7－8 所示。

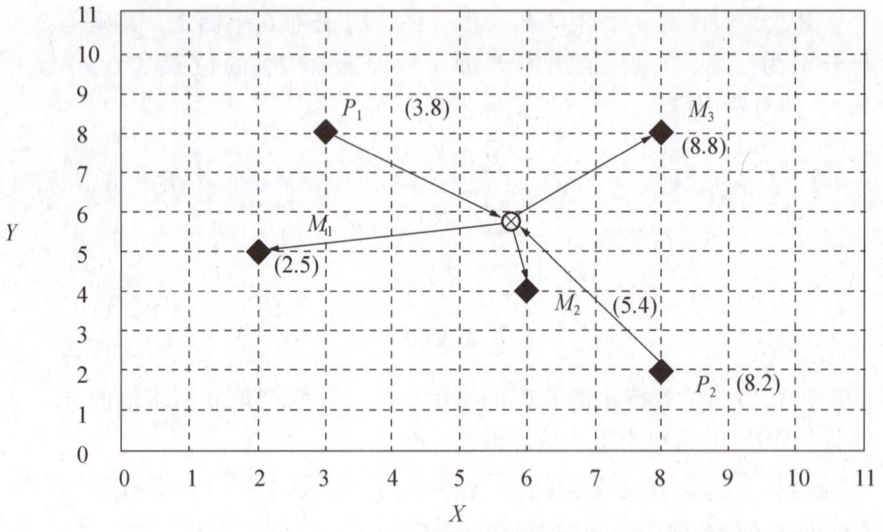

图 7－8　仓库位置示意图

① 表 7－3 列出了两个工厂及三个市场的坐标、货物运输量和运输费率的具体数值。

表 7－3　市场和供应地的坐标，货物运输量和运输费率

地点 (j)	产品 (s)	总运输量 [V_i（担）]	运输费率（美元/担/英里）	坐标值	
				X_i	Y_i
1—P_1	A	2 000	0. 050	3	8
2—P_2	B	3 000	0. 050	8	2
3—M_1	A，B	2 500	0. 075	2	5
4—M_2	A，B	1 000	0. 075	6	4
5—M_3	A，B	1 500	0. 075	8	8

② 接下来，将上述数值代入重心模型的选址坐标公式中，在不考虑距离 D_i 的前提下得到的坐标（5.16，5.18）为初始原址地。数值计算过程如表7－4所示。

表7－4　选址坐标公式数值计算过程

i	X_i	Y_i	V_i	R_i	V_iR_i	$V_iR_iX_i$	$V_iR_iY_i$
1	3	8	2 000	0.050	100.00	300.00	800.00
2	8	2	3 000	0.050	150.00	1200.00	300.00
3	2	5	2 500	0.075	187.50	375.00	937.50
4	6	4	1 000	0.075	75.00 112.5	450.00	300.00
5	8	8	1 500	0.075	0.00 625.00	900.00 3225.00	900.00 3237.50

$\overline{X}=3\ 225.00/625.00=5.16$，$\overline{Y}=3\ 237.50/625.00=5.18$。

③ 用同样的方式，将数值代入重心模型公式，计算得出设施（5.16，5.18）距离结点 i 的最小距离数值 D_i 为35.52英里。

表7－5　最小距离计算过程

			(4)	(5)	(6)	(7＝4×5×6)
i	X_i	Y_i	V_i	R_i	D_i（英里）	成本（美元）
1	3	8	2 000	0.050	35.52	3 552
2	8	2	3 000	0.050	42.63	6 395
3	2	5	2 500	0.075	31.65	5 935
4	6	4	1 000	0.075	14.48	1 086
5	8	8	1 500	0.075	40.02	4 503
					总运输成本	21 471

$D_i=10\sqrt{(3-5.16)^2+8-5.18)^2}=35.52$(英里)。

④ 将 D_i 代入公式，求出修正的的$\overline{X}$，$\overline{Y}$的坐标值为（5.038，5.057）。

表7-6 X，Y的坐标值求解过程

	(2)	(3)	(4)	(5)	(6) =2/5	(7) =3/5	(8) =4/5
i	V_iR_i	$V_iR_iX_i$	$V_iR_iY_i$	D_i	V_iR_i/D_i	$V_iR_iX_i/D_i$	$V_iR_iY_i/D_i$
1	100.00	300.00	800.00	35.52	2.815	8.446	22.523
2	150.00	1200.00	300.00	42.63	3.519	28.149	7.037
3	187.50	375.00	937.50	31.65	5.924	11.848	29.621
4	75.00	450.00	300.00	14.48	5.180	31.007	20.718
5	112.50	900.00	900.00	40.02	2.811	22.489	22.489
					20.249	102.009	102.388

$\overline{X} = 102.009 / 20.249 = 5.038$，$\overline{Y} = 102.388 / 20.249 = 5.057$。

⑤ 最后，重复步骤③和④，直到$\overline{X}$，$\overline{Y}$的坐标值在连续叠加过程中都不再变动或变动达到误差要求，即求得最终的结果。经过这种反复迭代可以得到最优解，但是也会面临迭代误差不下降或无法收敛的现象。

单设施选址模型的优点是很明显的：寻找选址问题的最优解，而且这些模型能够真实地反映实际问题，可以为管理者做决策提供参考。重心法模型作为单设施选址战略中常用的模型也得到了研究和推广，比如除了考虑运输成本还会考虑顾客服务水平的约束等。简单的模型在实践中应用会更加广泛，事实上复杂模型也不一定更加有效。但是，任何数学模型都是对实际问题的理想化，我们是在理想的假设条件下建立模型的，与现实问题之间总是存在误差。

（2）单设施选址模型的假设条件

① 假设需求量集中于某一点，而实际上需求来自多个消费点，这样计算出的某聚集点的运输成本会和分散点的运输成本有误差。

② 模型根据可变成本来进行选址，但是没有区分不同地点选址可能产生的固定资产构建、劳动力成本、库存成本等成本差异。

③ 模型假设运费与运输距离成比例增加，即假设运输费率是线性的。事实上，绝大多数情况下的运输费用与运输距离并不是绝对的线性关系。

④ 模型假定直线运输。在现实条件下，节点之间的直线距离与实际发生的行走路线之间是有差异的，修正这种差异的方法是将两点之间的直线距离乘上一个比例因子。如通常市内运输的修正系数可以取1.41，长途公路运输的修正系数可取1.21，长途铁路运

输的修正系数可取1.24，这些比例因子都是经验值，在实际案例中应根据交通状况灵活调整。

⑤ 模型假定选址是静态的。但是未来的收益与成本会有变化。

以上的理想化假设条件会使模型的解与现实问题之间有误差，但是，只要选址模型的结果不失实或即使存在一定的缺陷但可以为决策提供参考都是被允许的。

7.2.3.2　多个设施选址模型

多个设施选址模型是指从多个地点中选择若干个作为物流设施网点，使得物流系统在经过这些设施网点时，总的运输成本最小。显然，多设施选址与单设施选址相比更接近现实情况，也更为复杂。

> **多个设施选址模型**
> 多个设施选址模型是指从多个地点中选择若干个作为物流设施网点，使得物流系统在经过这些设施网点时，总的运输成本最小。

以经常发生的仓库选址为例，除了很小的公司以外，几乎所有的公司都有两个以上的仓库，这些仓库之间并不是相互独立的，因此需要综合考虑。我们需要解决的问题有：

① 需设置的仓库的数量、容量及位置。

② 每个仓库服务的顾客群、各仓库的产品供给源。

③ 每种产品的库存配置如何、怎样运输。

（1）多重重心法

仍然以仓库选址为例，如果要确定的点不止一个，那么利用重心法为各个仓库确定最优选址，通过对仓库数量各种可能的选择进行考察，选出总成本最小的方案。多重重心法是精确重心法的推广，求解过程如下：

① 确定运输起点和终点坐标值 X，Y，把运输的起讫点预先分配给仓库（即仓库地址的初始值是运输的起讫点）；

② 将距离最近的点聚类形成群落，然后确定每个起讫点群落的重心，将重心坐标地址分配给仓库；

③ 然后重新将各点分配到位置已知的仓库，找出修正后的重心位置分配给仓库；

④ 重复步骤②和步骤③，直到重心位置不再改变，这样就完成了定数量的选址过程。

【例2】已知四个区域市场，如图7－9所示。现需要设置一些中转仓库，已知仓库到各市场的运输费率为0.08元/（件·公里），每修建一个仓库每年需承担的固定成本（如折旧等）为100 000万元，仓库的平均维持成本为500 000万元，其中 N 为仓库的个数。假设无论中转仓库建在目标市场中的什么位置，产品从生产厂到仓库之间的运输费用都大致相等，因此这部分费用在求解时不考虑。请做出仓库选择决策。

求解：仓库个数最少为1个，最多为4个。对于每一种可能的仓库个数决策，分别用重心法求出最优选择，并计算物流总成本，然后从中选出总成本最小的方案。

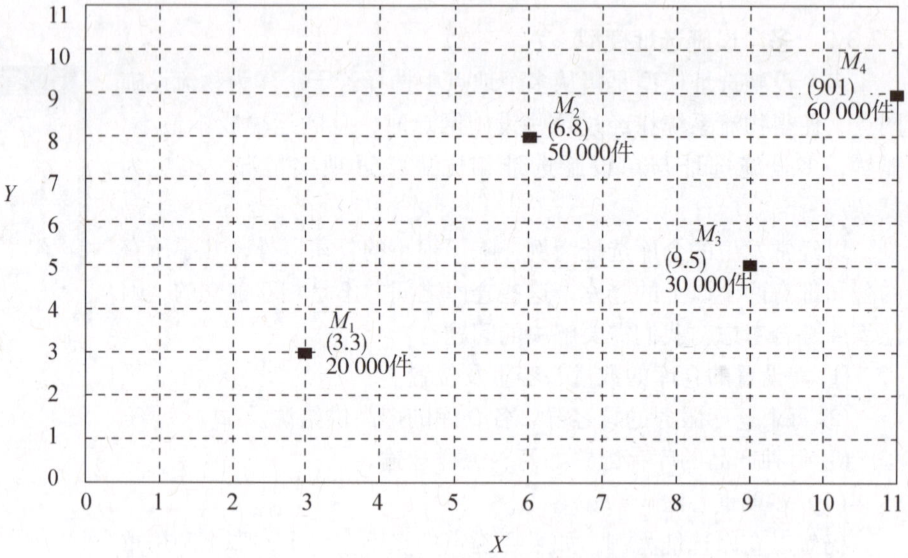

图7－9 市场需求分布

考察修建3个仓库的情况，共有6种可能的搭配方式。针对每一种搭配方式，利用重心法求出仓库的选址，其中运输总成本最低的方案就是3个仓库的最优选址决策方案。结果如表7－7所示。

表7－7 3个仓库的最优方案

方案	供货任务分配			最小运输成本（元）
	仓库1	仓库2	仓库3	
1	M_1，M_2	M_3	M_4	9 322 953
2	M_1，M_3	M_2	M_4	1 600 001
3	M_1，M_4	M_2	M_3	1 011 931
4	M_2，M_3	M_1	M_4	2 039 615
5	M_2，M_4	M_1	M_3	1 018 235
6	M_3，M_4	M_1	M_2	1 073 314

对仓库个数 $N=1$，2，3，4 的情况，分别求出最优选址方案，见表7-8。经对比我们得出结论：应修建两个仓库，仓库1（6，8），服务市场 $\{M_1, M_2, M_4\}$，仓库2（11，9），服务市场 $\{M_3\}$。

多重重心法在实际计算时因为数据庞大而难以手算实现，以上求解借助了计算机软件编程。

表7-8　4个仓库的最优方案

仓库的个数	供货任务最优配置	运输总成本最小时的仓库坐标(X,Y)	运输总成本 500 000 /N	库存维持费用（万元）	总固定成本(万元)	物流总成本(万元)
1	M_1,M_2,M_3,M_4	8.09,7.44	4 156 042	500 000	1 000 000	5 656 042
2	M_1,M_2,M_3,M_4	6,8;11,9	1 951 193	707 107	2 000 000	4 658 300
3	M_1,M_2,M_3,M_4	6,8;11,9;9,5	932 953	866 025	3 000 000	4 798 978
4	M_1,M_2,M_3,M_4	3,3;6,8;11,9;9,5	0	1 000 000	4 000 000	5 000 000

（2）混合—整数线性规划

混合—整数线性规划法是解决物流网络设计问题中常用的数学方法之一，可以解决大型的、复杂的选址问题。混合—整数线性规划法能够把固定成本作为约束条件考虑进去，这样不仅能得到数学上的最优解而且具有实际意义。其决策目标是在物流网络中确定仓库的数量、容量和位置，使产品经此网络运送的固定成本和可变成本在下列约束条件下达到最小：

① 各生产厂的产量约束；

② 所有的市场需求必须被满足；

③ 以仓库的处理能力、库存为约束条件；

④ 假设同一市场所需的各种产品必须由同一个仓库供应，不允许交叉运输。

【例3】 假设现有三个顾客需要两种产品，但是每个顾客只能由同一个仓库供货。这就需要在两个仓库之间进行选择。仓库1的货物搬运处理成本为2美元/担；如果投入营运，该仓库的固定成本为每年10万美元；仓库的处理能力为每年11万担。仓库2的货物搬运处理成本为1美元/担，固定成本为50万美元，处理能力无限制，不存在维持仓库运营的最低数量限制。有两个工厂为仓库提供产品，每个工厂都可以生产其中任何一种产品，但每种产品的单位担生产成本是不同的。

工厂1的生产能力有限制（可生产6万担产品1、5万担产品2），工厂2生产任意一种产品都没有生产能力的限制。

我们的任务是弄清楚该使用哪些仓库，怎样将顾客需求分配给他们，各工厂应该向每个仓库供多少货？

为解答上述例子，可先将文字描述成如图7－10所示的多个设施选址问题。

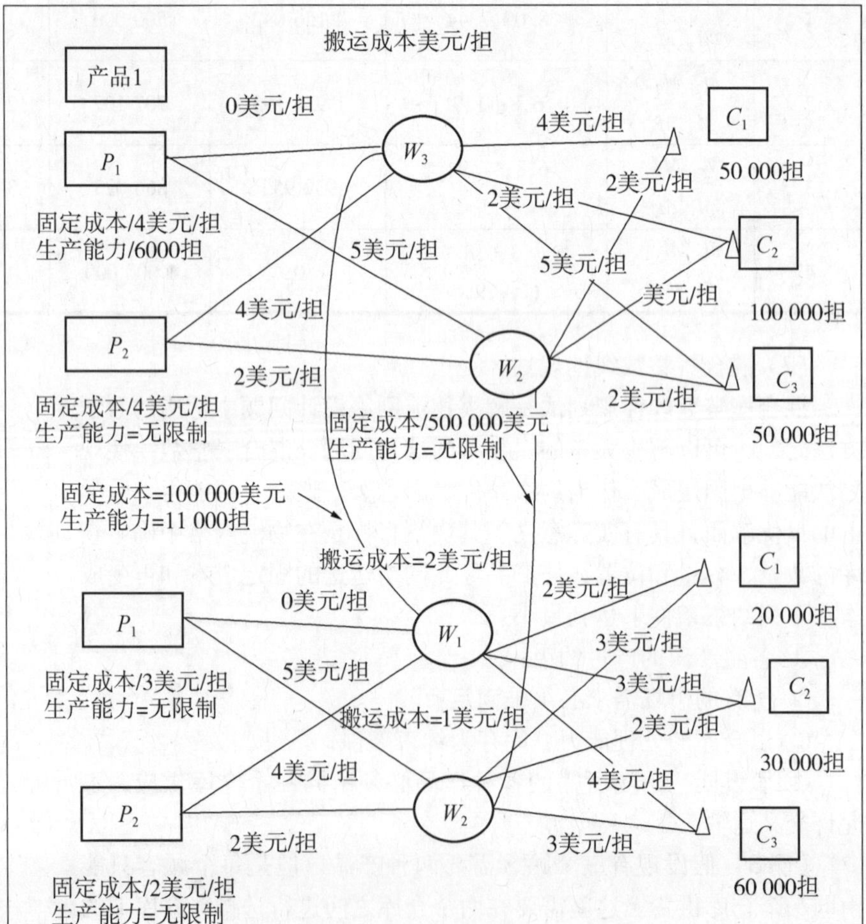

图7－10 多个设施选址问题

① 建立模型。

设：I 为产品代号；J 为工厂代号；K 为仓库代号；Z 为顾客代号；S_{ij}为产品 I 在工厂 j 的产量；D_{il}为顾客 L 对产品 I 的需求量；V_k 为仓库 k 的处理能力；F_k 为仓库 k 的固定成本；V_k 为 k 地仓库的单位变动成本；C_{ijkl}为商品 I 从工厂 j 经仓库 k 到达客户 L 的单位平均到生产与运输费用；X_{ijkl}为由工厂 j 生产经仓库 k 中转，提供给顾客 L 的产品 I 的数量。

则多个设施选址模型（即多产品多网点的选址问题）可表示如下：

$$\min = \sum c_{ijkl}x_{ijkl} + \sum [f_k z_k + v_k \sum (\sum D_{ij}) Y_{kl}] \quad (7-6)$$

$$\begin{cases} \sum X_{ijkl} \leqslant S_{ij} \\ \sum X_{ijkl} = D_{ij} Y_{kl} \\ \sum Y_{kl} = 1 \\ \sum (\sum D_{ij}) Y_{ij} - \overline{V} \leqslant_k \\ y = 0 \text{ 或 } 1, Z = 0 \text{ 或 } 1, X \geqslant 0 \end{cases} \quad (7-7)$$

② 模型的求解结果。

只使用仓库 2 向 3 个顾客供货，由工厂 2 生产全部产品，则：

运输总成本 =2 240 000，仓库变动成本 =310 000；

仓库固定成本 =500 000，物流总成本 =3 050 000。

该问题只能借助计算机求解。事实上，随着计算机运算速度的提高，我们不用担心求解的可行性。但确实在进行网络设计时有可能无法获得数学模型，此时，拥有再强大的计算能力也无能为力。

多重重心法和混合—整数线性规划法都是精确方法，属于算术模型，寻求的是最优解，因此都具有求解收敛速度慢或只能达到局部最优的弱点，相较而言模拟法更加具有通用性。

（3）模拟模型

模拟模型试图在给定的多个仓库、多个分配方案的条件下反复使用模型，以找出最优设计方案。分析结果取决于设计者的洞察力和经验智慧。模拟模型在求解的精确性上要低于数学优化模型，但由于它也能满足全面反映实际问题而求出满意解，其最大的优点是简单易懂，因而受到广泛的应用。

模拟模型的预处理程序对输入数据的处理分两个部分。

需要评估多少个仓库选址，就需要重复进行多少次流程（图

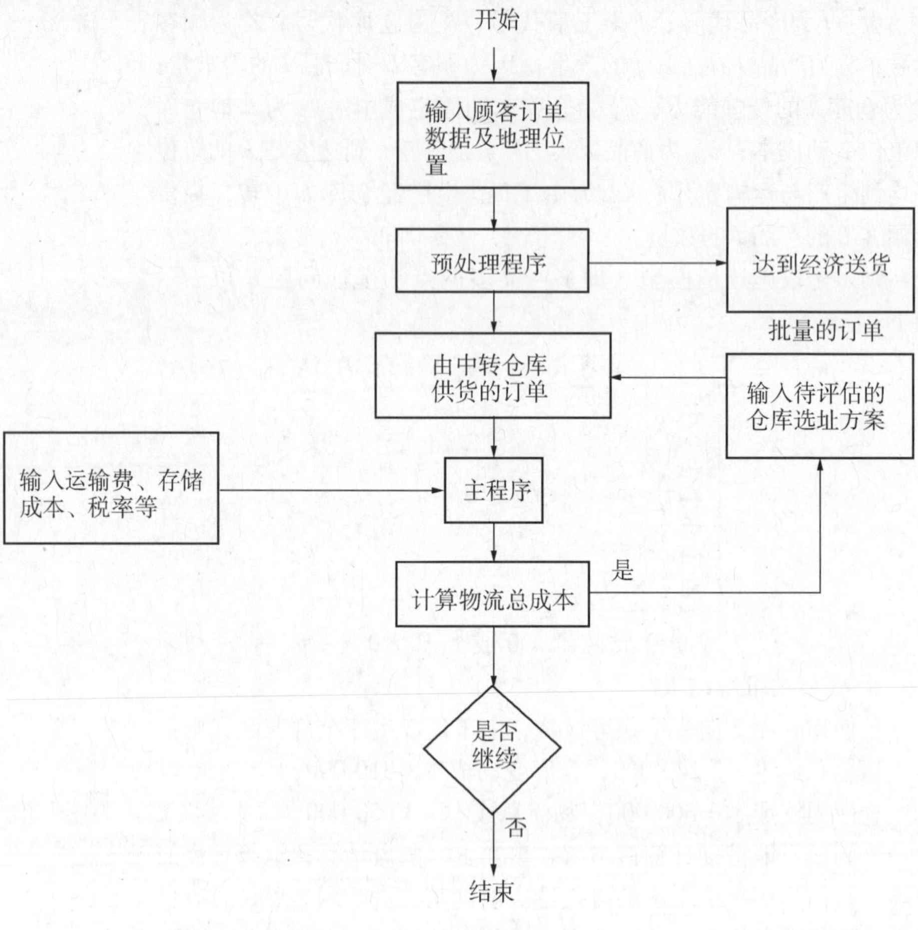

图 7－11　仓库选址模拟流程

7－11）。模拟模型的优势是可以对现实情况精确描述，既考虑库存的时间又考虑仓库的地理分布，缺陷是设计者无法确定所选择的方案与最优解的误差到底是多大。在实际操作中只要经过一定数量的评估测试，我们就认为已经找到了满意解，不考虑其是否是最优解。

（4）启发法

启发法是由库恩（Kuehn）和汉伯格（Hamburger）所设计的，是指在一定的经验问题空间内进行较少的搜索以解决问题。把启发法用在选址战略中可迅速地从大量备选方案中找出好的解决方案，因此这种方法确实比较省力好用，现已成为仓库选址中的最常用方法之一。

在选址问题中，我们实际上做的是成本之间的一种平衡。而这些成本包括：生产/采购成本，存储和搬运成本，仓库固定成本，仓库持有成本，仓库订单和客户订单处理成本，仓库内向、外向运输成本。这些成本之间存在悖反规律，这与它们所反映的地址的差异、货量和批量的差异以及规模经济的差异相关。

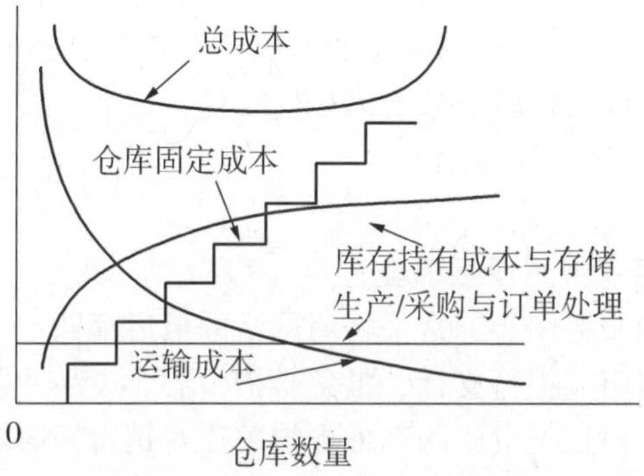

图 7－12　设施选址中的悖反规律

由多重重心法可推出启发法，若只考虑运输成本，步骤如下：

① 定义一个计算总费用的方法；

② 制定判断准则；

③ 规定方案改进的途径；

④ 给出不同的初始方案；

⑤ 仓库数量下反复迭代求解，以此来找出最佳仓库数量及其相应的位置。

7.2.3.3　动态仓库选址

以上我们所讨论的模型都是静态模型，即它们无法随时间而改变最优选址模式。事实上，需求和成本会随着顾客服务水平的变化而变化，因此，选址模型也要与时俱进，这样才能保证在任何时期网络布局都是最优的。

如果物流网络使用公共仓库，那么改变最优布局可能并不需要付出很高的成本，因为只需关闭一个仓库而开启一个新的就可以了。但是，如果物流网络中使用的是自有仓库或租赁仓库，那么网络模式的改变会付出很高的成本，此时，就不应该经常改变网络布局。这也表明，物流系统在初始设计时最好就是最优布局。

在不至于引起很高成本的情况下，我们可以通过以下方法来找到随时间变化的最优布局。

① 预测未来的仓库位置，结合现期条件加权平均求出最佳仓库位置。

② 根据当前情况，实施最优布局方案，然后根据每年的数据找出新的最优布局。如果新布局替代旧布局的成本很高就放弃，反之就进行。

③ 记录第二种方法中每年的数据，以期找到最优布局改变的轨迹，我们可以根据轨迹来找出最优布局。这个方法可以由静态方法推广而得到。

7.2.3.4　零售或服务设施选址

零售点和服务中心通常是物流网络的最后存储点，这类设施包括百货店、超市、银行支行、紧急救护中心、废品回收站、消防队和警察局等。对这类设施的选址更加关注对销售额影响较大的一些因素，如是否靠近竞争者、人口构成、客流模式、停车的便利性、靠近良好的运输路线、公众的态度等。由此可见，前文介绍的一些数学方法很难直接用于这类问题。此外，由于物流部门往往并不直接负责对这类设施的选址决策，因此本书仅介绍两种常见方法。

（1）加权法

服务设施选址的许多重要决策因素难以精确量化或者量化的成本太高，而缺乏一定程度的量化就难以对各种选址点建立数学模型作对比分析。可能的处理方法是建立一个加权矩阵，这种方法称为加权评分法，加权矩阵的求法在此不再赘述。

（2）空间—引力模型

引力模型是用来确定某位置吸引力的模型，其基本思想是散布在城市中各个区域的顾客与各个零售点有一定的空间距离，假设各零售点的商品种类大致相同，顾客选择某一家零售点购物是因为这家零售点对他的“吸引力”较大，这一点与牛顿的万有引力定律极其相似。赫夫（Huff）对引力的概念做了修正并应用于实际的应用模型。空间—引力模型表述如下：

$$E_{ij} = P_{ij}C_i = \frac{S_j/T_{ij}^{\alpha}}{\sum_j S_j/T_{ij}^{\alpha}}C_i, j = 1,2,\cdots,n \qquad (7-8)$$

式中：E_{ij}——区域 i 的顾客对零售点 j 的购买量期望值；

P_{ij}——区域 i 的顾客到零售点 j 去购买商品的概率；

C_i——区域 i 的顾客的需求总量；

S_j——零售点 j 的规模；

T_{ij}——区域 i 到零售店 j 的出行时间；

n——零售点的数量；

α——经验估计参数。

注：① 模型中零售店规模 S 可能包含了所有的吸引顾客前来购物的变量（如商店的知名度、商品库存的可得性、价格、足够的停车场地等）。

② 交通时间 T 可能包括了所有的阻碍顾客前来购物的变量（如顾客到商店的距离、交通便利程度等）。

③ 模型的目的是估计各零售店/服务中心的市场份额，即新设施的选址决策就是要获得最大的市场份额。

赫夫模型是空间相互作用的一个基础模型，许多研究者为了提高模型的表述能力和预测，将其改进成更加复杂的模型，改进的方法在此不再赘述。

大规模、多设施选址等模型给管理者做决策提供了强有力的依据。尽管各种模型的适用范围和解法不同，也可能存在着这样或那样的缺陷，但都可以为管理者带来有价值的结果，为决策者所用，因此，对选址模型的研发必然会成为物流管理未来的发展方向。

本章小结

物流战略最基本的目标是：成本最小，投资最少，改进服务。物流战略根据企业目标而制定，规划主要围绕四个方面：顾客服务，选址，库存，运输。

顾客服务水平是物流战略制定的出发点，顾客服务水平的审计是物流网络规划的前提。因此，确定合适的顾客服务水平至关重要。

物流规划主要体现为物流节点和链的规划，即物流网络规划。对大多数企业来说，物流网络规划中最重要的问题是物流设施选址规划。本章将选址问题分成有限的几类，单设施选址中重点探讨了精确重心法；多设施选址中重点探讨了混合整数线性规划法。另外，还谈论了动态选址及零售/服务设施选址，后者与前者的差别主要是由出发点不同造成的，仓库是根据成本最小化来选址，而零售/服务设施是根据利润最大化来选址。

复习思考题

1. 什么是物流战略？物流战略的制定原则是什么？

2. 物流网络设计的概念是什么？

3. 物流系统网络包括两个组成要素：线路与结点。请结合物流活动，说明其线路与结点分别指代哪些活动？

4. 请简述物流网络选址单一设施选择模型的思路。

5. 如何确定顾客服务水平？

6. 某企业的两个工厂分别生产 A，B 两种产品，供应三个市场（M_1，M_2，M_3），已知条件如图及下表所示。现需设置一个中转仓库，A，B 两种产品通过该仓库间接向三个市场供货。请使用重心法求出仓库的最优选址。

节点（i）	产品	运输总量	运输费率	坐标 X_i	坐标 Y_i
P_1	A	2.0 吨	0.050	3	8
P_2	B	3.0 吨	0.050	8	2
M_1	A，B	2.5 吨	0.075	2	5
M_2	A，B	1.0 吨	0.075	6	4
M_3	A，B	1.5 吨	0.075	8	8

第8章 物流组织管理

学习目标

通过本章的学习，学生应掌握物流管理中的组织结构的基本概念，了解物流组织结构的发展变革，明确物流组织结构，明确职能型组织结构、矩阵型项目组织、项目型组织等相关内容，熟悉物流组织结构的设计影响因素，了解跨职能管理与跨部门管理的特点。

关键词

组织结构（organizational structure）；职能型组织结构（functional structure）；矩阵型项目组织（matrix structure）；项目型组织（project structure）

8.1 物流管理中的组织及发展变革

组织是企业管理者间的权力与责任分配系统，是个人、部门之间进行协作配合，任务完成过程中的一系列隶属关系规定，这种规定包括指令运作方式、组织的形式和职能设置等，这些规定或设置共同体现出企业的管理思想。

物流组织就是指以物流经营和管理活动为核心的机构，它本质上是一种物流活动的权责划分与关系规定。物流组织可以单指企业内部的一个部门，如物流管理和运作部门，也可以是企业之间的物流联盟或物流合作管理机构。随着企业生产和销售地域的扩展、经

物流组织

物流组织就是指以物流经营和管理活动为核心的机构，它本质上是一种物流活动的权责划分与关系规定。

营活动的复杂化，物流组织的外延也在不断扩大，专门从事物流服务的企业、政府的物流管理机构等，都属于物流组织的范畴。

8.1.1 物流组织的必要性

组织的目的是协调、管理企业内部的各项活动，使企业经营活动达到最优，物流管理对企业的重要性取决于企业的物流属性。但无论何种企业，物流组织的存在是非常有必要的。

8.1.1.1 明确职责的需要

确保产品按原定目标进行原材料采购、生产、运输，乃至于产品生命周期末端，废弃产品的回收或处理等。只要企业的目标是要提供更优质的产品、更优质的服务，职责分配就显得非常重要。要达到产品和服务预先设计的水平，要尽量降低生产的成本，必须有人员和机构总体负责生产和流通的过程。

管理人员要能全面认识整个供应链，从原材料的采购开始到最终的产品送达消费者手上。在企业中，订货、运输、存储等环节都有人专门负责，协调他们之间的关系，也需要专门的机构和人员。在环境保护的氛围下，企业产品的生产、运输、消费都会或多或少地对环境产生影响、造成损害。如何在运输、存储环节尽量降低这种影响和损害，更是企业物流管理机构和人员必须解决的问题。

这是对企业物流管理提出的新需求。在传统企业中，物流的管理分属于生产部、市场部等不同部门，各自部门的管理条块又分属于不同的上级，各物流活动很难从整体的角度达到最优，实现统一的组织管理，也显得非常必要。

8.1.1.2 分工协调的需要

一般而言，企业活动的三大职能是财务、生产和市场，这也分别由三个部门进行管理和协调。但是，企业的活动实际上又是互相影响和互相关联的，分工可以带来合理的管理幅度，提高工作效率，但是也会造成部门间的冲突。从物流上看，这三种职能的基本目标和物流目标有差异，这种差异又会导致部门间物流活动的冲突。

对一个企业来说，市场的职能是销售最大化，生产的职能是追求最低的生产成本，设计最优的产品，而财务的职能是利润最大化。部门间的冲突会使得物流系统不能最优化运作，从而降低企业的总体效率。为了便于分工合作，相互协调，就需要更合理的组织形式。

8.1.2　物流组织的多样性

不同行业的物流管理重点也会不同，物流组织结构也有所不同，某一类型的物流组织，其重点在于物流成本中最大比重的部分归属。

8.1.2.1　以库存为中心的物流组织

多属于服务性质偏重的企业，如医院、宾馆、运输公司等，所采购的物资主要用于服务提供过程中的消耗，对这类企业来说，采购和库存管理是主要的物流活动，运输比重并不大，而且很多时候是由供应商提供运输的。物流组织以物资管理为中心，对物资分配不是主要的活动。

8.1.2.2　以原材料为中心的物流组织

原材料企业的产品是其他行业生产的材料来源，比如采矿业或农业，在物流运作中，保证生产过程所需的原料很重要。这类企业一般产品种类较少，通常运输量大，因此，运输方式、运输计划、设备利用率等是物流管理的重点，这类企业需要有明确的物资管理部门。

8.1.2.3　以产品分销为中心的物流组织

商品流通行业，企业的采购和运输都围绕销售活动开展，比如零售领域的企业、超市、购物中心等。企业不进行生产活动，经营集中在销售和物流活动领域。大部分企业具有广泛采购、集中销售的特点。主要的物流活动有采购运输、库存控制、仓储、订货处理及销售运输等。对这类企业来说，物流活动是极其重要的。

8.1.2.4　综合性管理的物流组织形式

从供应商处购买原材料以生产出价值相对较高的产品，这类企业在原材料获取和产品分销中都有大量的物流活动，组织设计要综合考虑物资管理、储存、分销。

8.1.3　物流组织发展阶段

随着社会经济的发展，企业在不断地适应环境，改善自身管理职能，并进而提升竞争力。这个不断调整的过程，也是企业组织不断地发展、变迁的过程。早期的企业，生产和制造是企业管理中最重要的部分，对应在组织上，就是直线式的组织结构；之后，企业规模和资金运行复杂化，财务部门相应出现；竞争日益激烈，营销地位凸显，市场部、营销部等也进入组织结构中；生产企业除了生产，越来越重视科技发展，研发部门也逐渐成为很多企业的核心部门。物流，一个原来分散于各部门的职能，随着生产、运输、仓储的复杂化，对物流进行专门管理的需要，物流部门也出现在组织结构中。现在，环境保护成为每一个企业的义务和责任，相应对物流也提出了更新、更高的要求，怎样在运输过程中减少对道路交通的压力，减少资源的消耗，怎样设计便于装卸的绿色包装等，也对企业物流提出了新的要求。这些时代的需求，都会体现在物流组织的变革中。

企业物流组织的发展经历了几个时期的演变过程，随着市场和环境的变化，还会产生新的变革方向。从 20 世纪开始，物流组织的发展经历了四个阶段，如图 8－1 所示。

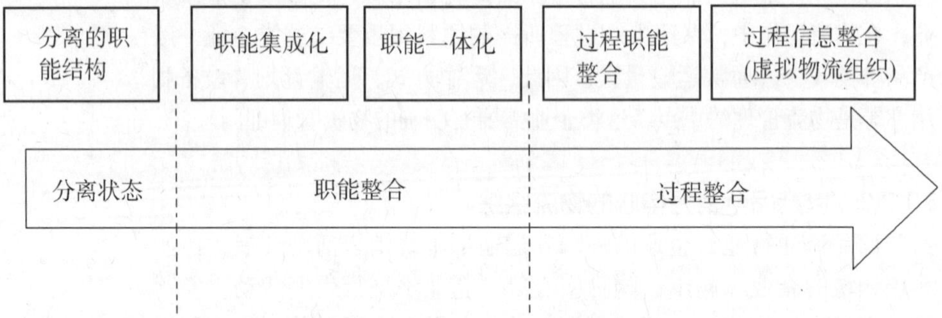

图 8－1　物流组织的发展阶段

8.1.3.1　职能集成化阶段

早期企业的物流职能是分散在企业各个部门的，企业没有专门的物流经理和物流管理机构来管理物流的整个过程，如图 8－2 所示。

早期企业的生产经营活动对物流的需求不是很高，企业的物流活动也比较分散，所以，一般企业对于物流没有明确的目标，企业的物流管理也没有统一规划、设计。

随着企业业务的增加，对物流职能的需求也发展起来，物流职

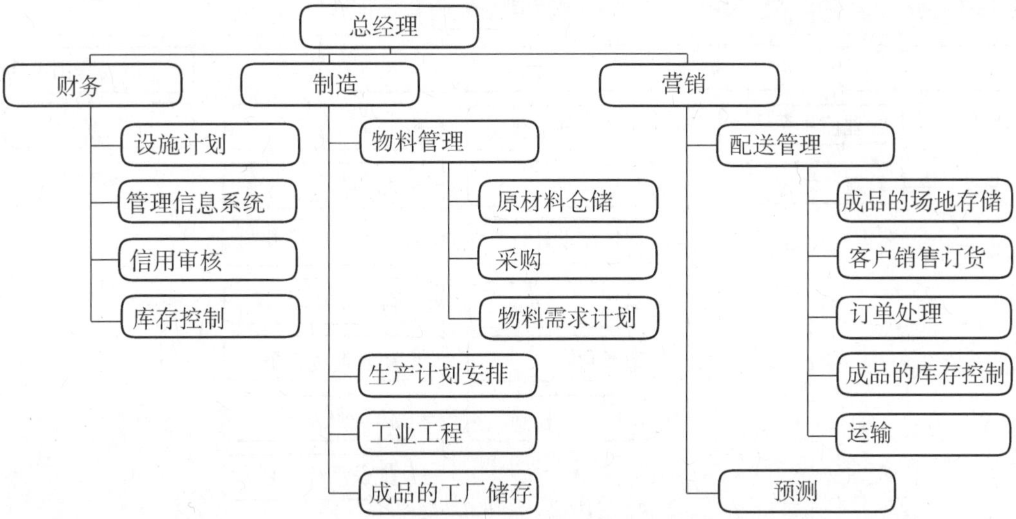

图 8－2　传统的企业组织结构

能开始向集成化发展。但是，早期的集成物流组织并没有突破企业传统的部门和层次，一般只在一个大职能部门下设直线管理层，比如为集中销售配送而设置的物资配送部门，为集中供应而设置的原料管理部门等，但是物流管理与传统的制造、销售、生产有着不同的本质内涵，业务特性不一样，专业要求也不同。随着企业的发展，物流职能不可能长期依附于其他部门进行管理。进入 20 世纪 70 年代，随着企业对运作物流降低成本的要求，在经验不断积累的前提下，企业物流部门的地位有了提升，物资配送和生产组织下的物流管理一体化也得到了发展，这就是物流职能的集成化发展，如图 8－3所示。

在物流的集成发展阶段，仍没有专门的物流部门对物流工作进行统一管理，物流各个方面在部门间缺乏协调，重复成本增加，这也对企业提出了设置专门部门进行协调管理的要求。

8.1.3.2　职能一体化组织阶段

在这个阶段，物业管理组织向职能一体化发展，企业在统一的物流经理管理下，集中所有的物流职能和运作，将原料采购、仓储运输、物流配送等活动组成一体化的单元，形成总的一体化框架，如图 8－4 所示。

这种一体化物流组织结构有如下几个特点：

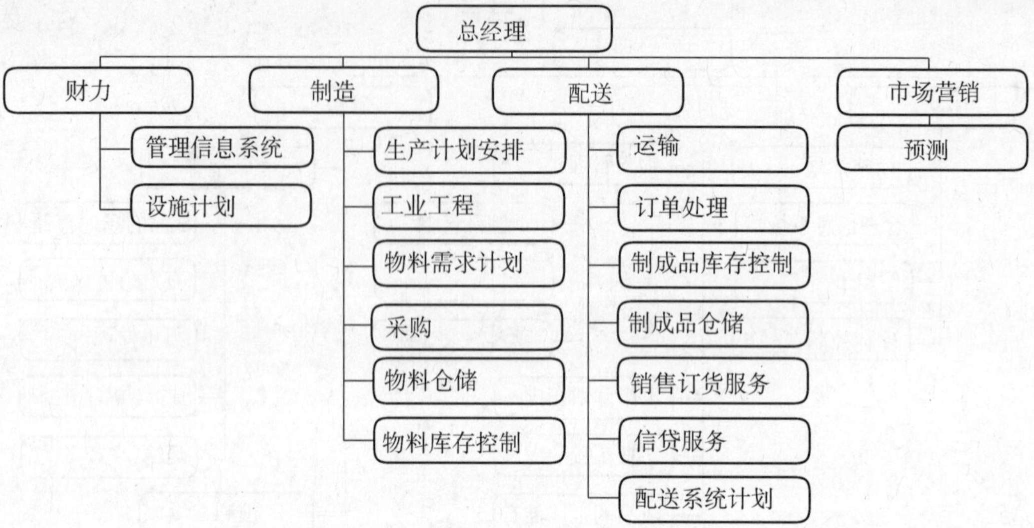

图 8－3　职能集成阶段的物流组织结构

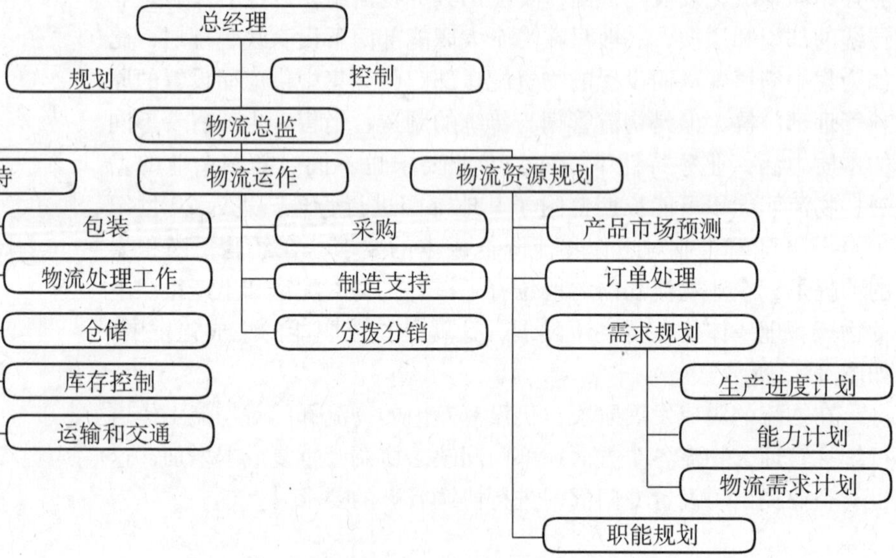

图 8－4　物流职能一体化组织结构

① 强调了资源计划对企业内部物流一体化的作用。每一项支持性活动都可以放在总的物流系统框架下来操作，由于责任和权利很明确，各部门可以协调工作，还能针对性地要求专项关键服务。

② 强调了各支持部门和物流运作部门的直接沟通，使得各部

门之间能进行有效的利益交换。

③ 从组织最高层的角度设置计划和控制处，从总体上负责物流的发展战略定位、物流系统的优化和重组、物流成本和客户服务绩效的控制与衡量。

8.1.3.3 过程一体化组织阶段

进入20世纪90年代，学习型组织、流程再造等思想开始兴起，企业的发展开始倾向于扁平化、授权、团队等新理念，企业进入重构的时代。相应的，物流管理也从重视功能向重视过程转变，通过过程而不是功能来提高物流效率成为物流管理的核心。物流组织开始由功能一体化向过程一体化转换，由内部一体化向外部一体化转换。从这个角度来说，矩阵型、团队型、联盟型等物流组织就是在过程一体化为导向的前提下发展起来的。

8.1.3.4 虚拟与网络化物流组织阶段

虚拟物流组织实际上是一种非正式、非固定、松散、暂时性的组织，它超越了物流组织原来的有形边界，通过网络技术联系在一起，整合成员的资源、技术、顾客等，依靠统一的物流运作，以非实体的组织形式实现物流的功能。进入20世纪90年代中期以后，信息和网络技术的快速发展，为虚拟与网络化物流组织的产生和发展提供了技术条件，特别是供应链管理的兴起，物流从单个企业向上下游扩展到供应链上的所有企业，虚拟和网络化的物流组织将可能成为一种更加有效的运作形式。

8.2 物流组织结构的基本类型

8.2.1 传统的企业物流组织结构

8.2.1.1 职能型结构

物流管理发展的初期，是以职能划分为主进行管理的，这种结构已经在上一节有了比较详细的解释。这种职能划分，将生产、销售、财务等经营活动划分为不同的职能部门。职能型结构的优点是，能将专业化人员聚集起来，从而提高效率。但是，职能型结构的缺点也是明显的，就是各职能部门往往会失掉一种全局观，片面地追求本职能部门的利益与成绩，没有一个职能部门对最终的经营成果负责。

8.2.1.2 事业部结构

事业部制是一种分权管理方式，事业部经理对绩效全面负责，同时也有充分的战略和运营决策的权利。其中，物流活动的管理也被分配到各个事业部内进行。事业部的优点是管理责任明确，容易进行成本控制，能较大地提高企业的灵活性。但是，随着市场的变化，事业部制结构也表现出一些不足，在事业部层面有效的，在企业层面不一定有效，有很多经营管理活动是跨事业部进行的，比如新产品的开发。

8.2.2 现代企业物流组织结构

总体来看，现代企业物流组织有五种结构：矩阵型、委员会、任务小组、网络结构、战略联盟。

8.2.2.1 矩阵型

物流管理者负责各个职能部门的交叉合作项目，包括物流管理。物流经理负责整个物流系统，但是对项目中的活动没有直接管辖权。企业传统组织结构没有改变，物流经理分享职能部门的决策权。这种组织兼有职能型组织和事业部组织的优势。

8.2.2.2 委员会和任务小组

协调不同的物流活动并保持协调一致，委员会的成员由各个主要物流环节的人员组成，通过提供沟通的平台，实现跨部门、跨职能地解决问题。委员会有临时的和永久的。成员定期或不定期地针对物流环节的各种问题进行分析，提出解决方案，做出决策。任务小组是一种临时结构，人员组成与委员会结构相似，用来完成特定的、明确规定的复杂任务，直到目标完成为止（图 8 –5）。

8.2.2.3 网络结构

企业将自身不擅长的职能外包给其他企业，依靠其他企业完成制造、分销、物流等经营活动。将物流活动外包给专业性组织，使得企业对瞬息万变的市场具有灵活的适应性和应变能力。缺点是企

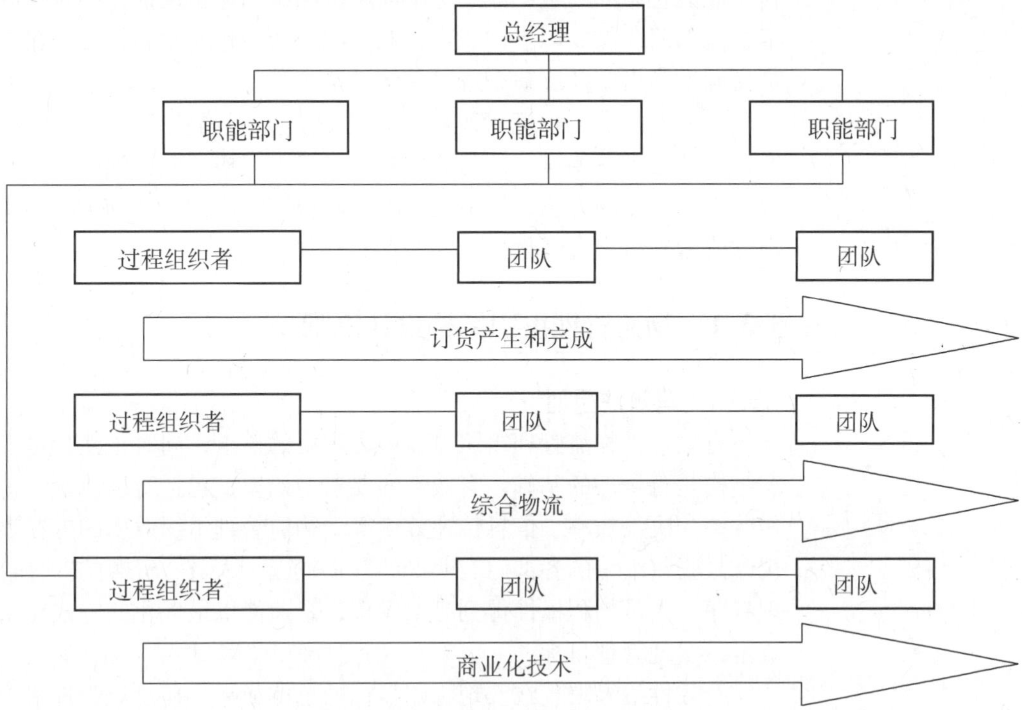

图 8－5　委员会和任务小组组织结构

业对这些外包活动缺乏紧密的控制力，需要网络组织间的协调与配合。

8.2.2.4　战略联盟

随着物流一体化战略的发展，企业的组织形式也在改变，战略联盟是一种新的组织形式。由于物流活动成员之间相互独立又依存的关系，彼此需要展开合作。供应商与客户之间、相关行业之间，都可能在物流领域实现战略联盟，特别是生产型企业与专业物流企业之间更容易建立战略联盟，通常被称为“第三方物流”合作。

8. 3 物流组织结构的设计和建立

物流管理组织设计，指与物流组织的建立和改善有关的管理活动，包括社会物流高层次决策组织体系、企业物流组织体系、专业物流职能管理部门组织体系等不同层次的组织体系设计，还包括规定物流部门职能、职权和职责，规定部门间协作原则和方法，建立责任制度和指令及反馈渠道等具体设计。

从功能上讲，物流管理组织设计就是站在物流任务整体的角度，综合考虑各要素、部门的联系，对组织架构中成员的岗位、职责、信息交互的方法、纠错机制等作出规定，协调各部分工作，实现物流管理组织合理化。

8.3.1 物流管理组织结构设计原则

8.3.1.1 有效性原则

有效性是物流管理组织设计中最重要的要求，同时也是衡量组织结构是否合理的基础。有效性的要求是效率，包括管理效率、工作效率、决策效率、信息传递效率等。物流管理组织效率的外在表现就是物流组织的各部门有明确的职责范围，人员、资源的安排合理有序，人员的积极性得到有效发挥，企业能以最优化的方式支出成本，实现管理目标。

有效性最终表现在实现物流目标的总体成果，在物流管理组织的运作过程中，组织机构要反映管理的目标和规划，能适应环境的变化，也就是说，有效性原则贯穿物流管理组织的整个过程，物流组织的结构形式、机构设置等，都要以有利于推进物流合理化这一目标为标准。

8.3.1.2 合理的管理幅度与管理层次原则

这是管理设计的一个基本原则，管理幅度指管理者能直接而有效地管理下属的人数和业务范围，是指管理组织的水平状态和内部各层次的横向分工。管理幅度大，结构横向组织增加，就可以减少管理层次；管理幅度缩小，就要增加管理层次。管理幅度太大，管理者难免会顾此失彼，管理层次的减少也会增加各管理部门的业务内容，事无巨细；相反，管理层次的增加，又会使机构繁杂，增加人力、财力上的支出，也会带来各部门间沟通协调的复杂化。因此，合理的管理幅度原则要求适当减少物流管理层次，精简机构；同时，要适当确定每一个管理层次的管理范围，保证管理的直接有效性。

8.3.1.3　权责对等原则

无论是纵向还是横向设置，都必须遵守职责与职权对等的原则，职责即职位的责任，职位是组织机构中的位置。职位是组织内纵向和横向不同分工的连接点，就是组织的责任体系，如果一个组织没有明确的职责，则组织机构就不牢固。

职权是指在一定职位上，为完成职务规定任务所具有的权力，职责和职权是对等的。高层物流管理者要承担决策的责任，相应的应有较大的物流决策权；中层物流管理者要承担监督和推进的责任，就要有监督和执行的权力。职权对等是管理体系顺畅的前提条件，有职无权或无职授权都不利于调动工作积极性，并会降低工作效率。

8.3.1.4　统一指挥原则

为更好地完成物流的管理任务，必须严格遵循统一的指挥原则，建立管理“一体化”，做到责任和权限体系化。

一般来说，统一指挥下的物流管理有三个层次：最高决策层、执行层、物流作业层。最高决策层根据企业的发展战略，制定长期规划，设置物流组织机构，决定管理人员岗位等；中层管理者的任务是保证最高决策者目标的实现，其工作内容包括制定各项业务计划、预测物流量、分析设计、改善物流体系、检查工作效率、编制预算草案、实施具体管理等；基层的管理者主要是合理组织物流作业，对物流从业者进行管理，以及业务联系中的协调与问题处理等。

8.3.1.5　集权与分权相协调

集权与分权是衡量组织机构中决策权所处的位置而形成的概念，如果决策权高度集中在高层管理者，就是高度集权的组织机构形式，高层管理者拥有绝对的指挥权；如果决策权下放到底层，基层管理者在一定范围内可以自行决策，就是分权的组织机构形式。集权和分权有各自不同的适用条件：

（1）集权式物流管理组织的适用条件

集权式管理的最大优点是：保证决策能得到切实贯彻、顺利执行，不会出现内部冲突和互相牵制的现象，可以使组织业务作为一个整体得到统一运作，使整体效果达到最优。因此，在产品品种较少、市场稳定、运输量保持不变的情况下，适宜采取集权式的物流组织结构。在集权式的管理模式下，基层遇到突发情况的几率也比较小，无须做出自主决策。集权管理相当于充分利用环境赋予组织的有利之处。

（2）分权式物流组织管理的适用条件

企业产品种类多、包装特性差异明显、运输量变化大、合作机构不稳定等情况出现时，适宜采用分权式的组织结构。因为产品包装特性不同、运输量多变化的情况下，物流管理部门一直处于不断变化的外部环境中，会碰到各种突发情况，若决策机构远离一线会缺乏灵活性，反应能力较差，应对措施滞后，结果就会使组织的实际功能受到限制，无法实现物流的最初目标。因此，应采取分权的物流管理组织结构，适当放权，授予基层物流业务部门一定的自主权和决策权，充分调动基层的积极性和主观能动性，避免决策时间过长，提高物流组织对环境的适应能力。

但是，分权式结构也存在一定的缺点：

① 对基层业务部门人员的素质要求较高，须具备一定的决策能力，对于不具备这种条件的人员，企业需要对其进行培训，会增加培训的成本，如果培训没有实现预期目标，还会增加额外的管理成本。

② 分权必然带来的问题是各个部门考虑问题大多只从本部门情况出发，而忽略全局的最优，可能导致物流整体效益的下降。

从集权和分权的角度，可以对现代常见物流组织结构进行分类。按组织管理部门对物流活动的决策权、指挥权强弱分类，大致可以得出表 8－1 的结论。

表 8－1　常见物流组织结构分类

	矩阵型	委员会	任务小组	网络结构	战略联盟
决策权	强	强	强	弱	弱
指挥权	弱	强	强	强	强
决策权与指挥权是否合一	是	是	是	否	否
结论	分权	集权	高度集权	分权	高度分权

在什么情况下应当采取集权还是分权的组织形式，要由高层管理者综合考虑企业的产品特点、包装属性、市场环境、物流管理成熟度、人员状况等，结合分权式组织和集权式组织的各自优缺点，

才能得出结论。一般来说，品种少、市场环境稳定，可以采用集权式物流组织；品种多、环境多变，适宜采用集权式物流组织。

8.3.2　物流组织设计的影响因素

物流活动大多发生在跨越多个时区、多个地区的广阔空间，物流管理配置和控制了完成物流工作所需要的各种资源。因此，物流管理组织的设计也会受到若干重要因素的影响，如企业战略、物流环境、物流规模、物流技术等，企业管理者必须充分考虑这些影响因素，从而合理地设计物流管理组织。

8.3.2.1　企业自身的因素

企业的规模越大，就越具有复杂的管理层级和组织结构，物流组织的设计也相应地体现出高度的专业化和管理幅度与管理层级的增加，小企业由于规模的原因，不设置专门的物流管理机构，可能采取定位不明确的集中组织管理机构或小组式的管理。另外，组织的规范性也会造成影响，规范程度高的企业，其指导和限制的方针政策、规章、程序的标准化程度就高，每一项工作程序就都有严格的说明。随着企业规模的扩大、经营的复杂化，管理者必须采取正规化、规范性的方法，用严密的规章制度来提高物流组织的正规化程度。

8.3.2.2　物流规模

对于一个生产活动形式单一的企业来说，其物流活动相对也比较单一，不会成为影响企业经营的关键因素，因此，其物流管理大多是个别的、单项的，一般不需要很复杂的组织、严密的规章制度。而生产经营活动复杂的企业，其原材料来源负责、供应商种类多、分布广泛，商品输出渠道多样，这些需要对库存、运输、装卸等进行精细的管理，如果没有一个良好的组织来协调这些物流活动，企业的生产经营活动注定不会顺利。总体来说，规模越大，空间分布越广，组织中纵向和横向的沟通协调就越困难，也会导致组织越复杂。

8.3.2.3　企业所处的环境

环境的复杂程度、变化趋势、上下游企业的合作情况等，都会直接影响到企业未来的生产战略、市场战略等。比如，更多的下游分销商将导致仓储和库存水平的增加，这些要求物流组织应具备柔性的特征。

8.3.2.4 企业类型

企业类型不同，物流组织所体现的重点也会不同。比如，对于生产型企业，物流组织管理的重点侧重生产和运输，因此，建立正式的物流组织和物流管理流程是很有必要的；但对于销售型企业，业务集中在营销和销售上，则更需要灵活的管理组织形式。

8.3.3 物流管理组织的建立和优化

在组织学和组织行为学的理论框架下，企业建立与业务特点和行业背景相适应的物流管理组织，并可因环境或公司内部的因素变化而不断优化。因为企业性质和行业的原因，不同企业的物流管理组织会存在很大的差别，比如制造企业会偏向于原材料的运输和存储，专业的物流企业行业则需要注重物流的各个环节。总体来说，物流管理组织的建立和优化有以下几个步骤：

8.3.3.1 以公司的战略和目标为起点

物流已经融入企业的发展战略中，企业的整体战略和目标指引物流管理活动的整个过程，企业的物流管理组织结构要能支持并适应企业的整体战略。可以说，企业物流管理组织设计就是企业组织设计和优化中的一个部分。

8.3.3.2 确定职能

企业物流活动的分散性远远超出其他各类活动，物流管理组织的设计首先必须对物流职能进行分析整理，为物流组织的层次、部门、职务、岗位的分工协作提供依据。

（1）组织职能清单

按照企业“具体物流作业—物流工作项目—物流基本职能”的自下而上的顺序，由物流作业并归产生物流组织职能。一般物流组织职能包括采购、运输、库存、订单、顾客服务等内容。企业可以从自身实际出发，对这些基本职能进行调整和修改。

（2）职能分解

列出各项职能的具体业务工作内容，将基本职能和关键职能分解、细化为独立可操作的具体业务活动。这种分解，既可以作为工作安排，业务运作的执行依据，也可以成为部门划分与组合、岗位职责的参考。

（3）关键职能的区分

区分关键职能和非关键职能，在各项基本职能中找出关键职能，避免岗位和部门之间的竞争、内部消耗。

8.3.3.3 确定岗位和职权

（1）确定岗位

在职能分解和并归的基础上，确定承担各管理任务的岗位，描述各岗位所必须完成的管理职能。

（2）确定岗位职权

职权指的是管理职位特定的发布命令和希望命令得到执行的一种权力。物流管理职权指物流部门的管理者为了完成物流工作业务，在其岗位上发出管理指令，调动物流系统运转的一种权力。物流决策影响面的大小决定了职权的配置，比如，如果允许采购人员用充分的权力大量购进廉价的原材料，可以节省资金的支出，但是企业也存在大量资金被原材料占用的风险，会造成资金周转不灵，支付额外的利息等。因此，物资储备定额的决定权，应该归属于能够通盘考虑销售、生产、财务职能的更高一级管理层。

8.3.3.4 制定人力资源配置计划

物流管理组织中，人员的配备是最重要的因素。对于一个成功的物流管理组织来说，优秀的物流经理和员工都是必不可少的。物流规模越大，参与物流过程的人员就越多，成员的受教育程度、专业方向和技能，以及发展目的、个人价值观存在差异。企业必须选择合适的人员参与到物流中，协调他们工作，从而实现人力资源的合理配置。一般来说，物流经理承担了很大的责任，他负责将企业的整体战略、物流战略在自己的管理范围内得以实现，因此，物流管理经理还必须要履行以下职责：

① 员工选择、人力资源开发、人员培训，构建并维护物流组织；

② 决策，管理负责而又快速变化的业务；

③ 具有基本的数学、统计、会计能力，对物流过程作出估计和判断；

④ 具有仓库、库存控制、运输、制造、采购等知识，制定战

略计划，制定运营决策。

8.3.3.5 考虑支持系统

在做好以上工作的基础上，物流管理组织的设计和优化还应将可用的支持系统纳入到考虑中，物流组织必须有大量的支持服务和系统，比如管理信息系统可以优化物流网络。其他支持还包括法律、政府政策等外部条件。

8.3.3.6 柔性化的组织

物流管理组织还必须能适应变化，这也是保持有效性的方法，对环境、行业做出积极的相应，并在组织机构上作出适当的调整，这是任何组织保持自身竞争力和生命力的唯一选择。

8.4 跨职能管理与跨部门管理

8.4.1 物流职能与其他职能的关系

企业的所有经营管理活动本质上是互相联系、互相影响的，所有活动的目标都指向企业的经济利益。物流管理随着企业物流活动的增加和复杂化，逐渐独立为一个单独的职能部门。物流职能独立的好处是减少了物流活动之间的冲突，提高物流管理的效益，但也会带来物流职能与其他职能的摩擦，权责、业绩、奖励等都会对部门间的利益权衡产生阻碍。因此，物流管理人员必须处理好跨职能中产生的问题。

物流职能和企业的其他职能互相交错，共同为企业的经营发展作出贡献，很多责任也是物流部门与其他部门共同承担的，比如物流、生产、销售部门需要共同制定合理的产品生产、销售、运输计划，以使企业的产品库存、现金流量保持在一个合理的水平。同样，产品的包装对产品销售有影响，也会影响到产品运输过程中的便捷性，进而影响运输成本，但是，大部分企业却很少将包装的促销能力作为物流部门的业绩衡量标准，这就会导致物流部门与其他部门的冲突。

8.4.2　跨组织管理

如何建立有效的组织体系来解决公司外部的物流问题，进一步提高效益，这是供应链思想的核心。供应链的潜在含义是将渠道中各企业独立出来，成为一个单一的实体或“超组织”，提高其运作效率。

8.4.2.1　超组织出现的背景

买方会根据自己的最优订货量确定采购数量，但是买方的最优订货量不一定有益于整个供应链的整体效益，因为对供应链来说，存在着一个整体成本最低的运输量，但是整个供应链成本最低的期望值与买方最优订货量不一定一致，因此，需要将最优订货下的整体收益重新分配，或是给买方一定的奖励。最终解决冲突的办法就是建立组织间的稳定联系与信息沟通渠道。

8.4.2.2　超组织中的冲突管理

冲突的解决有赖于超组织的管理。超组织的目标是使联盟中的成员能在合作中受益，这种联盟形式很难达成，但一旦达成，就会对所有成员产生有益的影响。超组织联盟能够建立的条件也比较明确：第一，有明确的对跨企业经营活动效益进行评价的指标，能衡量合作的绩效；第二，信息能充分共享；第三，有解决冲突的策略；第四，有合理的额外收益分配方案。

（1）明确的评价指标

能够量化跨企业管理所带来的成本节约或是服务改进程度，尽管大部分企业目前还没有设置这种体系能够量化自身和别的企业改进所带来的绩效收益。对供应链渠道成员来说，难点在于不仅要能评估自身活动对企业绩效的影响，还要能评估其他企业管理改进带来的效益。指标的衡量应成为衡量渠道业绩中的组成部分，如总渠道成本、总利润、订货周期、总渠道劳动生产率等。

（2）信息共享

在供应链渠道成员间应能实现充分的信息共享，建立信息库，通过信息共享，可以实现两个目的：一是解决信息不对称问题，使各成员之间协调调整可控变量，实现渠道的整体优化，单个企业必须要知道其他渠道成员企业为整体优化所付出的努力，所投入的经济要素，获得的利润，只有这样才能在企业间合理地分配整体优化后额外获得利润；二是完备的信息系统是企业长期合作的保证，在超组织中，企业之间的合作有赖于彼此的信任、各自自愿的程度，但是，由于经营上彼此不承担责任，所以很难确保企业能提供全面的信息，特别是涉及商业机密的情况下。只有建立充分的信息共享，企业间的信任才能建立，才能促进和保持合作关系。

（3）合理的利润分配

超组织能够存在的基础就是对利润进行合理的分配。因为合作而产生的利润，比如合理的买方订货量，能够保证整个供应链处于成本最低的位置，但是买方往往只会从自身的库存与销售的角度出发确定订货量，两个订货量之间很难保持一致。因为买方如果按照渠道成本最低来订货，可能会增加自身的成本，虽然这种增加的幅度不一定会大过渠道成本降低的幅度。因此，除非将供应链渠道节约的成本合理地分配给买方，既能冲销其采取渠道最优而增加的成本，又能再额外地获得一些利润，这样才能保证买方能采取渠道最优的订货量。

（4）合理的冲突解决策略

如果渠道成员对超组织合作所产生的利润分配感到不合理，就产生了冲突，需要采用相应机制来解决这种冲突。信任是一种能促使合作达成的机制，信任能很好地避免因为信息不充分共享而造成的渠道额外成本。怎样才能在企业间充分建立信任？一个首要条件就是沟通，沟通的要义是正式地或非正式地在渠道成员之间分享信息。及时充分的沟通能够解决争议，统一有关对利益的认识，能进一步促进信任的产生。信任产生的另一个条件是要有共有价值观。共有价值观是指对事务重要性、合适性、对错的相同的认识，对事务意义的共同性评价，因此，共有价值观能带来信任和承诺，促进合作的达成。

8.5 物流项目组织

8.5.1　物流项目组织概述

8.5.1.1　物流项目

物流项目是指需要物流组织来实施完成的一次性物流工作。物流项目与日常的物流操作的不同在于具体操作是有连续性和重复性的，物流项目是有时限性和唯一性的。因此，物流项目是物流组织为了某唯一产品或唯一服务的时限性工作，有明确的开始和结束，与其他日常的物流操作有明确的不同。

与其他的管理项目相比，物流项目也有着项目所共有的属性：独特性、目的明确、组织临时性和开放性、一次性。

物流项目

物流项目是指需要物流组织来实施完成的一次性物流工作。

8.5.1.2　物流项目组织

物流项目组织是项目参与者有意识形成的角色结构，是公司从事特定物流项目的一种关系网络，将这种角色结构和关系网络以特定的方式确定下来或者用组织文件规定下来就成了物流项目组织结构。物流项目的参与者根据这种组织结构履行各自的职责，形成项目团队，发挥协同作用。物流项目的正式领导者是项目经理，他得到组织的正式授权，领导项目团队在既定的项目组织结构下向目标前进。

8.5.2　物流项目经理

8.5.2.1　物流项目经理的概念

物流项目经理是指在物流项目生命期内负责物流项目组织、计划、实施全过程，以保证物流项目目标成功实现的负责人。物流项目经理对物流项目的成功与否起着至关重要的作用，其管理能力、知识素质、专业水平、领导艺术等都会对项目运行产生直接的影响，可以说，卓越的物流项目经理是物流项目取得成功的必要条件。在项目运作之初，必须要先任命物流项目经理。

8.5.2.2　物流项目经理的责任

（1）管理责任

第一，制订计划。在明确了目标之后，物流项目经理应与团队成员充分沟通，对所需做的工作制订行动方案，在方案制订过程中，要充分征求团队成员意见，使计划具有可操作性。

第二，组织协调。根据任务性质的特点和难度在项目组成员中分配职责、权力。为项目成员完成工作创造条件，建设和谐团结的工作氛围，促进大家为了项目而努力工作。

第三，执行控制。跟踪工作进程，与预期的目标进行对比，查找阻碍工作进度的瓶颈因素，及时调整或修改计划。及时召开物流项目工作沟通评论会。如果实际工作比预计的慢，应及时采取相应的措施，推动项目按计划执行。

（2）沟通责任

主要是对客户的责任，包括：

第一，与客户沟通协调一致，了解客户对物流项目目标的要求，运用各种管理方法实现客户目标，争取客户的最大满意。

第二，在企业内部和外部，为项目争取资源，为项目完成营造良好的外部氛围。

第三，子项目外包工作管理，划分外包子项目的范围，与承包商达成协议。

8.5.2.3 物流项目经理职权

与责任对应的是权力。职责权力是保证项目经理能顺利开展工作的先决条件，也是项目成功的保证。总体来说，物流项目经理应具有以下权力：

（1）人事权

项目经理有权决定整个运作项目的人员配备，从一线员工到项目副经理，项目经理有权选择、聘任，对各职员行使监督、考核、奖惩、辞退的权力。

（2）财务权

项目经理有权根据项目需要和计划，决定资金的使用、固定资产的购买，决定项目参加人员、项目管理层的薪酬分配等。

（3）质量审定

对项目目标、关键产出物的质量进行认定、判断，从专业技术上进行控制。

8.5.3 物流项目团队

团队是为了实现某一个共同目标而由共同遵循统一规范的、相互协作的若干个体组成的正式群体。团队工作就是团队成员为了实现某一共同目标所从事的具体活动。团队是一种先进的组织形式和运作方式。物流项目团队是为适应物流项目而建立的团队，如同物流项目本身。物流项目团队组成的规模有大有小，存在的时间有长有短。根据组建团队的目的不同，可将物流项目团队分为问题解决型团队、自我管理型团队、多功能型团队三种类型。

即时制后勤补给

根据组建团队的目的不同，可将物流项目团队分为问题解决型团队、自我管理型团队、多功能型团队三种类型。

团队这一事物在发达国家盛行的时候，大多数团队的组织形式和功能都比较类似。在从事生产的企业中，物流项目团队一般由来自同一部门的 5 ~ 12 人组成，他们一般每周用几个小时的时间集中讨论如何才能提高物流质量、物流效率和改善工作环境等，这种团队即为问题解决型团队。问题解决型团队对解决很多问题行之有效，但在调动团队成员参与决策过程的积极性方面还存在不足。为了解决这个问题，企业创建了自我管理型团队。这种团队承担了自己的主管所承担的部分责任，它不仅注意问题的解决、执行解决问题的方案，而且具有设立规范、处理人事和分配薪资的权力，它对工作过程和工作结果承担全部责任。但这种类型的团队也不一定能带来积极的效果。为了综合问题解决型团队和自我管理型团队的全部功能，企业又创建了多功能型团队。多功能型团队是一个独立的能够自我调节、相互约束的工作团队，团队人员来自各个不同的领域并有着不同的能力，他们的目的是为了共同完成某项任务。

这三种类型的团队是三种相互独立的团队模式，同时也是一个不断递进提高的阶段性组织形式，不论从管理形式或管理功能上看，它都是一个不断健全和完善的动态过程。

8.5.3.1　物流项目团队发展阶段

许多专家认为群体是通过一种可预言的方式成长的，类似的，团队也要经历发展的不同阶段。

（1）形成阶段

形成阶段是团队发展过程中的起始步骤，它使个体成员转变为团队成员。在这个时候，团队中的人员开始相互认识，每个成员都试图了解项目目标和他们在团队中的合适角色。这时由于个人对工作本身和他们相互关系的高度焦虑，几乎没有进行实际工作，团队成员不了解自己的职责及其他项目团队成员的角色。这一阶段的情绪特点包括激动、希望、怀疑、焦急和犹豫。

在形成阶段，物流项目经理要进行团队的指导和构建工作。为使项目团队明确方向，项目经理一定要向团队说明项目目标，并勾画出项目成功的美好前景以及成功所带来的益处，公布有关项目的工作范围、质量标准、预算以及进度计划的标准和限制。项目经理还需要讨论团队的组成，选择团队成员的原因，他们的互补能力和专业知识，以及每个人为协助完成项目目标所扮演的角色。为减轻人们的焦虑，还要探讨项目经理对项目团队成员的工作及行为的管理方式和期望，要使团队着手开展一些起始工作。这一阶段，项目经理要让团队参与制定项目计划。

（2）震荡阶段

物流项目团队发展的第二个阶段是震荡阶段。这一阶段目标较明确，各成员开始进入角色并运用技能着手执行分配到的任务，工作开始慢慢推进。随着项目的进行会产生一些矛盾，如每个成员根据其他成员的情况，对自己的角色、职责及权力大小产生疑问，对操作规则的实用性和必要性产生怀疑等。在震荡阶段，成员情绪上很不稳定，会产生冲突，人际关系紧张，常会发生一些无谓的争吵和争论，士气较低且起伏不定。

在震荡阶段，项目经理仍然要进行指导，但力度比形成阶段要小。他要对每个人的职责及团队成员相互间的行为进行明确和分类，使每个成员明白无误。有必要让团队一道参与解决问题，共同做出决策，以便给团队授权。项目经理要接受即容忍团队成员的任何不满，创造一个理解和支持的工作环境，允许成员表达他们所关注的问题。项目经理要做疏导工作，致力于解决问题，不要积累不满。

（3）正规阶段

经历了震荡阶段，物流项目团队即进入了正规阶段。此时，团队成员之间、团队与项目经理之间的关系已经确立，绝大部分个人矛盾已经得到解决。总体来说，这一阶段的矛盾程度要低于震荡阶段。同时，随着个人期望与现实情况相统一，项目团队接受了这个工作环境，项目规程得以改进和规范化；凝聚力开始形成，有了这个团队意识，每个人都觉得自己是团队的一员，他们也接受其他成员作为团队的一部分。

这一阶段，随着成员之间开始相互信任，团队的信任得以发展。团队成员相互大量地交流信息、观点和感情，自由地表达他们的情绪以及发表建设性的评论意见，合作意识增强。在这个阶段，项目经理尽量减少指导性工作，更多地扮演支持者的角色。

（4）表现阶段

表现阶段是团队发展的最后一个阶段。在这个阶段，团队工作绩效很高，集体感和荣誉感强，团队能够开放、坦诚、及时地进行沟通。在这一阶段，团队根据实际需要，以团队、个人或临时小组的方式进行工作，团队相互依赖度很高。随着工作的进展并得到表扬，团队获得满足感。

在表现阶段，物流项目经理完全授权，赋予团队权力。项目经理重点关注项目业绩，并协助和支持修正行动的制定与执行。

8.5.3.2　建立有效的物流项目团队

物流项目团队不仅仅是指被分配到某个项目中工作的一组人员。它是指一组相互依赖的人员齐心协力地进行工作，以实现物流项目目标。协同效应是团队产生的动力，具有高水平表现的物流项目团队一定要具有正的协同效应，一般体现在以下几个特征：

（1）目标明确

一个有成效的物流项目团队的成员应具有共同的使命感，并且要清楚地知道项目的工作范围、质量任务和职责。每个成员清楚地知道自己在做什么，并在目标的激励下把个人目标升华到团队目标中去，项目成员愿意为团队目标做出保证及愿意付出最大的努力完成所承担的任务。

（2）对每个成员的角色和职责的明确期望

一个物流项目活动是一个有机的整体，团队成员需要了解为实现预定目标所必须做的工作之间的关系。他们每个人都具备实现项目目标所必需的某方面技术和能力，这些技术和能力相互关联成为一个系统，而且他们都具有良好的合作品质。

（3）共同美好目标的导向

有效的物流项目团队中的每位成员都强烈希望为项目目标的完成付出努力。团队成员对项目具有认同感，为实现项目目标，他们愿意克服各种困难。

（4）高度的信任

项目成员之间相互信任，每个人对团队内其他人的品行和能力都确信不疑，相信他们可以努力工作，承认团队中每个成员都是项目成功的重要因素。

（5）高度的合作互助

高效的物流项目团队成员之间愿意给对方以帮助，也不羞于寻求其他成员的帮助，他们希望看到通过相互合作使任务得以顺利完成。基于这种合作，物流项目团队在解决各种困难时能集中群体的智慧和力量，表现出高度的积极性和创造性。

（6）良好的沟通和恰当的领导

成员之间开放、坦诚，及时沟通，乐于互相帮助、互相尊重，甚至互相接受建议性的批评。高效物流团队的领导往往起到教练或后盾的作用，他们对团队提供指导和支持，而不是试图去控制下属。优秀的团队领导必须保证团队是有目标的，他能够帮助自己的团队澄清目标，确保团队成员不偏离目标，并能激励每个成员具有责任感和自制力，对团队忠诚，能促使团队内部的信息畅通，能高效地处理团队与外部人员的关系，从而保证团队的工作效率。

（7）内部支持和外部支持

既包括内部合理的基础结构，也包括外部给予必要的资源条件。高效的物流团队鼓励其成员与其他组织部门进行充分交流，这样就可以使其他部门员工了解本团队，并对团队提出改进意见，会有效减少猜忌，保证相互间合作。

总之，开放的环境、开明的管理、鼓励创新、培育参与感和成就感、提供丰富的资源是物流项目团队有效开展工作的有力保证。

本章小结

本章在阐述物流组织管理重要性和发展阶段的基础上，介绍了物流组织结构的基本类型，以及物流管理组织结构设计原则和影响因素，分析了跨组织管理，并着重阐述了物流项目组织管理，这是本章的重点和创新点。

复习思考题

1. 企业物流组织变革经历了哪些阶段？
2. 供应链管理思想给企业物流组织带来了哪些变革？
3. 物流组织的管理层次有哪些？
4. 物流组织设计的影响因素有哪些？
5. 企业环境的变化是怎样影响物流组织的发展变化的？

第9章
物流系统控制

学习目标

通过本章的学习，应掌握物流系统和物流系统控制等基本概念；熟悉物流系统控制的主要内容和物流系统控制的基本框架；了解物流系统控制的分类、方法及重要意义；理解物流系统控制在提升企业管理和优化企业供应链中的重要作用。

关键词

物流系统（logistics system）；物流系统控制（logistics system control）；效益背反（trade off）

案例 9.1

丰田汽车作为世界上最大的汽车生产商，其成功经历激励人心。丰田成功的主要原因除了有“丰田生产方式”和“系统控制”外，其高效的物流系统也发挥了重要的作用。众所周知，汽车生产过程是一个复杂精密的流水线系统，但在社会化大生产分工日益专业化的背景下，汽车零部件的生产与装配分散在不同的厂商甚至不同的地区。但丰田汽车从产品订单，安排生产到交付顾客的整个流程都经过了系统工程师精密的流程测算。在生产组织方面，丰田首创了“准时制”制造系统，在该系统中，汽车生产的零部件运输与汽车组装的所有环节实现了无缝链接、保证了仓库的零库存，显著地降低了生产成本。在顾客服务方面，丰田奉行顾客导向的原则，积极响应和及时满足顾客不断增长、变化的需求。目前，丰田开发一款新的车型到顾客收到订单整车只需要 18 个月，而相比之下，通用则需要 3 年时间。正是源于这种从生产到市场的物流系统的精密控制，丰田才取得了令世人瞩目的卓越成绩。

（本案例根据丰田汽车网站内容和 BBC NEWS 整理而得）

随着经济的快速发展和企业规模的不断壮大，物流管理已成为决定企业战略能否成功的关键性因素，如何提升物流管理水平已成为业界和理论界关注的焦点。国内学术界认为，抓物流要用系统的思想，需遵循两大原则：总费用分析与全局优化。这一思想精辟地概括了物流管理的精髓。本章的物流系统控制就是基于此思想，并在前面各章知识的基础上，详细介绍物流系统控制的相关知识，用不一样的视角来认识和阐述物流管理的控制功能——使物流计划的实际执行情况和物流管理目标相一致的过程。

9.1 物流系统控制概述

9.1.1 系统与系统控制

9.1.1.1 系统的概念

系统（system）是指由部分组成的整体，不少学者对系统的概念有专门的论述。一般系统论创始人贝塔朗菲认为，系统是相互联系、相互作用的诸元素的综合体，强调元素间的相互作用以及系统对元素的整合作用。我国学者认为，系统主要是指由一组功能相互关联的要素、变量、组成部分或目标组成的统一整体，具有以下特点：系统是由两个或两个以上要素组成的有机整体；系统内部各要素间存在有机联系，从而使系统保持稳定；系统具有一定结构，可以保障系统的有序性，从而使系统具有特定功能；环境的制约是系统形成和存在的条件。

9.1.1.2 系统控制的概念

系统控制（system control）强调多个变量组合成一个整体后是如何相互作用的，关注这个整体运作的实际效果。系统控制的目标是在外部环境和条件发生变化的情况下，通过控制活动使整体获得有效运行，从而保证系统目标的实现，并获取最大效益。系统控制思想是物流管理中非常重要的管理思想。

9.1.2　物流系统

9.1.2.1　物流系统的概念

物流系统（logistics system）是指在企业供应链管理活动中，运输、储存、包装、装卸搬运、流通加工、配送等各种物流功能伴随着企业运营活动的进行，而使企业物品流通效率提高的系统。随着企业规模的不断壮大，企业物流系统所处的内外部环境日益复杂，不仅物流系统外部有众多不确定因素，在物流系统内部各物流要素之间也存在相互依赖的关系。物流系统的管理目标就是要实现整个物流系统的有效运行。综上所述，物流系统是将所从事的物流事务和过程作为一个整体，以系统的观点进行分析研究和管理，并以实现空间和时间的最大经济效益为目的。

物流系统

物流系统是指在企业供应链管理活动中，运输、储存、包装、装卸搬运、流通加工、配送等各种物流功能伴随着企业运营活动的进行，而使企业物品流通效率提高的系统。

9.1.2.2　物流系统的特征和规律

物流系统具有一般系统所共有的规律，同时还具有其独特的属性。

（1）物流系统非常复杂

物流横跨生产、流通和消费三大领域。物流商品品种数量庞大、从事物流活动的队伍庞大、资金占用量庞大、商品供应经营网点遍布各地、物流信息规模庞大。如何合理地利用这些人力、物力、财力和信息等资源是一项艰巨的任务。

（2）物流系统呈现动态性

社会商品的生产与需求和企业间的关系等都会影响物流系统，这些都是不断变化的。因此，物流系统是一个随着环境变化而变化的动态系统，企业要不定时对物流系统进行完善和提升。

（3）物流系统存在效益背反现象

效益背反（trade off）指两个相互排斥而又被认为是同样正确的命题之间的矛盾。效益背反现象在物流领域中非常普遍。在物流领域中，效益背反是指物流的功能要素之间存在着损益的矛盾。效益背反现象的存在通常会导致整个物流系统效率的低下，最终会损害整个物流系统的利益。具体来说，效益背反现象具体表现在物流成本与服务水平的效益背反和物流各功能要素的效益背反两个方面。

① 物流成本与顾客服务水平的效益背反（图9－1）。从图中

可以看出，如果要提高顾客服务水平，那么物流成本就会上升，这两者之间存在着效益背反。针对此现象，企业可以在保持现有顾客服务水平的情况下，通过改进物流系统来使物流成本下降。也可以在努力保持物流成本不变的情况下提高顾客服务水平。

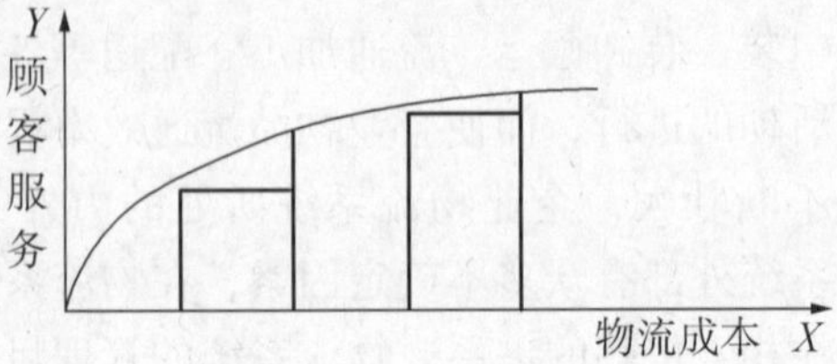

图 9-1　物流成本与顾客服务水平的关系

② 物流各功能活动的效益背反。物流各功能活动的效益背反是指在物流系统中，优化其中一方面，就会弱化另一个方面。例如，企业通过使用廉价材料包装产品，虽然可以降低包装成本，但由于包装强度的下降，在运输和装卸过程中破损率就会增加。

由此可见，进行物流管理时，要想降低物流系统的成本，提高整体物流效益，就必须要综合考虑各方面因素的影响，使整个物流系统达到最优，任何片面强调某种物流功能的做法都是不可取的。

9.1.3　物流系统控制

9.1.3.1　物流系统控制的概念

> **物流系统控制**
> 物流系统控制是指将系统控制理论应用于物流系统，将物流系统作为被控制对象，在对物流系统的输入和输出环节以及物流过程控制的基础上，通过物流绩效评价和系统修正，使物流系统最终到达所期望的最佳物流效益。

物流系统控制（logistics system control）是指将系统控制理论应用于物流系统，将物流系统作为被控制对象，在对物流系统的输入和输出环节以及物流过程控制的基础上，通过物流绩效评价和系统修正，使物流系统最终到达所期望的最佳物流效益。由于物流系统的特征和规律，特别是“效益背反”现象的存在，使得物流系统控制工作非常重要。

9.1.3.2　物流系统控制目标

物流系统控制的目标就是要保证物流系统实际运行结果与物流系统期望目标一致，从而帮助企业实现最佳物流效益。

9.1.3.3　物流系统控制要求

物流系统是一个非常复杂的系统，要想实现物流系统控制目标，就必须满足以下两个方面的要求：

① 要用系统的观点来对物流系统进行控制。物流系统要素包括人、财、物和信息；物流系统的功能活动包括运输、储存保管、包装、装卸搬运、流通加工和配送等，物流系统控制要求将这些要素和功能系统整合起来，用系统的观点来进行管理和控制。

② 要用动态的观点来对物流系统进行控制。物流不仅仅是物与信息的流通，其本身也是一个不断调节和控制的动态过程。由于效益背反现象的存在，大大增加了物流管理和控制的难度和深度，因此，企业需要在物流各要素间进行调节控制，用动态的观点对物流系统进行控制，通过不断优化企业物流决策，推动物流系统控制工作更好地开展。

9.1.3.4　物流系统控制内容

虽然物流系统控制内容会随系统的大小而发生相应变化，但从国内众多物流管理类教材看，普遍认为物流系统控制的内容包括两个方面：一是库存控制；二是成本控制。除此之外，国内很多教材还认为，物流系统控制的主要内容还包括产品质量控制、人员素质控制和产品进度控制，以及生产工序质量控制等。本书认为，如果能用系统控制的思想，对物流系统进行全方位的控制，将会取得更好的效果。所以，本章将从不同的视角对物流系统控制的内容进行重新的界定，具体内容将在本章第二节详细介绍。

9.1.3.5　物流系统控制分类

物流系统控制从不同角度有不同的分类，如果按控制的时间节点分类，物流系统控制可分为三类：前期控制、中期控制和后期控制。

（1）前期控制

前期控制是指在物流输入前期进行控制，主要通过对物流系统各投入要素进行控制，从而保证物流系统输入要素符合标准（图9－2）。

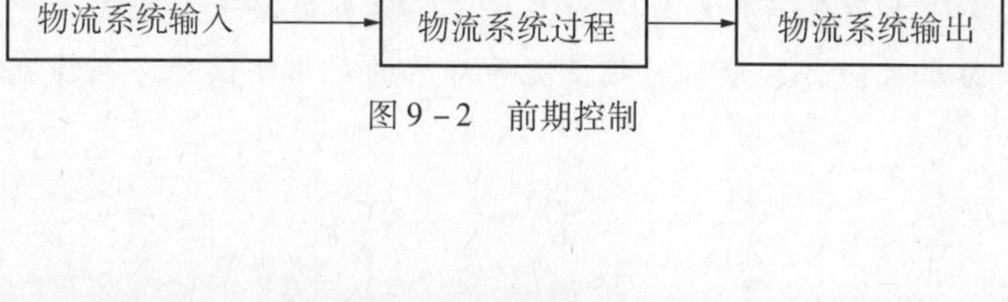

图9－2　前期控制

（2）中期控制

中期控制是指对物流系统的运行过程进行控制（图9－3）。

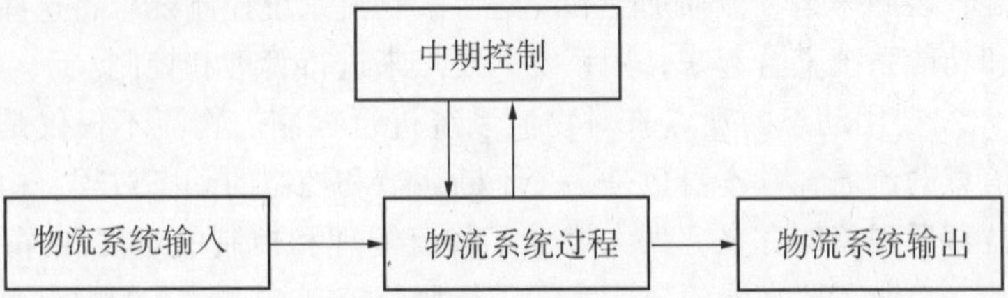

图9－3　中期控制

（3）后期控制

后期控制就是通过监控物流系统的输出结果，对物流系统实际运营结果与物流系统目标进行对比，再对物流系统进行修正（图9－4）。

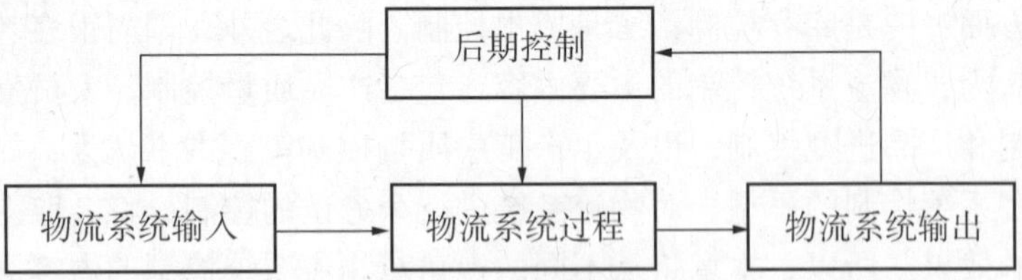

图9－4　后期控制

9.2 物流系统控制的基本框架

案例 9.2

劳力士：永恒的经典

自1905年汉斯·威尔士多夫在伦敦成立该公司以来，拥有一块顶尖质量的劳力士手表成为很多人的追求与梦想。由于价格昂贵，在世界各大旅游城市熙熙攘攘的街头，你都不难发现兜售假劳力士手表的小贩。为了保证手表的质量，劳力士公司除了在每一块手表的开发期间都进行了一系列包括卡环疲劳、抗腐蚀性、表带疲劳、防水性能、震动与转矩情况等环节的严格测试外。在物流系统的控制方面也做出了卓有成效的工作，如每件产品都有唯一的一个序列号，用以及时跟踪和显示出厂信息；对零售商进行鉴别淘汰，只对有资质的零售商颁发授权证书，并从一件产品的出厂到消费者支付购买的全程环节进行跟踪查询。正是基于对每一块手表的精确的物流控制，劳力士品牌才能历经岁月的洗礼而屹立不倒，成功赢得了大众的口碑。

（资料来源：www. rolex. com. 有改动.）

9.2.1 物流系统控制原理

控制是管理活动的一项重要职能。在管理活动进行的过程中，总有这样或那样的因素会对计划产生影响，从而会导致计划的实际执行效果与计划不符。这样的因素包括可控的因素，也包括很多偶发性的、非正常的不可控因素。在物流管理活动中，对于可控因素而言，如果能够及时进行管理和控制，就会使整个物流管理活动按计划进行。对于不可控因素而言，这些因素一旦发生，就将极大地影响物流计划的实施结果，所以，必须对物流计划进行及时恰当的调整。

物流系统控制和工厂所进行的生产系统控制系统原理上是一致的。对于生产系统控制而言，原料进入生产系统后，经过机器加工后形成产品。对管理者而言，除了关注原料以及产品的质量外，还必须关注生产的成本、生产的及时性、生产的流程以及最终产生的绩效等。如果任何一个方面产生问题，都可能影响生产系统的正常进行。同样，对于物流系统而言，物流管理者必须根据客户服务和成本对计划的物流活动进行控制，从而保证物流管理目标的实现。

9.2.2 物流系统控制基本框架

物流系统控制要想更富有效率，就必须在物流控制的基本框架下进行工作。概括来说，物流系统控制的基本框架（图9－5）包括两个方面：一方面是物流系统的内容，主要包括物流系统输入、物流活动流程、物流系统输出等；另一方面是物流系统控制的内容，主要包括物流控制标准设定、过程控制、绩效评价与修正等。这两部分形成一个统一的整体，共同构成物流系统控制的基本内容。下面分别对这两个部分进行简要介绍。

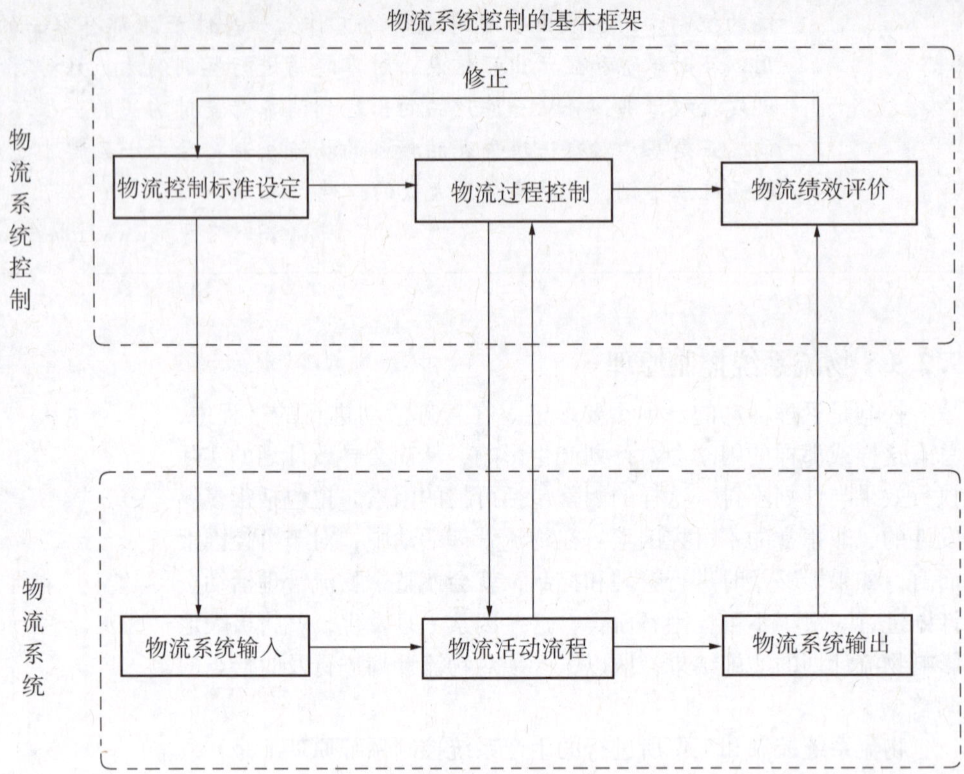

图 9-5　物流系统控制的基本框架

9.2.2.1　物流系统部分

(1) 物流系统输入信息

物流系统输入信息主要以计划的形式进入物流系统。根据物流系统控制目标的不同，计划的内容可以包括采用何种运输方式、安全库存设定、订单处理系统设计等。物流系统输入信息还包括环境影响因素等，比如那些可能影响流程、但计划中未考虑到的因素，主要指使流程结果与计划不符的不确定因素，比如供货商和竞争对手的不确定行为等。

(2) 物流活动流程

物流活动流程是物流系统的核心。物流活动流程可以是某项物流活动，如订单履行和库存弥补等，也可以是企业涉及的全部物流活动流程。

(3) 物流系统输出信息

物流系统输出信息指的是流程的结果，也就是通常所说的物流实施绩效。物流实施绩效的衡量标准通常要考察物流成本的控制情况和所提供的物流服务的满意度等。

9.2.2.2　物流系统控制部分

该部分是物流系统控制基本框架的关键部分，这里先分别作简要介绍，具体将在以后各节进行详细介绍。

（1）物流控制标准设定

物流控制标准即物流管理的参照标准。物流控制标准的设定有利于比较物流计划的执行情况。对公司而言，物流控制标准可以分为内部标准和外部标准，内部标准通常指的是顾客服务质量和成本预算指标等；外部标准主要包括一些普遍认可的国家或国际标准等。

（2）物流过程控制

物流过程控制是物流系统控制成败的关键。再完善的物流计划，如果没有良好的实施过程，也不可能有好的产出。物流过程控制可以是单个物流活动的过程控制，也可以是整体物流活动的控制。物流过程控制强调的是实时控制，物流管理者要进行实时监控，从而保证物流活动时刻按计划进行。

（3）物流绩效评价与修正

物流绩效评价就是指对物流系统输出结果的考核和评价。通过对物流绩效进行评价，一方面可以考核物流管理者的经营业绩，另一方面也可以对物流系统进行修正，提高物流活动运行效率。

9.3 物流系统控制标准

案例 9.3

降低成本：永无止境的追求

加拿大枫叶食品公司是一家主要生产新鲜食品的公司。该公司的目标是每一件食品的采购、生产、销售环节都可以被跟踪查询，但由于食品从田间采购、车间生产到餐桌消费这一流程中有众多环节，全程跟踪的挑战非常大。为了保证企业运营成本的最小化，枫叶食品公司引进了无线射频识别技术（RFID），它的主要优势是增加了同时进行多项跟踪工作的可能性，传统的条形码识别技术需要直接扫描才能读取解码信息，而RFID不仅携带的信息更多，而且不用扫描就能直接识别。这在保证产品质量、满足顾客需求的同时，显著降低了物流环节的成本，并且节约了产品跟踪过程中的信息收集分析时间。成为物流系统中日益被更多食品生产企业所认可的系统控制标准。

（资料来源：www. mapleleaf. com. 有改动.）

该部分所讲的物流控制标准指的是企业物流内部控制标准，对于企业物流外部控制标准在此不再赘述，有兴趣了解的同学可以查阅其他相关资料。一般而言，企业内部物流控制标准有两个方面：物流成本预算与物流服务目标。下面分别对这两个标准进行介绍。

9.3.1 物流成本预算

9.3.1.1 物流成本预算的概念

预算是指通过对影响公司绩效的变量的处理，努力使公司达到预期的目标。预算是一种定量计划，用来帮助协调和控制一定时期内企业资源的获得、配置和使用。物流成本预算就是通过特定的程序和方法，以货币化形式确定预算期内物流各环节耗费水平及成本水平，同时提出保证预算顺利实现所采取的措施。

物流成本预算

物流成本预算就是通过特定的程序和方法，以货币化形式确定预算期内物流各环节耗费水平及成本水平，同时提出保证预算顺利实现所采取的措施。

9.3.1.2 物流成本预算的作用

物流成本预算是由高层管理人员与物流经理共同设定的成本目标，用它来指导物流活动的实际成本绩效。因此，在实际控制过程中，物流成本预算既是一个控制标准，也是一种工具。具体作用如下：

（1）明确细化物流目标

物流成本预算将物流目标通过具体的数据体现，使物流目标得以细化，不仅使管理层可以采取有效应对措施，也可以帮助企业员工明确自身在企业中的地位和作用，有利于凸显计划目标的激励作用。从而可以达到协调企业整体物流活动，提高物流系统的经济效益的目标。

（2）物流系统控制标准

日常各项物流活动能否实现预期目标需要确定参照标准。物流成本预算可以及时提供实际执行结果与预算标准之间的差异，通过分析其具体差异原因，及时采取有效措施。所以，物流成本预算已成为物流系统控制的主要标准之一。

（3）物流绩效评价依据

物流成本预算在确立各部门和员工目标的同时，也进一步明确了各部门和员工所承担的经济责任，通过实际结果数与预算数的比较，可以进行物流绩效评价，一方面可以对各部门和员工进行奖惩，另一方面通过分析可以对物流系统进行修正。

9.3.1.3　物流成本预算的编制

物流成本预算通常按不同物流功能来编制。通过预算编制，将不同功能的物流成本指标具体落实到各物流部门，这样有利于明确责任，同时便于考核和评价各物流部门在控制物流成本方面的绩效。总体来说，具体的成本预算内容主要包括包装费用预算、运输费用预算、装卸费用预算以及仓储费用预算等内容。下面以包装费用预算和运输费用预算为例进行简要的说明。

（1）包装费用预算编制

企业包装费预算包括直接包装费预算和间接包装费预算。在具体确定企业某些商品的包装费预算时，直接包装费预算可用商品的包装件数乘以该商品每件直接包装费计算确定；间接包装费预算可用间接包装费总额按一定的分配标准计算出一个分配率，然后分别乘以各商品的分配标准即可。

（2）运输费用预算编制

大部分企业的运输费用预算包括营业运输费用预算和自营运输费用预算。营业运输费用指利用营业性运输工具进行运输所支付的费用；自营运输费用是指用自备运输工具进行运输所发生的费用。企业在进行营业运输时，运输费用实质上是变动成本，故该运输费预算编制相对简单。

物流成本预算的编制内容比较多，其他费用不再一一说明，具体的编制过程和方法类似于管理会计中的预算编制，故也不在本教材中介绍。表 9－1 是某企业的物流成本预算的模板，仅供参考。

表 9－1 某企业物流成本预算（模板）

项目	上年实际数	本年预算数	项目	上年实际数	本年预算数
物流费用预算合计			补充资料		
1. 仓储、分拣费用预算小计			1. 物流资本性投入预算合计		
（1）仓储、分拣人工费用			（1）房屋建筑物		
其中：仓储、分拣人员工资及福利费			（2）机器运输设备类小计		
（2）保管费			① 货架、堆垛机		
（3）包装费			② 分拣设备		
（4）商品损耗			③ 大屏幕监控设备		
（5）装卸费			④ 仓库内电动叉车、手动叉车		
（6）其他费用			⑤ 仓库打码机、喷码机		
2. 配送费用预算小计			⑥ 电脑及设备		
（1）配送人员直接人工费			⑦ 控制电柜及设备		
（2）运费			⑧ 运输设备		
（3）燃油费			其中：仓储用车		
（4）过路过桥费			送货车		
（5）其他费用			（3）无形资产投入		
3. 管理费用预算小计			其中：土地使用权		
（1）管理人员的人工费用			软件费		
（2）折旧费			（4）其他资本性投入		
其中：车辆折旧			2. 物流费用预算指标分析		
（3）税费			（1）企业资产总额（万元）		
（4）无形资产摊销			（2）销量预算（箱）		
（5）水电费			（3）利润总额预算（万元）		
（6）通讯费			（4）平均存货余额（万元）		
（7）差旅费			（5）存货周转次数（次）		

续上表

项目	上年实际数	本年预算数	项目	上年实际数	本年预算数
(8）办公费			(6）单位面积存货存量（箱/平方米）		
(9）业务招待费			(7）单箱物流费用（元/箱）		
(10）低值易耗品摊销			(8）单箱仓储、分拣费用（元/箱）		
(11）管理用车费用			(9）单箱配送费用（元/箱）		
其中：燃油费			(10）单箱管理费用（元/箱）		
过路过桥费			(11）单箱车辆折旧额（元/箱）		
养路费			(12）物流资本性累计投入占总资产比例		
(12）修理费			(13）物流费用率		
其中：车辆修理费			(14）物流费用利润率		
(13）租赁费			(15）物流车辆数		
(14）保险费			(16）车辆月行驶总里程（千米）		
其中：车辆保险费			(17）库房面积（平方米）		
(15）劳动保护费					
(16）其他费用					

填写说明：

1. 单位面积存货存量（箱/平方米）＝期末存货数量÷库房建筑面积。
2. 单箱物流费用（元/箱）＝期末物流费用÷期末销售数量。
3. 单箱仓储分拣费用（元/箱）＝期末仓储、分拣费用÷期末销售数量。
4. 单箱配送费用（元/箱）＝期末配送费用÷期末销售数量。
5. 单箱管理费用（元/箱）＝期末管理费用÷期末销售数量。
6. 单箱车辆折旧额（元/箱）＝车辆折旧费用÷期末销售数量。
7. 物流资本性累计投入占总资产比例＝物流资本性累计投入÷企业期末资产总额×100%。
8. 物流费用率＝物流费用÷期末销售收入×100%。
9. 物流费用利润率＝利润总额÷物流费用×100%。

（说明：该预算模板选自某公司物流成本预算模板，在此表示感谢。由于不同公司业务不同，具体的物流成本预算内容也会有所不同，请在使用时根据情况进行调整。）

9.3.2 顾客服务目标

案例
9.4

上海德邦物流公司是一家集综合运输和结算为一体的第三方顾客服务供应商。公司成立至今得到了飞速的发展，目前为多家大型零售商、采购商和知名产品制造商提供最优质的顾客服务。上海德邦物流公司实施现代科学物流发展战略，坚持以“客户为中心”的服务理念，坚持以“安全高效准确即时”为服务目标，可以根据客户特点为客户提供“个性化”物流配送方案。公司拥有高速的信息网和先进的物流管理系统，同时拥有配置精良的物流系统和专业化、高素质的现代化物流团队。目前已通过 ISO 9001 服务质量管理体系的认证，也是世界货代联盟、中国全球物流联盟、中国物流与采购联合会、中国交通运输协会、中国国际货代协会等多家国际、国内协会理事或常务理事。

（资料来源：http：//www. debangwl. wanye68. com. 有改动.）

9.3.2.1 物流服务的特征

企业的物流服务内容非常广泛，通常具有以下几个方面的特征：

（1）多元化特征

物流资源和功能要素的多元化、物流需求的多元化导致了物流服务的多元化。因此，在进行物流系统控制时，要充分考虑物流服务的多元化特征，采取适当措施提升物流服务水平。

（2）增值性特征

物流服务通过创造时间和空间效用，充分体现出物流服务价值创造的特性，也充分体现了物流作为“第三利润源”的内涵。

（3）网络化特征

现代网络理念和技术的发展，极大地促进了物流服务的网络化发展。主要体现在物流组织的网络化、物流服务技术的网络化以及物流服务需求的网络化。

9.3.2.2 顾客服务目标的概念

物流服务本质上是对顾客服务，所以实现顾客服务目标是物流服务的最终目的。与物流成本预算不同的是，顾客服务目标需要从客户的角度考虑问题，物流工作的一切出发点都要坚持以客户为中心，永远把客户的满意作为顾客服务目标。一般而言，顾客服务目标都要通过具体的语言描述出来，才能具有目标导向作用。顾客服务目标就是顾客服务要达到的目标，是物流系统控制的重要标准之一。上例中的上海德邦物流公司就是以客户为中心，一切围绕客户提供顾客服务，树立了“安全高效准确即时”的服务目标，以此作为公司物流系统控制的标准之一，取得了良好的实践效果。

另外，企业在努力实现顾客服务目标的同时，也必须考虑对物流成本和利润的影响。由于受“效益背反”理论的影响，物流成本提高可以有效地提高服务水平。同时，由于企业经营必须要有效控制成本，物流成本必须控制在一定范围内，所以，企业必须在努力控制物流成本的同时保证服务水平，达到顾客服务目标。

因此，用顾客服务目标作为物流系统控制的标准，有利于提高顾客服务效率，控制物流系统成本，在达到服务目标的同时提高企业效益。

9.3.2.3 顾客服务目标的达成

顾客服务目标的达成最终要通过顾客服务质量来体现。顾客服务质量的提高有利于提高客户满意度，也有利于客户关系的维护和竞争优势的保持，也将会对企业的利润产生显著影响。20 世纪 60 年代后，关于顾客服务质量的研究开始兴起，当时最具有代表性的是以时间、地点效用为基础的 7Rs 理论，这一理论认为顾客服务能够创造部分产品价值。80 年代后，众多学者开始从具体指标的设立和测定来对顾客服务质量进行描述和评价。90 年代后，顾客服务质量的研究开始以对客户满意度的影响为重心，此时的顾客服务质量主要体现在以下三个方面：

（1）人员沟通质量

人员沟通质量是指负责沟通的企业顾客服务人员能否通过与顾客的良好沟通提供个性化服务。顾客服务人员知识丰富程度、能否体谅顾客处境、能否帮助解决顾客问题都会影响顾客对顾客服务质量的评价。所以，加强顾客服务人员与顾客沟通是提升顾客服务质量的重要因素。

（2）订单完成质量

具体包括以下内容：

① 订购过程。指的是企业在接受顾客订单、处理订购时的效率。

② 货品精确率。指实际配送的商品和订单商品相一致的程度。货品精确率包括货品的种类、型号、规格及数量的正确程度。

③ 货品完好率。指货品在配送过程中受损坏的严重程度。货品完好程度指标反映损坏程度及事后处理方式。

④ 货品质量。指货品使用质量，包括产品功能与消费者需求吻合的程度。

⑤ 误差处理。指订单执行出现错误后的应变处理。企业对此的处理方式将直接影响顾客对顾客服务质量的评价。

⑥ 物流时间的长短。是指货品能否在约定时间内到达指定地点，具体包括从顾客落订到订单正确完成的时间长度。

(3) 信息提供质量

信息提供的质量指的是企业从顾客角度出发，所提供的与产品质量相关的信息。这些信息包含但不限于产品目录、产品特征等内容。如果顾客能收到足够多的有用信息，就会比较容易做出恰当的决策，从而提高顾客的满意度。

以上三个方面是顾客服务质量的具体体现，也是实现顾客服务目标的重要途径，更是物流系统控制的重要参考标准，需要企业的物流管理人员高度重视。

9.4 物流过程控制

案例 9.5

翌日到达：不变的承诺

1907 年，美国人吉米·凯撒创办了 UPS，即联合包裹公司。UPS 承诺，国内快件保证在翌日上午 8 点以前送到，国际快件三个工作日内送达。这样的承诺是基于 UPS 对物流过程所耗费时间的严格控制。首先，UPS 创建了世界最大最先进的即时信息追踪系统；其次，公司在美国国内和世界各地建立几十所空运中转中心，并且拥有自己的飞机和运输车队，精确的 GPS 定位服务能够为每一辆运输工具设定最优的行驶路线，甚至能保证每辆邮车都可避开前方道路的红灯，从而将运输时间降至最低；其次，流程标准化建设，一方面加大了自动分拣包裹的设备机械化程度，另一方面采用了顾客服务标准化建设，即将每个邮递员从停车、送货到返回车中的动作标准化。通过对物流过程的精确控制，UPS毫无悬念地在全球物流系统中独立鳌头，取得了骄人的成绩。

（资料来源：www. ups. com. 有改动.）

物流时间与物流质量和物流成本有密切的联系，起着基础性的作用，只有做好物流时间管理，企业才能不断提高物流效率、降低物流成本、提高物流质量，并最终实现物流效益最大化。

9.4.1 物流时间控制

时间就是效率。物流时间控制对于物流系统的有效运行起着至关重要的作用。

9.4.1.1 物流时间控制的定义

物流时间控制指在物流系统运行的各个环节努力减少完成每一项活动所需要的时间。它既包括了对传统意义上物流系统包装、装卸、运输、储存、信息处理的全过程的时间缩减，也包括了物流衍生系统的顾客服务，即以客户需求为导向的企业文化对于市场需求的迅速回应时间，还包括了物流支撑系统，即物流信息处理技术对整个物流系统运行时间的精准把握。

9.4.1.2 物流时间控制的内容

根据企业物流系统的运行过程，物流时间控制可从以下五个方面进行。

① 订单处理时间控制，一方面是指企业处理客户初始订单的速度，另一方面也指对于客户反馈的处理效率。订单处理不及时、接受订单后服务跟不上等都会导致后续作业的混乱。

② 调度处理时间控制，主要是指物流企业在接到订单后发货时间的长短以及对运输方式、路线调度安排的效率。在调度过程中精确的时间控制会带来整个系统效率的提高，而调度时间的延迟会引起整个物流系统效率的低下。

③ 装卸作业时间控制，指的是对物流系统中货物装运现场作业所耗费时间的把握。作为整个物流系统运行中的关键环节，装卸作业所用时间的控制对于整个物流系统的时间控制具有无可替代的关键作用。

④ 在途运输时间控制，主要是对车辆在途运输时间的控制。作为物流系统中最为耗费时间的环节，在途运输环节的时间长短是决定整个物流系统时间控制成败的关键。

⑤ 仓库管理时间控制，是指对仓库物品有效及时规范的分类整理。它既包括发货前的物品分类排放，也包括发货后的盘存清点。

9.4.1.3　物流时间控制的方法

物流时间控制的方法

物流时间控制的方法从整体来看分为两种，即节点时间控制和计划时间控制。

物流时间控制的方法从整体来看分为两种，即节点时间控制和计划时间控制。

(1) 节点时间控制

节点是指在完成一系列若干个不同任务的过程中，前一个任务的终点和下一个任务的起点。在物流运行系统中，节点时间控制是指包装、装卸、运输、储存、信息处理的全过程所耗费时间的设计与精确控制。节点时间控制的优势是通过对物流整体系统全过程的精确控制，量化每个环节所耗费的时间并将其最小化。从而降低整个物流系统时间的耗费，提高时间控制效率。其主要环节如图 9－6 所示。

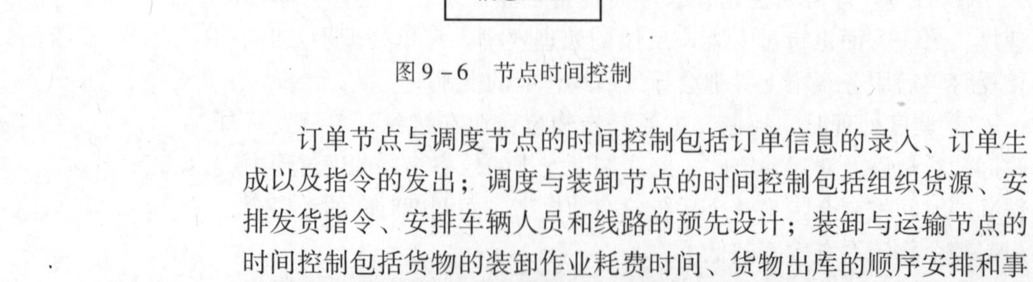

图 9－6　节点时间控制

订单节点与调度节点的时间控制包括订单信息的录入、订单生成以及指令的发出；调度与装卸节点的时间控制包括组织货源、安排发货指令、安排车辆人员和线路的预先设计；装卸与运输节点的时间控制包括货物的装卸作业耗费时间、货物出库的顺序安排和事先质量检验时间等；运输和仓库管理节点的时间控制包括在途运输时间的把握、突发事件的应急处理、目的地的信息提供、卸货交付、质量检验和收货入库确认等；而仓库管理和订单的节点时间控制则强调整个节点时间控制的循环性，指的是收货企业的货物入库整理时间和发货企业的剩余库存盘点时间以及收发货双方的订单信息整理时间。

（2）计划时间控制

计划是指在未来预期不确定的情况下，为了达到特定目标而制定的实现路径和目标规划。在物流时间控制中，计划时间控制通常意义上也可理解为“时间窗”，即企业在物流供应链中所设置的运作时间规划。计划时间规划又可分为两种，一是固定时间控制，二是柔性时间控制。

固定时间控制是指企业根据自身的生产经营能力而制定的生产加工、订单处理等环节所需的时间。具体到物流企业来说，其计划时间控制的关键是在途运输所耗费的时间。表9－2列出了物流企业固定时间控制的具体形式。

表9－2　固定时间控制

运输里程	在途时间规定	固定时间控制
≤90公里	出发后4小时内到达	以90公里4小时为基准
≤490公里	出发后21小时内到达	以90公里4小时为基准，不兼顾司机用餐休息时间
≤890公里	出发后39小时内到达	以90公里4小时为基准，不兼顾司机用餐休息时间
≤1 490公里	出发后66小时内到达	以90公里4小时为基准，不兼顾车辆遭遇突发事件的时间

柔性时间控制是相对于固定时间控制而言。柔性时间控制方法的出现是基于对物流系统固定时间控制模式下运行经验的总结，比如在物流系统的运作过程中，可能会遇到不可预测的突发事件。在这种情况下，固定时间控制模式就显得有些力不从心，而柔性时间控制模式可以在保证人员物质安全到达的情况下，兼顾考虑应对突发时间的处理时间。其控制流程如图9－7所示。

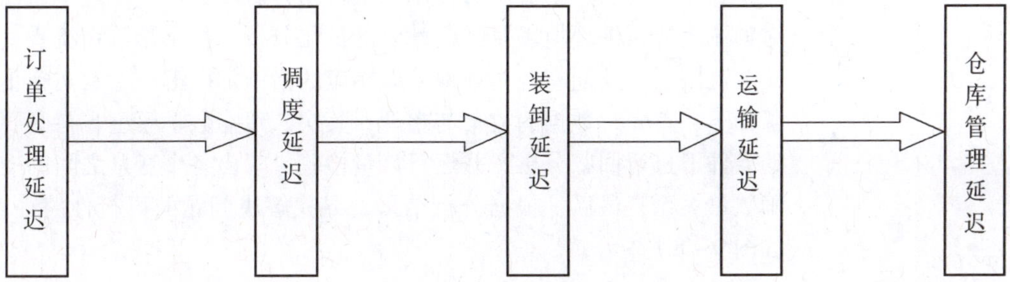

图9－7　柔性时间控制流程

9.4.2 物流质量控制

9.4.2.1 物流质量控制的定义

> **物流质量控制**
>
> 物流质量控制是指在物流系统运行的过程中，对其各个环节的运行效率满足客户需求和符合自身质量预期的程度的控制。

物流质量控制是指在物流系统运行的过程中，对其各个环节的运行效率满足客户需求和符合自身质量预期的程度的控制。由于物流系统是一个物流标的体、包装、装卸、运输、储存、人员、通信等特殊要素相互作用而组成的具有特定功能的复杂系统。所以，物流质量控制从整体上来看包括信息处理质量、货物配送质量、仓储质量和订单服务质量等多个方面。

9.4.2.2 物流质量控制的原则

（1）全面管理原则

物流质量控制是基于物流系统整个环节而言的，鉴于物流系统的复杂性、综合性等特征，全面考虑物流活动全过程的质量水平是其必须考虑的原则。实际上，这一原则不仅涉及物流活动标的物的装卸、运输、储存等各个方面，还包括活动参与者的组织管理水平，甚至包括物流信息技术处理能力的管理。

（2）技术领先原则

物流系统是一个相互连接、相互作用的有机整体，其质量水平的高低不仅与企业的组织管理水平息息相关，也与支撑物流系统的信息技术有着密切的联系。物流质量控制的技术领先原则是指在衡量物流质量的过程中要利用先进的管理技术和信息处理技术来提高物流质量。

9.4.2.3 物流质量控制的方法

（1）数据分析法

数据分析法是物流质量控制的最常用方法。其主要原理是通过对物流企业所处环境以及经营绩效的量化分析，找出影响物流质量的关键因子，从而有针对性地采取相应的措施加以解决。其实施步骤如下：首先，数据的收集与整理；其次，建立数学模型，在必要的条件下进行回归分析，并运行计量检验，求出各个变量之间的准确数量关系；最后，根据分析结果，寻找解决问题的可行性路径。如图 9 –8 所示。

图9－8 数据分析法

（2）因果关系法

由于物流系统是众多相互联系又密不可分的环节组成，它们紧密联系又互为因果。因此，在物流质量管理流程中，因果关系法有利于用最简单的逻辑关系找出具体的问题，从而找出最有效的解决办法。以食品流通环节的监管为例，为保证食品安全，从食品原料采购、生产、运输到最终消费的所有环节都与物流质量密切相关。因果关系法可以在物流质量管理过程中将责任明确到每一个参与人，并能根据每个环节的物流质量进行责任追究。基于此，良好的物流质量得以实现。如图9－9所示。

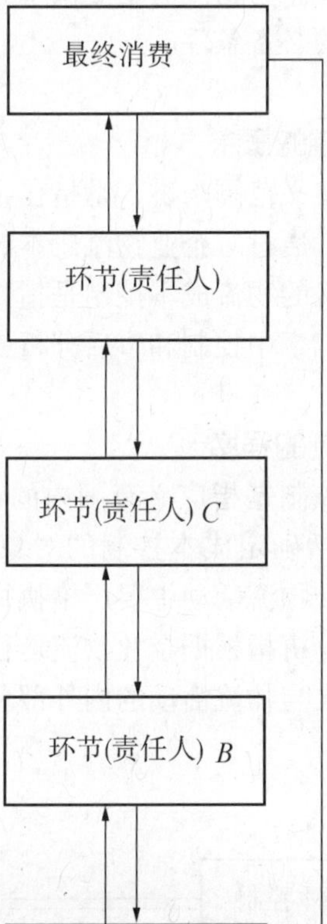

图9－9 因果关系法

9.4.3 物流成本控制

9.4.3.1 物流成本的概念

物流成本

物流成本是指企业在物流活动中发生的各种费用的货币表现，它包括物流管理成本和物流活动成本两个部分。

物流成本是指企业在物流活动中发生的各种费用的货币表现，它包括物流管理成本和物流活动成本两个部分。具体来讲，物流管理成本指企业管理层的必要支出，如会议费、差旅费、接待餐饮费用、信息系统管理费用等；物流活动成本指员工工资、财务管理费用、运输费用、仓储费用等。因此，物流总成本的核算公式为：

物流总成本 = 物流活动成本 + 物流管理成本

实际上，物流活动成本是企业开展物流活动的显性成本，它主要存在于企业物流活动的实际运行过程中。而物流管理成本是企业物流系统的隐形成本，它为物流活动提供了必要的智力支持，是物流系统得以顺利运行的必备条件。

9.4.3.2 物流成本控制的概念

物流成本控制从狭义范围来讲，是指在企业物流活动中，根据既定的物流成本目标，通过对企业物流成本的严格控制，从而降低企业的物流成本。广义的物流成本控制是指物流活动全过程的成本管理，包括事前计划、事中控制和事后分析三个成本控制部分。

9.4.3.3 物流成本控制的程序

这里的物流成本控制是指广义范围内的物流成本控制。其中，事前成本计划控制包括确定成本控制的对象、制定成本控制的标准；事中成本控制指在物流活动中要严格执行物流成本控制业已制定的标准；事后成本分析指根据企业物流运行绩效的反馈结果，及时修正既定标准，使之与物流活动的内外部环境相融合。其流程如图 9 – 10 所示。

图 9 – 10　物流成本控制

9.4.3.4　物流成本控制的方法

（1）标准制定法

标准制定法是指在物流系统运行的各个环节都依靠精准的量化分析来制定该环节标准的投入产出成本，通过比较实际运行状态与既定标准来控制物流成本。比如，在订单信息处理环节，加大信息技术设备的投入改造力度，通过信息处理过程的全程自动化来降低物流企业长期的人力资源成本；在装卸环节，通过存储仓库的合理布局和装卸设备的自动化来降低装卸现场作业所需的时间，从而降低企业该环节的投入；在运输环节，通过选择最优的到达路径，设定科学合理的运行时间，提高在途运输的安全性来保证物流成本的最小化；在物流系统的最初也是最终环节，仓储标准的制定对于整个物流成本控制也有着至关重要的作用，通过事先制定明确的仓储容量上下限、维修养护、合理损耗等标准来降低物流系统运行的成本。物流成本标准如图9－11所示。

标准制定法

标准制定法是指在物流系统运行的各个环节都依靠精准的量化分析来制定该环节标准的投入产出成本，通过比较实际运行状态与既定标准来控制物流成本。

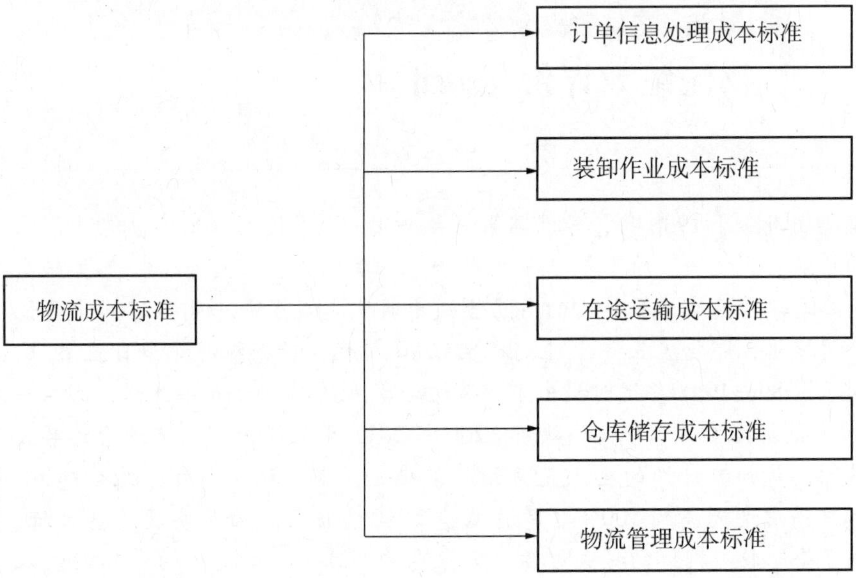

图9－11　物流成本标准

（2）参考比较法

与标准制定法侧重于企业内部实际运行绩效与既定标准的比较方法不同，参考比较法将关注点放在企业生产经营的外部环境中，强调物流成本控制应该与同行业其他企业的运行绩效进行比较，以此来控制企业的物流成本。与标准制定法不同，它侧重于企业自身物流运行指标，如订单信息处理成本标准、装卸作业成本标准、在途运输成本标准、仓容管理成本标准同该行业其他企业的比较。如表9－3所示。

表9－3　物流成本参考比较法

	企业A	企业B	企业C	……	企业自身
订单信息处理成本标准	……	……	……	……	……
装卸作业成本标准	……	……	……	……	……
在途运输成本标准	……	……	……	……	……
仓容管理成本标准	……	……	……	……	……

9.5 物流绩效评价与修正

案例 9.6

三星集团成立于1938年，是韩国第一大企业，也是美国《财富》杂志评选的世界500强企业之一。旗下包括三星电子、三星电机、三星重工、三星航空等多家子公司。在研究三星集团的成功模式中我们发现了一个明显不同于其他企业的公司战略，即物流五年计划。20世纪80年代，世界经济竞争日益激烈，三星集团于1989—1993年适时提出了物流运输革新的第一个五年计划，1994—1998年，三星实施了第二个五年计划，2009—2013年又提出了物流运输的第五个五年计划，其物流计划的重点是将销售、配送、生产和采购有机结合起来，提出将客户满意度提高到100%、库存减少50%的目标。为了实现这些目标，三星设立了全球物流网络的集成订货、交货系统。目前，其提出的“节约成本200亿”、“减少库存40%”、“全面提高物流生产率”等目标已经得到了完全的实现，并摘得得了韩国首届物流大奖的桂冠。不难发现，三星的成功除了科技领域的不断创新外，在物流领域，及时根据企业经营的内外部环境的变化，调整企业的物流绩效指标，使其适应内外部环境的变化，从而有效促进企业整体绩效的提高，这也是三星集团成功的秘诀之一。

（资料来源：www. samsung. com. 有改动.）

9.5.1　物流绩效概述

物流绩效是物流系统的输出结果，物流绩效的好坏不仅关系到企业物流系统管理的成败，一定程度上也决定了企业管理的成败。所以说，物流绩效评价与修正不仅是物流系统控制的最后环节，也是物流系统控制的关键。

9.5.1.1　物流绩效的概念

绩效通常被定义为通过事先制定出明确的评价标准来评估完成工作的效果与效率。物流绩效是指在某经营期间内，企业物流经营效益和物流管理者的物流经营业绩。具体是指企业根据顾客要求，在具体组织物流活动过程中的劳动消耗与劳动占用及所创造的物流价值的对比关系。

物流绩效

物流绩效是指在某经营期间内，企业物流经营效益和物流管理者的物流经营业绩。具体是指企业根据顾客要求，在具体组织物流活动过程中的劳动消耗与劳动占用及所创造的物流价值的对比关系。

9.5.1.2　物流绩效的组成

企业的物流系统所处的环境包括内部环境和外部环境。因此，物流绩效也应从内部和外部两方面进行考察。

（1）外部绩效

外部绩效也称为环境绩效，是指针对物流企业所处的生存发展环境对企业物流绩效的影响因子的分析。实际上，物流产业的兴起源于社会分工的专业化，作为人类生产活动的一部分，其生存和发展与整个社会的经济、政治、文化、科技乃至自然生态环境都有着密不可分的依存与制约关系。一方面，其发展受制于所处的社会经济环境，尤其是经济发展阶段、市场规模、宏观产业政策、信息科学技术水平等因素的影响；另一方面，企业物流绩效受所处自然生态环境的制约，反过来，其生产经营活动也对自然生态环境产生了一定的影响。在可持续发展理念日益成为全社会共识的今天，企业物流绩效与环境的双向制约关系使其成为评价物流绩效指标的关键组成部分。

外部绩效

外部绩效也称为环境绩效，是指针对物流企业所处的生存发展环境对企业物流绩效的影响因子的分析。

（2）内部绩效

内部绩效又称管理绩效或内部控制，它是指对物流企业在生产经营过程中从生产资料投入、产出到最终获得市场收益的全过程的有效组织与效率分析。从整体来看，内部绩效主要是企业组织绩效，包括计划、组织、领导和控制四个方面。具体来说，计划绩效是指对物流企业战略规划、战术制定、市场定位、发展路径等因子

内部绩效

内部绩效又称管理绩效或内部控制，它是指对物流企业在生产经营过程中从生产资料投入、产出到最终获得市场收益的全过程的有效组织与效率分析。

的实施效果分析；组织绩效是指对原料投入、生产组织、市场营销、资金回笼等产品生产销售环节进行有效整合的效率评价；而领导绩效主要是指对企业领导层在组织生产过程中所发挥的作用是否恰当有效、是否有效促进了企业绩效的切实提高的最终评价；控制绩效则是指对企业生产经营过程中存在的潜在风险、偏离既定目标的行为进行的及时有效控制，其贯穿于企业生产经营的所有环节。

9.5.2 物流绩效评价原则

物流绩效评价原则可以从两个方面进行说明，一个是从财务指标的角度进行考察，另一个是从非财务指标的角度进行考察。

9.5.2.1 财务指标最大化

财务指标是衡量企业绩效的传统指标，物流绩效的衡量也遵循同样的原理。主要包括：资产负债比率、净资本收益率、股息率等相关指标。物流绩效的财务指标最大化原则是指这些财务指标的大小关系到物流绩效的高低，较高的财务指标显示出较好的物流绩效，相反，较差的财务指标则意味着较差的物流绩效。

9.5.2.2 非财务指标最优化

非财务指标的涵盖范围较广，它不仅包括衡量企业环境绩效的指标，如政策适应性、社会满意度、环境承载力等。还包括衡量企业内部计划、组织、领导、控制等管理绩效的指标，如市场占有率、员工满意度、采购绩效、库存绩效、运输绩效、技术绩效等计划、组织、领导和控制绩效。非财务指标最优化作为衡量物流绩效是否有效的原则，是指在衡量物流绩效的同时，综合考虑物流企业生产经营的全过程，将企业组织生产的计划、组织、领导、控制四个管理环节有机地结合起来，综合考虑其对物流绩效的影响。类似于平衡记分卡的评价原则，这四个环节缺一不可，需要平衡发展，这样的物流绩效才是有效率的。

9.5.3 物流绩效评价指标

物流绩效的指标一方面可以分为内部绩效指标和外部绩效指标，另一方面也可分为财务指标和非财务指标。实际上，内部绩效指标主要为财务指标和非财务指标的结合，而外部绩效则主要是非财务指标。

9.5.3.1　外部绩效评价指标

由于企业外部绩效主要是针对其所处的社会经济政治文化以及自然环境而提出的，因此，其评价指标主要由非财务指标构成，主要包括环境承载力、政策适应性。其中，环境承载力又称为物流系统绿色度，指在物流系统运行中对环境的依赖与反作用关系，包括原料利用效率、能源消耗程度、废弃物的排放、外部性等；政策适应性则是指影响物流绩效的宏观经济、产业政策和政府的扶持力度。外部绩效评价指标体系如图9－12所示。

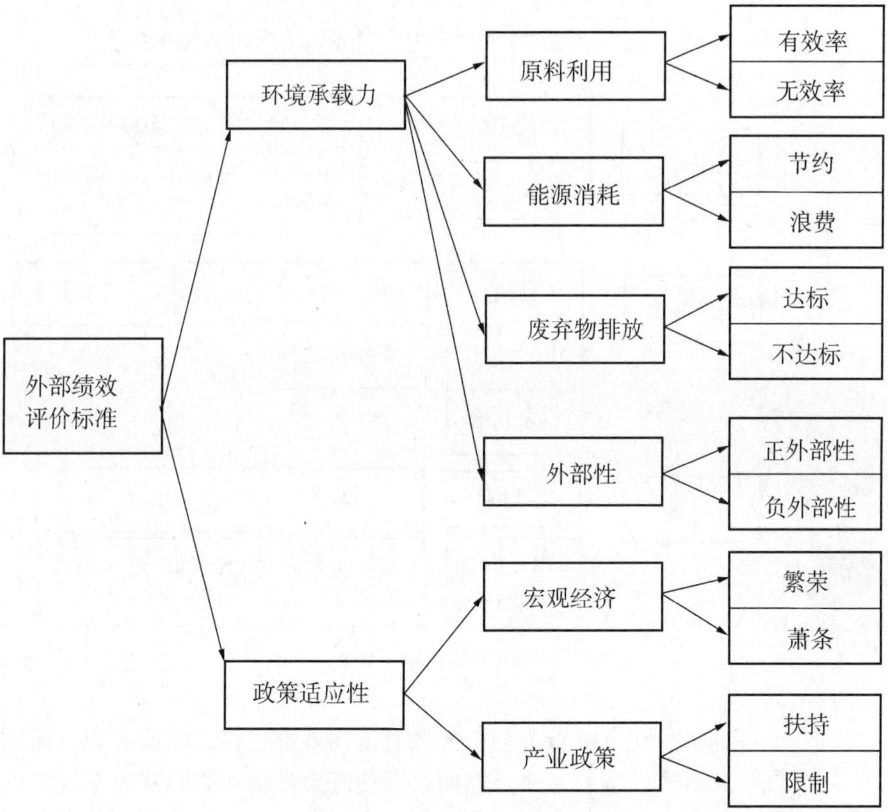

图9－12　外部绩效评价指标体系

9.5.3.2　内部绩效评价指标

物流内部绩效评价指标涵盖的范围非常广泛，既包括衡量企业绩效的传统财务指标，如资产负债比率、净资本收益率、股息率等，也包括衡量企业经营全过程的计划、组织、领导和控制四个方面的绩效的非财务指标。具体包括市场占有率、员工满意度、采购绩效、库存绩效、运输绩效、新产品开发率、逆向物流率、技术绩效、物流服务绩效、供应链绩效等多个方面。内部绩效的高低对于物流绩效能否达标起着至关重要的作用。内部绩效评价指标体系如图9－13所示。

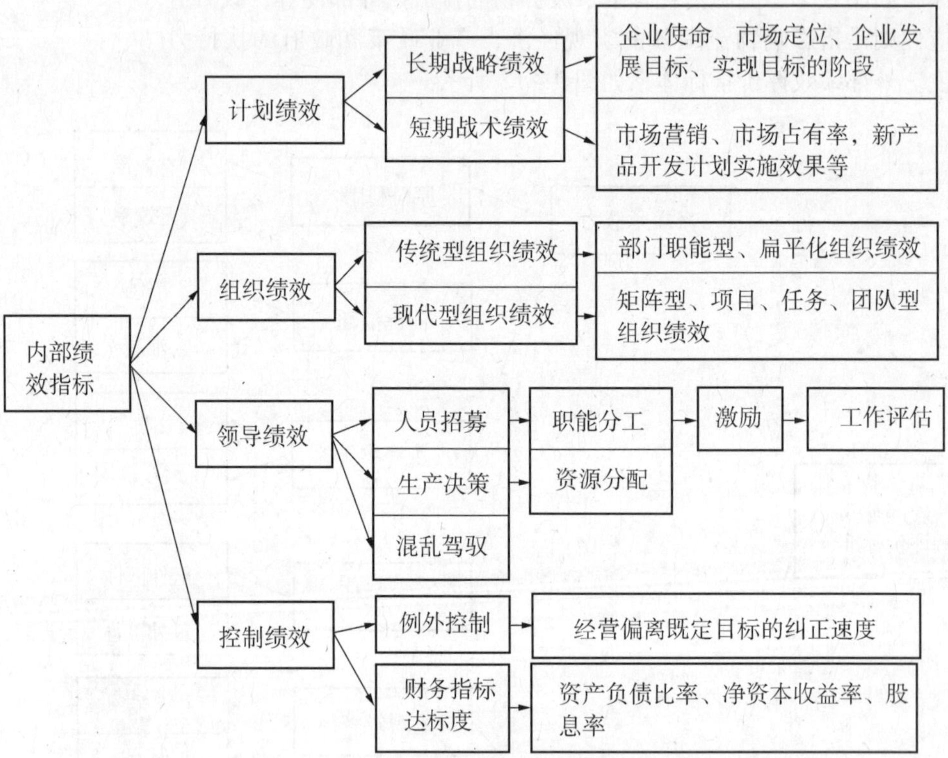

图9－13　内部评价指标体系

如上所述，唯有综合企业经营的内外部指标，才能客观全面地评价其真实的绩效水平。然而，即使综合考虑了影响物流绩效的内外部因素，由于物流绩效衡量的动态变化性、复杂性等独特的业态特征，我们必须对物流绩效指标进行动态化的管理，即根据内外部环境对衡量物流绩效的指标进行及时的更新与修正。唯有如此，才能实现企业生产与社会资源的最大化应用。

9.5.4　物流绩效评价指标修正

9.5.4.1　指标修正的原则

物流绩效指标的修正是指在动态化的过程中对已有指标优劣势的分析与新指标的选取的全过程。它主要遵循以下几个主要原则：

物流绩效指标的修正

物流绩效指标的修正是指在动态化的过程中对已有指标优劣势的分析与新指标的选取的全过程。

（1）及时性

社会经济活动的一个显著特征在于其动态的调整性，因此，对于任何一个市场经济的参与主体来说，没有既定可参考的模式可循。市场经济活动中唯一不变的真理就是其变化性。衡量物流绩效的指标也遵循同样的道理，其会随着企业内外部经营环境的变化而变化。为了客观准确地对物流绩效进行评价，我们必须牢牢把握企业经营环境变化的走向，做出及时准确的判断，使物流绩效指标能切实有效地反应经济环境的变化。

（2）一致性

在经典企业管理理论中，“例外原则”是企业内部控制中一个至关重要的原则。它是指企业领导层在面临企业生产经营决策的管理过程中，必须重点关注那些偏离企业既定目标的异常行为。在物流绩效的指标修正中，一致性是指物流绩效指标的修正必须与业已制订的企业长、中、短期目标相一致。换言之，指标修正这一过程并不是随机游走的，它必须遵循企业的战略战术目标，确保指标修正的过程与实行企业既定目标的一致性。

（3）全面性

全面性是指在物流绩效指标修正的动态调整过程中，我们必须综合考虑企业生产经营的全过程，包括计划、组织、领导和控制四个维度。按照“平衡记分卡”的衡量原则，全面关注影响物流绩效的所有过程，不可偏废其一，更不可将注意力只放在某一环节。在这一调整过程中，及时发现存在的疏漏，并将其纳入指标修正计划中加以弥补。唯有如此，才能保证物流绩效指标对真实物流绩效全面、翔实的反映。

9.5.4.2　指标修正的方法

指标修正的根源在于企业经营环境的动态变化。鉴于物流绩效指标分析的动态化特征，其指标修正技术的具体方法如下：

（1）标杆比较

标杆比较修正法主要分为两种。一是内部标杆比较，指物流企业将今天的绩效指标与本企业过往的绩效指标进行对比，根据其差异来比较绩效的高低。二是外部标杆比较，指物流企业将绩效指标与本行业其他企业进行对比分析，以此来改进物流绩效并在激烈的市场竞争中战胜竞争对手并获得竞争优势。

（2）结构重组

结构重组的方法主要是针对企业内部的管理过程而言，包括流程再造和管理结构调整。其中，前者是指在物流绩效指标的修正过程中，综合考虑采购、供应、仓储、运输、流通加工、配送等一系列环节。指标的修正一方面要客观翔实地体现所有环节的运行绩效，另一方面要加强流程改进技术，并且绩效指标要及时体现流程再造后的绩效水平。后者是指在企业的内部组织结构中，企业组织结构要根据内外部经营环境进行调整。

（3）价值创新

价值创新的修正方法强调在整个物流系统中，要综合考虑整个产业链的各环节，发掘新的价值增值环节，据此修正新的绩效指标。传统政治经济学理论认为只有物的生产过程才能产生价值增值。德鲁克 1962 年提出的“黑暗大陆”说认为，物流是降低成本的最后领域；1970 年日本早稻田大学西泽修教授提出的“第三利润源泉说”认为物流系统的发展可以显著提高整体经济的运行效率。事实上，由于物流系统的复杂性，产业链各个环节仍有大量的价值增值部分等待发掘。

本章小结

物流系统是指在企业供应链管理活动中，运输、储存、包装、装卸搬运、流通加工、配送等各种物流功能伴随着企业运营活动的进行，从而使企业物品流通效率提高的系统。物流系统由物流各环节及物流要素组成，物流系统各组成部分共同组成了一个有机联系的综合体。物流系统控制是指将系统控制理论应用于物流系统，将物流系统作为被控制对象，在对物流系统的输入和输出环节以及物流过程控制的基础上，通过物流绩效评价和系统修正，使物流系统最终达到所期望的最佳物流效益。由于物流系统的特征和规律，特别是“效益背反”现象的存在，物流系统控制工作非常重要。

物流系统控制想要更富有效率，就必须在物流控制的基本框架下进行工作。本教材将物流系统控制的基本框架概括为两个部分：一部分是物流系统的内容，主要包括物流系统输入、物流活动流程、物流系统输出等；另一部分是物流系统控制的内容，主要包括物流控制标准设定、流程控制、绩效评价与修正等。这两部分形成一个统一的系统，共同构成物流系统控制的基本内容。本章重点介绍了物流系统控制部分的内容，分别从物流系统控制标准、物流过程控制和物流绩效评价与修正三个方面进行了具体介绍。希望通过本章的学习，能够进一步认识物流系统控制的重要性和必要性，进而提升物流系统的运行效率，提高物流绩效，达成物流管理的目标。

复习思考题

1. 物流系统的概念和特点是什么？
2. 物流系统控制的概念和目标是什么？
3. 物流系统控制的基本框架包括哪些内容？
4. 物流控制标准的设定有哪些具体要求？
5. 物流过程控制的具体内容有哪些？
6. 物流绩效评价的指标有哪些？

案例分析

凤凰涅槃：青岛啤酒物流发展史

在波澜壮阔的中国物流发展史上，青岛啤酒注定是一个难以被忘却的名字，它的成功与荣辱、失败与沧桑，都是后人处理企业物流实务乃至在研究物流理论时的重要标杆。

（一）青岛啤酒发展历程

青岛啤酒股份有限公司（以下简称“青岛啤酒”）的前身是1903年8月由德国商人和英国商人合资在青岛创建的日耳曼啤酒公司青岛股份公司，它是中国历史最为悠久的啤酒制造厂商。2008年，青岛啤酒在北京奥运会中脱颖而出，成为奥运场馆特供啤酒的官方赞助商。目前，“青岛啤酒”品牌价值高达502.58亿元，居中国啤酒行业首位，成功跻身世界品牌500强。

今天的青岛啤酒在中国18个省、市、自治区拥有共计56家啤酒生产基地。2011年青岛啤酒共完成啤酒销售量715万升，同比增长12.6%；实现营业收入231.58亿元，同比增长16.38%；实现净利润17.38亿元，同比增长14.3%。青岛啤酒是中国啤酒行业品牌溢价能力、赢利能力最为强劲的公司。

目前，青岛啤酒的消费者市场已遍布美国、日本、德国、法国、英国、意大利、加拿大、巴西、墨西哥等世界70多个国家和地区。根据全球啤酒行业权威报告 Barth Report 依据产量进行的排名，青岛啤酒为世界第六大啤酒生产厂商。

在全球消费市场攻城略地的青岛啤酒在资本市场也向投资者交了一份满意的答卷。在2012年8月16日，青岛啤酒在发布的年报中称，上半年实现营业收入134.05亿元，归属上市公司股东净利润10.07亿元，分别同比增长11.2%和1.77%。上半年公司实现啤酒销量、收入和利润的持续增长。同时，公司主营产品销量增长，带来营业收入同比增长超过10%。

实际上，业绩骄人的青岛啤酒几乎囊括了1949年新中国建立以来所举办的啤酒质量评比的所有金奖，并在世界各地举办的国际评比大赛中多次荣获金奖。2010年，青岛啤酒第五次登榜《财富》杂志“最受赞赏中国公司”、“首届中国绿金奖”、“2010中国最佳雇主企业”、“中国企业社会责任百强榜”；2011年，青岛啤酒六度荣获“最受赞赏中国公司”、“中国最受尊敬企业十年成就奖”、“最佳企业公民”等殊荣。

（二）青岛啤酒物流之痛

在青岛啤酒一系列特殊荣誉的背后，我们永远无法忘记的是青岛啤酒早年的物流之殇。众所周知，啤酒的口感不仅仅取决于酿造工艺的高低，还与选取的原料、水源质量、储存的外界环境，包括经纬度、储存温度、阳光、空气湿度等因素密切相关。与其他酒类产品不同的是，啤酒的保鲜期受外界自然环境的影响更大，比如，新鲜扎啤的口感和瓶装啤酒的味道就有天壤之别。

因此，啤酒产品的这一特性对啤酒生产企业的物流运输提出了更为高标准的要求。作为中国乃至世界历史上最为悠久的啤酒生产厂家，青岛啤酒敏锐的嗅觉并非没有意识到这个问题，但是，遗憾的是早期的青岛啤酒物流系统成为了制约其发展壮大的桎梏。

从下面的新闻资料中，我们不难发现这一问题：

“6月的青岛，天气异常闷热。此时，青岛啤酒销售分公司的吕大海手忙脚乱地接着电话，应付销售终端传来的一个又一个坏消息。‘车坏了？要过几天才能回来？‘货拉错地点了？要隔一天才能送到？’‘没有空闲的车辆来运货了？’有时候仓库明明没有货物了，还要签条子发货。而到了旺季，管理人员更是不知道仓库里还有没有货’…… 当时身为物流经理的吕大海每天都把精力花在处理运输的麻烦事上，对于终端的销售支持简直就是有心无力。”

（资料来源：http：//www.rztong.com.cn/newshtml/2008716/ns20434.shtml.有改动.）

实际上，作为国内较早意识到物流系统对公司业绩具有重要影响的生产企业之一，青岛啤酒在物流建设方面也做了一系列的努力，遗憾的是成效并不明显，甚至这些物流领域的尝试还曾一度将青岛啤酒带入了巨额亏损的深渊。比如，在20世纪90年代初期，为缓解企业日益增长的物流成本，青岛啤酒成立了自己的运输车队，专职负责产品的配送。这一举措在短期降低了向物流企业支付的运费，但随着时间的增长青岛啤酒发现，由于自身车队经营的低效率，物流成本不减反增。随后，青岛啤酒又改变策略，于2002年与招商集团共同出资200万元组建了青岛啤酒招商物流有限公司。随后，在这一系列外包、自营、合资组建物流公司的过程中，同样遗憾的是，由于没有物流系统控制等一系列物流理论的支撑，青岛啤酒的这一系列尝试最终也并没有为青岛啤酒带来显著的收益。(三) 青岛啤酒物流系统再造

但是，正是源于在物流领域对一系列不同运营模式的尝试为青岛啤酒最终找到了一条适合企业自身发展需要，又与市场经济环境相吻合的物流运营模式做了良好的铺垫。

在经过长达数年的经验分析的基础上，通过借鉴国内外同行的运营模式，青岛啤酒的管理层对物流系统做了如下改进：

1. 物流系统再造

自2001年青岛啤酒首次与ORACAL正式合作引入ERP系统以来，青岛啤酒持续在企业信息化建设方面投入巨资。截至2012年，青岛啤酒提出的“订单经济”已经得到了全面的贯彻执行。借助先进的物流管理信息系统，青岛啤酒能有效地将财务、库存、销售、采购、储运等环节整合为一个高效的有机整体。继而将所有的啤酒厂、数以百计的销售公司和零售网点联系起来，从而降低了商品的库存率，加快了商品和资金的周转率。

2. 物流系统控制

在青岛啤酒的技术控制中心，业务运行的各个流程一览无余。首先是成本控制，根据客户订单进行生产，产品从生产厂直接运往车站、港口，若为省内客户订单，产品能保证从生产厂家直接送到客户仓库。根据精确的测算，仅此一项，每箱产品的成本能降低0.5元。其次是质量和时间控制，生产部门通过制定苛刻的质量标准来保证产品的质量，销售部门及时根据市场制定销售计划，并提供给物流部门，供其制定物流计划，确保交货质量和交货期限。再次是仓储容量控制，青岛啤酒对仓储量进行了上下限的规定，低于下限则向总部发出送货指令，高于上限则由生产单位重新安排生产计划。

3. 物流绩效评价

鉴于啤酒从生产到消费的时间间隔对啤酒口感的影响，青岛啤酒提出了一

个独特的绩效考核目标，即“像送鲜花一样送啤酒”。这一独特的物流绩效考核指标对物流系统的要求只有一个，即在控制物流成本的同时，按时、及时、准时地将新鲜的啤酒送到消费者的手中。以此方式来控制啤酒的质量，加强了产品在消费者心目中的品牌忠诚度。

（资料来源：http：//www. tsingtao. com. cn. 有改动.）

第10章 国际物流管理

学习目标

通过本章的学习，学生应掌握国际物流的概念、特征、分类，了解物流全球化动因及企业战略选择；并应理解国际贸易相关术语，掌握国际物流的业务运作，掌握国际物流的业务流程及组织，以及国际物流管理的新特点和新趋势。

关键词

国际物流（international logistics）；物流战略（logistics strategy）；货运代理（forwarders）；海关（customs）；保税（protective tariff）

10.1 国际物流概论

随着信息革命和电子商务的蓬勃发展，尤其是物联网、云计算等高新科技的兴起，世界经济全球化的进程进一步加快，全球范围的经济发展促使国际物流势必要积极响应新时期的需求。当前，各种跨国公司及其分支机构遍布世界的每一个角落，并正努力朝着总体战略协同经营、管理体制一体化的方向发展，从而对国际物流管理和服务提出了更高的要求。顺应时代的召唤，国际物流行业掀起了空前的发展浪潮，各种范围内的国际物流博览会此起彼伏，成为国际物流组织“展示企业品牌、拓展贸易渠道、寻求合作机会、把握市场动态”的最佳平台，极大地促进了现代国际物流的全面发展。

10.1.1 国际物流的概念

国际物流

它指的是组织的原材料、在制品、半成品和制成品在国际间的流动和转移，就是发生在两个或两个以上国家（或地区）之间的各种商品或物资的流入或流出，它是相对于国内物流而言的。

国际物流（international logistics，IL）是一个描述全球范围内跨国界物流的概念，它指的是组织的原材料、在制品、半成品和制成品在国际间的流动和转移，就是发生在两个或两个以上国家（或地区）之间的各种商品或物资的流入或流出，它是相对于国内物流而言的。可以说，国际物流是国内物流在跨国界经济背景下的延伸和扩展，通常也被称为国际大流通或大物流，其中包括货物的进出口及暂准进出口、货物的转运、物资的过境以及邮件、捐赠物资、援助物资、加工装配所需物料、配件在国际间的流转及国际贸易中的退货等流通活动。相应地，国际物流管理则专指对货物在国际间时空转移中的物流管理，主要包括进出口许可证的办理、货物包装、集运、分拨配送、运输、装卸、储存、流通加工、报关等实际运作活动的管理。

狭义上来说，国际物流主要指的是：当生产与消费分别在两个或两个以上的国家（或地区）独立进行时，为了完成国际商品交易的最终目的而对货物（商品）进行物流性转移的一项国际商品或交流活动。但随着世界经济的发展变化，广义上的国际物流涉及的领域要更为众多与复杂，主要包括国际贸易物流、非贸易物流、国际物流投资、国际物流合作、国际物流交流等领域。其中，国际贸易物流指的是特定组织的货物在国际贸易中的合理流动；非贸易物流主要指的是国际展览与展品物流、国际邮政物流等；国际物流合作主要是指具有不同国籍的企业共同完成重大国际物流经济技术项目；国际物流投资是指具有不同国籍的物流企业共同投资建设国际物流企业；国际物流交流则主要是指国际间的物流科学、技术、教育、培训和管理等方面的相互交流。

不管从狭义层面还是广义层面来理解国际物流，它都可以被划分为四个部分：货物（商品）的全球采购，如货物的进出口；基本物流活动，如货物包装、国内运输、储存、货物保险等；口岸物流，如海关仓储、卸载转运、流通加工、分拨配送等；国际运输、过境报关等。

10.1.2　国际物流的分类和特点

10.1.2.1　国际物流的分类

根据不同的划分标准，可以将国际物流划分为以下三种类型：

(1) 根据货物在国与国之间的流向

国际物流可以划分为进口物流和出口物流。为某一国家进口货物提供服务的国际物流，即为进口物流；相应地，为某一国家出口货物提供服务的国际物流，即为出口物流。每一个特定的国家对各种货物的需求与供给存在差异，因而各国对货物的进出口往往具有不同的管理政策与策略，所以需要有区别地对待进口物流和出口物流。

(2) 根据物流所在的关税区域

国际物流可以划分为不同国家间的物流和不国经济区域间的物流。区域经济是国际物流形成的重要原因之一，同时又是当今世界经济发展的重要特征。区域经济体中的国家往往同属于一个关税区，经济体内部的物流业务运作与经济体统一对外的运作存在较大的差异。

(3) 根据流动货物的特征

国际物流可以分为国际商品物流、国际展品物流、国际军火物流、国际邮政物流、国际逆向物流和捐赠或救助物资物流等。其中，国际商品物流是指通过国际贸易实现的交易活动中的商品在国际间的流动（有去无回）；国际展品物流是指以展览、展示为目的，暂时将商品运往一国境内，待展览结束后再复运出境的物流活动（有去有回）；国际邮政物流是指通过国际邮政运送系统办理的包裹、函件等递送活动（点到点或手到手）；国际逆向物流是指对国际贸易中回流的商品进行价值恢复或合理处置的活动过程，包括循环利用容器和包装材料、退货、调货等。

10.1.2.1　国际物流的特点

在全球化的背景下，国际物流相对于国内物流具有以下特点：

(1) 物流环境差异大

不同的环境条件，承载着有差异的经济活动。对于国际物流而言，通常面临着三个不同层面的环境，即母国环境、东道国环境以及国际大环境，涉及经济、政治、文化、法律、技术、设备、地理、气候等众多环境因素，从而使国际物流的一个重要特点就是：

各国环境存在巨大的差异，尤其是物流软环境的差异。这些环境差异无疑会大大增加国际物流的难度和物流系统的复杂性，从而难以形成较为完善的国际物流体系。

（2）物流系统范围广

物流本身具有复杂的功能要素和对外连通系统，国际物流环境的差异性更给国际物流系统增加了不少难度。相对于国内物流而言，国际物流不仅在运作时间和辐射空间上存在显著的扩大，整个物流运作过程涉及的因素也更为繁杂。因而，为了综合考虑各种物流活动及其影响因素，国际物流需要应用现代化系统技术，建立覆盖广泛的物流系统，从而显著提高运作效率，降低经营风险。

（3）对信息系统要求高

国际物流“广区域、长时间、较复杂”的特点进一步需要技术先进、稳定高效的信息系统的全面支持，但由于各国（或地区）的经济水平及信息化水平差异大，物流政策等方面也不尽相同，因而，国际物流信息系统的投资巨大且管理困难。自从电子数据交换（EDI）在国际物流领域最早被发展以来，电子化信息传输在国际物流运作中起到了重要的作用，极大地提高了物流速度及效率，便利了国际贸易，促进了国际物流的发展。随着经济全球化的日益加强，国际贸易的步伐也越发紧凑，国际物流对信息系统的要求在不断提高。目前，电子商务蓬勃发展，云计算、物联网等高新技术正在逐渐嵌入信息系统的开发应用当中，国际物流的信息系统也将阔步前进，为国际商流、物流与资金流的流动提速。

（4）物流标准化程度高

各国之间存在的差异，是物流在国际间流通的一个障碍，物流的标准化是降低物流成本，提高物流速度及效率的重要基础，也是建立稳定、高效的信息系统的重要前提。物流工具标准、设施标准、安全标准、卫生标准、环保标准等的进一步推行，大大降低了物流的费用和转运的难度，使国际物流更畅通、更有效。

国际物流系统

国际物流系统是指在国际供应链管理活动中，各种物流功能随着产、购、销等物流活动的运作而发生，并共同组成具有特定功能、提高物品流通效率的有机整体。

10.1.3 国际物流系统

为了实现国际物流的整体化和合理化，获得宏观和微观两个方面的经济效益，提高客户服务水平并降低物流运营成本，建立国际化物流系统已成为必要的趋势。

国际物流系统是指在国际供应链管理活动中，各种物流功能随着产、购、销等物流活动的运作而发生，并共同组成具有特定功能、提高物品流通效率的有机整体。它由商品的包装、运输、储存、装卸、搬运、流通加工、检验、配送等作业子系统和信息子系统组成，其中运输和储存子系统是物流系统的主要组成部分，二者实现了商品自身的时间效益和空间效益，满足了国际贸易和跨国公司经营的需求。

同时，国际物流系统受内外环境的影响，整体构成十分复杂，其基本要素包括一般要素、功能要素、支撑要素和物质基础要素。其中，一般要素指的是通常物流活动的构成元素，由人、资金和物品三方面组成；功能要素指的是国际物流系统所具有的基本功能，包含采购、包装、运输、出入境检验检疫及通关、装卸搬运、仓储、流通加工、信息处理八项功能；支撑要素指的是在国际物流系统中起到协助、调解等支持性作用的要素，主要包含体制、法规、政策、标准化系统等；物质基础要素指的是国际物流系统的建立和运行所需的技术装备手段，主要有物流设施、物流装备、物流工具、信息技术、组织管理等。

国际物流系统是社会经济大系统的一个子系统或组成部分，系统的一般模式包括输入、转换、输出三大部分。系统运行过程遵循一般系统模式的原理，在有序的良性循环中构成自己独特的物流系统模型，如图10－1所示。

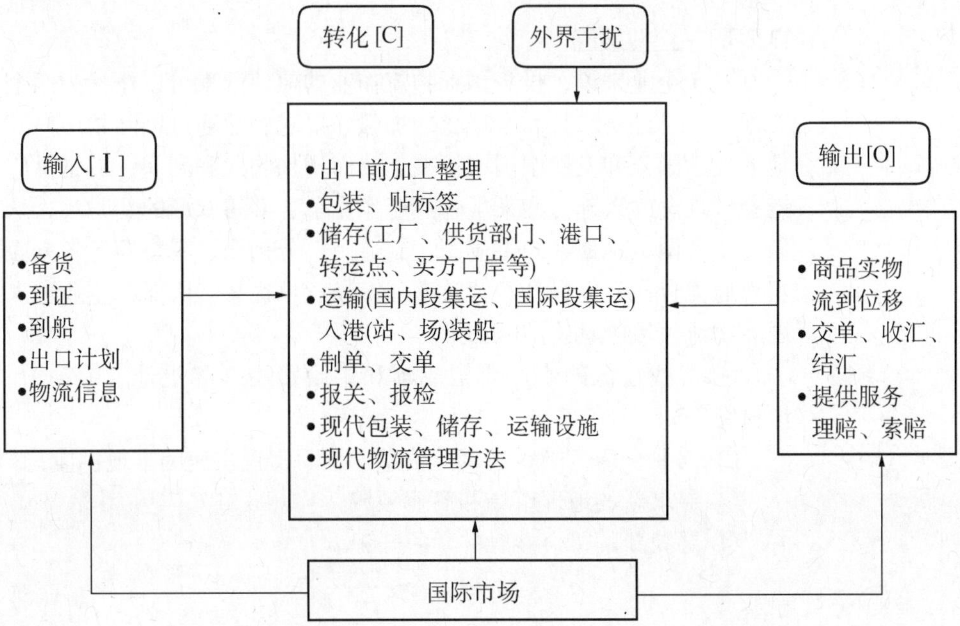

图10－1　物流系统模型

国际物流系统中运输、仓储等子系统各司其职，发挥着各自应有的功能。这些子系统相互联系起来，协同工作，实现国际物流的运作要求，实现低成本、高效率、优服务的目标，从而达到国际物流系统整体利益最大化。

10.2 物流国际化的动因及企业的战略选择

10.2.1 物流国际化的动因

随着现代先进科学技术的发展及经济全球化的不断加强，世界范围内的社会化大生产和国际分工成为时代的必然，同时促进了国际商业经营和贸易的不断发展。20 世纪 90 年代开始，世界上主要工业国家的经济增长率基本稳定甚至出现下降，传统的生产营销战略已不能保持营利能力的持续增长。自此，单一经营的理念在各个国家都失去了原有的阵地，厂商为了生存和发展，纷纷进入国际物流领域。为顺应经济的发展趋势并发展本土经济，各国、各地区、各组织机构也纷纷出台相应政策，以获得全球竞争中的整体优势。

10.2.1.1 企业层面

对于企业来说，投身国际物流作业的驱使因素可以概括为两个方面：一是经济增长和全球化的加强，要求企业通过国际物流向其他的发达国家和发展中国家扩展，从而增加收入和利润；二是供应链管理理念的兴起，迎来了企业合作竞争、共筑双赢的新时代，从而需要各国、各地区的供应商、制造商、分销商、零售商等各方面实行通力合作，以提高经营效率和市场竞争优势。因而，企业进入国际物流领域的具体动因如下：

① 寻找较低的生产要素成本和供给费用（如土地、劳动力、原材料等）；

② 需要全球范围跟进客户信息，从而实现快速的本地供应；

③ 寻求新的地理市场和商业领域；

④ 寻找新的机会接触并学习知识。

10.2.1.2 组织层面

在国际化过程中，国家、区域等之间行政区的划定很大程度上阻碍了国际贸易的发展，而当企业的发展达到一定规模后，国家或区域内的市场往往再也无法满足企业的发展需求。因此，一方面，通过条约等形式形成的国家区域组织纷纷出现，其中，欧盟、北美自由贸易区、东盟三者为当前较为活跃的贸易组织。在组织内部，各国通过互降关税、精减海关手续、部分统一标准等方式便利区域内的贸易，从而促进了国际物流的发展。另一方面，国家之间通过法令规章、协定合约等解除对金融业和运输业的管制，促进全球金融、外汇贸易和交通联运的发展，从而为国际贸易剔除障碍，提高国际物流水平。

10.2.1.3 技术层面

计算机和通信网络技术的突飞猛进，使得全球市场上的产品信息得以在最大范围内、最具实效性地进行展示，从而促进了全球范围内的物流需求。同时，信息技术、电子商务的不断开发应用，大规模应用电子数据和网络传输，从根本上减少了时间、经费和误差，大大缩短了国际物流作业的周期，并极大地节省了成本且提高了作业的准确性。此外，新兴云计算、物联网和大数据技术等更为国际物流的进一步发展提供了更为坚实的技术基础。

10.2.2 企业物流国际化的战略选择

以上动因的重要性会随着企业的不同以及时期的变迁而发生变化。考虑到全球化的次序，目前来说，劳动力、较低的原材料成本等贴近生产的要素往往被认为比市场甚至知识相关的动因更为基本。此外，相应动因的重要性还有赖于企业本身所采取的国际战略。

通常情况下，企业物流国际化的战略选择主要围绕技术、生产、市场和综合物流等方面展开，这些战略对国际物流产生重要的影响。多国战略和全球战略代表着企业全球化战略的两端，而网络整合战略则代表着此二者之间的平衡，具体如表10-1所示：

表 10－1　企业国际化物流的战略选择

量纲	纯粹的多国战略	纯粹的全球战略	网络整合战略
竞争性的举措	各国孤军作战	在国家之间进行整合	基于当地管制以及主要子公司的贡献采取措施，全球化协调
产品提供	完全按照各个国家客户的要求定制	全球通用标准	部分定制，部分标准化
增值活动所在地	在每个国家进行所有的活动	各个国家集中进行某种特定的活动	活动分散、规范并且相互联系
市场参与	没有特定的模式，在各国独立进行	全球统一	当地响应与全球经验共享相结合
营销方法	区域化	跨国整合	协调职能与活动以实现差异化
物流网络	主要是国家层面的，采购、库存和配送都是在国家层面上，每个国家都重复进行	通过一个高度国际化的运输网络将产品从有限的生产场所向全球市场运送，网络具有数量有限的本土化库存和资源	本地采购和运输（如按客户需求定制的产品或地方特产）与全球采购运输保持平衡

对于企业而言，哪种战略选择更为合适，取决于许多因素。在组织国际物流方面，驱动因素和能动因素应与风险因素相互平衡，这意味着，为了有效管理风险并建立国际管理结构，企业需要设计并建立完善的国际物流网络，其决策框架如图 10－2 所示。

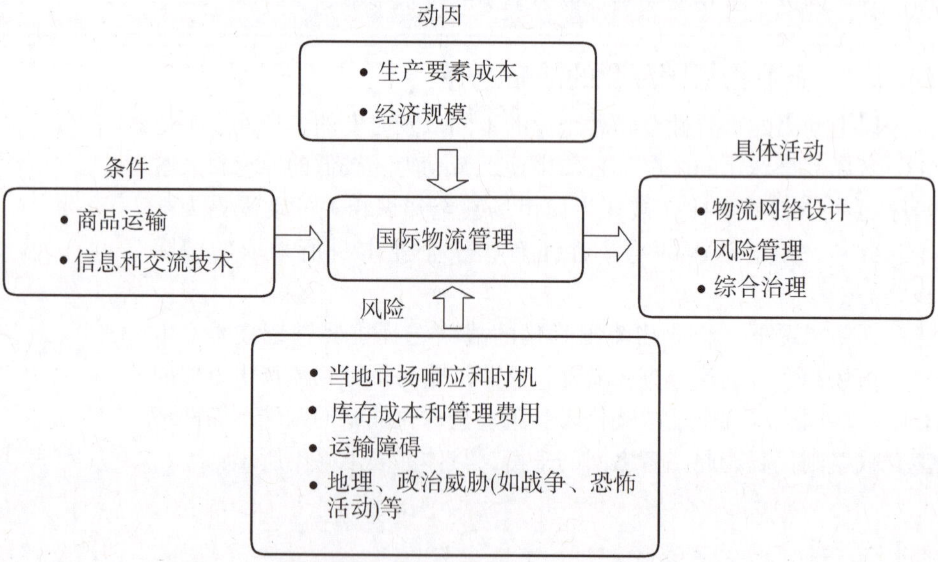

图 10－2　国际化物流的决策框架

10.3 国际化对物流的影响

10.3.1　国际货物采购

10.3.1.1　国际采购的含义

国际采购是指充分利用全球的资源，在全世界范围内寻找对口供应商，以求购买质量上乘、价格合理的货物或服务。它的作业流程涉及采购计划、采购认证、采购订单、进货管理、管理评价五个环节。

> **国际采购**
> 国际采购是指充分利用全球的资源，在全世界范围内寻找对口供应商，以求购买质量上乘、价格合理的货物或服务。

国际采购作为一门科学，它不仅是简单的购买行为，更蕴涵着多层含义。真正意义上的国际采购是一个获取全球资源的过程，是商流和物流的结合，更是一种经济活动。

10.3.1.2　国际采购的模式

目前，国际范围内的货物采购主要有三种模式：集中采购、分散采购以及公开招标采购。

（1）集中采购

集中采购指的是企业的采购工作集中由一个特定部门进行办理，其他各部门通常不具有采购权责。集中采购对资源进行统一陈列、统一配送、统一核算，发挥企业的整体效益，具有价格优惠、管理统一、统筹规划和节约成本等优点，是企业实现规范化经营关键的一环。

但是，一般情况下，集中采购的流程过长，较易延误时间，难以适应紧急采购状况。此外，集中采购下，采购单位与使用单位分离，采购绩效较差。因此，集中采购模式一般适用于产品各类大同小异、各部门及工厂集中、产销规模不大、采购量较小的企业。

（2）分散采购

分散采购是指将采购工作分散到各个需求部门进行自行办理。这种采购模式为按需采购，采购绩效较高，且具有较好的时效性，一般适用于分布较广、产销规模较大、所需资源差异较大的企业。

（3）公开招标采购

公开招标采购是指招标人在媒体上公开刊登通告，吸引所有有意向的供应人参加投标，并按既定细则择优选定中标人的一种采购方式。通常情况下，公开招标采购需经招标邀请、资格审核、发放或领取招标文件、投标、开标、评标、决标、授予合同等程序。

公开招标采购方式是目前采购中政府等类似单位普遍使用的方式，有着竞争性强、透明度高、程序规范、采购规模大等优点。但是，相对而言，其采购时间较长、手续较为复杂，因此还需要有其他采购方式进行补充。

当前，在经济和科学技术迅速发展的条件下，国际采购正朝着订单采购、战略采购、电子采购、采购方式多元化并注重采购商品的社会责任的方向发展，成为全球供应链发展的一个重要环节。

10.3.2 国际货物包装

在国际贸易中，商品的包装条款是交易合同中的重要条款，包装也是说明所买卖货物重要的组成部分。做好包装工作，对于企业提高产品竞争力及企业形象，开拓海外市场起到重要的作用。

10.3.2.1 包装的含义和分类

> **国际货物包装**
>
> 国际货物包装是指在国际物流过程中，生产商为了保护产品、方便储运和促进销售，按一定的技术方法采用适当的容器或材料对物品进行封装，做好标识工作并加以适当的装潢的相关活动的总称，主要包括包装物和包装技术。

国际货物包装是指在国际物流过程中，生产商为了保护产品、方便储运和促进销售，按一定的技术方法采用适当的容器或材料对物品进行封装，做好标识工作并加以适应的装潢的相关活动的总称，主要包括包装物和包装技术。

按照不同的分类标准，包装具有不同的分类。

按形态进行分类，我们可以将包装分为单个包装、内部包装和外部包装。

按功能进行分类，我们可以将包装分为商业包装和工业包装。

按在贸易中有无特殊要求进行分类，我们可以将包装分为一般包装、中性包装和定牌包装。

10.3.2.2 包装的功能

（1）保护国际物流中的商品

国际物流中的货物在途时间长、搬运次数多、遭遇天气变化概率大，因此，货物的包装具有保护的功能，能够有效防止货物破损变形、发生化学变化、受有害生物入侵和异物混入、污物污染、散失和丢失。

（2）保障国际运输的安全

在国际物流中，往往会存在某些商品属于危险货物，如易燃、易爆、有毒、放射性物品等，此时，性能符合要求的包装可以防止爆炸、起火等灾害，从而保障运输过程的安全。

（3）方便储存、装卸和流通

货物所经过的流转环节中，合理的包装能够提供极大的方便。规格合理的包装便于搬动、装卸和运输，标志明确的包装利于储存管理，从而提高了物流的效率。

（4）促进销售

在商业交易活动中，包装装潢精致、设计新颖的商品往往能够唤起人们的购买欲，包装的外部形态本身就是一个很好的宣传品，从而促进商品的销售。

合理的包装是促进物流合理化的重要方面，因此，国际货物包装应当紧随合理化原则，努力满足国际贸易要求、合理设计包装方式、合理选用包装材料和技术、实现包装标准化、大型化、机械化和绿色化。

10.3.3　国际货物仓储

10.3.3.1　国际货物仓储的含义、特点和发展趋势

国际货物仓储是指在货物全球流通中对货物进行保存，并对货物数量、质量等进行管理控制的活动。在国际贸易中，没有仓储就解决不了固有的生产集中性和消费分散性的矛盾，也无法解决国际货物待船、待提货的时间差问题。因此，仓储在国际物流活动中具有重要意义。

> **国际货物仓储**
> 国际货物仓储是指在货物全球流通中对货物进行保存，并对货物数量、质量等进行管理控制的活动。

相对于一般的国内仓储，国际物流中的仓储具有储量大、种类多、任务重、专业性强等特点。它不仅担负着进出口商品的保管和储存工作，更要对商品进行专业的加工、挑选、整理、包装、发货等一系列任务，在国际物流中发挥着重要作用。

目前，随着国际物流的快速发展，国际货物仓储借助现代信息与网络技术平台，呈现出两种发展趋势：一是自动化高架仓库，一是无纸化仓库管理。这对于企业而言，不但提高了空间利用率，而且极大地提高了仓储工作的效率，节约了仓储成本。

10.3.3.2　国际货物仓储的分类和业务范围

（1）国际货物仓储的分类

按使用功能来分，国际货物仓储可以分为存储中心型仓库、流

通中心型仓库、加工中心型仓库和物流中心型仓库。

按储存物性能来分，国际货物仓储可以分为通用仓库、专用仓库和特种仓库。

按储存物作业性质来分，国际货物仓储可以分为口岸仓库、中转仓库和运输转换仓库。

按管理体制来分，可分为自用仓库、公用仓库、专业经营仓库和保税仓库。

（2）国际货物仓储的业务范围（图 10－3）

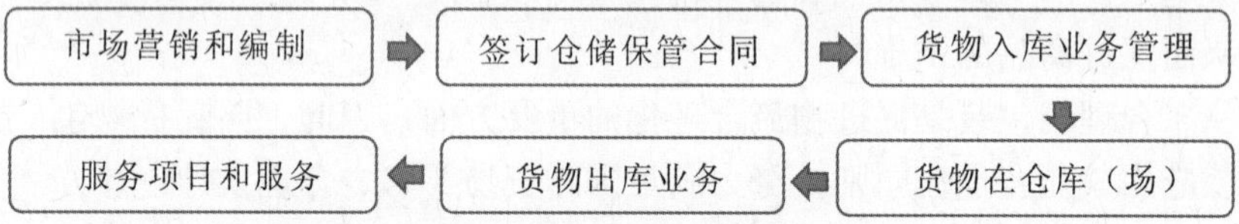

图 10－3　国际货物仓储的业务范围

10.3.4　国际货物库存管理

国际货物库存

国际货物库存是指以支持国际化生产，全球维护、操作和客户服务为目的而存储的各种物料，包括原材料和在制品、维修件和生产消耗品、成品和备件等。

国际货物库存是指以支持国际化生产，全球维护、操作和客户服务为目的而存储的各种物料，包括原材料和在制品、维修件和生产消耗品、成品和备件等。狭义地理解，库存就是在仓库里存放东西，但广义上的库存指的是具有经济价值的任何物品的停滞与储藏，是供将来使用的所有闲置资源。库存是国际物流的生命线，它是生产、计划、搬运、包装等的基础。

物流的国际化使得全球范围的库存管理变得更加困难但格外重要。时间、距离、港口滞留、海关滞留以及转运次数的增加，都将导致库存量的增加，从而必然增加库存成本。此外，各国以及国际政治环境、经济环境的变化，如关税增加、边界贸易封锁等都将引起更多的库存问题，从而使库存占用企业大量资金，增加企业的产品成本与管理成本。一旦库存管理不善，如计划不周、采购不力，企业将无法实现优质的客户服务。

尽管 JIT 对有效的库存管理产生着重要的影响，但在全球范围内对库存进行精确的控制难度很高。物流国际化使得物流前置时间、订货、货物受损等不确定性明显增加，从而使得 JIT 难以实现。因此，库存对于国际物流而言，依然起着举足轻重的作用。

10.3.5　国际货物流通加工

流通加工（distribution processing）是商品从生产者向消费者流通的过程中，为了增加附加价值、满足客户需求、促进销售而进行简单的包装、组装、剪切、套裁、贴标签、刷标志、分类、计量、弯管、打孔等一系列加工作业的总称。

> **流通加工**
>
> 流通加工是商品从生产者向消费者流通的过程中，为了增加附加价值、满足客户需求、促进销售而进行简单的包装、组装、剪切、套裁、贴标签、刷标志、分类、计量、弯管、打孔等一系列加工作业的总称。

流通加工是为了提高物流速度和物品的利用率，在物品进入流通领域后，按客户的要求对物品进行一定程度的加工。流通加工通过改变或完善流通对象的形态来实现其在生产及销售间的“桥梁和纽带”作用。与生产加工相比较，流通加工具有以下特点：

① 从加工对象看，流通加工的对象是进入流通过程的商品，具有商品的属性，以此来区别多环节生产加工中的一环。

② 从加工程度看，流通加工大多是简单加工。生产过程理应完成大部分加工活动，流通加工则是对生产加工的一种辅助及补充。

③ 从价值观点看，生产加工的目的在于创造价值及使用价值，而流通加工的目的则在于完善其使用价值，在不作太大改变的情况下提高价值。

10.3.6　国际物流装卸搬运

在车站、码头、工厂、仓库内部等一定的地域范围内，通过一定的技术手段和人力改变货物的存放、支撑状态的活动，我们称为装卸；而改变货物的空间位置的活动，我们称之为搬运。通常，装卸和搬运密不可分，因而统称为装卸搬运。这在国际物流及普通物流中并无差异。

然而，相对于普通物流，国际物流中的装卸搬运具有如下特点：国际物流中的运输量通常较大，因而其装卸搬运作业量也较大；国际物流过程中，货物多种多样，货物在性质、形态、体积、包装等方面都有较大差别，因而其装卸搬运对象较为复杂；国际物流所跨越的时间长、距离远，在途的天气变化也多样，因而为保障货物的完好无损，或防止某些特殊物品在运输途中发生不良变化而出现事故，国际货物装卸搬运工作对安全性要求更高。

为了更有效地完成国际货物装卸搬运工作，需要时刻坚持质量第一原则，注意安全，讲究经济效益，实现装卸搬运的合理化。

案例 10.1

沃尔玛的全球采购组织

在沃尔玛超市，你可以轻易地找到原产自泰国的榴莲、法国的红酒、比利时的巧克力等进口商品，而且这些商品的价格比一般超市的要低一些。沃尔玛的价格优势很大程度上依赖于其庞大而精密的全球采购网络。沃尔玛的全球采购是指某个国家的沃尔玛店铺通过全球采购网络从其他国家的供应商进口商品，而从该国供应商进货则由该国沃尔玛公司采购部门负责。例如，沃尔玛在中国的店铺从中国供应商进货，是沃尔玛中国公司的采购部门的工作，这是本地采购；沃尔玛在其他国家的店铺从中国供应商采购货品，就要通过全球采购网络进行，这就是全球采购，而全球采购的关键就是国际物流的组织。

沃尔玛的全球采购要求在组织形式上作出与之相适应的安排。美国沃尔玛百货集团前全球资深副总裁兼全球采购办公室总裁崔仁辅，根据国际贸易规则的变化对全球采购业务的重大影响，以及世界制造业和全球采购的总体变化趋势，同时结合沃尔玛零售业务的特点，设立了以地理布局为主的全球采购组织。沃尔玛全球采购网络首先由大中华及北亚区、东南亚及印度次大陆区、美洲区、欧洲中东及非洲区四个区域组成。其次在每个区域内按照不同国家设立国别分公司，其下再设立卫星分公司。国别分公司是具体采购操作的中坚单位，拥有工厂认证、质量检验、商品采集、运输以及人事、行政管理等关系采购业务的全面功能。卫星分公司则根据商品采集量的多少来决定拥有其中哪一项或几项功能。

从国际物流的角度看，按地理布局的组织形式有其固有的缺陷，那就是区域间的信息不流通、供货商渠道管理困难以及跨国运输的周期不确定。但沃尔玛积极采取措施弥补这些缺陷，首先，沃尔玛努力提高员工技能，沃尔玛要求员工在所负责的工作领域成为专家。例如，负责为某个国家的沃尔玛店铺采集货品的采购人员，不仅是关于该国零售市场的专家，服务好该国沃尔玛店铺提出的需求，而且是所负责商品类别及其全球供应商方面的专家，懂得这类商品摆到哪些国家的沃尔玛店铺里更具有竞争力。其次，在尊重个人、服务顾客、追求卓越的企业文化的基础上，针对采购业务的特殊性增加了负责可靠、正直诚信的内容，形成全球采购文化。并利用这种文化，强化自己的员工同所服务的各国沃尔玛买家及全球供应商的合作关系。最后，通过信息共享与运输调度管理，精密地控制每一批货物的跨国运输。

从沃尔玛的全球采购组织案例中，我们可总结出以下三点：

① 组织形式的选择。沃尔玛的全球采购组织是较典型的企业活动的全球布局形式。

② 设立专门的总部职能部门。沃尔玛全球采购网络不仅是为沃尔玛美国店铺采集货品，而且为其他国家的沃尔玛店铺采集货品，但不同国家之间的贸易政策往往不同，这些差别随时都需要加以跟踪，并在采购政策上作出相应的调整。为此，沃尔玛在全球采购组织中设立专门的有支持性和参谋性的总部职能部门，制定公司的全球采购政策。例如，在采购总部设有专门监测国际贸易领域和全球供应商的新变化对全球采购影响的部门。

③ 完善组织结构。按地理区域布局的区域事业部制组织结构有助于公司充分利用该区域的经济、文化、法制、市场等外部环境的机会，但也存在很大缺陷，例如，不利于各业务在同一区域实现深耕细作。为此，沃尔玛通过提高员工技能和充分利用全球采购文化，弥补了组织结构中的缺陷。通过有力的全球采购组织，沃尔玛让顾客既能选购到心仪的外国商品，又能贯彻其“天天低价”的企业口号，一举两得。

（资料来源：《石油石化物资采购》“沃尔玛的全球采购秘密”. 有改动.）

10.4 国际物流运作管理

在国际贸易中，买卖双方通常相距遥远，伴随交易而产生的国际物流往往具有时间长、距离远、风险高的特点，因此，国际物流运作管理随着系列国际物流活动的发生而产生。

10.4.1 自由港与保税区

为适应经济全球化进程，促进经济和国际贸易的发展，许多国家大力鼓励国际投资和海外经营。为了避免货物停靠他国口岸时被重复征收关税等情况的发生，各国通常在某些特定的关境外区域兴建码头、厂房、仓库等物流基础设施，并实行特殊的经济优惠政策，实现货物的无障碍流通，提高经济开放度。这些区域就是自由港或保税区，主要有以下几种类型。

10.4.1.1 自由港

自由港（free port）是指划在一国的关税国境（即“关境”）以外，全部或绝大多数异国商品可以免税进出的贸易港口，又称自由口岸、自由贸易区、对外贸易区。

依照贸易管制情况，对所有商品进出口都实行免税的自由港称

自由港

自由港是指划在一国的关税国境（即“关境”）以外，全部或绝大多数异国商品可以免税进出的贸易港口，又称自由口岸、自由贸易区、对外贸易区。

为完全自由港，对少数商品征收少量关税并有某些贸易限制的自由港称为有限自由港。

依据自由贸易区域范围，自由港可以分为自由港市和自由港区两种类型，前者是把港口所在的城市都划为自由贸易区，后者是把港口所在城市的其中一部分划为自由贸易区。

10.4.1.2 保税区

> **保税区**
> 保税区又称保税仓库区，是指经主权国家海关批准，在其海港、机场或其他地点设立的允许外国货物不办理进出口手续即可连续长期储存，并受海关监督和管理的区域。

保税区（duty-free zone）又称保税仓库区，是指经主权国家海关批准，在其海港、机场或其他地点设立的允许外国货物不办理进出口手续即可连续长期储存，并受海关监督和管理的区域。保税区具有“保税仓储、进出口加工、转口贸易”三大功能，享有“免证、免税、保税”政策，实行“境内关外”运作方式。外国商品存入保税区，或由保税区再出口，都无需缴纳关税。若外国商品进入所在国的国内市场，则需办理报关手续，缴纳进口税。我国保税区是经国务院批准设立、海关实施特殊监管的经济区域，是我国目前开放度和自由度最大的经济区域。

保税区主要有五种形式：为了在口岸简单、便捷地办理报关手续而为国外货物提供的装卸、搬运和临时储存的场所，称为指定保税区，该区内货物储存的期限通常较短，管制较严；经海关批准而用于装卸、搬运或暂存进口货物的场所，称为保税货栈；经海关批准用于连续长时间储存国外货物的场所，称为保税仓库；经海关批准用于对国外货物进行加工、分类及检修等业务活动的场所，称为保税工厂；经海关批准，在一定期限内用于展览国外货物的保税场所，称为保税展厅。

10.4.1.3 出口加工区

> **出口加工区**
> 出口加工区是指一个国家或地区为利用外资、引进先进技术和设备、发展出口导向工业、扩大对外贸易而设立的以制造、加工或装配出口商品为主的特殊区域。

出口加工区（export processing zone）是指一个国家或地区为利用外资、引进先进技术和设备、发展出口导向工业、扩大对外贸易而设立的以制造、加工或装配出口商品为主的特殊区域。和保税区一样，出口加工区也是经国家批准设立、由海关监管的特殊封闭区域，享有国家赋予的许多优惠政策，旨在促进区域工业和外贸的发展。

出口加工区的概念源于自由港和保税区，入境货物的税收减免政策基本上也是参照自由港或保税区既有的政策来制定，但其中又有所不同。对于自由港而言，其功能定位以转口贸易的商业模式为主；而出口加工区则相对侧重于工业，主要发展出口导向型工业。

根据生产经营产品的种数，出口加工区可以被划分为综合性出口加工区和专业性出口加工区两种类型，前者指区内可以生产经营多种出口加工产品，而后者区域内通常只准生产经营某种特定的出口加工产品。

由于出口加工区的运作模式一般为引进设备和原材料并出口加工产品，因而其通常设在交通便利、运费低廉的区域。区内实行“境外关内”管理体制，享有更加优惠的特殊政策。

10.4.1.4　物流园区

物流园区（logistics park）也称物流基地，是指在物流作业集中的地区，多种物流设施和不同类型的物流企业在空间上集中布局的场所，是具有一定规模和综合服务功能的物流企业的集结点。结合国内外的物流园区情况，可知物流园区的定义应当包括以下六个要素：土地规模、物流设施、进入企业及标准（或规则）、物流功能和服务、运营主体和投资主体。

> **物流园区**
>
> 物流园区也称物流基地，是指在物流作业集中的地区，多种物流设施和不同类型的物流企业在空间上集中布局的场所，是具有一定规模和综合服务功能的物流企业的集结点。

物流园区的类型划分包括以下几种：

① 按经营主体划分，物流园区可分为政府主导型物流园区与市场主导型物流园区；

② 按产业依托划分，物流园区可分为基于物流产业的物流园区与基于其他产业的物流园区；

③ 按功能定位划分，物流园区可分为综合化物流园区和专业化物流园区；

④ 按满足物流服务需求的划分，物流园区可分为区域物流组织型园区、商贸型物流园区和运输枢纽型物流园区。

物流园区与港口、产业集群等物流网络紧密相联，不仅可以更好地发挥现代物流一体化的优势，更对物流产业的调整和升级起到了积极的推动作用。

10.4.2　进出口物流作业流程

进出口物流作业流程主要有以下步骤：

10.4.2.1　贸易磋商

> **贸易磋商**
>
> 贸易磋商又称合同磋商或交易磋商，是指买卖双方通过直接洽谈或函电的形式，就各项交易条件进行洽谈协商，以求达成协议一致、签订合同的过程。

贸易磋商（business negotiation）又称合同磋商或交易磋商，是指买卖双方通过直接洽谈或函电的形式，就各项交易条件进行洽谈协商，以求达成协议一致、签订合同的过程。贸易磋商可以采取口头、书面等形式进行，它是合同签订以及后来物流运作的基础。磋商的整个过程可以概括为四个环节：询盘、发盘、还盘和接受。其中，发盘和接受是磋商中必不可少的两个基本环节。

10.4.2.2 合同签订

交易双方经过磋商，一方的发盘或还盘得到对方的有效接受后，合同关系即宣告成立。根据国际贸易惯例，买卖双方通常还需进一步签订书面的正式合同或成立确认书。国际贸易的书面交易合同一般包含三个部分：

① 合同的首部：包括合同的名称、编号、缔约日期、缔约地点、缔约双方名称和地址等。

② 合同的主体：这是合同的中心部分，包括合同的主要条款，如商品的名称、具体参数、单价、总值、装运、保险、支付以及特殊条款，如索赔、仲裁和不可抗力等。

③ 合同的尾部：包括合同文字、合同数量、生效时间以及缔约双方的签章等。

10.4.2.3 合同履行

在贸易过程中，买卖双方通过共同磋商所签订的合同一旦依法有效成立，缔约双方必须分别履行合同规定的相应义务。合同的履行过程包括备货、报验、催证、审证、改证、租船订舱、报关、投保、装船和制单结汇等多个环节，而且，此过程中“货、证、船、款”的无缝衔接是一项极其细致而繁杂的工作，需要加强合同的管理和监督，从而确保贸易的顺利进行。

> **出入境商品检验**
>
> 出入境商品检验是指由专门的商检机构或其他指定机构按照合同、标准或国内外有关法律、法规、惯例，对商品的质量、规格、重量、数量、包装、安全及卫生等方面进行检查和公证鉴定，并出具商检证书，作为买卖双方交接货物、支付货款和处理索赔的依据，从而维护买卖双方的合法权益。

10.4.3 出入境商品检验

出入境商品检验（commodity inspection）是指由专门的商检机构或其他指定机构按照合同、标准或国内外有关法律、法规、惯例，对商品的质量、规格、重量、数量、包装、安全及卫生等方面进行检查和公证鉴定，并出具商检证书，作为买卖双方交接货物、支付货款和处理索赔的依据，从而维护买卖双方的合法权益。

10.4.3.1 商品检验机构

国际物流中的商品检验工作，通常由专业性的检验部门或检验企业来承担。商品检验机构的主要职责是鉴定商品的质量、数量、包装等参数与合同规定要求的契合度，检查卖主是否切实按照合同规定履行义务。根据《中华人民共和国进出口商品检验法》规定，我国商检机构的主要任务是：对重要进出口商品进行法定检验，对一般进出口商品实施监管和鉴定。世界各国都设有相应的商检机构和公证检验机构，检验机构可以是专业型，也可以是综合型；可以是国家设立，也可以私资或集资经营，其主要包括官方机构、半官方机构以及非官方机构三种类型。在实际的国际贸易中，检验机构和检验方式的选择取决于各国的规章制度、商品性质、交易条件等。

10.4.3.2　商品检验的范围

国际物流中的商品检验，主要是对商品的质量、数量、重量、规格以及包装等进行核查，对部分商品是否符合安全、卫生标准进行确认，对动植物及其产品实行病虫害检疫，对商品的残损状况以及某些商品的运输工具进行检验等。

以我国为例，国际物流中商品检验的范围主要包括以下方面：

① 列入现行《商检机构实施检验的进出口商品种类表》的进出口商品检验；

②《中华人民共和国食品安全法》和《中华人民共和国进出境动植物检疫法》规定的进出口食品卫生检验；

③ 危险进出口货物包装容器的性能鉴定和使用鉴定；

④ 装运进出口易腐烂变质食品、冷冻品的船舱、集装箱等运载工具的适载检验；

⑤ 有关国际条约规定须经商检机构检验的进出口商品的检验；

⑥ 其他法律、行政法规规定须经商检机构检验的进出口商品的检验。

10.4.3.3　商品检验的时间和地点

在国际贸易中，买方在接受货物前，有权对货物进行检验。但对于具体的检验时间和地点，并没有统一的规定，而应依合同约定。在国际货物贸易合同中，关于检验时间和地点的规定主要有三种：在出口国检验、在进口国检验、在出口国检验并在进口国复检。

10.4.3.4 商品检验的内容和方法

在国际物流中，商品检验的内容主要包括：品质检验、数量和重量检验、包装检验、安全卫生检验和残损鉴定等。

商品的检验方法较多，主要有感官检验法、理化检验法、现代仪器检验法和实际试用观察法。不同的检验方法得到的检验结果可能不尽相同，为避免不必要的争议，买卖双方应在签订合同时约定商品检验方法。

10.4.3.5 商品检验证书

> **检验证书**
>
> 检验证书也称为商检证书，是商检机构对进出口商品进行检验、鉴定后所出具的证明文件，以证明商品的品质和数量是否符合合同和信用证的相关规定。

检验证书（certificate of inspection）也称为商检证书，是商检机构对进出口商品进行检验、鉴定后所出具的证明文件，以证明商品的品质和数量是否符合合同和信用证的相关规定。当前，国际物流中常见的检验证书主要有：检验证明书、品质检验证明书、重量检验证明书、数量检验证明书、卫生检验证明书、兽医检验证明书、包装检验证明书、植物检疫证明书、价值检验证明书、产地检验证明书、验舱证书等。

检验证明书具有法律效力，其可作为通关凭证、计税凭证、议付证件、交货依据、索赔、仲裁及诉讼等凭据。因此，在国际物流中，贸易双方提供的检验证书需根据商品性质及相关法律法规而定。

10.4.4 出入境货物通关

10.4.4.1 海关概述

海关是国家设在进出境口岸的监督机关，《中华人民共和国海关法》规定："中华人民共和国海关是国家的进出口关税的监督管理机构。"这个定义表明海关的权力授自国家，是代表国家在进出关境环节实施监督管理的机关，在国家赋予的职权范围内自主地、全权地行使海关监督管理权，不受地方政府（包括同级党的机构）和有关部门的干预。

各国政治、经济情况不尽相同，海关职责也有差异，即使同一国家，各个历史时期海关职责也有变化，但通常来说，海关基本上都具有以下四种职责：

① 监管，即对进出境货物、旅客行李和邮递物品、进出境运

输工具实施监督管理，又称通关管理或货运监管。

② 征税，即征收关税和其他税费。许多国家海关除征收关税外，还在进出口环节代征国内税费，如增值税、消费税和石油税等。还有某些国家的海关同时征收反倾销税、反补贴税和进口商品罚金等。

③ 查私，即各国海关对逃避监管、商业瞒骗、偷逃关税等行为进行查缉，尤其是加大力度查缉和管制国家明令禁止或限制进出境的物品走私，特别是毒品。

④ 编制海关统计资料，即以实际进出口物品作为查缉和分析的对象，通过长期资料收集、加工整理，对进出口情况的不同指标进行统计和分析，从而反映对外贸易的发展态势，为国家制定相应的方针政策提供依据，促进对外贸易和国家经济的发展。

10.4.4.2　通关制度

对于经批准具有进出口业务经营权的企业而言，一般进出口通关制度指的是进出境货物办结各项海关手续并完纳进出境税费后，进口货物可以在境内自行处置，出口货物离境后可以自由流通的通关制度。一般进出口通关制定的实施包括一系列的规定和办理手续。

（1）通关的三个阶段（表 10－2）

表 10－2　通关的三个阶段

阶段	主要任务	具体手续
前期阶段	进出境前办理备案手续	主要适用于：保税货物、特定减免税货物、暂准进出境货物，如展览品等
进出境阶段	主要通关手续办理	收货人、发货人：进出口申报→接受货物查验→缴纳税费→提取或装运货物 海关：审单（决定是否受理申报）→查验货物→征税→放行
后续阶段	通关手续办结	海关结关放行，资料储存整理；货物提取或装运完毕，进入流通领域并不再受到海关监管

（2）通关

报关

报关是指货物进出境时，进出口货物的收货人、发货人、物品所有人或其专业代理人按照海关规定格式填报《进出口货物报关单》，并随附海关规定应交验的单证，请求海关办理货物、物品、运输工具进出境等相关海关事务手续的活动。

报关是指货物进出境时，进出口货物的收货人、发货人、物品所有人或其专业代理人按照海关规定格式填报《进出口货物报关单》，并随附海关规定应交验的单证，请求海关办理货物、物品、运输工具进出境等相关海关事务手续的活动。图 10－2 是通报关单填写样式。

1）报关单证

在一般进出口通关规定中，办理海关通关手续通常需要交验以下单证：

① 进出口货物报关单（一式两份）。报关单是海关验货、征税和结关放行的法定单据，也是海关编制海关统计资料的原始材料。报关单位应按海关规定准确填写报关单，并加盖经海关备案的报关单位的“报关专用章”及报关员的签章。

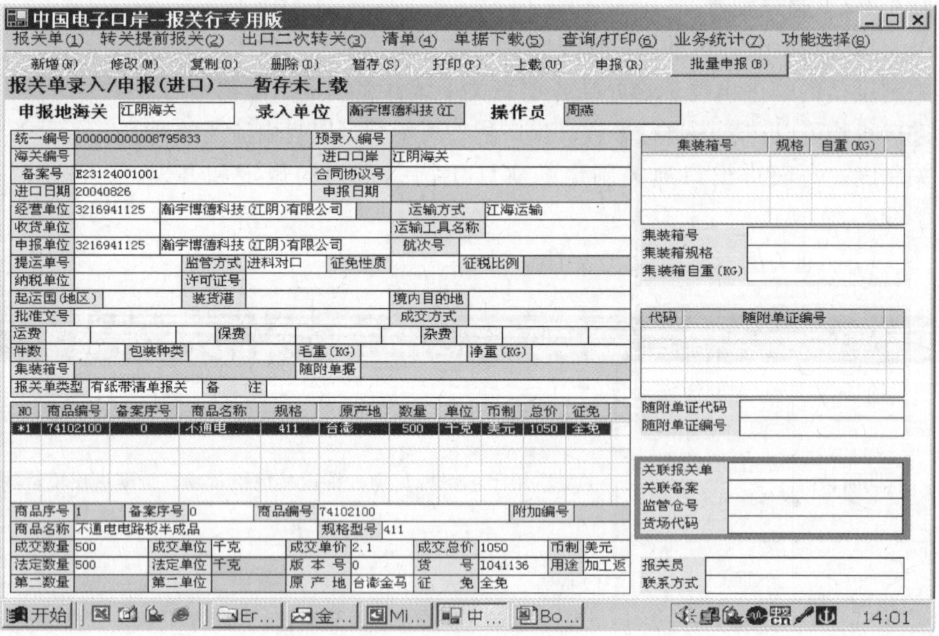

图 10－4　普通报关单填写样式

② 进出口货物许可证或国家规定的其他批准文件。凡国家规定须申领进出口许可证或批准文件的货物，报关时均须交验相关管理部门签发的许可证或批准文件。

③ 提货单或运单。这是报关人提取或发运货物的凭证，报关

时交验，海关审查并加盖放行章后会交还报关人。

④ 发票。报关时须向海关提交货物的真实价格、运费等各种费用的发票，以作为海关审定完税价格的重要依据。

⑤ 装箱单。这是发票的补充单据，它列明了信用证（或合同）中买卖双方约定的有关包装事宜的细节，便于货物到达目的港时供海关检查和核对货物。通常情况下，单一品种且包装一致的件装货物和散装货物可以免交。

此外，还有减免税或免检证明、商品检验证书以及其他必要时须交验的贸易合同或其他单证。

2）报关期限

报关期限是指货物运到口岸后，法律规定收货人或其代理人向海关报关的时间限制。《中华人民共和国海关法》规定，出口货物的报关期限为货物运抵海关监管区后装货的24小时前；进口货物的报关期限为运输工具申报进境之日起14日内；进口转关货物应自运输工具申报进境之日起14小时内向进境地海关办理转关手续，并在抵达之日起14日内办理进口报关手续；进口转关货物应在电子数据申报之日起5日内向进境地海关办理转关手续，出口转关货物应在电子数据申报之日起5日内向启运地海关办理出口转关手续；进出境运输工具申报时限为船舶抵达口岸前或抵达口岸后24小时、飞机降停或起飞前2小时。

报关期限

报关期限是指货物运到口岸后，法律规定收货人或其代理人向海关报关的时间限制。

逾期未办理报关手续者，将受到罚款、征收滞报金甚至由海关提取变卖货物等处罚。

此外，已申报出口并获得海关查验放行的货物，如因故未能装入出境运输工具进行出口，应自决定不再出口之日起3日内向海关申请退关。

3）进出口货物报关程序

《中华人民共和国海关法》规定，进出口货物必须经设有海关的地点入境或出境，进出口货物的收货人、出口货物的发货人或其专业代理人应当在有效期限内向海关如实申报，并接受海关的监管。主要报关程序如图10－5所示。

图10－3　海关报关程序

（3）关税

关税是由海关代表国家对进出关境的货物、物品等征收的一种流转税，从本质上讲，关税是国际交换和国际生产的一种交易费用，是各国对国民在国际交换中进行利益补偿的手段，具有维护国家主权和经济利益、保护本国生产、调节经济等作用。

按征收对象分类，关税可分为进口税、出口税和过境税；按征税标准分类，关税可分为从价税、从量税、复合税、滑动税、选择税、差价税和季节税等；按征税性质分类，关税可分为优惠关税和加重关税。

10.4.5 国际货物运输保险

在国际贸易中，成交的货物从卖方运达买方，通常要经历为时较长的长途运输。在运输过程中，有可能遭遇意外事故或自然灾害，从而使货物遭受损失。为了转嫁风险，使自己在货物运输过程中可能遭受的损失最小，卖方或买方通常都选择购买货物运输保险。保险公司承保后，一旦被保险货物在运输过程中发生约定范围内的损失，保险公司应给予被保险人经济上的补偿。

因此，国际货物运输保险指的是保险人和被保险人双方约定，由被保险人将国际物流中的货物作为保险标的向保险人投保，一旦保险标的遭到意外损坏或损失，保险人将按照保险合同规定给予被保险人经济赔偿的一种商业性行为。国际货物运输保险是通过订立保险合同来实现的，保险单是保险合同存在的证明，也是保险赔偿的凭据。保险合同一经订立，订约双方均应按照合同条件，即保险单中各项保险条款的规定来履行义务、享受权利。

国际货物运输保险的种类较多，但以其保险标的的运输工具来分，则可以分为海上运输货物保险、陆上运输货物保险、航空运输货物保险和邮政包裹保险四类。若某批货物的运输全程使用多种运输工具，则以货运全过程中最主要的运输工具来确定投保类型。

10.4.5.1 海上运输货物保险

海上运输货物保险的承保范围包括海上风险、海上损失、海上费用，以及海上风险以外的其他外来风险所造成的损失。

（1）海上风险

海上风险包括海上发生的自然灾害和意外事故两个方面。其中，自然灾害指的是不以人的意志为转移的自然破坏力所造成的灾

海上风险

海上风险包括海上发生的自然灾害和意外事故两个方面。

害。海运保险中的自然灾害并不泛指一切自然力量造成的损害，而仅指恶劣气候、雷电、海啸、地震、火山爆发等人力不可抗拒的灾害。海运保险中的意外事故指的是偶然的意想不到的原因所造成的事故，包括搁浅、沉没、触礁、碰撞、爆炸、火灾等。

（2）海上损失

海上货物运输的损失又简称海损（average），是指被保险货物在海上运输过程中因遭遇海上风险而引起的损失。通常情况下，海损同时还包括与海运相连的陆运和内河运输过程中所发生的损失与费用。按损失的严重程度，海损可以分为全部损失和部分损失两种。

海损

海上货物运输的损失又简称海损，是指被保险货物在海上运输过程中因遭遇海上风险而引起的损失。

全部损失简称全损，是指被保险货物遭受了全部损失。若货物完全灭失或完全变质而对被保险人再无任何商业价值，我们称之为实际全损；若货物受损尽管未达到实际全损的程度，但经保险人核查认定，实际全损已不可避免，或为避免实际全损所支付的费用和继续将货物运达目的地的费用之和已超过了保险价值，我们称之为推定全损。

全部损失

全部损失简称全损，是指被保险货物遭受了全部损失。

部分损失是指被保险货物受到的损失没有达到完全损失的程度，它包括共同海损和单独海损两种类型。其中，共同海损指的是载货船舶在海上遇到灾难或发生事故威胁到船、货双方共同安全时，船方为了双方的安全而有意、合理地采取措施避开危险，从而做出的牺牲或引起的特殊费用；而单独海损指的是承保范围内的风险直接导致的被保险货物的部分损失，此损失由被保险人单独承担，但其可依据受损情况从保险人那里获得相应的赔偿。

部分损失

部分损失是指被保险货物受到的损失没有达到完全损失的程度，它包括共同海损和单独海损两种类型。

（3）海上费用

海上费用指的是海上运输货物遭遇灾害或事故时，为了营救被保险货物所引起的费用，应由保险人即保险公司来承担，其包括施救费用、救助费用。

海上费用

海上费用指的是海上运输货物遭遇灾害或事故时，为了营救被保险货物所引起的费用，应由保险人即保险公司来承担，其包括施救费用、救助费用。

施救费用是指被保险货物遭遇承保范围内的灾害或事故时，船方、被保险人或其他有关人员为避免或减少损失，而采取抢救措施所引起的合理费用。这是一种自救费用支出，应当是保险人的责任。

救助费用是指被保险货物遭遇承保范围内的灾害或事故时，由保险人与被保险人以外的第三方采取救助措施或提供服务而需向其支付的费用。

外来风险

外来风险是指除海上风险以外的其他外来原因所造成的风险。

(4) 外来风险

外来风险是指除海上风险以外的其他外来原因所造成的风险。它包括被保险货物在海运过程中由于盗窃、抢劫、雨淋、渗漏、受热、受潮、破碎、碰损、生锈、霉变等一般外来原因所导致的风险，同时也包括因战争、罢工等政治、军事、管制等所造成的特殊外来风险和损失。

(5) 海上运输货物保险的险别

保险的险别体现了保险人对风险损失的承保范围和责任大小，也是被保险人缴付保险费用的依据。在我国，海上运输货物的保险险别可以概括为基本险别和附加险别两大类。其中，基本险别包括平安险（free from particular average，FPA)、水渍险（with particular average，WPA/WA）和一切险（all risk)，附加险别包括一般附加险和特别附加险。

1）基本险别

在基本险别中，平安险只负责海上自然灾害所造成的全部损失、海上意外事故所造成的全部或部分损失，以及海上损失或费用的全部或部分。其责任范围最小。

水渍险与平安险的责任范围基本相同，有所不同的仅仅是：水渍险除了承担平安险全部的责任外，还负责海上自然灾害所造成的部分损失，而平安险则只负责自然灾害的全部损失。

一切险的责任范围最大，其不仅包括海上风险、海上损失和费用的全部或部分损失，还包括被保险货物在运输途中由于一切一般外来原因所造成的损失。因此，一切险应是平安险、水渍险和一般附加险的总和，其承保责任范围最广，一般适用于价值较高、受损原因复杂多样的货物。

在以上三种基本险别中，为了分清货物在海上运输过程中保险人、被保险人、承运人等关系人对损失的责任，《海洋运输货物保险条款》明确规定了保险人的除外责任，即保险人不负赔偿责任的损失范围。

2）附加险别

一般附加险根据不同的一般外来风险投保而对相应的全部或部分损失负责，有盗窃险、破碎险等。一般附加险不能独立投保，只能在已投的平安险或水渍险上加保。

特别附加险主要针对的是特别外来风险，如战争险等。

10.4.5.2 陆上运输货物保险

陆上运输货物保险的险别分为陆运险和陆运一切险两种。

（1）陆运险的承保范围

保险公司对陆运险的承保范围大致相当于海运险中的水渍险，包括被保货物在运输途中遭遇恶劣气候，雷电、地震、火山爆发等自然灾害，或由于运输工具遭受碰撞、倾覆、出轨等意外事故所造成的全部或部分损失，以及驳运工具在驳运过程中遇到搁浅、触礁、沉没或遭受坍塌、爆炸等意外事故所造成的全部或部分损失。

（2）陆运一切险的承保范围

保险公司对陆运一切险的承保范围大致相当于海运险中的一切险，其除了包括上述陆运险的承保责任外，还包括被保险货物在运输途中由于一般外来因素等造成的盗窃、抢劫、雨淋、渗漏、受热、受潮、破碎、碰损、生锈、霉变等全部或部分损失。

10.4.5.3 航空运输货物保险

航空运输货物保险分为航空运输险和航空运输一切险两种。其中，航空运输险的承保范围与海运水渍险大体一致，而航空运输一切险的承保范围大致相当于海运一切险，包括空运运输险及一般附加险。

10.4.5.4 邮政包裹保险

邮政包裹保险是保险人承保邮政局邮包在运输过程中因自然灾害、意外事故或外来原因所造成的损失，包括邮包险和邮包一切险两种。其中，邮包险的承保范围与海运水渍险大体一致，而邮包一切险的承保范围大致相当于海运一切险。

邮政包裹运输可以是海运、陆运或空运，也可以是通过两种或两种以上运输工具相结合，但无论采用的是何种运输工具，凡是以邮包的形式运输货物，应该办理的都是邮包保险。

10.4.6 国际货运代理

国际货运代理（international freight forwarding agent）是指国际货运代理组织接受进出口货物收货人、发货人的委托，以委托人或自己的名义，为委托人办理国际货物运输及相关业务，并收取劳务报酬的经济活动。1926年5月，16个国家的国际货运代理协会在

> **国际货运代理**
>
> 国际货运代理是指国际货运代理组织接受进出口货物收货人、发货人的委托，以委托人或自己的名义，为委托人办理国际货物运输及相关业务，并收取劳务报酬的经济活动。

维也纳成立了国际货运代理协会联合会（International Federation of Freight Association，FIATA），以保障和提高国际货运代理在全球的利益。

10.4.6.1 国际货运代理的种类

按运输方式来分，可分为水运代理、陆运代理、空运代理和联运代理；

按代理业务内容来分，可分为船舶代理、报关代理、报检代理、报验代理和综合代理；

按委托代理人数量来分，可分为独家代理和普通代理；

按委托人性质来分，可分为货主代理和承运人代理；

按委托人层次来分，可分为总代理和分代理；

按代理人权限来分，可分为全权代理和一般代理；

按委托办理的事项来分，可分为综合代理和专项代理。

10.4.6.2 国际货运代理的作用

（1）组织进出口运输

国际货运代理能够安全、迅速、准确、简便地办理国际货物运输中各个环节的业务，根据委托人的具体要求和实际情况，选择合适的运输方式、最佳的运输路线和最优的运输方案。

（2）发挥集货功能，形成规模效应

国际货运代理能够把众多小批量的货物集中为成组货物进行运输，同时为货主和承运人提供方便。对于货主而言，因取得优惠价格而节省了运输费用；对于承运人而言，货物接收省时、省力、省费，且拥有较为稳定的货源。

（3）提供优质服务以及信息咨询

国际货运代理能够根据委托人的实际情况，综合考虑货物运输中的各项因素，为委托人安排最佳的货运方案，熟练地办理各个环节的业务，同时能够就运费、包装、单证、结关、检验金融等业务要求提供专业咨询，并对国外市场动态进行分析，为委托人提供国外市场价格、销售情况等信息及相关建议。

（4）提供运输实时监控与反馈

国际货运代理能够掌握货物运输全程的信息，使用现代通信设备（如 GPS）实时地监控运输过程，并随时向委托人报告货物在运输途中的相应情况。

（5）开拓货运代理业务

国际货运代理长期从事国际物流相关工作，积累了丰富的货运经验，因而其能够不断地探索和开发新的运输方式以及更优化的运输方案，并影响新的费率的制定。

总而言之，国际货运代理是国际货物运输的设计者和组织者，为货主和承运人提供了极大的便捷，促进了国际物流顺利、快速地发展。

10.4.7　国际货运理货

10.4.7.1　理货的概念和意义

理货（tally）是指货主或船方根据运输合同，在装运港或卸货港收受或交付货物时，委托港口的理货机构代理完成的在港口对货物进行计数、检查货物残损、指导装舱积载、制作有关单证等工作。

理货

理货是指货主或船方根据运输合同，在装运港或卸货港收受或交付货物时，委托港口的理货机构代理完成的在港口对货物进行计数、检查货物残损、指导装舱积载、制作有关单证等工作。

一般来说，外轮理货履行判断货物交接数字和状态的职能。对于出口货物理货把最后一道关，对于进口货物理货把第一道关，影响着买卖双方履行贸易合同相应职责、承、托双方履行运输契约以及船方保质保量地完成运输任务，在一定程度上能够影响到国家对外贸易的顺利进行和发展。

在装船过程中，理货人员肩负着对货物积载进行监督指导的责任，而且要准确地反映在货物积载图上，因此，外轮理货在一定程度上能够影响船舶和货物的安全。

理货人员在外轮上工作时间长，接触船员广，他们的言行和工作反映着一个国家和民族的精神面貌，因此，外轮理货是国家对外的一个窗口。

10.4.7.2　理货工作的内容

（1）理货单证

理货单证是指理货机构在理货业务中出具和使用的单证。对于船舶运输而言，理货单证是反映船舶载运货物在港口交接当时的数量和状态的实际情况的原始记录，是货物交接的依据及划分责任的凭证，具有凭证和证据的性质，由公证性或证明型机构编制的理货单证具有法律效力。

（2）分票和理数

分票是理货员的一项基本工作，也是理货工作的起点，指的是理货员按照出口装货单或进口舱单分清货物的主要标志或归属，分清混票和隔票不清货物的归属。只有货物的主要标志或归属被分清，才能根据理货数字确定货物是否有溢短、残损并进行相应的处理，在此理货是提高货物运输质量的重要保障。

理数又叫计算，即计算装卸货物的数字，是理货员最基本的工作，也是理货工作的核心内容，更是鉴定理货质量的主要标尺。它指的是理货员在船舶装卸货物的过程中，记录起吊货物的钩数并点清钩内货物的数量。理数的方法有挂牌理数、发筹理数、抄号理数、划钩理数、点垛理数、自动理数等。

（3）溢短货物

溢短货物是指在装运港时，船舶承运的货物以装货单数字为准，而在卸货港时，船舶承运的货物以进口舱单数字为准，当理货数字比装货单或进口舱单的数字多出时，称为溢货；当理货数字比装货单或进口舱单的数字短少时，称为短货。理货结果就是对照装货单或进口舱单确定货物是否溢出或短少。

（4）理残

理残是船舶承运货物在装卸时，理货员检查货物包装或外表是否出现破损、污损、水湿、锈蚀等异常变化，从而剔除残损货物，记载原残货物的积载部位、残损情况和数字，以确保进出口货物完整无损。

（5）绘制实际货物积载图

货物在装船前，理货机构从船方或其代理人处取得配载图，依图指导和监督工人进行装舱积载，并由理货长切实依据调整和变更后的配载情况来绘制最后实际装船位置的示意图，这就是实际货物积载图。

（6）签证和批注

签证是指船舶装卸货物结束后至开船之前，船方为办理货物交付和收受手续，在理货单证（主要是理货证明书、货物溢短单、货物残损单、大副收据等）上确认并签字。这是船方对理货结果的确认，是承、托双方履行义务及划清责任的依据。

批注是指为了说明货物的数字、状态以及货物的责任关系，船方或理货员在理货或货运单证上标注其对货物数字、状态等的意见，分为船方批注和理货批注两类。

（7）复查和查询

复查是指卸货时理货机构发现理货数字与舱单记载的货物数字不一致，从而在提请船方签证前，采取各种方式对所理货物相关数字进行核查，以证实其准确性的工作。复查的方式有查单、查证、重理、调查和询问。

查询是指船舶装货后，为提醒、澄清或查清所出现情况，装货港理货机构、卸货港理货机构或船方公司等就装舱、制单、理货等问题和疑问，向相关理货机构发出电函或查询文件，请求进行调查且予以答复的过程。

案例10.2

国际物流与中国“白啤酒现象”

众所周知，“中国制造”的产品很便宜。有闹钟功能的收音机只需几十元钱就能在超市买到。从牛仔裤到餐锅再到钻床，如今所有这些东西都在中国的生产线上生产。它们之所以廉价，是因为中国工人报酬不高。

不过，全球化背景下，国际物流的高速增长所引发的种种现象仍然让人纳闷：为什么有些进口到中国的西方货物，却比在原产国还便宜呢？

最经典的例子莫过于是中国的“白啤酒现象”。德国巴伐利亚人肯定会觉得奇怪，在北京的酒吧，一杯德国白啤酒居然比在德国慕尼黑还便宜。在北京，只需要25元人民币就能买到半升纯正的德国白啤酒；而在慕尼黑，一般人至多只能在大学生酒吧里才能喝到这么便宜的啤酒。

可这种啤酒是产自巴伐利亚的原汁原味的白啤酒啊。它要跨越半个地球，在天上飞行7 000多公里，才能从德国抵达中国。那么，一杯在北京的白啤酒为什么还会比在德国慕尼黑便宜呢？

可能有些人会说，北京的工资水平和饮食开销要比德国低。在北京，一个干得不错的酒吧服务员每月可以赚2 000～3 000元人民币，同时北京的餐馆和酒馆的租金也相对低一些，另外北京的老板要比其德国同行更精打细算……但单单这些因素都不足以解释“白啤酒现象”。

归根到底，产生这种现象的主要原因有两个，一是中国的经济繁荣，二是国际物流的发展。随着国际物流业的发展，各种跨国运输的成本逐步降低，清关过程也更加简便高效，而同时由于世界上大多数消费品都产自中国，所以每年都有数百万只集装箱船从世界各地发往中国。单单从海运来看，每年就有超过2 000万只集装箱奔波于世界各大洋，其中1/4装的都是“中国制造”产品。

一艘货轮从上海到荷兰鹿特丹、德国不来梅或汉堡需要29天，而那些从中国运出产品的货轮必须将集装箱发回中国，而它们返回中国时搭载的货要少得多，其运费也低很多。目前一只返程的标准集装箱运到中国的运费大约为4 000元人民币。

据一位德国船主透露，“将一船啤酒从不来梅港运到中国，其运费不会高于从慕尼黑到汉堡。”从国际物流的角度来看，这种现象大大促进了不同地区之间的交流与经济发展，因为在这个过程当中，德国人买到了价廉物美的中国闹钟收音机，而中国人则喝到了便宜、地道的德国白啤酒。

（资料来源：法兰克福评论报《全球化与中国“白啤酒现象》. 有改动.）

本章小结

本章详细阐述了国际物流的概念、特征、分类以及其发展特点与趋势，探讨了物流全球化各个层面的具体动因及企业在全球化物流中的战略决策与选择，这要求读者对整个国际物流系统框架有一个清晰的把握。此外，国际物流的业务运作环节众多，业务流程及组织工作复杂，一次成功的国际物流组织涉及人员多、时间长、距离远，因而该部分是本章的重点和难点。

复习思考题

1. 如何理解国际物流？如何对国际物流进行分类？并思考国际物流相对于国内物流具有哪些特点。

2. 简述国际物流系统的构成要素、架构和特点。

3. 分析国际物流形成的原因、企业面对物流国际化所做的战略选择以及国际物流发展的趋势。

4. 简述国际物流货物运输的方式及其选择货运方式时所应考虑的因素，分析国际货运相对普通货运所具有的特点。

5. 简述采购、包装、流通加工、仓储、库存和装运的类型和运作模式，思考其与国内物流所存在的差异。

6. 理解理货工作的内容，并分析理货工作的意义。

7. 理解保税区、自由港和物流园区等的划定及其意义，简述进出口业务的基本内容及物流通关程序。

8. 简述进出境商品的检验范围、内容、标准、方法、时间和地点，明确商品检验证书的作用和意义。

9. 阐述国际货运保险的种类及其相应的保险范围，区分各类货物损失中的各方责任。

第11章 逆向物流

学习目标

通过本章的学习，学生应掌握逆向物流管理的概念以及现实意义，了解逆向物流的理论基础和逆向物流网络结构设计的基本内容，并对逆向物流的运作模式有所了解。

关键词

逆向物流（reverse logistics）；逆向物流网络结构（reverse logistics network）；逆向物流运作模式（reverse logistics operation mode）

随着人们环保意识的增强，企业也愈发重视对环境的保护，废品回收、产品循环再利用已成为生活中常见的现象。而服务与产品回收的逆向物流也在近年来得到很好的发展，逆向物流所带来的经济效益、社会效益、环境效益更加凸显出来。

11.1 逆向物流概论

11.1.1 逆向物流的概念

逆向物流（reverse logistics）的概念可以追溯到 20 世纪 70 年代，当时文献中主要用“逆向渠道”、“逆向流”等术语，关注与废弃物回收有关的问题。

人们对逆向物流的认识是一个不断变化和发展的过程。美国学者 Douglas Lamber 和 James R Stock 于 1981 年最早提出了逆向物流的概念，并将逆向物流描述为“与大多数货物正常流动方向相反的流动”。1989 年，Murphy 和 Poist 定义逆向物流为“货物从消费者到生产商的流动”。可以发现，20 世纪 80 年代人们对逆向物流的描述范围仅是货物流动方向与正向物流相反。

到 20 世纪 90 年代，逆向物流的概念得到补充和完善。1992 年，美国物流管理协会（The Council of Logistics Management）采纳 James R. Stock 的观点，首次正式给出了逆向物流的定义：

“…the term often used to refer to the role of logistics in recycling, waste disposal, and management of hazardous materials; a broader perspective includes all relating to logistics activities carried out in source reduction, recycling, substitution, reuse of materials and disposal.”

即逆向物流指在产品回收、废弃物处置、危险物料管理过程中的物流活动，广义上包括节约资源、循环利用、物料替换、使用及处置等与物流有关的一切活动。

同年，Pohlen 和 Farris 从市场营销的角度给出逆向物流的定义：

“…the movement of goods from a customer towards a producer in a channel of distribution.”

即货物沿配送渠道从消费者到生产商的移动。

1993 年，Kopicky 在 Stock（1992），Pohlen 和 Farris（1992）的逆向物流定义的基础上，进行了概括：

“… Reverse Logistics is a broad term referring to the logistics management and disposing of hazardous or non-hazardous waste from packaging and products. It includes reverse distribution (…) which causes goods and information to flow in the opposite direction of normal logistics activities.”

即逆向物流是关于物流管理以及包装（产品）的有害或无害废弃物处理的概括性概念，包括逆向配送的货物与信息沿常规物流活动相反的方向流动。

可见，20 世纪 90 年代的定义主要从废弃物回收循环利用的角度出发，对逆向物流的对象、目的进行描述，说明逆向物流产生的初衷与资源利用、环境保护有关。

逆向物流的理念在20世纪90年代末得到了广泛的重视。1998年，Stock对逆向物流进行了重新定义：

"... the term most often used to refer to the role of logistics in product returns, source reduction, recycling, materials substitution, reuse of materials, waste disposal, and refurbishing, repair and remanufacturing."

即逆向物流指物流在产品回收、资源循环利用、物料替代、节约材料、废物处理、翻新、修理以及再制造中的作用。

同年，美国逆向物流执行委员会（The Reverse Logistics Executive Council，RLEC）主席Roger和Tibben-Lembke基于当时美国物流管理协会对逆向物流的定义，再次定义了逆向物流，并于1999年被美国物流管理协会采用，成为逆向物流最通用一种定义。他们将逆向物流描述为：

"The process of planning, implementing, and controlling the efficient, cost effective flow of raw materials, in process inventory, finished goods, and related information from point of consumption to the point of origin for the purpose of recapturing value or proper disposal."

即原材料、加工库存品、产成品以及相关信息从消费地到原产地的流动以实现再造价值与适当处置，并对实现高效率、低成本的流动过程进行计划、实施与控制的过程。由此可以看出，不管是使用过的包装还是处理过的电器设备，或是未售商品的退货以及机械旧部件的回收，都可以归入逆向物流的范畴。

欧洲对于环境问题向来比较重视，逆向物流发展迅速。1998年，欧洲逆向物流工作委员会（the European Working Group on Reverse Logistics）给出了逆向物流的定义：

"The process of planning, implementing, and controlling flows of raw materials, in process inventory, and finished goods, from a manufacturing, distribution or use point to a point of recovery or point of proper disposal."

即逆向物流是对原材料、在制品以及产成品从制造厂、配送站或消费地到回收点或其他处理厂的流动进行的计划、执行与控制的过程。

对比该定义与Roger和Tibben-Lembke提出的定义可以发现，欧洲逆向物流工作委员会对于逆向物流起点与终点的认识更加广泛，定义中的起点不仅仅局限于消费地，还包括供应链上没被消费的剩余库存，终点也不一定是原产地，还可以是资源回收处置中的任何节点。

美国物流管理协会（2005 年更名为美国供应链管理协会）在公布的《供应链词条术语》（2010 年 2 月版）中，对逆向物理进行了重新解释：

“Reverse Logistics：A specialized segment of logistics focusing in the movement and management of products and resources after the sale and after delivery to the customer. Includes product returns for repair and/or credit.”

即对售出与送达顾客手中的产品和资源的流动所涉及到的专业物流。它包括基于修理或信誉的产品回收。

《中国国家标准·物流术语》（GB/T 18354—2006）中则将逆向物流分为两类：一是逆向物流，即物品从供应链下游向上游运动所引发的物流活动；二是废弃物物流，即将经济活动或人民生活中失去原有使用价值的物品，根据实际需要进行收集、分类、加工、包装、搬运、储存等，并分送到专门处理场所的物流活动。

将上述各种逆向物流的定义进行分析比较时发现，这些概念虽然在表述逆向物流对象、起点、终点和目的四个方面存在分歧，但内涵基本相同，概括起来为：

① 逆向物流的目的通常为两种：一是对最终的废弃物进行处置，避免或减少对环境的危害；二是重新获得退货品、回收品、废弃品或缺陷产品的使用价值。

② 逆向物流的流动对象是产品、包装材料及相关信息，将它们沿供应链渠道向上游或处理设置点进行流动。

③ 逆向物流的活动构成包括对以上流动对象的回收、检测、分类、再生循环、翻新、最终处置等。

④ 尽管逆向物流是物品的实体流动，但与正向物流一样，逆向物流也伴随着资金流、信息流及商流。

11.1.2 逆向物流的分类及特点

11.1.2.1 逆向物流的分类

根据逆向物流产生的原因，将其分为以下几类：

（1）商品退货

由于供应链下游成员，如分销商、代理商、零售商、最终用户因为产品质量问题、运输差错等原因，将商品退回到供应链的上一个节点，产生逆向物流。一般在产品出售短期内发生，通常，客户服务部门会首先进行受理，确认退回原因并检查，最终处理方法包括退换货、补货等。电子消费品如手机、家用电器等通常会由于这种原因进入回流渠道。

（2）产品寿命终结退回

由于产品经过使用后，其使用价值已被消费，而一些丢弃的物品还具有一定残余价值，可通过回收、处理后再利用，从而形成逆向物流。通常这种情况发生在产品出售后较长时间。终端退回可以是出自经济的考虑，最大限度地进行资产恢复，如地毯、轮胎等这些可以再生产、再循环的产品，也可能是受制于法规条例的限制，企业对诸如超过产品生命期的一些白色和黑色家电等产品承担法律规定的处理责任。

（3）商业退回

由于未使用商品的退回，如零售商的积压库存，包括时装、化妆品等，这些商品通过再使用、再生产、再循环或者处理，尽可能进行价值的回收。

（4）维修退回

产品销售后发现缺陷，或者出售一段时间后发生故障，根据售后服务承诺条款，退回制造商或其委托服务商进行维修，这类逆向物流通常发生在产品生命周期中期，如有缺陷的零部件、手机和家电等。

（5）包装物回收

包装品的回收中，逆向物流的对象主要是托盘、包装袋、条板箱、器皿等，包装可分为一次性使用的包装和可多次使用的包装，一次性使用包装的逆向物流主要是回收后进行材料的再循环形成再生资源，可多次使用包装通过检验和清洗、修复等流程进行循环利用，降低制造商的制造费用。

（6）生产报废品和副产品回收

生产过程的废品和副品，由于经济和法规原因，发生周期较短，且不涉及其他组织，一般在生产企业内部进行逆向流动。通过再循环、再生产，生产过程中的废次品和副产品可以重新进入制造环节，得到再利用。生产报废和副品在药品行业、钢铁业和汽车制造业中普遍存在。

11.1.2.2　逆向物流的特点

逆向物流也是物流的一种，因此与正向物流同样具有包装、搬运、装卸、储存、加工等功能，图 11－1 为逆向物流与正向物流结合形成的典型结构。逆向物流除具有物流的基本功能外，也有着与正向物流明显不同的特点，这些特点总结如下：

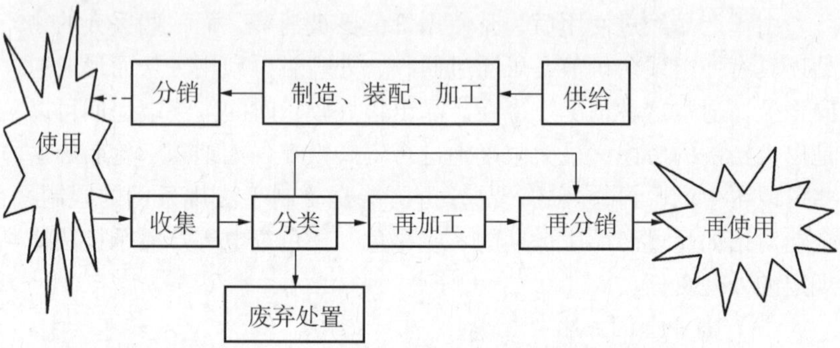

图 11－1　逆向物流与正向物流的比较

资料来源：Fleischmann M，Krikke H R，Dekker R，et al. A Characterization of Logistics Networks for Product Recovery［J］. Omega，2000，28：653－666.

（1）不确定性

首先，逆向物流终端不确定，它可能是消费者，也可能是零售终端、分销端、制造末端或制造过程中，所以，逆向物流产生的地点、时间与数量均难以预见；其次，由于回收产品所处的生命周期各有不同，损坏程度不一致，需经过分类、检验才能确定；再次，由于回收产品损坏程度不确定，因此处理程度也不能确定；最后，回收产品再利用需求不确定，回收产品的零部件回收率是随机的，因此材料需求计划也不确定，并且回收零部件的性能在检验前的不确定也导致了来料与需求的不稳定。

（2）分散性

与正向物流按时、按量的定点流动不同，逆向物流产生的地点、时间、质量等都难以估计，起点可能是不同的领域，如生产、流通、消费，也可能涉及任何部门、个人，这种起点的多元化也就导致了逆向物流的分散性。

（3）复杂性

逆向物流再制造或再包装的过程中经过了路径选择、库存控制等程序，处理系统及处理方式复杂多样，需要根据回收产品的不同类型和状态实施，任何环节出现问题都将直接影响到再制造的效益与产品质量，这比正向物流的物流网络更为复杂。此外，逆向物流需要网络和信息系统的支持，以及大量协调和管理工作。

（4）缓慢性

逆向物流在开始时，流动的产品数量少、种类多，需经过一段时间才能形成较大的流动。另外，回收物的收集与整理是一个比较复杂的过程，废旧产品需要通过分类、加工、改制等环节才能作为原料或者零部件使用，往往不能立即满足人们的需要，因此这一系列过程较为缓慢。

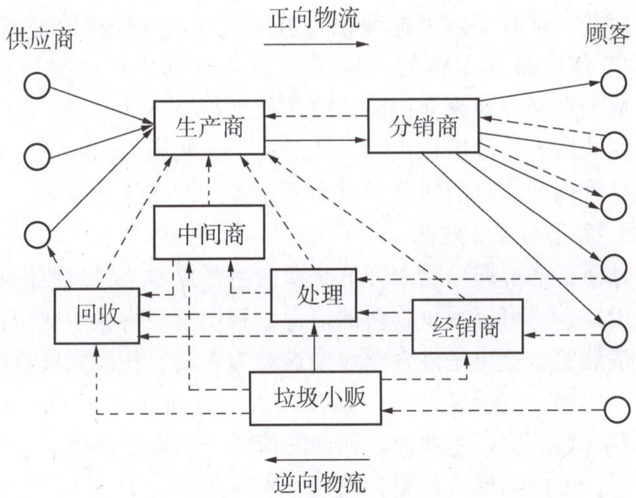

图11－2　逆向物流网络参与者

资料来源：Prahinski C, Kocabasoglu C. Empirical research opportunities in reverse supply chains [J]. Omega, 2006, 34 (6): 519－532.

11.1.3　逆向物流发展的影响因素

11.1.3.1　逆向物流发展的驱动因素

目前，越来越多的企业将逆向物流纳入企业发展的战略规划中，如惠普和爱普生重复利用墨粉盒，通用汽车、强生等知名企业相继引入逆向物流信息管理系统，施乐、佳能对复印件实行回收再制造。从企业角度出发，促进逆向物流发展的主要因素有：

（1）环境压力以及政府法规的约束

随着人们对消费品要求越来越高，产品更新换代速度加快，被淘汰的物品与废弃物日益增多，废弃物的不恰当处置造成环境的破坏与资源的浪费。许多国家纷纷出台有关法律条款及政策，责令企业对产品的整个生命周期负责，要求回收处理所生产的产品或包装物品。

欧洲对逆向物流的立法较早也较为严格，德国在 1991 年颁布有关包装材料的条例，要求厂商回收所有的包装材料并控制最低回收比例，1996 年出台的有关电子产品的条例也对电子产品提出相同的回收目标；荷兰则要求汽车行业对所有使用过的旧汽车进行回收；欧盟规定，到 2015 年 90% 的汽车必须被重新利用或再生，汽车的废弃物填埋量不得超过 5%；英国政府为了让垃圾制造者为污染问题付费，征收了垃圾掩埋税，迫使企业改变处理废品的方法。我国 2003 年颁布并实施的《电子垃圾回收利用法草案》明确规定，制造商有义务对废弃产品回收再处理。

环境的压力与政府积极的立法敦促企业实施逆向物流，并让企业在产品管理观念有所转变，推动了企业逆向物流的发展。

（2）企业的经济效益

一方面，通过逆向物流降低企业的生产成本。经过废旧物品回收再利用，企业可以减少物料的消耗、利用废旧物品中残留的价值增加经济效益。这也是许多企业变被动为主动，积极发展逆向物流的原因。例如，电子废弃物中存在大量重金属如金、银、铜、铬，以及塑料、玻璃等，企业通过逆向物流，适当处理分类，充分利用这些资源，可以降低原材料的消耗，缩减成本。

另一方面，通过逆向物流提高顾客满意度。在零售业、图书销售，特别是网络直销店，顾客的退货愈加频繁，庞大的退货处理增加了企业管理的复杂性和经营成本。退货处理的便利和快速与否影响着顾客的满意度。而良好的逆向物流管理能够确保不符合订单要求的产品及时退货，从而增强顾客对企业的信任感与忠诚度，提高顾客满意度。

（3）生态效益

废弃物的不恰当处置不但会造成资源损耗，而且还会造成环境污染，不利于生产活动的健康持续发展。另外，环境业绩已经纳入企业运营绩效的重要评价指标，为改善企业的环境行为，节约资源以保证生产活动的可持续发展，企业纷纷采取逆向物流战略。Christian Gotzel 等在 1999 年用实际事例证实，循环重复利用物料行为对环境保护、资源节约的重要意义，Giannis T. Tsoulfas 等也在 2002　年研究了 SLI 电池的回收处理网络以及电池回收行为对环境的影响。

（4）社会效益

近年来，人们对环境保护意识日益增强，企业顺应消费者的呼声，最大限度地降低产品与加工流程对环境的影响，承担起产品及零部件的回收责任。企业回收利用产品，符合社会可持续发展的思路，利于企业在社会中树立良好的公众形象，巨大的社会效益推动了企业逆向物流的发展。

以上几种驱动因素在实际生产实践中往往互相交织。例如，若增加废物的处理成本，则会使得废物大量减少，从而产生生态效益和社会效益；废物合理处置后的循环利用会减少生产成本，而消费者的环保意识又表现出另一种新的市场机会，导致经济效益提高。

11.1.3.2　逆向物流发展的阻碍因素

逆向物流的发展遇到了许多阻碍，主要体现在以下几个方面：

（1）企业对逆向物流的认知存在误区

传统上企业较为关注正向物流的发展，因为正向物流的改进可以明显带来成本降低与竞争能力的提升，而对逆向物流的认识往往存在误区。

首先，生产企业的回收责任意识淡薄。传统企业认为，产品一旦售出，所承担的责任就结束了，因此对发展逆向物流不够重视，不利于企业逆向物流的发展。随着我国相关法律的出台，企业责任进一步延伸至需要逆向物流的实施。

其次，短期内逆向物流经济收益不能直接体现，一些企业认为，发展逆向物流会造成资源和时间的浪费，导致管理层对逆向物流重视不够，成为逆向物流发展的阻碍。

最后，将逆向物流的概念与废品回收混淆，发展逆向物流时没有认识到逆向物流活动的复杂性，而仅仅将其作为一个孤立的环节而不是与正向物流结合考虑，造成成本收益不均衡，企业没有实施逆向物流的热情。

（2）缺乏逆向物流信息系统

逆向物流信息系统可以帮助企业对回流产品进行管理，反馈产品信息，并提高退货处理速度，使退货在短时间内得以分流，节约库存成本与运输成本。但目前的企业物流信息系统一般只具有对正向物流的管理功能，很少兼有对逆向物流的管理功能。一方面是因为逆向物流活动复杂，对信息系统的柔性化要求高，难以在传统物流信息系统的基础上进行扩展；另一方面是因为大多数企业不愿在开发逆向物流信息系统上投入过多资金。

（3）人力与资金的缺乏

逆向物流系统的建设与实施需要大量资金与专业人员。逆向物流回收周期长，对单一企业而言存在较大的经营风险，影响其实施逆向物流的决心。另外，逆向物流系统的建设和实施需要大量相关人才，他们除要具备相应的逆向物流知识外，还需掌握不同行业间复杂的退货过程。因此，资金和人力的缺乏将在长时间内制约逆向物流的发展。

（4）零售商和制造商之间的矛盾

一般情况下，制造商和零售商都会签订一份退货协议。对零售商来说，退货是无法避免的，然而制造商并不希望看到退货的发生，因此，制造商会在制定退货协议和政策方面列出较多限制条件，从而增加零售商的退货处理责任。二者之间的矛盾会影响到逆向物流活动的顺利进行。

11.2 逆向物流的理论基础

正如正向物流的产生有其理论支撑一样，逆向物流理论的产生也有着特定的理论基础。其主要依托的理论有循环经济理论、可持续发展理论、绿色物流理论以及全生命周期理论。

11.2.1 循环经济理论

20 世纪 90 年代，人们对资源环境问题的认识不断深刻，西方发达国家的环境与发展政策中，源头防御和全过程治理代替了末端治理成为主流。在不断探索和总结的基础上，人们提出了以资源利用最大化和污染排放最小化为主线，将清洁生产、资源综合利用、生态设计和可持续消费等融合的循环经济战略。

循环经济以可持续发展思想为指导，是一种关于社会经济与资源环境协调发展的新经济观念。它的本质是一种工业生态学，根据生态学原理，将“资源—产品—废物”这种传统物质的单行道流动经济，转变为“资源—产品—再生资源”的反馈式流程，使物资得到充分合理利用，提高经济运行的质量和效益。循环经济这种模式将避免长期以来环境与发展之间的尖锐冲突，是实现环境与经济协调发展的重要途径。

循环经济的基本原则为“3R”原则，即减量化（reduce）、再利用（reuse）、再循环（recycle）。

① 减量化原则属于输入端方法，旨在减少进入生产和消费过程中物质量，从源头节约资源使用和减少污染物的排放，以最少的资源达到生产或消费目的，是解决资源环境问题的首选途径。

② 再利用原则属于过程性方法，旨在延长产品或服务的时间强度，要求提高产品或服务的利用率，使产品和包装能以初始形式多次使用，减少一次性用品的污染。

③ 再循环原则属于输出端方法，要求物品在完成使用功能后重新变成再生资源。

以上三个原则在循环经济中的重要性优先顺序是：减量化—再利用—再循环。

逆向物流是循环经济发展的支撑和保证。循环经济是一个封闭的系统，其中包括了回收、废弃物处理、资源再投入生产的逆向物流等，因此，只有构建起顺畅的逆向物流，才能形成封闭的循环流程，循环经济才能更好地实现。

11.2.2　可持续发展理论

全球范围内环境问题的加剧，社会经济问题日益凸显使人们开始担忧未来的发展问题，可持续发展的观念也就由此产生。1980年，世界自然保护同盟（IUCN）和许多国家的政府共同制定的《世界自然保护大纲》提出，应将资源保护与人类发展统一起来，第一次表述了既发展又保护的思想。1987年，世界环境与发展委员会（WCED）提交了一份《我们共同的未来》的研究报告，报告中第一次明确提出可持续发展（sustainable development）的概念，可持续发展是既要满足当代人的需要，又不对后代人满足其需求的能力构成伤害的发展。

根据国内外理论研究及实践经验的总结，可持续发展涉及经济可持续、生态可持续和社会可持续三方面的协调统一，要求人类在发展中讲究经济效率、关注生态和谐并追求社会公平，最终达到人类的共同发展。可持续发展的概念超越了单纯的环境保护，它将环境问题与发展问题有机结合，是一个关于社会经济发展的全面性战略。主要包括以下内容：

11.2.2.1 经济可持续

可持续发展鼓励经济持续增长，因为经济增长是一个国家实力和社会财富的体现，是人民生活水平质量的保障，也是推行可持续发展的后盾。可持续发展不是以环境的名义取消经济增长，而是追求经济增长的质量，改变传统的以“高投入、高消耗、高污染”为特征的粗犷型经济增长模式，实现以“提高效率、节约资源、减少废物”为特征的集约型经济增长方式。

11.2.2.2 生态可持续

自然的承载能力有限，可持续发展强调发展是有限制的，正是由于发展的有限性，才能保证生态的可持续性，才有可能达到发展的可持续性。因此，生态可持续性与可持续发展是相辅相成的。可持续发展要求通过转变发展模式，注重环境保护，在经济建设和社会发展的同时，维护生态的可持续性。

11.2.2.3 社会可持续

社会可持续要求改善人们的生活质量，创造一个保障人民平等、安全、自由、公正的社会环境。也就是说，在可持续发展中，经济可持续是基础，生态可持续是条件，社会可持续才是目的。为此，必须控制人口数量、提高人口质量，合理调节社会分配关系，缩小贫富差距，大力发展教育、文化、卫生事业，提高人民科学文化素质和健康水平，建立、完善社会保障体系，维持政治稳定。

由此可见，可持续发展是一个综合性、交叉性并涉及众多学科研究领域的理论。它不是单指经济、生态或者社会的可持续，而是指这三者结合的三维复合系统发展的可持续。可持续发展应用于物流活动中，就是要求从环境保护的角度对现代物流进行研究，形成与环境共生、促进经济与消费生活健康发展的现代物流系统。

11.2.3 绿色物流理论

21 世纪，人们更加注重人与人、人与社会、人与自然的协调发展，也更加注重环境保护问题，绿色物流理论正是在这样的背景下逐渐形成的。《中国国家标准·物流术语》（GB/T 18354—2006）将绿色物流（green logistics 或 environmental logistics）定义为：物流过程中抑制物流对环境造成危害的同时，实现对物流环境的净化，使物流资源得到最充分的利用。

绿色物流注重绿色运输，通过规划货运网点、配送中心，优化组合各种运输工具，优先使用清洁燃料及合理路线，达到降低能源消耗、减少污染排放的目的；绿色物流关注绿色仓储，合理布局仓库以降低物流成本；绿色物流强调绿色包装，以使用降解材料或运用再循环最大限度地降低对环境的污染。

逆向物流与绿色物流有交叉也有不同。再制造、再循环与再使用是两者共有的内容，绿色物流包括企业在生产经营中贯彻 ISO 14000 标准，测定企业活动对环境的影响，以达到对原材料与能源的节约使用、对包装材料的再使用和各项活动中降低能耗的目标。因此，包装的再使用、材料的再加工、再循环这些活动是逆向物流与绿色物流均涉及的。而不同之处在于，绿色物流强调所有物流活动对环保的全面关注，包括正向物流对环境的影响，绿色物流是从环境与生态的角度审视整个供应链。而逆向物流强调以恢复的方式再利用和获利性。因此，绿色物流中诸如降低能耗、重新设计包装以节约资源等活动，逆向物流并不涉及。

案例 11.2

宜家的绿色计划

宜家（IKEA）是瑞典的家具卖场，产品繁多，在每年印刷量高达1亿本的IKEA 商品目录中，收录约12 000件商品，号称是除《圣经》外散布最广的书籍。但是，宜家更加引人注意的是它的绿色战略理念：绿色经营意识与价值体系，包括环保战略、低成本战略和绿色产品战略，在满足顾客需求的同时兼顾环境的保护。

宜家设定的绿色计划的基本内涵为：以可持续发展为管理理念，以清洁生产为主要手段，通过整个供应链的运作，将生产过程中产生的废弃物量简化、资源化、无害化，实现资源综合开发利用与生态环境的良性循环。

首先，宜家制定绿色采供计划，从源头出发，要求供应商采用绿色原料、绿色工艺实现材料能源的节约，在保护环境的同时也满足了公众对环保产品的需求，形成了自身竞争力。其次，宜家打造绿色制造环节，在设计环节充分考虑产品对环境的影响，使设计结果在整个生命周期内的资源利用、能源消耗和环境污染最小化。此外，宜家推崇绿色运输，如适合托盘大量运输的杯子、抽掉空气的枕头等。最后，宜家推行绿色回收环节，在宜家废物回收中心，各类垃圾被细分为17类，对危险物品、可回收物品分类处理，并开发循环式产品系统，用于拆卸和循环使用旧的家居部件。

宜家通过绿色计划的实践，大大提高了经济效益，也带来了巨大的社会效益，为企业的可持续发展与品牌竞争力的提升奠定了基础，值得国内的企业加以借鉴。

（资料来源：张卫星．家电企业逆向物流管理［M］．北京：北京工业大学出版社，2012．有改动．）

11.2.4　全生命周期理论

大多数产品与生命组织体类似，也会具有诞生、成长到消亡的生命历程，可称其为“生命周期”。1965年，美国经济学家西奥多·李维特（Theodore Levitt）发表于《哈佛管理评论》的一篇文章中最早提出产品生命周期理论（production life cycle，PLC），后经多位学者的完善与发展，产品生命周期理论成为一个较为成熟的理论。传统的产品生命周期理论认为，产品按照流经市场的销售量的起伏变化一般可以划分为四个阶段：导入期、成长期、成熟期和衰退期（图11－3）。

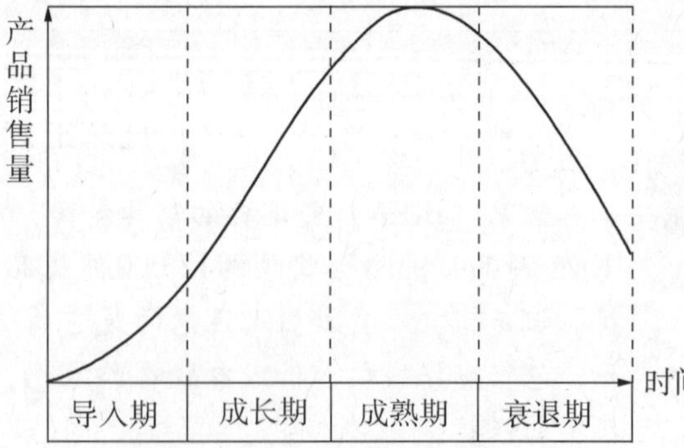

图11－3　产品生命周期

产品生命周期管理的核心在于意识到产品的生命是有限的。不同产品的生命周期不同、同类产品处于生命周期的不同阶段对逆向物流的需要也不同。为更好地进行产品生命周期阶段的管理，除考虑传统意义上的四个阶段外，我们有必要将产品研发阶段以及产品生命末期的废弃物处理也纳入产品生命周期中。此外，从环境保护、资源利用的角度考虑，产品的报废、回收和循环再利用也是产品生命周期的一部分，也应加以考虑。

因此，产品生命周期得到进一步延伸，得出产品全生命周期理论。目前，国内外研究人员普遍认为，广义的产品全生命周期是指产品从市场需求分析、工程设计、制造装配、包装运输、营销、使用、废弃物回收、再利用、处置的闭环的整个生命过程，是从产品整个生命周期内质量及可靠性、价值链等角度出发提出的。可以看出，产品生命周期涵盖的范围不仅是经济学，还涉及资源、环境、技术、社会等多个领域。

产品全生命周期（图11－4）的每个环节都伴随着物流活动。在如今这样环境污染严重、资源稀缺的今天，产品全生命周期的闭环结构正可较好地改善环境与资源利用的问题，具有重大意义。关于产品全生命周期的前半部分，即正向物流部分已有较为成熟的研究，但是产品全生命周期的后回收处理部分，即逆向物流部分的研究还处于探索阶段，值得学者进行深入研究。

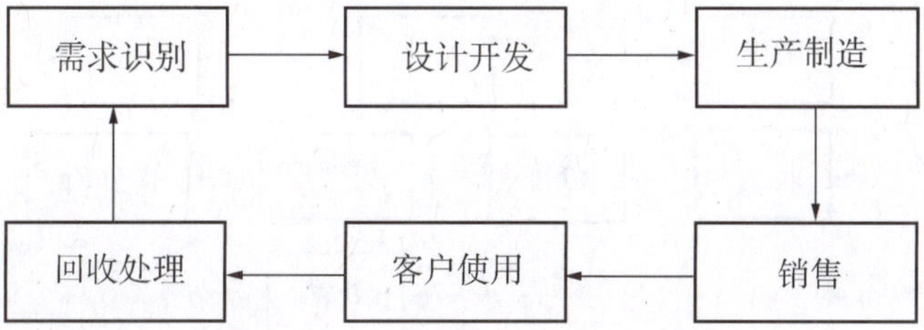

图11－4 产品全生命周期流程

11.3 逆向物流网络结构设计

逆向物流网络结构设计是要确定废旧物品从消费市场到分类处理再到再循环利用市场的整个逆向物流渠道结构，包括网络中各个主体的数量、位置以及网络流量的确定。逆向物流网络结构对于逆向物流系统的运营具有长期影响，它的设计好坏直接影响逆向物流系统的运作绩效。因此，逆向物流网络结构的合理设计对于逆向物流网络具有重要的战略意义。

11.3.1 逆向物流网络结构设计概述

11.3.1.1 逆向物流网络结构设计的必要性

在企业的物流实际运作中，所有以物流为联系的运作关系形成一个网络关系综合体。物流网络中企业与多个客户互相交叉并互相渗透，企业通过与同行或非同行企业共享市场信息成为优势同盟，利于构建完整的营销体系，保证企业的运行。因此，在逆向物流运作之前，网络的设计是非常必要的。例如，逆向物流网络中的仓储选址设计决定了整个物流系统的结构和模型，一旦选定就将长期运营，它直接关系到实际的运行费用以及工作效率。

11.3.1.2 逆向物流网络结构的一般功能

虽然对于不同产品，逆向物流活动会有差异，但一般情况下，逆向物流网络均从产品收集开始，经过检验分类、仓储、再处理、废弃物处置，到再分销结束。逆向物流所涉及的参与者如图 11－5 所示。

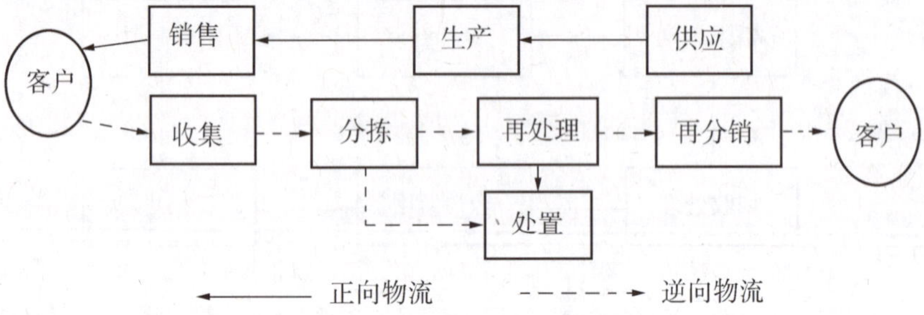

图 11－5 逆向物流网络参与者

资料来源：Fleischmann M. Quantitative models for reverse logistics ［J］. Springer－Verlag, 2001：44.

根据以上过程，逆向物流网络的一般功能分为以下几个部分：

（1）收集

收集

收集是指用有偿或无偿的方式，将分散在各地的回收物收集起来运往处理点，通常包括收购、运输、仓储等步骤。

收集（collection）是指用有偿或无偿的方式，将分散在各地的回收物收集起来运往处理点，通常包括收购、运输、仓储等步骤。由于逆向物流收集的起点比较分散，涉及大量小批量的运输，因此收集成本较高。逆向物流实践提出了几种节约收集成本的方法：一是将收集任务分配给消费者承担，如电池、纸张的回收桶、收集点；二是将收集与其他运输结合，如以旧换新，可以将正向物流与逆向物流结合。

（2）检验和分拣

检验和分拣（inspection and separation）是指对回收物品的质量进行监测，确定合适的处理方式，并以此对回收物品进行分类，一般分为可再利用与废弃两类。通常包括拆卸、破碎、监测、分类和仓储等步骤。早期检验与分拣可识别无回收价值的废品，节省对无用废弃物品的运输成本。检验需要熟练的劳动力以及昂贵的设备，现代信息技术对感应器、网上数据交换的摇杆检验的利用大大降低了现场检验的成本，是一种信息流代替物流的方式。

> **检验和分拣**
> 检验和分拣是指对回收物品的质量进行监测，确定合适的处理方式，并以此对回收物品进行分类，一般分为可再利用与废弃两类。

（3）再处理（re-processing）

再处理是指对收集的回收物品进行加工处理以重新获取价值。主要方式有再使用、再制造和再循环，一般包括清洗、再制造、零部件更换及再装配等活动。再使用针对的是无需过多处理的，或只需清洗及少量维修工作即可再次使用的回收物，如玻璃瓶、打印机墨盒、二手家具、书籍等。

> **再处理**
> 再处理是指对收集的回收物品进行加工处理以重新获取价值。

（4）废弃物处置

废弃物处置（disposal）是指对那些由于技术原因无法再利用的产品或零部件进行销毁。废弃处理的产品可作为材料回收再利用，实在无法再利用的废弃物则通过填埋或其他方式处理。废弃物处置一般包括运输、填埋及焚毁等活动。

> **废弃物处置**
> 废弃物处置是指对那些由于技术原因无法再利用的产品或零部件进行销毁。

（5）再分销（re-distribution）

再分销是指将恢复利用价值的产品再次投放到市场进行分销活动。一般包括销售（或租赁、服务）、运输及仓储等环节。这个过程与正向物流中的分销网络类似，在快速反应的同时要注意运输的合并以节约运输成本。

> **再分销**
> 再分销是指将恢复利用价值的产品再次投放到市场进行分销活动。

一般情况下，运输网络可以分为三个部分：第一部分为回收产品的收集阶段；第二部分为回收产品由终端产品市场流向回收场所，根据产品不同情况构成产品回收的不同形式；第三部分为回收产品由回收场所流动到再利用的市场中，如图11－6所示。

11.3.2　逆向物流网络结构的特征及分类

11.3.2.1　逆向物流网络结构的特征

不同功能与组织结构的逆向物流网络间有着很大差别，但主要网络结构特征可以归纳为以下几个方面：

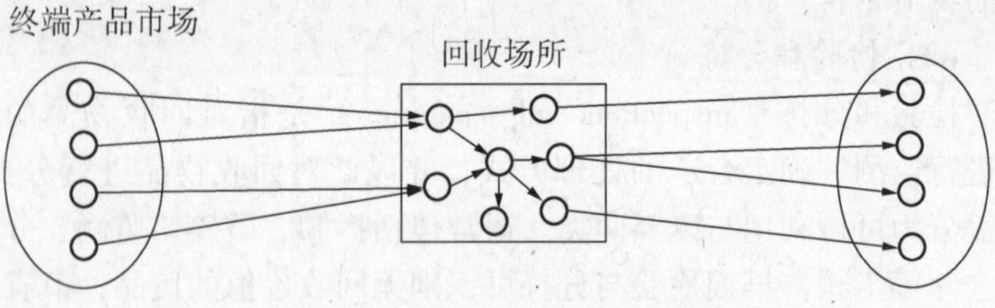

图 11－6　逆向物流网络拓扑图

资料来源：Fleischmann M. Quantitative models for reverse logistics [J]. Springer－Verlag，2001：46.

（1）集中程度

集中程度（degree of centralization）表示网络中完成类似操作的场所数量。在集中度高的网络，同种类型的操作在尽量少的场所进行，资源共享，节约人力物力；在离散的网络，同类型的操作在数目较多的场所完成。集中程度可视为网络宽度或横向网络整合度的衡量标准。

（2）网络层数

网络层数（number of levels）指回收产品顺次流经的处理场所的数目。在单层网络，所有不同的操作均集中在一种设施或场所处理；而在多层网络，不同的操作设计在不同的设施总处理。网络层数可视为网络纵向深度的衡量标准。

（3）与其他网络的联结

与其他网络的联结（links with other networks）是指新建逆向物流网络与已存在网络之间的关联程度或整合程度。逆向网络可以单独建立，也可以在现存网络上拓展。

（4）开闭环结构

开闭环结构（open v. s. closed loop structure）是指网络中输入流与输出流之间的关系，可代表网络的开放程度。在闭环结构中，输入点与输出点完全一致，产品流在网络中形成循环；开环网络中，回收产品是一个单项结构，输入点与输出点不一致，如废纸的逆向物流网络。

（5）网络间合作程度

网络间合作程度（degree of branch cooperation）是指参与逆向物流网络建设与运营各个负责方之间的关系。网络建立者可能是单个企业，也可能是与其他企业联合或通过外包的方法来建立。

11.3.2.2　逆向物流网络的分类

逆向物流网络的划分标准不一，目前主要有三种划分方法：

① 按照逆向物流实施的驱动力来划分，可分为法律强制性逆向物流网络与经济驱动型逆向物流网络。

② 按照逆向物流实施主导者的不同进行划分，可分为制造商主导的逆向物流网络与第三方物流企业主导的逆向物流网络。

③ 按照逆向物流中回收产品再处理形式的不同进行划分，可分为再使用逆向物流网络、再制造逆向物流网络以及再循环逆向物流网络。

这里重点分析以回收产品再处理形式为标准的分类方法。一个逆向物流网络中可能包含一种处理方式，也可能同时包括两种或两种以上处理方式，本书以仅含一种处理方式的逆向物流网络形式为基础进行介绍，便于理解与拓展。

(1) 再使用逆向物流网络

再使用逆向物流网络（reuse networks）指类似包装这种可以直接再利用的产品的回收，如饮料、食品、集装箱运输等行业。在这类网络中，产品（或包装）只需经过清洗、检查等少量的处理，所以网络层次少，较为简单。由于再使用和原始使用不存在区别，因此网络结构采用闭环结构。运输成本是该类网络的主要成本要素，因此再使用逆向物流网络多采用更加接近顾客的分散结构。再

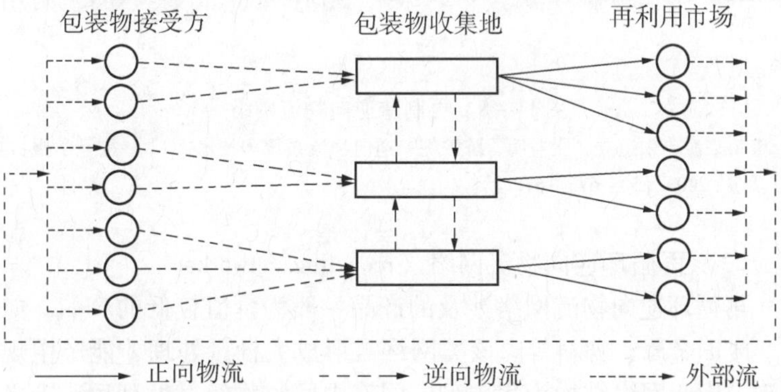

图 11－7　再利用逆向物流网络

资料来源：朱道立，崔益明，陈姝妮．逆向物流系统和技术［J］．复旦学报：自然科学版，2003（5）：673－679．

利用逆向物流网络如图 11 - 7 所示。(2) 再制造逆向物流网络

再制造逆向物流网络 (re-manufacturing networks) 涉及的产品一般为装配产品。例如，飞机或汽车发动机、计算机部件等价值较高的产品，增值回收是这类产品回收活动的主要经济驱动力。再制造逆向物流网络中，新产品的初始使用同修复产品的再次使用一般相同，原始市场与再利用市场会发生重叠，因此网络构建是基于原有网络进行拓展，采用闭环结构。另外，增值回收的相关处理步骤较多，处理时通常按步骤分散进行。综上所述，再制造逆向物流网络一般是分散的、复杂的、多层的闭环结构，由原有网络拓展而来。再制造逆向物流网络结构如图 11 - 8 所示。

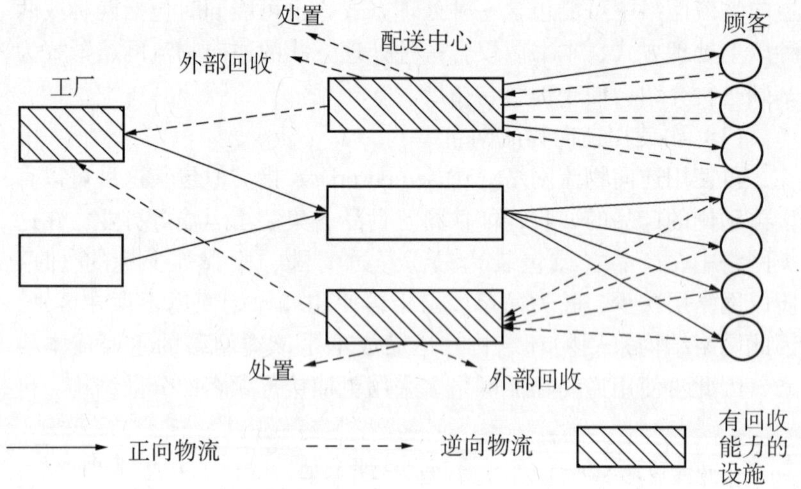

图 11 - 8　再制造逆向物流网络

资料来源：朱道立，崔益明，陈姝妮．逆向物流系统和技术 [J]．复旦学报：自然科学版，2003 (5)：673 - 679.

(3) 再循环逆向物流网络 (recycling networks)

再循环逆向物流网络涉及的产品一般为价值较低的产品，如纸张、废旧金属、塑料等。该类网络需形成大批量处理才能产生规模经济，因此网络结构为集中型。网络中回收物经过处理后，未必用于原产品生产，回收市场为材料供应商和原始设备制造商 (OEM)，与再利用市场一般不重合，适合开环结构。另外，再循环逆向物流网络中回收材料的循环再利用步骤不多，且处理技术的可行性不依赖回收产品的质量，所以该类网络结构简单，层次较少。

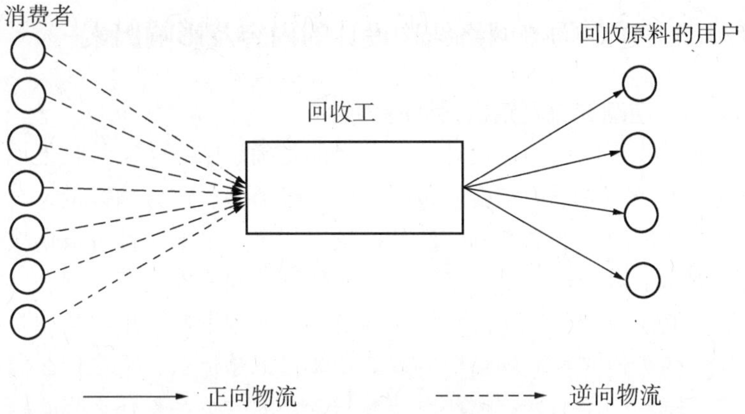

图 11－9　再循环逆向物流网络

资料来源：朱道立，崔益明，陈姝妮．逆向物流系统和技术［J］．复旦学报：自然科学版，2003（5）：673－679.

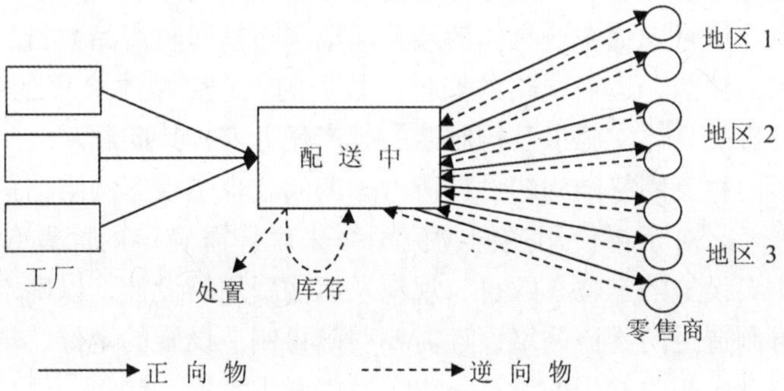

图 11－10　商品退货逆向物流网络

资料来源：朱道立，崔益明，陈姝妮．逆向物流系统和技术［J］．复旦学报：自然科学版，2003（5）：673－679.

（4）商品退货逆向物流网络

商业退回（returning purchase）主要源于商业回收或客户投诉退货，如错发或有缺陷的商品、零售商的积压存货等。为了减少成本、降低库存并增加灵活性，适合在较大区域范围内设置一个分销中心集中处理，所以网络层次较为简单。由于退货商品的来源以及去向均不能确定，因此该类物流网络结构适合开环结构。

11.3.3 逆向物流网络结构设计的内容及影响因素

11.3.3.1 逆向物流网结构设计的内容

逆向物流网络结构设计的主要目的是确定回收产品从收集地一直到需求市场的渠道结构，包括物流设施类型、位置和数量，与设施相对应的回收产品类别、产品运送方式等。渠道设计可根据战略层、战术层以及运作层三个层次由宏观到微观考虑决策问题。

战略层决策包括逆向物流网络结构的回收策略、组织类型与关系。具体为逆向物流网络要实现的功能目标是什么、采取什么类型的网络结构、参与者有哪些以及参与者之间的关系是什么等问题。

战术层包括回收与整合管理、生产计划、库存管理、信息技术、绩效评价等。具体为产品回收的原因、产品类型以及库存管理等问题，企业需将产品回收与自身组织进行整合，将回收、分拣、加工处理、仓储、再利用等活动行程完整链条。

运作层考虑为企业具体的经营活动，包括回收产品数目、质量和范围的预测，运输线路的安排，数据的处理，成本核算的方法，回收处理的具体实施以及再制造的生产任务安排等问题。

逆向物流网络结构的设计所考虑的问题也可根据网络结构类型进行思考。对于再使用逆向物流网络来说，需确定的问题包括保管、收集设施的定位、数目、规模及运输费用的设计，以确定投入量。再制造逆向物流网络设计需要明确再制造设施的定位、规模及物流活动中相关费用的计算，决策时需考虑投资、运输、处理与库存所占的费用等。在再循环逆向物流网络中需分析回收循环处理场的定位、能力的设计及经济因素。而对于商品退货逆向物流网络、结构流程设计及相关的合同管理是需要考虑的重点。

11.3.3.2 逆向物流网结构设计的影响因素

逆向物流网络设计时，需考虑的影响因素主要有产品、市场以及资源三个方面。

（1）产品因素

回收产品的物流特征以及经济特征对逆向物流网络结构的选择有很大影响，如数量、重量、体积、损坏程度、经济价值等。产品的回收方式决定逆向物流设备以及相关资金的投入量。回收产品特性不同，会导致不同的最终产品，回收程度以及不同的回收方式都将导致不同的逆向网络结构。

（2）市场因素

市场因素涉及参与逆向物流网络的不同市场角色以及它们之间的相互关系，如政府、供应商、原始设备制造商、产品回收商等。参与者既有责任又有义务，它们之间的相互作用影响逆向物流网络的结构及物流解决方案，构成了逆向物流的组织环境。

（3）相关资源

逆向物流网络中的公共回收设施、私人回收设施以及运输资源制约着投资成本以及产生的经济效益，从经济角度影响网络结构的设计；法律因素方面的限制可能影响逆向物流网络设施的选址；人力资源决定逆向物流网络中是否有足够人力对战略实施提供支撑。

11.3.4　逆向物流网络结构的设计方法及模型

11.3.4.1　逆向物流网络结构的设计思路

逆向物流网络的主要任务是收集与运输回收产品，设计时一般有以下三种思路：

① 对传统物流网络进行改造，依照具体情况增加逆向物流的全部或部分功能。一般来说，多数已建成传统分销网络的企业倾向于这种方式。因为既不会投入过高成本，又不会对既有网络造成太大影响。

② 重新建立独立于传统正向物流网络之外的逆向物流网络。这种方式比较适合那些主要从事逆向物流业务的企业。

③ 将逆向物流网络与传统生产分销网络集成设计，建立一体化物流网络。这种设计较为复杂，但设计完成的逆向物流网络结构较为理想。

正向物流与逆向物流整合是发展的主方向，无论运用哪种设计思路，经过长时间的实践与改进后，将最终形成正向物流与逆向物流整合的逆向物流网络结构。

11.3.4.2　逆向物流网络结构的设计方法及模型

逆向物流网络结构设计，主要是物流设施如仓库、处理场、工厂地点的选择以及回收产品的配送等。设计时通常将收益最大化或物流总成本最小化作为总目标。但由于物流子系统间的效益背反性，例如，仓储成本的最小化可能导致运输成本的升高，网络中物流设施数量的增多能在一定范围内减少运输成本，但会引起仓储成本的增加，如何权衡与协调各子系统间的关系便成为逆向物流网络结构设计的关键。

目前，关于逆向物流网络设计的研究主要是采用仿真模拟法与数学建模法。Louwers 等学者在 1999 年对于废旧地毯加工处理中心的选址问题中，综合考虑了处理成本、运输成本以及加工处理中心固定成本，提出了非线性整数规划选址定位模型，得出加工中心的位置与其处理能力。可见，在网络结构边界清楚等情况下，数学建模法可以方便地得出网络规划的最优解。

但是，鉴于网络设计的复杂性，数学建模法有时无法解决现实中的问题。因此规划模型是多样的，主要包括图表模型、仿真模型、最优化模型、启发式模型、专家系统模型五种模型。其中，图表模型适合进行初级分析；最优化模型适合于问题比较清楚、明确，能用数学式表达的系统；启发式模型和专家系统模型适合于对主观经验和定性因素的分析；仿真模型以计算机仿真技术为基础，适合于带有随机不确定性的、离散事件的系统。下面介绍最常见的三种模型：最优化模型、仿真模型和启发式模型。

(1) 最优化模型

最优化模型通过运筹学方法设计数学模型并求出最优解，主要的数学规划模型有线性规划、非线性规划、动态规划、混合整数规划、排队模型、微积分模型等。上文提到的学者 Louwers 对废旧地毯加工处理中心选址问题的解决方法，就属于最优化模型中的一种数学模型。

线性规划模型是最常见的模型，它按优化变量的不同可分为两类：一类是连续型线性规划问题；另一类是混合整数规划问题。连续型网络优化模型的典型应用就是单设施选址规划，但模型中的假设与简化导致得出的结果往往需要进一步修正，常作为初始方案的参考依据。混合整数规划模型常用于多设施选址、网络最佳路线设计等问题，主要求解方法有遗传算法、节约法、分支定界法、逐次逼近法、最短路径法、模糊匈牙利法、排队论等。

但由于实际情况的复杂性，数学模型无法包括所有的约束和限制条件，而过于细致的模型，即使运用最大型的计算机，也可能会导致无法在合理时间内计算出最优解。因此，在运用最优化模型时，需要权衡运算能力与假设条件，而这样的限制可能导致最终结果的不准确。另外，最优化模型较为理论，有时得出的结果可能对现实没有意义，如求出的最优点可能位于某条河道或桥梁上。为解决这个问题，逆向物流网络设计时常会选用另外一种方法——仿真模型。

（2）仿真模型

仿真模型以代数或逻辑语言对系统进行模拟，通过在已给定的物流设施与多个方案的条件下，反复通过模型对设计方案进行评价，从而找出最优逆向物流网络结构。仿真的过程就是对系统模型进行抽样试验的过程。这种方法得出的结构模型也许不是最优模型，但却是在实际中可操作方案的最优选择，实现模型定义的真实性。

逆向物流的不确定性非常突出，大部分仿真模型要针对所分析的具体问题专门设计，具有较强的针对性，可以真实地模拟系统过程，较多用于物流设施选址、物流绩效影响因素分析、物流设备配置、物流成本分析等方面。尽管国外已有一些专门处理物流问题的仿真模型，但更多的仿真模型还是建立在通用仿真语言基础上，例如 Witness 和 eM-Plant 等。

（3）启发式模型

由于逆向物流网络结构的不确定性，设计人员的经验有时比复杂的数学公式更具说服力。启发式模型将设计人员的经验以规则形式融入现有模型，对于逆向物流系统中难以解决的问题非常实用。

以下是物流系统规划的一些启发式规则：需求最大的地区或临近这些地区的地方最适合建仓库；按整车批量购买的客户应由供应点直接供货，而不应再经过仓储系统；如果某产品出、入库运输成本的差异能够弥补仓储成本，就应该将该产品存放在仓库里；从分销的角度看，以小批量购买且位于运输线末端的客户的服务成本最高。

将启发式模型与专家系统技术结合，可建立专家系统模型，它能帮助物流管理人员迅速提高决策能力。

11.4 逆向物流的运作模式

案例 11.4

索尼的逆向物流运作

在日本，索尼公司与其他五家日本厂商建立了一个回收网络，在日本范围内建立回收阴极管电视机的工厂。具体回收流程是：消费者让零售商取回他们的旧电视机和其他设备，然后由零售商将回流产品交给相关工厂进行回收处理。

从2001年开始，索尼公司在美国的18个州开放了75个回收中心，并预计达到至少每个州设一个回收中心。回收中心由Waste Management公司负责运作，它不仅承担回收索尼公司的产品，而且也会以收费的形式回收其他公司的产品。整个计划对于索尼公司来说是一项重要的投资，但如果方法不对，回收中心的效果将非常有限。

索尼公司自身也试用过小规模的笔记本和电视回收计划，公司让消费者留下旧电脑或其他不再使用的数码产品，然后通过全国性回收网络回收可充电电池。

对于以上索尼公司的回收计划，哪种做法较为适合，业内并没有达成统一的意见。

（资料来源：甘为华．逆向物流［M］．北京：北京大学出版社，2012. 有改动.）

以上案例说明企业在不同区域、不同阶段对于不同产品会实施不同的逆向物流运作模式，目前主要的运作模式有：自营方式、联合经营方式以及外包方式。对企业来说，要实施和管理逆向物流，需根据自身情况选择适当的运作方式，本节将分析、对比这三种运作模式的优缺点、适用条件，并总结模式选择时的关键因素。

11.4.1 逆向物流自营模式

11.4.1.1 逆向物流自营模式分析

> **自营模式**
> 自营模式是指生产或销售企业建立自己的逆向物流体系，自己管理产品的退货和废旧物品的回收处理业务，如再制造、回收或其他环保的处理方式。

自营模式是指生产或销售企业建立自己的逆向物流体系，自己管理产品的退货和废旧物品的回收处理业务，如再制造、回收或其他环保的处理方式。

这种模式下，企业建立自身产品所有销售区域的逆向物流网络，以便回收各种回流产品，并将其送到企业的回流物品处理中心集中处理。在政府管制条件下，这种模式是外部社会成本的内部化，是生产者责任延伸制度的主要形式。需要说明的是，各种模式中涉及的邮政或者快递等第三方运输企业，如果只具有运输功能，则不作为第三方物流服务提供商。逆向物流自营模式的过程如图 11－11 所示。

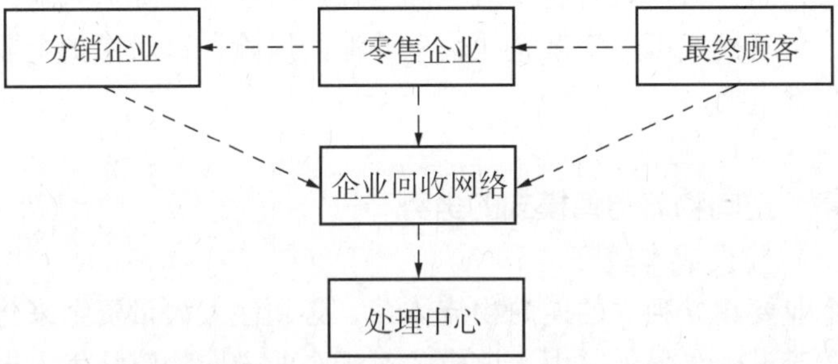

图 11－11　逆向物流自营模式

该模式下，企业自身直接负责回收和处理回流产品，也可以由负责中间销售的分销商（包括零售商和批发商）负责回收，并交给企业进行处理。

11.4.1.2　逆向物流自营模式的优势

（1）快速信息反馈能力

企业完全负责自己产品的回收，利于及时获得产品质量及特征方面的第一手信息反馈，提高企业的反应速度。并且企业可根据市场销售渠道掌握产品流向和销售状态，掌握顾客需求。

（2）利于产品设计改进

自营模式下，产品设计的原理、技术等信息在企业内部流动，有助于设计人员指导拆解人员回流物品的拆解和回收过程；相反，拆解人员在逆向物流处理过程中的经验和信息有助于设计人员不断对产品进行更新和改进，以改善设计与生产流程，优化成本核算。

（3）提高逆向物流处理效率

自营模式的回收处理设备一般只针对本企业的产品，因此产品种类有限，处理时专业程度较高，提高了处理效率，包括提高设备的利用率、提高工人的劳动熟练程度、有效的运输管理和合理的产品调配等。

（4）利于与正向物流网络相结合

自营模式方便企业在原有正向物流网络的基础上构建逆向物流

网络，使原有资源得到有效利用，利于正向物流与逆向物流协调运作。

（5）降低企业风险

一方面，外包商的不确定性、外部作业的信息不对称性，使企业面临一定的外部风险，并且监督、协调、管理方面的成本也会相应增加，而自营模式有利于对不确定性进行控制，降低风险；另一方面，自营模式可以降低企业信息外泄的风险，这对保护企业经营安全非常重要。

11.4.1.3 逆向物流自营模式的劣势

（1）建设成本较高

企业要建立独立的逆向物流体系，必须注入大量资金来建立必要的物流设施。另外，由于该模式对于企业逆向物流技术人员及管理人员有着很高的专业要求，需要企业在人力资源方面投入较多成本。

（2）财务风险加大

当逆向物流不是企业的核心竞争力时，特别对实力不强的中小企业来说，自营模式分散企业的资金和人员带来很高的财务风险。

（3）与正向物流业务冲突

自营逆向物流的过程中，可能会由于资源、能力有限，在某些状况下，逆向物流与正向物流在加工、库存、配送等业务上产生冲突，影响原有正向物流运作。

11.4.1.4 逆向物流自营模式的适用条件及应用

自营模式虽有许多优势，但并不是每个企业都适用。通常来说，逆向物流自营模式有以下几个适用条件：

（1）营销网络及物流配送体系初具规模

逆向物流网络由回流产品收集到处理再利用的各个环节的规模效应都非常明显，若企业营销网络较小，回收产品数量过小，企业将难以承受巨额的自营成本，甚至影响日常的运营。

（2）回收产品范围广、利用价值高

自营运作模式适合于范围很广并且回收再利用价值较高的回流产品，降低企业的自营财务风险。

（3）企业具有相应的技术力量

自营需要熟知产品结构以及相关处理技术，并具备运行和维护物流设施的技术力量。

(4) 企业有较强的经济实力

自营有较高财务风险，在逆向物流系统的软、硬件方面的投资较大，并且回收成本的周期较长，因此需要企业具备较强的经济实力。

在国际上，一些著名的制造商如IBM、DELL、松下、东芝等电子生产企业已经建立了自己的逆向物流系统，并已经开始实施具体的产品回收业务；奔驰、戴姆勒－克莱斯勒、宝马等世界著名厂商都曾有过召回产品的纪录，且召回的过程均由这些品牌的厂商独立完成。

11.4.2　逆向物流外包模式

11.4.2.1　逆向物流外包模式分析

外包模式是生产或销售企业在销售产品后，企业自身不直接参与产品的回收工作，而是通过协议形式将其回流产品回收处理中的部分或者全部业务，以付费等方式交由专门从事逆向物流服务的企业负责实施。该模式的承担者是第三方物流公司。逆向物流外包的过程如图11－12所示。

外包模式

外包模式是生产或销售企业在销售产品后，企业自身不直接参与产品的回收工作，而是通过协议形式将其回流产品回收处理中的部分或者全部业务，以付费等方式交由专门从事逆向物流服务的企业负责实施。

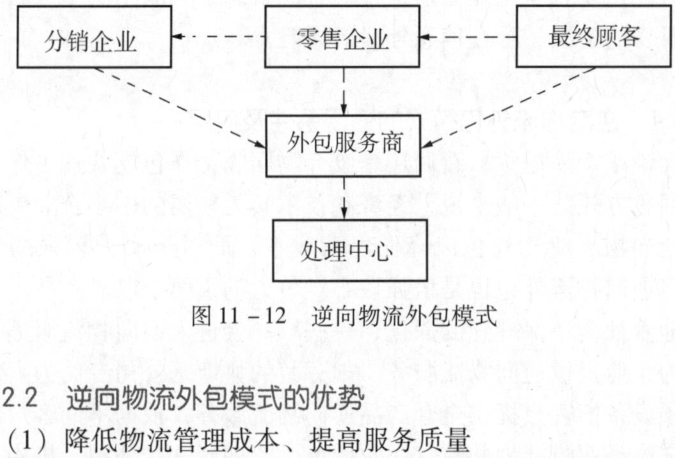

图11－12　逆向物流外包模式

11.4.2.2　逆向物流外包模式的优势

(1) 降低物流管理成本、提高服务质量

外包模式可减少企业在逆向物流设施和人力资源方面的投资，将巨大的固定成本转变为可变成本，降低逆向物流管理的成本；由于外包服务的专业化运作，可以提供更高的服务质量。

（2）利于企业专注核心业务发展

企业可以集中资源，将精力放在核心业务上，有利于提高企业的竞争实力，使企业朝着有利于自身的方向发展。据统计，购买逆向物流外包服务的企业每年能够降低10%的物流成本，而对于高新技术企业来说这个比例要高得多。

（3）提高企业运作柔性

外包模式为企业本身精简了业务，扩大了应变空间。企业可以更好地控制其本身的经营活动，利于企业找到经营活动与物流活动的平衡点，促进两者的协调发展。

11.4.2.3 逆向物流外包模式的劣势

（1）外包方的不确定性导致合作风险

企业与外包商是委托与被委托、代理与被代理的关系，这种关系以信用为基础。外包商服务质量的不稳定性使企业承担一定的风险。

（2）信息的流通不顺畅，不利于产品改进

企业无法直接接触到销售终端的信息，无法确保回流信息的准确与及时，不能对市场变化快速反应，因此不利于产品的改进。

（3）信息外泄的风险加大

可能出现竞争企业通过这种模式的漏洞，采取不法手段获取其商业机密的情况，存在信息外泄的风险。

11.4.2.4 逆向物流外包模式的适用条件及应用

无论是产品退货、召回还是废弃物回收，外包模式均可作为企业的回收方式。一般来说，经济和技术实力较弱的中小企业更趋向于将逆向物流业务外包以降低经营成本；而对于实力较强的大企业，将逆向物流外包也是增强核心竞争力的重要手段。

随着社会环保理念的深化，一些厂商会进入逆向物流服务行业专门为企业提供逆向物流服务。如芬兰的科斯基公司专门为大量使用电子设备的客户提供全套产品逆向物流服务，根据不同客户的需求制定产品回收计划并签订回收协议，定期到这些公司、机构及政府有关部门回收废旧物品。

退货物流方面，联邦快递（FedEx）推出了一项针对每天退货在150件以上的零售商的逆向物流服务，客户可以把退货放在联邦快递全球服务中心或授权运送中心，存放成本根据货物重量和运输距离而定。同时，消费者可以把要退的商品退还给联邦快递任意一个服务中心，并可即时得到退款。退货经整理后，由联邦快递地面运输公司运送到联邦快递加工中心，来自同一个零售商的所有商品被放在一起，运到零售商指定地点，零售商可以随时在联邦快递的网站上跟踪退货情况。

11.4.3　逆向物流联合经营模式

11.4.3.1　逆向物流联合经营模式分析

联合经营方式是指生产相同产品或相似产品的同行业企业进行合作，以合资等形式，建立共同的逆向物流系统，包括回收网络以及废旧物处理设施，在负责各合作企业逆向物流的同时，也为非合作企业提供逆向物流服务。一般来说，建立逆向物流联合经营模式的行业集中度较高，行业内具有影响力的领先企业可带动多家企业合作。

> **联合经营方式**
> 联合经营方式是指生产相同产品或相似产品的同行业企业进行合作，以合资等形式，建立共同的逆向物流系统，包括回收网络以及废旧物处理设施，在负责各合作企业逆向物流的同时，也为非合作企业提供逆向物流服务。

联合模式的过程如图 11－13 所示。

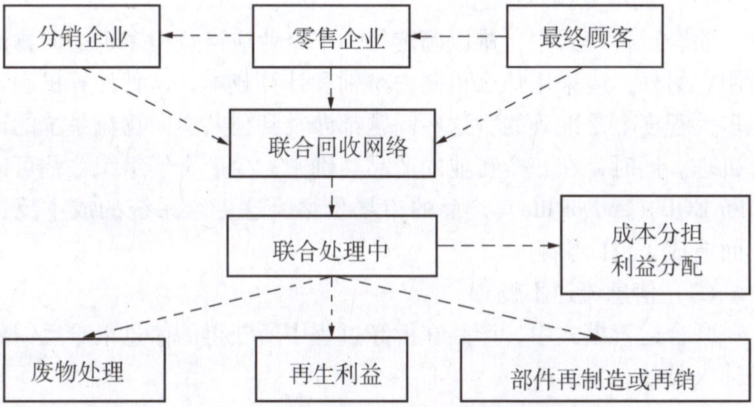

图 11－13　逆向物流联合经营模式

处理回流产品并回收其中的资源，不仅需要先进的技术，还需要大量资金，通常单个企业难以承担这样的投入成本。联合经营模式有效地解决了这方面的问题，减轻了单个企业在建立逆向物流系统上的投资压力，易于实现规模经营。此外，还可以为各合作企业提供廉价的原材料，保证企业运作过程中的原材料来源，实现企业间的合作共赢。

11.4.3.2 逆向物流联合经营模式的优势

(1) 资源共享、节约成本

该模式使企业间实行资源共享，几个同行业的企业只需要建立少数的回收处理中心，减少了产品回收的中间环节，节约了回收成本。

(2) 利于小规模企业实行逆向物流

联合经营模式能在一定程度上解决小规模生产商进入逆向物流领域的高门槛问题，它们只需加入行业的联合责任组织，就能共享该组织的逆向物流设施和管理功能。

(3) 利于回收处理规模化、专业化

生产商联合回收的是同类的具有相似性的产品，便于提高规模经济。另外，联合经营可以在行业内做到真正的回收处理专业化，发展适用于整个行业的专门技术。

11.4.3.3 逆向物流联合经营模式的劣势

(1) 成本分担难确定

联合运营模式中，难以确定每一个企业应当负担多少逆向物流费用，另外，应采用什么机制去辨别和计算成本，这种计算机制又在多大程度上是准确的，这些问题都涉及到公共逆向物流系统的设计机理。同时，在一个行业的产品类别中，生产责任组织往往可以垄断 EOL（end of life）产品的市场价格，这更给系统的成本反馈方面造成了负面影响。

(2) 信息流通不畅

联合运营模式中，产品在拆卸过程中所获得的信息很难反馈到设计人员处。

(3) 难以形成闭环网络

回流产品被联合责任组织回收后，往往只能用于其他产品的再利用与再制造，因此逆向物流联合运营模式很难形成产品的闭环回收网络。

(4) 难以寻找合作伙伴

联合运营中寻找合作伙伴往往需要考虑许多因素，因此很难寻找。另外，在运营过程中企业之间存在信任危机的风险。

11.4.3.4　逆向物流联合经营模式的适用条件及应用

为保证逆向物流联合经营模式的有效性，各企业成员应符合以下几个条件：

（1）各企业的产品应类似

联合经营模式是各企业共用物流系统中的资源设备，因此各企业产品在原理、构造、规格以及处理流程方面应具有较高的类似性。

（2）各企业本身应类似

联合经营模式要求各企业在其经营模式、消费目标群体、消费地域上的类似，以此更有利于企业间的合作。

（3）各企业能够提供技术支持

联合经营模式中的各企业在产品材料、设计上存在一定的差异性，因此联合处理系统需要企业提供相关技术支持以完成产品的回收处理工作。但是，出于对核心技术的保护，企业往往存在疑虑。如何解决这一问题将是联合经营模式能否成功实行的关键。

适合于这种模式的企业主要为同类企业较多且产品技术较为成熟的企业。适合联合经营的产品主要为回收价值较高的废旧产品，如废旧家用电器、电子产品、生产过程中报废的金属器具、塑料制品等。较为典型的例子是在日本的 Green Cycle（绿色循环）工厂，它由电视机生产厂家索尼联合三菱电机、日立制作所、气洋电气、夏普等15家公司成立的家电再循环系统，用于企业家电的回收利用。

11.4.4　企业逆向物流运作模式的选择与评估

企业逆向物流运作模式的定性比较可从财务、顾客、学习与成长、内部运作过程四个方面进行，如表11－1所示。

表11－1　企业逆向物流运作模式比较

比较指标		自营模式	外包模式	联营模式
财务	初期投资	较高	较低	一般
	运营成本	较高	较低	较低
	重获价值	较容易	一般	较难
	财务风险	企业承担	第三方承担	联营体共同承担

续上表

比较指标		自营模式	外包模式	联营模式
顾客	便利性	较差	较好	较好
	绿色产品	一般	较好	较好
	服务质量	受资源约束	专业，较好	专业，较好
学习与成长	产品设计改进	作用很大	很难	很难
	竞争优势	较低 EOL 价格	规模经济	服务一致性
	战略联盟	没有形成	供应链联盟	行业联盟
内部运作	产品回收能力	受资源约束	较强	较强
	新技术采用	影响大	影响微弱	一般
	信息反馈	及时准确	一般	一般
	过程控制	强	弱	较弱

从表 11－1 中可以看出，自营模式需要较多的投资与成本，顾客服务方面也不甚理想，但能够形成闭环供应链，生产商对逆向物流过程拥有较强的掌控力，能向顾客提供较低价格的 EOL 产品且利于产品改进。一般来说，这种模式适合实力较雄厚的大中型企业，它们有能力建立自己的逆向物流系统。

联营模式或外包模式中，企业几乎全部失去了对自己企业逆向物流业务的掌控力，无法及时获得反馈信息，不利于产品设计改进。但是，联营模式或外包模式不需要投入过多的成本且风险不大，由于联营体或者第三方的规模经济性和专业化，逆向物流顾客服务方面较好。这两种模式较适合受人员、资金和管理资源限制的中小企业，另外，需要集中精力于核心业务的大企业也可以考虑采用这两种模式。

11.4.5 企业逆向物流运作模式选择时的关键因素

企业逆向物流的运作模式有自营、联合经营与外包模式三种。企业进行选择时应从以下几个方面考虑：

11.4.5.1 经济性因素

反映逆向物流经济性的指标主要包括：投资额、营利性和成本等。

（1）投资额

从事逆向物流通常需要进行投资，特别是回收物流系统，需要在回收处理的设施设备以及人力资源等方面投入较多资金。此外，其中一些技术性较强的工作还需要对操作人员进行专门培训。但是，对于不同的运作方式，企业在逆向物流方面所需的投资额也不同。企业选择模式时应结合自身经济状况考虑。

（2）营利性

对企业而言，营利性是企业必然考虑的因素。自营方式的营利性主要表现为将废旧物品转变为再生资源，为企业带来原材料成本的节约，获得准确信息以改善产品服务。而在联合经营或外包方式中上述几方面所获得的收益较少，但企业可规避运营风险。

（3）成本

自营模式要为逆向物流业务支付较高成本，包括物流设施费用以及人工费用。采用外包模式和联合经营模式所需的成本较低，企业仅需要向合作方支付回收处理费用以及企业之间合作时的“交易成本”。

11.4.5.2　管理性因素

管理性因素指生产企业对逆向物流各种运作方式的运用和管理能力。主要指标有：设施设备管理能力、人员管理与沟通能力、信息管理能力。

管理性因素

管理性因素指生产企业对逆向物流各种运作方式的运用和管理能力。

（1）设施设备管理能力

逆向物流运作过程通常需要多种设施设备，包括回收处理、检验检测、修理等设备。自营模式中，企业需自己承担设备的维护保养以及管理，而在联合经营或者外包模式中，这些工作主要由合作企业来承担。

（2）人员管理与沟通能力

自营模式下，企业需考虑员工的业务知识和技术水平能否满足逆向物流的要求，是否需要招聘新员工，是否需要对员工进行培训，以及如何加强企业内部员工的交流与沟通。而在联合经营和外包模式中，企业需要加强与外部合作企业员工的交流和沟通，以保证良好的合作关系。

（3）信息管理能力

自营模式的企业可以通过加强企业内部的逆向物流信息的管理，实现信息共享，从而提高产品和服务质量。联合经营与外包模式的企业主要注重与合作伙伴的信息交流与沟通。

11.4.5.3　技术性因素

逆向物流的技术性是指逆向物流对技术水平的要求。产品回收处理中往往需要专业的技术设备与人员，因此，企业选择不同逆向物流模式时应结合该因素考虑。

图 11－14 为逆向物流模式选择流程。需要注意的是，本节中

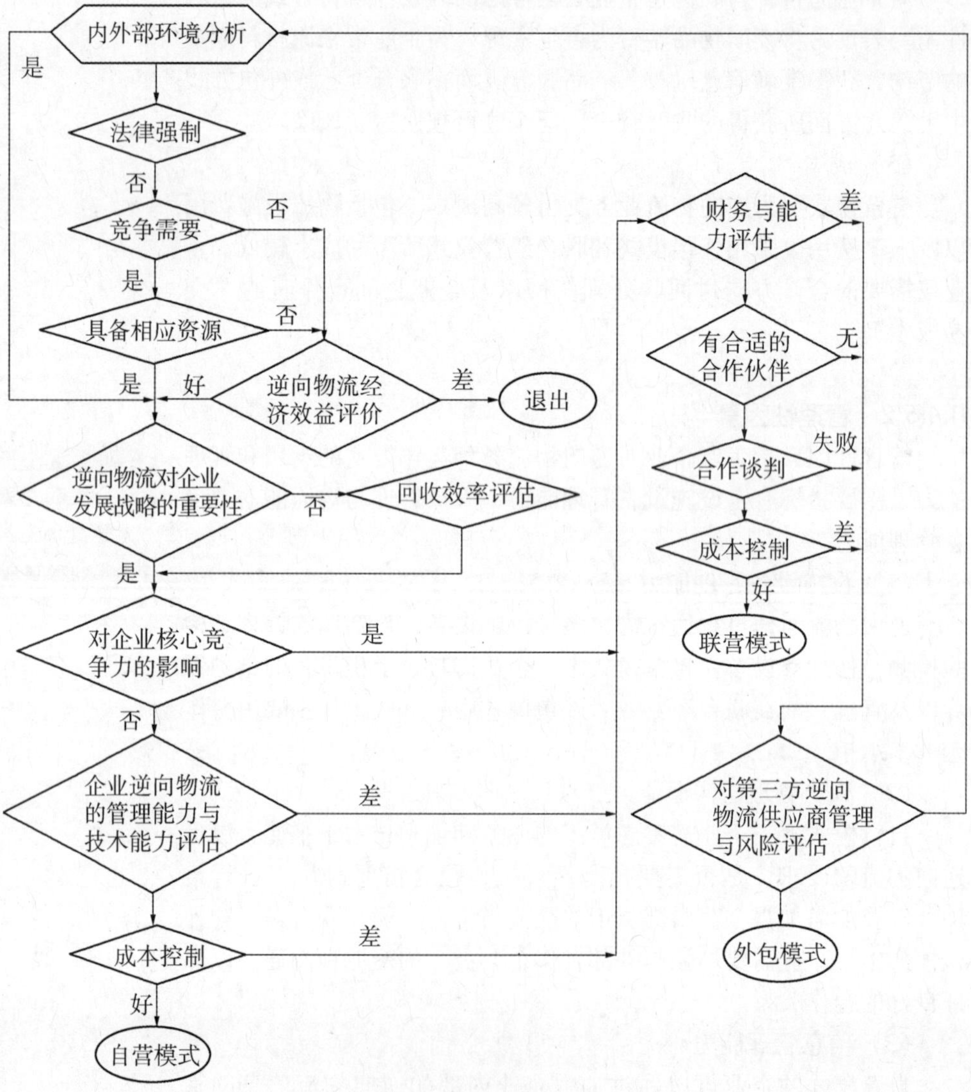

图 11－14　逆向物流模式选择流程

所讨论的这三种逆向物流模式是一种比较理想的状态，在现实的逆向物流实践中，企业通常会根据需要为逆向物流过程中不同的活动选择不同的运作模式，综合利用这几种方式来实施逆向物流。

本章小结

逆向物流是传统物流中产品从“生产者到消费者”这一过程的拓展与延伸。由于环境和经济等因素的影响，逆向物流愈发受到人们的重视，许多知名企业通过改善逆向物流系统，在社会、经济、环境上取得了良好效益。我国逆向物流起步较晚，国内许多企业对该领域的认识还不完善，逆向物流的研究非常必要。为使读者能够清晰地认识逆向物流，本章分四节展开描述、讨论。

第一节主要对逆向物流的概念、分类、特点以及影响其发展的因素进行分析，包括“什么”是逆向物流，“为什么”会产生逆向物流，“怎么样”的物品会进行回收以及“谁”是逆向物流的参与者。

第二节介绍了逆向物流的理论基础，包括循环经济理论、可持续发展理论、绿色物流理论以及全生命周期理论，帮助读者了解逆向物流理论与各相关理论之间的区别与联系。

第三节探讨了实际中逆向物流的网络结构设计，包括逆向物流网络的功能、特征、分类、设计内容及影响因素，并给出逆向物流网络结构的设计方法与模型。

第四节为逆向物流的运作模式部分，介绍了目前企业中逆向物流的三种主要运作模式——自营模式、外包模式以及联合经营模式，并对三种模式进行了分析比较，为企业的逆向物流运作模式选择提供参考依据。

复习思考题

1. 请从逆向物流的对象、流向、目的等方面对以下三个定义进行比较，并概括逆向物流概念的发展。

（1）1992 年由美国物流管理协会给出的定义；

（2）1998 年由 Rogers 博士与 Tibben-Lembke 博士给出的定义；

（3）1998 年由欧洲逆向物流工作委员会给出的定义。

2. 试论述逆向物流与循环经济理论的相关性。

3. 逆向物流网络结构设计主要解决哪些问题？哪些因素影响

逆向物流网络结构的设计？

4. 逆向物流自营模式、外包模式以及联合经营模式的优缺点分别是什么？这三种模式分别适合被哪种类型的企业采用？

第12章 第三方物流

学习目标

通过本章的学习，学生应掌握第三方物流的相关基本概念、特征；熟悉第三方物流供应商的起源和分包管理，以及如何从物流分包走向物流联盟。

关键词

第三方物流（third - party logistics，3PL 或 TPL）；分包（outsourcing）；物流联盟（logistics alliance）

12.1 第三方物流概述

全球化竞争的加剧以及 20 世纪 80 年代起西方掀起的放松管制的浪潮，使运输业逐渐走向市场化。信息技术的飞速发展实现了数据快速、准确的传递，提高了仓库管理、装卸运输、订货采购、订单处理、商品配送、收货管理的自动化水平，使订货、包装、仓储、配送、流通加工的一体化成为可能。依靠先进的物流管理信息系统，传统的功能型物流企业逐步转型为现代第三方物流提供者，按照企业所需提供一体化的供应链解决方案，并进一步与企业结盟，共担风险，共享收益。

案例 12.1

麦当劳与夏晖物流

当您跨进麦当劳餐厅，映入眼帘的是琳琅满目的食品：各式的汉堡包、薯条、麦乐鸡、苹果派、巨无霸、奶昔……尽管产品品种多样、店面位置不同，但在一点上十分一致：不管您走进哪一家麦当劳分店，看到的都是一样的环境布局、一样份额与口味的食品、一样的服务，您难道不会为此惊讶么？

也许普通的消费者没有细想过麦当劳整齐划一的服务与食品是如何炼成的，而这一问题的答案正是麦当劳成为全球商界“巨无霸”的关键所在。麦当劳得以在全球120多个国家的3万多家餐厅保持统一的服务与品味，背后与其同全球物流供应商——夏晖公司的战略联盟合作是分不开的，可以说夏晖的物流支持在麦当劳品牌的成长中扮演了一个不可或缺的角色。

麦当劳的创始人雷·克洛克在未开始快餐业之前，是一位奶昔机推销员。当时他就与夏晖的创始人之一泰德·伯曼的父亲老伯曼建立了只需要一握手即可的商业合作。麦当劳成立后，老伯曼一开始是麦当劳的纸杯供应商。1974年，为满足麦当劳的需求，泰德·伯曼与鲍伯在美国芝加哥共同建立了一家名为 Perlman Rocque 的为麦当劳管理仓库的公司，这就是夏晖的前身。后来，公司的名字中加入了两人妻子姓名 Harriette 与 Vivian 的各前两个字母的缩写 HAVI，成为夏晖公司（HAVI Logistics）。

在长达近40年的合作中，夏晖一直是麦当劳的“御用第三方物流供应商”（该公司客户还有必胜客、星巴克等），麦当劳没有把物流业务分包给不同的供应商，夏晖也从未移情别恋。双方和谐共处、各取所需。麦当劳的业务扩展到哪里，夏晖就会把自己的配送体系覆盖到哪里。麦当劳打天下，夏晖的物流业务也随之扩展。同时，因为夏晖的鼎力支持，麦当劳也得以实现在全球的发展。在中国，麦当劳的近60家供应商的商品都是通过夏晖的物流体系分发到各个门店。麦当劳全球商业模式的成功，与其说是各个麦当劳快餐店的成功，不如说是麦当劳对自己商业模式复制的成功，而其中尤其重要的是对其供应链的成功复制。离开供应链的支持，规模扩张是盲目而无法实现的。

通过长期合作，麦当劳与夏晖形成了紧密无间的“共生”关系，然而二者的合作竟然没有一纸合同。这种看似完全不符合现代商业契约理念的合作关系，却从麦当劳的创始人与夏晖的创始人开始一路传承下来。克洛克在他的回忆录中曾经写道：“如果有谁可以与我们同甘共苦就是我们的供应商。有很多供应商都是在刚起步时就来帮助我们，并跟我们一起成长。对他们，你尽可以用如果、假如、但是、然而等条款来捆住这些持牌人，但对生意什么用都没有。只有一个方法可以培养他们对公司的忠诚度，那就是保证这些人可以赚到钱。”

当然，麦当劳保证供应商赚到钱是建立在公平合理和信息公开的基础上的。麦当劳会要求供应商提供详细的财务数据，包括生产用料、人员工资等。麦当劳据此制订给予合作者的优惠政策，尽可能保证其赢利，但如果利润超出标准则要退还麦当劳。一切信息对双方而言都是公开的。

多年来，麦当劳没有亏待它的合作伙伴，夏晖也始终对麦当劳忠心耿耿，甚至有些可能不赚钱，而麦当劳需要开发的地区，夏晖也会毫不犹豫地投入。因为新的市场需要双方共同来培育，而且这些损失在其他市场上也会被补回来。这种长期互信的关系使二者的交易成本达到最低。

这种独特的合作关系，不仅仅建立在忠诚的基础上，麦当劳之所以选择夏晖，根本原因还在于后者为其提供了优质的服务。麦当劳对物流服务的要求是相当严格的。麦当劳要求夏晖提供网络化的支持，这种网络能够覆盖整个国家或者整个地区，不同环节之间需要高效的无缝对接。目前，夏晖在国内的北京、上海、广州都设立了食品分发中心，同时在沈阳、武汉、成都、厦门建立了卫星分发中心和配送站，与设在香港和台湾的分发中心一起，斥巨资建立起全国性的服务网络。在食品供应中，除了基本的食品运输外，麦当劳要求物流服务商提供其他一系列服务，如信息处理、存货控制、贴标签、生产和质量控制等诸多方面，这些“额外”的服务虽然比简单配送成本要高，但它使麦当劳在竞争中获得优势。麦当劳还要求夏晖提供包括生产和质量控制在内的一条龙式物流服务。例如夏晖在台湾设有专门的食品加工中心，下有面包厂和生菜加工中心。面包厂为麦当劳生产多样化的面包产品，应用严格的食品与作业安全标准。厂内制造区与熟食区分离，全部采用统一的自动化生产线。所有设备由美国SASIB专业设计，每小时可以生产24 000个面包。生菜加工中心为麦当劳提供所需的切丝、切片生菜及混合蔬菜，拥有生产区域全程温度自动控制、连续式杀菌及水温自动控制功能的生产线，每小时生产能力1 500斤。此外，夏晖还负责为麦当劳上游的蔬果供应商提供咨询服务。

麦当劳利用夏晖设立的物流中心，为各个餐厅门店完成订货、储存、运输及分发等一系列工作，使得整个麦当劳系统得以正常运作，并通过物流系统的协调与联接，实现各供应商与各餐厅顺畅的信息交流，保障麦当劳餐厅食品的安全供应。

及时响应麦当劳餐厅的订货需求，是夏晖作为物流供应商的基本功能。麦当劳的采购工作在餐厅一端由餐厅经理完成。麦当劳的库存管理理念是订货即不允许浪费也不允许缺货，过多库存造成的浪费会增加成本、积压资金；而缺货不足则会使营业额和利润下降，对公司信誉产生不利影响，并且使紧急订货成本上升。麦当劳的餐厅经理都接受过专门的培训，对各个时段各种产品的销售、进货和库存量进行预测。进货周期以周为单位。餐厅经理首先需要预先估计安全库存。一旦库存量低于安全库存，便进入订货程序。每周二在网上下订单，将订单发往配销中心。订单被配销中心接受之后，每周三、周五分批进货。夏晖公司在接到订单之后，仓储、装卸、运输等一系列工作必须在规定时间内全部完成，准点率要在98%以上才符合服务质量要求，并且不能够断货。除了常规的网上订货外，餐厅经理每天还要把订货量与进货周期对照，一旦发现问题，立刻进入紧急订货程序。虽然一般不鼓励餐厅进行紧急订货，但一经确认，货品会在2个小时后送到餐厅。

麦当劳对物流配送也有很高的要求，有“保证准时送达率、保证麦当劳的任何一个餐厅不断货、保持每一件货物的质量处在最佳状态”三项基本要求。例如在北京地区，为保证货物的新鲜度，满足麦当劳冷链物流的要求，夏晖公司在北京市大兴区经济开发区投资5 500多万元，建立了一个占地面积达12 000平方米、世界领先的多温度食品分发物流中心。其中干库容量为2 000吨，里面存放麦当劳餐厅用的各种纸杯、包装盒和包装袋等不必冷藏冷冻的货物；冷冻库容量为1 100吨，设定温度为零下18摄氏度，存储着派、薯条、肉饼等冷冻食品；冷藏库容量超过300吨，设定温度为1～4摄氏度，用于生菜、鸡蛋等需要冷藏的食品。冷藏和常温仓库设备都是从美国进口，设计细致而精心。为了最大限度地保鲜，在干库和冷藏库、冷藏库和冷冻库之间，均有一个隔离带，用自动门控制，以防止干库的热气和冷库的冷气互相干扰。干库中还设计了专用卸货平台，使运输车在装卸货物时能恰好封住对外开放的门，防止外面的灰尘进入库房。该物流中心还配备了专业的三温度（冷冻、冷藏、常温）运输车辆，在货品装卸环节，全部实行封闭的自动化操作，保证被运输的货品的品质和新鲜度。在接到订单后，夏晖公司就开始准备装车工作。所有要配送的货物都在夏晖公司北京的物流配送中心进行配送作业。为了保证食品的新鲜，冷藏库坚持先进先出的进出货方式，并对物品入库和提出环节也制订了严格的标准。物品出库的同时，工作人员已在排路系统中输入门店位置、时间等数据为车辆运输找出了最佳路线。车辆离开配送中心后，夏晖的工作人员会随时通过监控设备了解运输车辆的温度设置是否达到规定要求。因为如果一旦出现温度不准确，麦当劳会拒收这车货物。

当食品运到麦当劳餐厅时，麦当劳餐厅经理会提前做一系列准备工作。接货的检查项目包括提前检查冷藏和冷冻库温是否正常，记录接货的时间和地点，检查单据是否齐全，抽查产品的接货温度，检验产品有效期（包括估计是否有足够的使用时间），检查包装是否有破损和污染，糖浆罐是否溢漏，二氧化碳罐压力是否正常，最后才是核对送货数量、签字接收。如果任何一个环节不符合要求，货品都要退回夏晖公司。

众所周知，“麦当劳不仅仅是一家餐厅”，麦当劳通过半个多世纪的发展，成为全世界知名品牌的前十位之一，温馨宜人的餐厅并不是这一品牌的全部，快速敏捷的供应链管理是支撑品牌的关键。麦当劳的正常运营依赖于全面、完善、功能强大的物流支持系统。物流外包除了为麦当劳自身赢得更全面、更专业的服务外，还能更专注发展本企业的核心业务以及给顾客带来增值性服务。正是得益于夏晖公司物流系统的全面配合，才有麦当劳提供的食品与服务的标准化和质量保证。而夏晖公司通过与麦当劳多年的合作，其业务已遍布全球，拥有其他物流企业不能匹敌的整合流通网络的能力和经验，为开辟除麦当劳之外的第三方物流管理业务奠定了基础。正是因为这种高度的专业性，夏晖于2008年承接了北京奥运会和残奥会的食品仓储和配送工作。2008年奥运会有一套独立严格的冷链标准。麦当劳和爱玛客是2008年北京奥运会仅有的两家食品供应商，而奥运餐饮的原材料供应全部由夏晖物流（北京）有限公司配送，这意味着夏晖物流已具备中国官方认可的最好的餐饮物流配送能力。正是麦当劳与夏晖公司的共生共赢，使得这一合作关系得以维系并不断强化。

（资料来源：李安华．夏晖与麦当劳——共生的“鱼”．市场周刊，2006.6；王斌，梁晓杰．麦当劳的冷链物流，物流时代，2004（18）．有改动.）

12.1.1　第三方物流的定义

如果单纯从字面上理解，第三方物流（third-party logistics，简称3PL，TPL）中所谓的“第三方”是指在商品的买卖过程中，独立于买方与卖方的第三方，他们既不参与商品的生产与销售，对商品也没有所有权，仅仅在买方与卖方之间从事物流服务。如果这样理解，则传统的储运、运输、货代企业的服务都可以归为第三方物流服务。

实际上，第三方物流是20世纪80年代中期才在欧美发达国家出现的概念，近十几年才传到我国。它是随着电子信息技术的发展而出现的现代物流业的一种业态，从前面麦当劳与夏晖物流的案例可以看出，第三方物流的核心是个性化的物流服务和企业间的联盟关系。因此，现代意义上的第三方物流是由第三方物流提供者在特定的时间段内按照特定的价格向使用者提供个性化的系列物流服务，这种物流服务是建立在现代电子信息技术基础上的，企业之间是联盟关系。这个定义包含以下几方面的含义：

（1）第三方物流是建立在现代电子信息技术基础上的

信息技术的发展是第三方物流出现的必要条件，信息技术实现了数据的快速、准确传递，提高了仓库管理、装卸运输、采购、订货、配送发运、订单处理的自动化水平，使订货、包装、保管、运输、流通加工实现一体化；企业可以更方便地使用信息技术与物流企业进行交流和协作，企业间的协调和合作有可能在短时间内迅速完成；同时，电脑软件的飞速发展，使混杂在其他业务中的物流活动成本能够被精确地计算出来，还能有效管理物流渠道中的商流，这就使企业有可能把原来在内部完成的作业交由物流公司运作。常用于支撑第三方物流的信息技术有实现信息快速交换的 EDI 技术、实现资金快速支付的 EFT 技术、实现信息快速输入的条形码技术和实现网上交易的电子商务技术等。

（2）第三方物流是合同导向的一系列服务

第三方物流有别于传统的外包：外包只限于一项或数项分散的物流功能，如运输公司提供运输服务，仓储公司提供仓储服务；第三方物流则根据合同条款规定的要求，而不是临时需求，提供多功能甚至全方位的物流服务。第三方物流诞生后，西方管理界对此进行过较多的调查研究。调查结果发现：被调查的欧美企业几乎都与第三方物流企业签订专门的合同，合同有效期一般 1～3 年。欧美企业在利用第三方物流服务中，最常见的是仓储、共同运输和车队管理，此外还利用其他服务，诸如产品回收、订单履行、运价谈判、物流信息系统等。从物流服务提供者角度看，第三方物流能提供一系列的服务：第三方物流公司可以管理整个物流过程或可选择的几项活动，如报关、运价谈判、库存管理、承运人选择等近 30 种第三方物流服务分包，大部分第三方物流需求企业分包的服务高于 20 种，仅有极少数公司的服务分包低于 10 种。

（3）第三方物流是个性化物流服务

第三方物流服务的对象一般都较少，只有一家或数家，服务时间却较长，往往长达几年，有异于公共物流服务——“来往都是客”。这是因为需求方的业务流程各不相同，而物流、信息流是随价值流流动的，因而要求第三方物流服务应按照客户的业务流程来定制。在对欧美企业的调查中发现：从第三方物流服务提供者角度看，对第三方物流服务提供者与它们的客户之间成功关系的因素进行评级，发现最重要的成功因素是为顾客着想，其次是可依赖性和柔性；而单项最重要的因素排在首位的也是为顾客着想，其次分别是投入和成本节约。可见，第三方物流正从过去的面向社会提供服务的传统外协进化到面向个别企业的个性化服务阶段，也就是物流企业的经营理念从“我能提供什么服务就提供什么服务”转向

"顾客需要什么服务，我就提供什么服务"。

（4）企业之间是联盟关系

依靠现代电子信息技术的支撑，第三方物流的企业之间充分共享信息，这就要求双方能相互信任，才能比单独从事物流活动取得更好的效果；从物流服务提供者的收费原则来看，它们之间是共担风险、共享收益；再者，企业之间所发生的关联既非仅一两次的市场交易关系，但又在交易维持了一定时间后，可以相互更换交易对象；在行为上，各自不完全采取使自身利益最大化的行为，也不完全采取导致共同利益最大化的行为，只是在物流方面通过契约结成优势相长、风险共担、要素双向或多向流动的中间组织。因此，企业之间是物流联盟关系。调查发现，无论是西欧还是美国企业都很少采用全部委托的方式，企业普遍认为内外结合的方式更便于控制、更有柔性，也更能相互提高业务水平。这表明第三方物流既区别于传统外协的市场交易关系，企业寻找的是长期稳定的合作关系；也表明企业不愿意把物流业务内部化而采用合并或垂直一体化的组织形式，而是采用物流联盟的中间组织形式。

12.1.2　第三方物流的经济学分析

第三方物流的本质是企业之间的联盟关系，作为谋求利润最大化的"经济人"，工商企业之所以寻求建立联盟，主要动机一是为了弥补自身能力的不足，二是为了降低交易成本，最终实现自身利润的最大化。

12.1.2.1　企业能力互补

企业能力理论认为，企业组织存在两种能力：核心能力与辅助能力。核心能力具有不可仿制的异质的特征，也就是说，核心能力是不能复制、购买和销售的。这意味着企业在任何时候所拥有的能力都存在一定的限制。这种限制表明对任何一个企业来说，在所有的生产环节上企业都需要一些辅助能力，即每一个企业都必然要依赖其他企业所拥有的能力，特别是企业所要依赖的能力或活动与目前企业所从事的活动不相似时更是如此。

对非物流企业来说，物流能力在大部分非物流企业里并不构成其核心能力，而属于辅助能力；但对物流企业而言，其核心能力必然是与物流有关的。这样，与非物流企业相比，物流企业在物流方面就有了比较优势。为形成更大的合力，聚合彼此的核心能力，就促使双方建立联盟关系：由非物流企业把物流业务分化出来，外包给物流企业，自己专注于核心能力的培养、巩固和发展，突出自身的主营；物流企业则按照非物流企业的要求定制物流服务，在物流相关领域发展自己的核心能力。站在行业或更高的宏观背景上观察，这其实是企业层次上的能力分工。市场中企业能力分工之后，企业不保留全部功能，因此，任何一种产品或服务的提供都需要其他组织的协作，即通过合作来完成。

12.1.2.2 市场化的组织与组织化的市场

市场经济理论认为，市场这只“看不见的手”依靠价格机制发挥作用，能不断地提高交易效率。但现实中的市场运行总是面临着高昂的交易费用，包括获取有关交易信息、讨价还价、签约和实施交易协调等方面的费用。另外，由于各交易主体的行为是一个相互博弈的过程，因而产生种种交易风险，如不按合同规定的时间配送、装卸搬运过程中故意要挟，或因一方违约而使服务中断，等等。为降低交易风险和费用，可以通过一体化（设立物流子公司）的方式来解决。但一体化的过程又将促使企业组织规模扩大，为强化企业内部管理职能，企业必须增设管理机构，由此产生较高的管理费用；同时，因管理层级增加，管理链条拉长，极易滋生官僚主义作风，使管理效率下降；由于管理幅度过宽而难以了解和评价各部门员工的相对贡献，并且各种“搭便车”和懈怠行为也得不到有效的监督，使企业内部激励机制失效。由此会导致所谓的“组织失灵”。

物流联盟是兼具市场和组织双重优势的中间组织。交易双方保持各自的独立地位，但相互之间出现了某些旨在维持双方长期合作关系的机制。物流联盟是企业双方在物流领域的战略性合作中进行的有组织的市场交易，从而能节约纯粹市场交易中的各种相关费用，包括：①避免交易中的盲目性，减少搜寻信息的成本；②联盟企业通过建立一定的程序和惯例，更顺利地达成交易，降低交易中讨价还价的成本；③联盟企业间的组织协调可有效地节约交易中监督执行的成本，交易双方也将自觉地抑制各自的机会主义行为；④联盟组织的建立还有利于提高双方对不确定性环境的应变能力，降低由此带来的交易风险。由此可见，物流联盟可利用组织化的优势，降低市场交易中的各类费用。

同时，联盟企业双方在相互合作组织协调交易的同时，仍保持各自的相对独立性，组织成员之间仍存在着竞争（围绕自营、外购），维持较高的市场效率，从而避免由一体化组织中的僵化失灵而产生的组织费用。

综合以上分析，第三方物流不仅仅是为克服市场和组织失灵而进行的被动的制度安排，而且是为有效利用组织和市场的双重优势的一种组织创新。

12.2 第三方物流提供者

第三方物流提供者与第三方物流的含义是不同的，第三方物流更多的是描述工商企业与第三方物流提供者间的物流联盟关系，而第三方物流提供者指的是通常所说的现代物流企业。传统物流向现代物流转化时，一方面，作为工商企业内部子系统的物流系统的管理在发生深刻的变革；另一方面，向工商企业提供物流服务的服务业也发生了很大变化，其显著标志就是在传统物流服务业的基础上产生了一种新型的物流企业——第三方物流提供者。

第三方物流是现代物流业发展的体现，但第三方物流提供者并不是凭空产生的，它是在传统储运、运输、货代企业、工商企业内部的物流部门，甚至是在咨询公司的基础上产生的，它本身代表了传统物流企业的一种发展方向，当传统企业的运营模式发生质变后，传统企业也就转化为了现代企业；但如果传统企业的运营模式还未发生根本改变，只是换了一块招牌，换了一种称呼时，我们还不能把它们视为现代物流企业。

对大型物流企业而言，第三方物流服务可能是它的一种产品。例如，UPS的传统业务是国际快递业务，但它在20世纪80年代又推出了第三方物流服务业务，并专门成立了物流部门；后来，UPS把物流部门剥离出来，单独成立了物流公司，母体则专注国际快递业务。又如，我国的中外运广东公司，它的主营业务就分为五大板块，既有货代业务、船代业务，也有物流业务，其中的物流业务就是提供第三方物流服务。

我国从1999年诞生第一家真正意义上的第三方物流提供者至今，第三方物流服务业已有了飞速发展。目前，整体来看，我国第三方物流服务业出现了以下发展态势：

① 专业化分工越来越明确：有的企业专注饮料、食品、日化的配送，有的则专注家电物流。

② 技术手段越来越先进：典型的特征是条形码技术、无线电射频技术的大量采用和机械化、半自动化配送中心的逐渐普及。

③ 管理水平越来越高：包括供应链解决方案、EDI、越库直运（cross-docking）、DRP 在内的一系列先进管理手段和方法已在实践中得到应用。

④ 第三方物流的领域越来越广：从早期的主要集中在快速消费品物流、家电物流逐渐扩展到汽车物流、烟草物流、钢材物流、冷藏物流等。

⑤ 第三方物流的规模越来越大：据 2004 年中国物流白皮书测算，2004 年国内物流业实现增加值8 459亿元，比上年同比增长8.4%；第三方物流整体市场增长超过 20%，沿海省市物流市场增长超过 30%。

12.2.1 第三方物流提供者特征

第三方物流提供者并非简单从字面理解的在买方与卖方之间从事物流活动的企业。因为如果这样理解，那么凡是由社会化的物流企业按照货主的要求所从事的物流活动都可以包含在第三方物流活动范围之内，如传统的铁路货运业、航运业、航空业、公路运输企业都可包含在内，而这些企业并不完全具备现代物流企业的特征。国际上，现代意义的第三方物流服务业是一个仅有近 30 年历史的相对年轻的行业。在美国，第三方物流服务业被认为处于行业生命周期的引入——成长期，全美有 400 多家第三方物流企业，较为著名的有 Roadway Logistics，Ups Worldwide Logistics，Excel Logistics，Fedex Logistics Service 等。这些现代企业意义上的第三方物流提供者，主要的特征体现在：

12.2.1.1 能提供集成物流服务

传统物流企业的运作模式是：经营仓储的，不涉及或很少涉及运输服务；经营运输的，不提供仓储服务，或不提供货代服务，更谈不上为客户设计、维护一套有效的信息系统。这导致工商企业的简单物流业务也要委托几家，甚至几十家传统物流企业来承担，一旦出现问题，企业间又相互推诿，谁也不肯负责。与之相比，现代物流企业不仅提供仓储、运输服务，还提供信息管理、承运人选择、业务咨询、库存补充、产品再包装、给标签、货代、相关报表管理等多种服务，乃至全方位的一条龙服务。例如，按照顾客的要求，将产品经过运输、储存、装卸搬运、再封装、给标签等环节，配送到客户的分销中心或直接运抵各地的零售店。这样的物流业务，若由各自独立提供服务的传统物流企业运作，最少需两家甚至几十家相互配合才能完成；若由现代物流企业运作，可能只需即可。

12.2.1.2　能提供定制服务

现代物流企业不仅仅只像传统物流企业一样，单一地完成实际的物流业务，还包括从客户的产品销售预测、生产计划等出发，研究、建议选择包装方法、运输方式、运输线路、时机、仓库设立、库存设置等客户货物流动全过程的最佳方案，即按照客户特定的业务流程，设计如何捆包，在哪里的仓库保管，采用哪个运输部门、途径、运输线路，在哪个恰当的时机发送货物等，以达到谋求客户的物流业务效率化和削减客户物流成本的目的。本节案例所述的宝供物流企业集团（简称宝供）是目前国内第三方物流企业的代表之一，其主要客户包括宝洁、联合利华等50多家大型企业，它的核心业务涵盖物流规划和模式设计、运作管理（仓储管理、运输管理、装卸分拣、包装）和信息管理（与客户的数据无缝连接、信息查询及各类报表自动生成）。宝供的基本运营模式是，在招标阶段由市场营销部牵头，组成包括各部门专家在内的招标小组，根据客户的业务流程进行物流规划方案的设计；与客户签订合同并正式运作后，利用其网络和信息技术为客户提供高质量的物流服务。一方面，宝供在国内的中心城市形成了覆盖全国的服务网络，为客户提供门到门服务；另一方面，宝供于1997年在国内率先建成并不断升级的基于Internet/Intranet的物流信息管理系统，使公司总部、各分公司和客户都能通过上网实时跟踪各票货物的运作状况，自动向客户提供各类业务报表。

12.2.1.3　能提供网络化服务

无论是否拥有汽车、仓库等有形资产，现代物流企业都能为客户提供网络化物流服务。其中，无资产型的公司主要是凭借良好的信息系统和丰富的管理经验，利用传统物流企业的硬件设施进行实际的物流业务运作；资产型的公司则是以自身的资产如车队、仓库、铁路专用线、大型机械装备等作为为客户服务的主要手段，但是它们所提供的服务并不以使用自己的资产为限，一旦需要，也与其他物流企业签订合作合同。

12.2.1.4 高效的信息处理技术构成企业核心能力

现代物流企业在根据工商企业的采购、生产、销售计划与业务流程，设计、选择最佳的物流运作方案时，需大量加工关于客户的调货、仓储、配送等方面的信息。为此，需要具备高效的信息处理技术。具体来说，需要具有高效的与客户信息系统对接的技术，需要使用对客户物流业务整体的设计而提高其效率的系统软件、物流成本的精确核算软件和货物跟踪软件，等等。同样，由客户货物的特性、地理分布、时间、服务要素形成的复杂物流网络，只有凭借信息系统的技术支持，供应链在实现信息实时共享的情况下才能顺畅地运转。高效信息处理技术构成现代物流企业的核心能力，这是现代物流企业与传统企业的根本区别。

案例 12.2

第三方物流提供者——宝供物流企业集团

宝供物流集团的创始人刘武在1985年22岁时开始了他的储运生涯。当时刘武进入汕头供销储运公司，后被调到公司在广州设立的转运站。1990年，广州转运站由于经营不善出现亏损，公司决定关闭。刘武分析了转运站亏损的原因，除了墨守成规，不创新拓展业务，更主要的是经营意识和管理上的问题。这时刘武想：我为什么不试一试呢？于是他做出了一个大胆的决定：承包转运站。

接手转运站时压力当然不小，只有1万元钱，还有10多个人要吃饭。刘武这时瞄准了合装整车的业务。以前转运站做的主要是零担物资业务，运输周期长，成本也高。刘武算了一笔账，1吨物资，如果用零担发往北京，运费需要1 000元，而合装整车后，运费只需要200元，这将有一个很大的利润空间。于是，刘武开始和全国的企业储运公司洽谈合作，并通过他的真诚带给了客户良好的口碑。然而，随着整车业务越来越红火，刘武也开始意识到传统储运行业中的诸多弊病：这时的广东还没有一个统一的物流概念，物流被分成仓储和运输两个部分，分块经营、多头服务，管仓储的不管运输，管运输的不管仓储；由于分块经营，缺乏统一的计划，没有明确的责任划分，各个环节相互推诿，造成货物在储运过程中损耗率居高不下，给发货方和收货方都带来了损失。刘武反复思索改进这种传统物流模式的方法，但当时全国各地的储运行业都是这种各管一段的经营模式，他对如何消除这些弊端始终不得要领，直到有一天他与宝洁公司合作，他意识到如果能成为宝洁的储运商，他可以借助宝洁的质量管理体系跨过这一道门槛。

1990年，宝洁公司进入中国。为了迅速打开中国市场，宝洁通过兼并、租赁、收购等最省时的方式整合了一大批日用化工企业。1994年宝洁在广东建立了大型的生产基地，通过铺天盖地的广告支持，宝洁产品的市场知名度急剧上升，开始大举进攻中国内地市场。这时实现市场领先策略的一个重要环节就是宝洁公司的产品能不能及时、快速地出现在全国各地的商场。这一环节必须通过物流规划来实现。做为一家百年老店，宝洁对物流的要求不但是要准时，还需要高质量的运输、干净的仓库和24小时的服务。宝洁公司采用的GMP（good manufacturing practice，良好的制造规范，质量管理规范）质量管理体系，是美国食品药品管理局《良好的产品制造条例》的简称。它对从原材料的检验、产品的生产、成品的检验到产品物流的整个过程等都有着十分明晰的标准，宝洁公司的所有运作，包括物流过程都必须符合这个标准。

宝洁最初是考虑与广东本地大型的储运企业合作，结果经过几个月发现，这些企业或者只管仓库储存，或者只管铁路运输。搞储存的仓库又脏又乱，有的甚至阴暗、潮湿，鼠患严重；仓库的管理只管白天，不接收早上8点以前、下午5点以后的货物；货物的运输则只管搬上火车，野蛮装卸，而且货物在火车上的安全以及什么时候到站、有没有人接货、货物的破损等完全没人负责。此后，宝洁再也不能接受国营大型仓储运输公司低品质的服务，因此决定另外寻找能够满足其要求的物流企业。

在这种情况下刘武同宝洁的物流总监会面。宝洁的物流总监说："要合作，你必须按照我们的GMP标准和要求来做"。第一次合作宝洁给了刘武4个集装箱的业务，通过铁路从广州运到上海。这一次，刘武按事先和宝洁讨论过多次的标准和要求以及具体的操作程序，做得非常仔细。为了考察各个环节和拿到第一手资料，刘武将集装箱送上火车以后，还乘飞机亲自去上海验收。虽然这单生意他不但没有赚到钱，反而还亏了几千元，但刘武却从中悟出了道理：传统的储运公司的作法是管发货的储运公司不管接货、卸货，管接货的储运公司不管发货运送。所以，从制造商的角度讲，货到站还得自己派人或者委托另一个储运公司去验货提货，作为经销商来讲也需自己到产地或委托一家储运公司提货、发货。货物的收和发之间缺少了一个重要环节，没有一个统一的从始至终的具有法律效益的链接，经常导致货物短少、破损、到货不及时、提货不及时等问题，给厂家、商家造成巨大的经济损失。刘武发现了这一个漏洞，认识到"传统的运作方法必须改变，我必须知道客户需要什么，然后想办法去满足他。”也就是为客户提供物流的整体解决方案，建立一个全国性的“完全物流网络”。

随着公司业务的不断发展，刘武也数次遇到过“信息瓶颈”。

宝供走上正轨发展后，除了宝洁，宝供又与联合利华等国际大公司开始合作，业务量增加很快，刘武每天都和营运部的人花很多功夫去跟踪这些货物的情况，是否按时发出，是否及时到达指定目的地，破损率是否超标，签收的情况……一天上百单业务，完全依靠人力，不改效率低而且根本无法满足客户的要求。1995 年，刘武花高价买了几台电脑，通过单机操作把接到的业务单据输入电脑，还建立了一套在 DOS 平台上用电话线连接的内部网络。然而，由于内部管理人员报喜不报忧的思维惯性，总部费很大力气统计上来的信息有不少水分，导致这一网络不能很好地发挥效用。1996 年，宝洁多次向宝供投诉，批评他们不能准确及时地提供信息，还有到货时间不准、破损率上升的问题。1997 年，虽然宝洁仍把宝供当作主要货运商，但已经有意识地分散业务引入竞争。这促使刘武将建立先进的企业信息系统提上日程。在刘武的带动下，宝供储运对信息系统的应用水平提高得很快。

1998 年 10 月，宝供完成报表自动生成系统，不仅可以只按一下键就能产生所要的表格，免除了在不同程序中查找数据的烦琐工作；而且可以把原来在异地终端上的数据转化为本地可以查询的表格，方便内部查询。更为关键的是，这套系统提供给客户后，可以把客户所需用的信息数据也集中在表格中，客户不仅可以自己在网上查询，宝供还可以把自己收集的数据用电子邮件推送给客户，使得客户不用联网也可以得到宝供的服务。这一新的“卖点”吸引了许多新的客户。飞利浦公司之前与其他储运公司合作时，要求合作公司一周传真一次一个月报告一次，但合作公司很难做到，飞利浦更无法了解自己的库存量还有多少、进了多少货、出了多少货。自从把业务交给宝供后，飞利浦今天就可以知道昨天的库存情况。

2000 年，宝供将信息化建设推向了第三阶段——将信息收集推到企业的经营层面，从各个环节中提取相应的成本信息，形成受单—初步报价—估算成本—统计成本—再报价的流程。这一流程解决了长期困扰物流企业的成本控制和成本核算的难题。

通过信息系统的建设，今天宝供已避开了低层次的价格竞争，把优势集中到客户服务和减少流通环节方面。把整个物流过程一体化，成为一个“联盟的、网络的、集成的、供应链一体化的、信息驱动的第三方物流公司”。任何一个客户，找到宝供物流公司，宝供都可以在研究其需求后，为其设计一个双方认可的服务最高效、成本最低廉的方案，并达成付款协议。然后宝供根据这个方案，协调运输、仓储、报关等各项物流相关活动，以达到客户最终的服务要求。

（资料来源：杨志琼，宋如鹏. 经营者，2001（4）. 有改动.）

12.2.2　第三方物流提供者起源

导致第三方物流提供者产生的因素很多。从它的需求方来看，主要的因素是集中主业、突出核心业务以及加强供应链管理的需要；从它的供给方来看，产生的客观条件是信息技术革命和20世纪70年代中期掀起的放松管制浪潮，使物流公司得以提供全方位服务。

12.2.2.1　供应链管理

在20世纪50年代以前，企业所进行的都是建立在功能基础上的物流工作，物流的范围仅包括从产品出厂开始的运输、保管、装卸和包装的过程。到了70年代，由于更为周密的库存控制技术的应用，零售商的库存，特别是食品、杂货零售业的库存大幅降低，半成品在零售商和批发商与生产厂家之间分布的比例越来越小。按用户需求以销定产的市场营销观念，要求企业必须调整生产线，采取多品种小批量的方式组织生产，以满足不同的用户需求，这使得物流功能要素之间的效益背反现象越来越严重。效益背反是物流领域经常、普遍的现象，是物流过程中内部矛盾的反映和体现，指的是物流的若干功能要素的优化和利益产生的同时，必然会存在另一个或者几个功能要素的利益损失，是一种此涨彼消、此赢彼亏的现象，因此产生了集成物流管理的思想。集成物流管理强调材料采购、加工生产、产品销售、售后服务直到废旧物品回收等整个物资流通过程的管理。80年代诞生的供应链管理使集成物流管理思想有了实践的基础。供应链管理是通过对供应链中的物流和信息流进行设计、规划、控制与优化来满足顾客需求的整个管理过程，同时，保证供应链的成员取得相应的绩效。过去的几十年，合作业务关系的特点就是对手间的谈判。双方都试图把自己的成本转嫁给对方，而不是站在顾客的角度考虑，使消费者得到最大的消费者剩余。80年代产生的供应链思想是减少重复劳动和消费，把注意力集中在业务上，以有助于取得共同成功，因为只有饼做大了，可分的饼才更多。进一步，1984年美国制定的《国家合作研究和开发条例》以及1993年的《生产修正案》，使这种发展合作性作业安排的普遍想法制度化。这些法规及其随后的修正案发出信号，表示司法部门所执行的传统的反托拉斯法发生了根本的变化。厂商们对此迅速作出反应，采取了范围很广的创新安排。而以提供有效的作业系统，把买方和卖方联系起来为目的，围绕特定的服务厂商的能力建立起来的基于物流的联盟即第三方物流，就是其中的合作安排之一。

12.2.2.2 突出核心业务

20 世纪 80 年代以来，市场竞争日益激烈，多元化经营战略不仅没有为企业带来预期的利润，组织规模的扩大还导致企业机构臃肿，反应迟缓，资源未能获得最高效率的应用，企业开始重新配置价值链乃至供应链，企业的组织方式正是服从于这种整体战略设计，立足并围绕核心能力展开。要保证产品的竞争力，需要快速的研发能力、高质量高柔性的生产能力、完善发达的营销能力，而企业的资源和能力是有限的，不可能面面俱到，业务外包使企业能集中有限资源，培养核心竞争力，创造竞争优势。这样，企业就突破了传统的“内部资源选择”战略，运用有限资源发挥自身最强的优势，通过企业与企业之间、企业与各种社会服务部门之间的联合，增强企业竞争力。其中的物流业务外包也就是第三方物流。

突出核心业务的物流业务外包的优点和重要意义在于：

① 从宏观上看，社会分工呈现出精细化的趋势。现代的企业竞争已经不单纯只在产品物流的最后阶段进行竞争，而是在供应链上的每个环节都在竞争。专业化曾是现代科学管理的基础，也是最具普遍意义的管理，并将成为今后的发展方向。每个企业都在各自的专长的轨道上专注向前，就会减少社会资源的重复投入，减少浪费，整个系统会更有序，也更有效率，这将有助于产业升级加速和整个生产力的提高。

② 财务方面的考虑是一个重要原因。企业一切资源的获得和能力的培养都要靠资金来支持，产、供、销的摊子过大，面面俱到的成本非常高。如果能集中有限资源培育核心能力，将其他非核心业务分化到组织之外进行，就能大幅度削减开支，增强成本控制力。

③ 风险管理的难度下降。随着专业化向极致发展，企业内每个子系统的复杂性正在日益提升，成本也在不断增加。企业要想在内部完成某一功能，就必须对之投资，而且使之不断发展完善。同时，技术及市场变化如此迅速，竞争优势与领先地位都非常脆弱易失，这对于企业来说意味着在许多方面都存在很大的风险，因此，最好的办法是把风险转嫁出去，与第三方物流提供者结成战略

联盟。

④ 基于核心竞争力的组织形式还可以从大量的日常管理工作中解放出来，减少企业内部资源传递的环节，提高沟通与合作的效率，把时间与精力更多地投向企业战略设计，使企业轻巧且反应迅速。

12.2.2.3　放松管制

在市场经济国家，政府管制是针对市场失灵而出现的。20 世纪 30 年代，伴随着凯恩斯主义的盛行，世界各国加大了对经济的干预力度，即使"二战"后，这种干预力度也并没有明显减弱。从客观来看，市场经济国家的直接管制措施对社会经济的稳定和发展起到积极作用。但是，随着国际国内形势的变化，特别是经济技术条件的变化和进步，政府管制的负面作用也逐渐显露出来，主要表现在：政府管制扭曲了市场运行机制，损害了市场调节的积极功能，加剧了各利益集团之间的矛盾，政府腐败现象日增，社会公平原则被严重破坏。于是要求政府放松管制的呼声很高，政府迫于社会的强大压力，也不得不对其管制制度和政策进行改革。

美国交通运输放松管制可追溯至 1962 年 4 月肯尼迪总统的运输咨文，他在咨文的结尾部分明确提出要"多依靠竞争力量，少依靠管理的限制"。尽管这个咨文为管制确立了新目标和新途径，但并没有落实到国会行动上。经过长期的公开辩论后，美国国会才通过了一系列法令改革管理体制，如 1976 年的《4R 法》、1977 年的《航空货运放松管制法》、1978 年的《航空客运放松管制法》、1980 年的《汽车运输法》、1980 年的《铁路法》等，都在不同程度上改革了运输管制。

欧洲交通放松管理的代表人物首推英国首相撒切尔夫人。英国在第二次世界大战后的 1945 年到 50 年代初由工党执政，进行了大规模的国有化运动。当时的英国首相工党领袖莫里森认为国家垄断有利于实现规模经济、消除无效竞争、提高经济效率。在这种思潮的影响下，当时欧洲许多资本主义国家的交通行业国有化程度很高，到 70 年代后开始暴露出许多不足，诸如官僚主义、效率低下等。撒切尔夫人上台后，极力推行私有化政策。1985—1986 年，英航和部分机场成功实施"私有化"改制，由此引发了交通行业的私有化浪潮，放松管制从航空推进到铁路、客运等交通运输领域。放松管制，推行"私有化"政策，不仅使西方国家即刻获得巨大的资金收入，而且企业的资源通过市场优化配置，也使企业适应了市场，增强了竞争力。

12.2.2.4 信息技术

信息技术的发展是第三方物流出现的必要条件，信息技术实现了数据的快速、准确传递，提高了仓库管理、装卸运输、采购、订单处理的自动化水平，使订货、包装、保管、运输、流通加工一体化；企业可以更方便地使用信息技术与物流企业进行交流和协作，无纸化贸易成为可能，企业间的协调和合作有可能在短时间内迅速完成，而在依靠交通工具和邮政系统的过去，这一过程总是需要相当时间才能完成，交易费用也因此相对降低。同时，计算机软件技术的飞速发展，使混杂在其他业务中的物流活动的成本可以被精确地计算出来，还能有效管理物流渠道中的商流，这就使企业有可能把原来在内部完成的作业交由物流公司运作。信息技术对第三方物流的支持表现在企业可以利用分布对象技术和框架技术构建开放和具有伸缩性的应用集成和运行环境；利用因特网技术实现企业内和企业间的信息集成和应用协作。除此之外，其他用于第三方物流的信息技术还有实现网上交易的电子商务技术、实现信息交换的 EDI 技术、实现资金快速支付的 EFT 技术、实现信息快速输入的条形码技术。

当然，信息支持技术的实施并不等于第三方物流的有效利用。要有效利用第三方物流服务，还必须改善企业的业务流程，以较低的成本使这些流程自动化。具体地讲，需要将条形码、扫描技术、POS 系统、EDI 和 EFT 等技术集成起来，在供应链上建立一个高效的供应链集成系统，确保产品能不断地由供应商流向最终客户。

12.3 第三方物流分包管理

上海招商新港物流有限公司（以下简称“上海招商新港”）是一家由新加坡港务局参股的物流企业。1997 年，上海招商新港成立时，参照新加坡港务局在新加坡的一家物流公司的运作体系，结合中国的实际情况，建立了比较先进和完善的物流服务体系，并得到了一些跨国客户的认可。

1999年，上海招商新港成立不到两年，就已经吸引了数家跨国公司客户。当上海招商新港正在为业务快速发展感到自豪的时候，分包商管理的问题凸显出来，在1999年6—8月3个月中，连续出现了几次重大的质量事故，造成服务品牌危机：①1999年6月，上海招商新港在将某著名跨国电器商的200台传真机运往杭州的途中，由于防雨措施不利，造成200台传真机被淋湿，收货人拒收货物；②1999年7月，上海招商新港在将某亚太地区著名饮料经销商的产品运往常州的途中，80箱饮品全部被雨淋湿，外包装严重损坏，收货人拒收货物；③1999年8月，上海招商新港在为某国际著名纸业公司进行转仓服务时，由于突降暴雨，大量复印纸因淋湿报废，造成客户投诉。

巧合的是，这3次质量事故属于同一类型并且出现在同一家运输服务商身上，这绝对不是一般的偶然事件。上海招商新港决定对这家运输服务商的运营资质进行调查。结果发现，这家近几年才发展起来的运输车队，其管理水平非常原始，没有任何质量保证体系和管理规范；其司机没有接受过任何培训，对他们的管理也极为松散。很显然，依靠这样的车队是无法提供好的物流服务的。

这3次事故给了上海招商新港很大的教训：忽视对分包商的管理，对第三方物流服务而言，无异于不当。此后，上海招商新港将分包商的管理纳入管理体系，服务质量因此也大为改善。

12.3.1　分包商分类

依据不同的标准可以有多种分包商分类方法，传统的分类是根据提供服务的功能不同，将分包商分为运输分包商、仓储分包商、货代分包商等。从企业间联盟合作关系角度，可以根据双方在合作过程中定位的不同，将分包商分为以下几类：

12.3.1.1　公共平台型分包商

公共平台型分包商的特点是提供网络化的服务，服务特点是规模大、标准化程度高。典型的公共平台型分包商包括：拥有网络的车队，公共型仓储系统，公共型配送体系，大型海运公司，邮政及大型快递公司等。

这类分包商一般规模很大、品牌好，拥有大量的直接客户，对第三方物流提供者没有依赖性。一般的第三方物流提供者只能利用他们的标准化服务，很难要求他们提供个性化的服务。在合作关系上体现为一般性合作，第三方物流提供者一般不能介入他们的管理。

12.3.1.2 可以整合的分包商

这类分包商自身的规模比较小，管理能力和独立开发市场的能力比较弱，对第三方物流提供者具有依赖性，如大量的小型车队、没有网络体系的仓库等。

对于这类分包商，第三方物流提供者可以将他们纳入自己的管理和运作体系，作为第三方物流服务中个性化部分的重要执行者。如第三方物流提供者在客户工厂内的搬移、运输、打包等业务，都可以借助这类分包商完成。

12.3.1.3 战略联盟型分包商

战略联盟一个很重要的基础是合作双方实力相当，并呈现某种互补性。根据互补形式的不同，可以将战略联盟型分包商分为两类，一类是能力互补型的分包商，一类是地域互补型的分包商。

能力互补型的分包商同可以整合的分包商不同，这类分包商一般规模中等，具有相对独立的客户群，但由于实力同公共平台型分包商还有很大差距，一般对与第三方物流提供者的合作具有浓厚兴趣。

地域互补型的分包商本质上也是第三方物流提供者，只不过其网络覆盖范围在另外的区域。这类分包商是第三方物流提供者在业务扩张过程中经常会使用的。从合作关系上看，这类战略联盟型的合作一般体现为比较平等的关系，但在服务质量和工作流程上会采取共同的标准，在市场开拓过程中一般也采用联合营销的方式。

12.3.2 第三方物流分包商选择机制

物流服务供应链中，分包商是整个供应链的源头，对分包商的评价和选择是物流服务供应链合作关系运行的基础。分包商在服务质量、服务成本、服务水平方面都直接影响着第三方物流的成功与否。同时，分包商所提供服务的价格和质量决定了最终产品的价格、质量和顾客满意度，从而也就决定了最终产品的市场竞争力、市场占有量和市场生存力，并且对物流服务供应链各组成部分的核心竞争力产生一定的影响。

12.3.2.1　自营—分包物流服务决策

在进行自营还是分包物流服务决策时，管理人员面对的是未知的技术、不可控的经济环境、服务提供方的易变性等一系列未能确定的因素。因此，传统的决策依据是企业是否有能力自营物流，如果企业有设施、有技术就自营；如果某项物流功能自营有一定困难就分包。管理人员在对分包物流服务的理解上，缺乏对物流战略意义的认识，他们不清楚哪些物流功能的自营会对企业的发展有战略影响，哪些则没有。

从物流功能对企业的战略意义上考虑，企业应基于企业核心能力进行自营—分包决策，即在进行物流服务分包决策时，应从物流服务功能在企业的战略地位出发，在考虑企业物流能力的基础上，进行成本评价。具体实施时，首先要考虑物流功能子系统的战略重要性（图12－1）。

要决定物流功能子系统是否构成企业的核心能力，一般可以从以下几个方面判断：它们是否高度影响企业的业务流程？它们是否需要相对先进的技术？采用此种技术能否使公司在行业中领先？它们在短期内是否不能为其他企业所模仿？如能得到肯定的回答，那么就可以断定物流功能子系统在战略上处于重要地位。由于物流系统是多功能的集合，各功能的重要性和相对能力水平在系统中是不平衡的，因此，还要对各功能进行分析。

某项功能是否具有战略意义，关键是看它的替代性。如其替代性很弱，很少有物流企业能完成或很难完成，几乎只有本企业才具备这项能力，企业就应保护好、发展好该项功能，使其保持旺盛的竞争力；反之，若其他物流企业也能完成该项功能或物流功能子系统对企业而言并不重要，那就需要从企业物流能力的角度决定是自营还是分包。企业物流能力在这里指的是顾客服务水平。顾客是个泛指的概念，它既可以是消费者，也可以是下道工序。如企业不具备满足一定顾客服务水平的能力，就要进行分包。在分包时采用何种服务，是租赁公共物流服务还是采用战略联盟，这就要由物流功能子系统对企业成功的重要性来决定。在物流功能子系统构成企业战略子系统的情况下，为保证物流的连续性，就应该与分包商签订长期合同，由分包商根据企业流程提供定制（tailored）服务；在物流功能子系统不构成企业战略子系统的情况下，采用何种服务方式就要在顾客服务水平与成本之间寻找平衡点了。

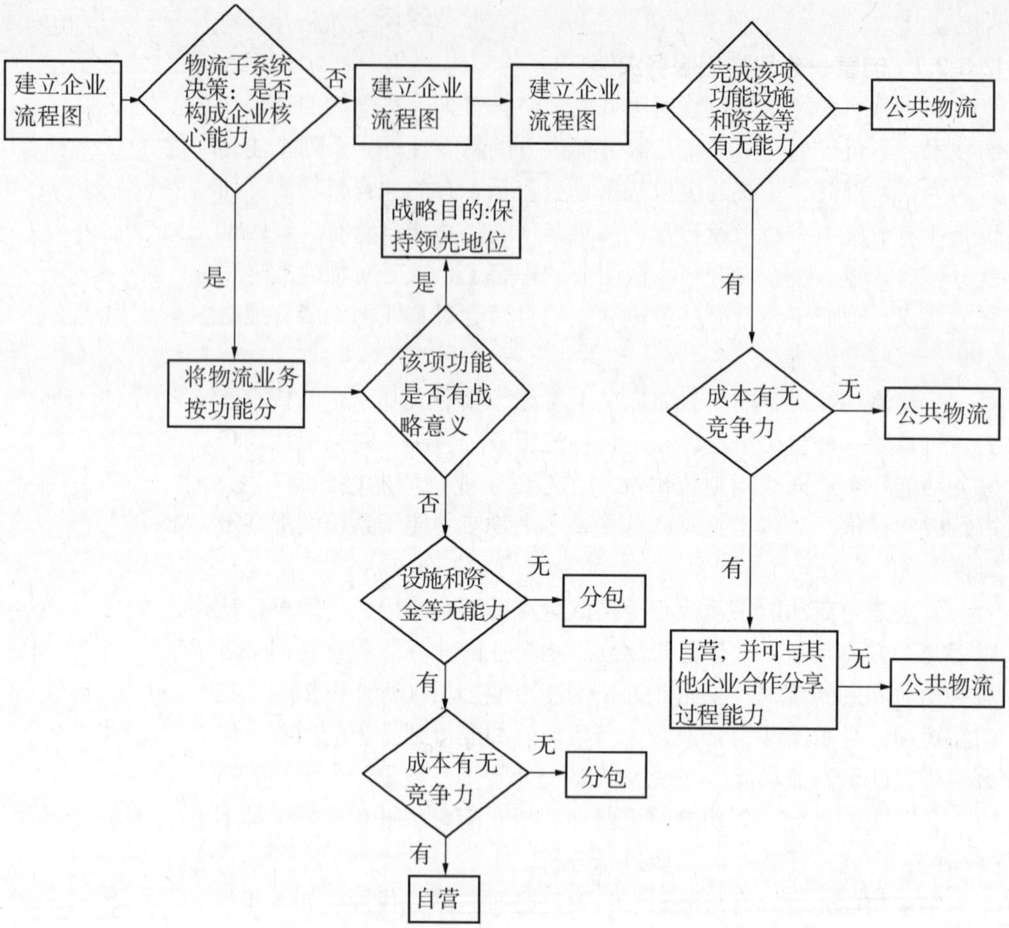

图 12－1　第三方物流服务自营—分包决策

具备了物流服务能力，并不意味着企业一定要自营物流，还要与分包商比较在满足一定的顾客服务水平下，谁的成本更低。只有在企业的相对成本较低的情况下，选择自营的方式才有利；如不然，企业应把该项功能分包出去。

12.3.2.3　第三方物流分包商选择流程

（1）分析企业所处的内外环境

作为第三方物流提供者的决策者在选择分包商时，建立基于信任、合作、开放性交流的长期合作关系，必须首先分析其内外环境。企业的内在环境主要包括企业文化、企业的发展阶段、企业的核心竞争力、企业的管理方式、企业的组织构架、企业的技术特性及企业的决策制度和程序等。企业的发展阶段主要分为发现阶段、扩张阶段、成熟阶段、防护性阶段和复杂阶段，虽然分包商的选择机制是不变的，但在每一阶段所面对的可选分包商是不同的。企业的外在环境主要包括政府的有关政策、传统文化、技术的变革、经济的全球化、市场的开放程度、产业竞争行为和竞争程度等。对企业所处的内外环境的分析主要是确认建立分包合作的必要性，从而了解分包商选择的重要程度。同时，分析现有分包商和潜在分包商的现状，分析和总结企业存在的问题。

（2）制定分包商选择规划

分包商的选择是程序化的，因此，利用分包商选择机制进行分包商选择时，必须从战略角度建立分包商选择目标和标准。而这些目标和标准必须与企业整体的长期目标、规划及战略相适应，要为企业提高核心能力和市场竞争力服务。企业在制定规划时不仅要确立目标和标准等原则性问题，还包括确定分包商选择时机及具体的实施细则。

（3）建立分包商选择和实施的团队组织

分包商选择是企业发展过程中的暂时性功能，同时也是企业的重要功能之一。企业必须建立一个团队组织以控制和实施分包商的选择。团队组织是以合作性和时效性为基础，团队组织的成员来自管理、运营、质量、信息、市场和客服等与分包商有合作关系的企业内的部门，以及市场调研、咨询等与分包商选择有关的企业外的公司或部门。该团队组织实行团队管理方式，并得到高级管理层的支持。团队组织在完成分包商的选择和实施任务后就自行解散，组织成员则回到各自的部门或公司。

（4）市场调研和数据采集

市场调研和数据采集是分包商选择流程的起始环节，市场调研和数据采集的正确与否是有效和准确实施分包商选择的关键。负责市场调研和数据采集的人员必须具备这方面的专业知识，同时具有全局观念。市场调研和数据采集任务非常繁杂，要求工作人员在工作中认真细致，严格按照规划要求进行市场调研和数据采集。市场调研和数据采集的对象必须是具有一定规模的企业的决策者和符合本企业或本行业要求的分包商或潜在的分包商。工作人员应首先根据企业的具体要求和具体环境，设计具体可行的调研问卷，采用切实可行的调研方式和程序对选择的调研对象进行调研，并将调研数据归类整理。

（5）数据分析和模型参数的确定

数据分析和模型参数的确定是分包商选择流程的核心环节，决定着分包商选择的正确性和未来合作关系运行的有效性。相关的工作人员必须具有敏锐的洞察力、较强的数学分析能力和对模型的理解力。经过市场调研采集到的数据，有些是不合理的，有些则会给分析结果带来负作用。因此，首先应该对采集的数据进行筛选，去除伪数据，然后进行数据分析，确定模型参数。

（6）选择企业要求的分包商

在现有的分包商和潜在的分包商中选择企业要求的分包商是分包商选择机制的最后环节。根据现有的分包商和潜在的分包商具有的实际特性，利用所得到的模型参数，按照模型所提供的理论和方法对现有的分包商和潜在的分包商进行排序，从中选择最为有利的分包商。

（7）建立分包合作关系

建立分包合作关系也是不可忽视的重要环节。分包合作关系可以分为内化模式和合同模式。作为企业的决策者应该根据企业的具体状况和市场竞争态势，选择有效的合作关系。在建立合作关系的过程中，市场需求和市场竞争状态将不断变化。可以根据实际情况改变合作关系或重新开始分包商选择。

12.4 从物流外包到物流联盟

近年来，我国在发展第三方物流时遇到的一个观念上的误区就是认为物流外包等同于物流联盟。一方面，物流企业抱怨工商企业不愿把他们视之为战略伙伴，仅仅只是外包一个仓库或某条运输线路，在谈判时一再压低价格；另一方面，工商企业抱怨物流企业不能为他们提供高质量的服务，不能提升他们的市场反应速度，不能降低他们的物流总成本。双方抱怨的焦点其实反映了双方对物流外包的期望，他们认为物流外包应该是一种战略联盟的关系，这种关系应该是彼此都能满足对方的需求，共同分享利益、共担风险，并能取得双赢的结局。那么，物流外包到底是不是物流联盟？如果不是，如何从物流外包走向物流联盟？

12.4.1　物流外包：短期合同关系

在物流实践中，我们经常看到在企业决定物流外包时，合作的双方总是围绕着某个仓库的仓储费率或者某条运输线路的运价而展开谈判过程，彼此都把对方看成竞争对手，通过精细测算的成本转移来为自己谋取最大利益。然而，双方都没有考虑到要从最终的消费者出发，通过相互真诚的合作创造最大的消费者剩余。

物流外包一般侧重于短期的合同关系，外包的是某些周期性的、反复的物流活动或者功能，企业之间是讨价还价的竞争对手。双方的博弈不会出现一加一大于二的情况，合作的结局无法取得双方共赢的效果。出现这种局面的主要原因从物流服务需求方的角度是担心管理失控，或者对第三方物流提供者不信任从而不愿意与第三方物流提供者分享信息；而第三方物流提供者由于缺乏对物流服务目标的准确理解，无法对客户的需求作出快速的反应，同时由于双方信任的缺乏，第三方物流提供者也不愿意为实现最大的消费者剩余而作出必要的努力，因此物流外包要实现长期的合作关系是困难的。

12.4.2　物流联盟：长期的战略合作伙伴关系

从本章前述的两个案例可以看到，无论是麦当劳与夏晖物流，还是宝洁与宝供物流，物流服务的需求方与第三方物流的提供者之间都是相互满足对方需求，共同分享利益、共担风险，并为实现共同目标分享合作策略的持久关系。企业之间在物流方面通过合作形成优势互补、要素双向流动的伙伴关系。

物流联盟注重的是长期的合作关系，物流服务的需求方与第三方物流的提供者之间是战略合作伙伴关系，为共同目标分享合作策略，追求的结果是使联盟总体的利益最大化。在物流联盟中，合作双方共同致力于提高质量和劳动效率，减少物流总成本，双方紧密合作改进物流过程以达到优质的顾客服务水平，双方分享相关信息及合作的回报，并共担风险，强调双赢的重要性及合作的长期性。企业之间可以相互协商，共同采取对全体都有利的策略，因此双方合作可以出现一加一大于二的结果，也就是说将出现双赢的局面。合作伙伴双方通过保持紧密的联系，对物流设施、技术、人才等共同利用，从而使物流服务需求方可以降低物流成本、减少投资，获得物流技术和管理技巧，降低风险和不确定性，最终提高顾客服务水平，取得竞争优势，并达到比单独从事物流活动所取得的更好效果。只有通过这种长期的合作关系，第三方物流才能作为一种有力和有效的获得战略优势的源泉发挥它的优势。

12.4.3 物流联盟的契约机制

从上述分析可见，物流外包不同于物流联盟。物流外包侧重短期的利益关系，企业之间是讨价还价的竞争对手；物流联盟注重的是长期的合作关系，企业之间为共同目标分享合作策略，双方追求的是共赢的局面，因此从物流外包到物流联盟是合作关系的飞跃。那么，如何从物流外包走向物流联盟呢？

在市场需求不确定的情况下，为确保既能使三方物流提供者获得稳定的订单，又尽量避免物流服务需求方采购后的物流资源闲置，物流联盟的合作应包含如下几种机制：

12.4.3.1 数量柔性机制

数量柔性契约可以使得物流服务需求方和第三方物流提供者面对不确定性因素共同承担一定的市场风险。在数量柔性契约中，物流服务需求方最终的实际服务购买量可以偏离计划购买量，但偏离范围和定价原则将受到一定限制。如果没有柔性尺度的约定，物流服务需求方采购契约计划外的服务将付出更大成本；而如果物流服务需求方的计划采购没有受到制约，物流服务需求方将普遍倾向于夸大他们的采购意向，最后对过量的服务将拒绝采购。

12.4.3.2 质量机制

物流服务需求方希望采购到满意质量水平的服务，而第三方物流提供者提供高质量水平的服务往往需要更高的成本，这便构成了第三方物流提供者和物流服务需求方之间有关质量方面的矛盾。质量契约机制就是围绕双方合作程度对服务质量的影响，探讨双方的质量政策决策问题。

12.4.3.3 价格机制

交易双方可以通过合理的定价政策，激励双方合作，并达到物流外包绩效的提高。在契约中，最直接的经济手段就是利用成本（即服务购买价格）修正契约单方或双方的行为，其中数量折扣定价方法可以作为协调手段。通常情况下，第三方物流提供者的成本结构及努力程度对物流服务需求方属于不完全或不可观测的信息，物流服务需求方只能根据最后的产出（顾客的满意度、总成本）提供一组经济补偿方案，供第三方物流提供者根据自己的成本结构进行选择，并由此决定其努力程度。

12.4.3.4　收益分享机制

第三方物流提供者按约定以较低单价向物流服务需求方提供服务，物流服务需求方将视最后的总收益情况，从中拿出一定比例的利润返还给第三方物流提供者。这种收益分享契约机制是实现双赢的重要途径。

12.4.3.5　旁支付机制

物流服务需求方除了可以用价格来支付第三方物流提供者的费用之外，还可以以其他方式来补偿第三方物流提供者。比如物流服务需求方为支持第三方物流提供者降低成本的技术创新活动而分担一定额度的技术费用，或提供直接的技术支持等。这种价格以外的支付政策即为旁支付策略。施以恰当的旁支付策略会直接影响到第三方物流提供者优化运营并可增加它们的努力水平。

12.4.3.6　信息甄别机制

在第三方物流活动中，物流服务需求方与第三方物流提供者处于信息不对称的状态。首先体现在对成本结构（cost structure）的认知上，物流服务需求方关于第三方物流提供者的成本结构具有不完全的信息或者相反的情况，为此物流服务需求方需建立相应的信息甄别机制。同时，信息不对称的情况也体现为需求信息，因为物流服务需求方更接近市场，更清楚地掌握自己市场的需求信息，这些信息决定了他们所希望的物流服务能力，而第三方物流提供者有限的服务能力决定了他们必须妥善分配其服务能力，以防止物流服务需求方的购买量超过第三方物流提供者的服务能力，这时候第三方物流提供者也需要设计信息甄别机制。

本章小结

本章在揭示第三方物流本质的基础上，对第三方物流提供者的特点和起源进行了分析，并对第三方物流提供者分包管理进行了阐述。最后描述了从物流外包到物流联盟的契约机制设计，这是本章的重点和难点。

复习思考题

1. 什么是第三方物流？与传统物流相比，第三方物流的特点是什么？

2. 什么是第三方物流提供者？第三方物流提供者的特点是什么？

3. 物流分包决策需要考虑哪些因素？

4. 物流外包是否等同于物流联盟？为什么？

参考文献

[1] Alan Harrison, Remko van Hoek. Logistics Management and Strategy [M]. 北京：机械工业出版社，2006.

[2] Edward Frazelle. World-class Warehousing and Material Handling [M]. New York: McGraw-Hill Companies, 2002.

[3] Fleischmann M, et al. Quantitative models for reverse logistics: A review [J]. European journal of operational research, 1997, 103 (1): 1-17.

[4] Fleischmann M, Krikke H R, Dekker R, et al. A characterization of logistics networks for product recovery [J]. Omega, 2000, 28 (6): 653-666.

[5] Fleischmann M. Quantitative models for reverse logistics [J]. Springer-Verlag, 2001: 46.

[6] Giannis T T, Costas P P, Stefan M. An environmental analysis of the reverse supply chain of SLI batteries [J]. Resources, Conservation and Recycling, 2002, 36 (2): 135-154.

[7] Gotzel C. Product return and recovery concepts of companies in Germany [M]. 1999: Univ., Fak. für Wirtschaftswiss.

[8] Hopwood B, Mellor M, O'Brien G. Sustainable development: mapping different approaches [J]. Sustainable development, 2005, 13 (1): 38-52.

[9] James R S. Development and Implementation of Reverse Logistics Programs [C]. Annual Conference Proceeding, Council of Logistics Management, 1998: 579-586.

[10] Gattorna J L, Walters D W. Managing the Supply Chain [M]. Macmillam Press, 1996

[11] Louwers D., et al. A facility location allocation model for reusing carpet materials [J]. Computers & Industrial Engineering, 1999, 36 (4): 855-869.

[12] Prahinski C, Kocabasoglu C. Empirical research opportunities in reverse supply chains [J]. Omega, 2006, 34 (6): 519-532.

[13] Secretariat of the United Nations Conference on Trade and Development. TRADE AND DEVELOPMENT REPORT, 2012 [R]. UNITED NATIONS, New York and Geneva, 2012.

[14] William C, Donald B R. Analysis Tools for Strategic Planning [J]. International Journal of Physical Distribution and Materials Management, 1985, 15 (3): 48.

[15] Yuan Z, Bi J, Moriguichi Y. The circular economy: A new development strategy in China [J]. Journal of Industrial Ecology, 2006, 10 (1-2):

4 – 8.

[16] 戴维 · J · 布隆伯格，斯蒂芬 · 勒梅，乔 · B · 汉纳．北京：机械工业出版社，2003.

[17] 崔炳谋．物流信息技术与应用 [M]．北京：清华大学出版社，2005.

[18] 小保罗 · R · 墨菲，唐纳德 · F · 伍德．当代物流学 [M]．陈荣秋，等译．北京：中国人民大学出版社，2009.

[19] (加) 米歇尔 · R · 利恩德思，(美) 哈罗德 · E · 费伦．采购与供应管理 [M]．12 版．北京：机械工业出版社，2003.

[20] (美) Ronald H B．企业物流管理——供应链的规划、组织和控制 [M]．王晓东、胡瑞娟，等译．北京：机械工业出版社，2009.

[21] (美) 道格拉斯 · M · 兰伯特．战略物流管理 [M]．邵晓峰，等译．北京：中国财政经济出版社，2006.

[22] (美) 克里斯托费 · 洛夫洛克，约亨 · 沃茨．服务营销（亚洲版）[M]．2 版．北京：中国人民大学出版社，2007．8.

[23] (美) 罗西特 · 维尔马，肯尼思 · 博耶．运营与供应链管理：理论与实践 [M]．霍艳芳，李秉光，徐刚，等译．北京：清华大学出版社，2010.

[24] (美) 瓦拉瑞尔 · A · 泽丝曼尔，玛丽 · 乔 · 比特纳，德韦恩 · D · 格兰姆勒．服务营销 [M]．4 版．北京：机械工业出版社，2008.

[25] (美) 詹姆士 · R · 斯托克 道格拉斯 · M · 兰伯特著，邵晓峰等译．战略物流管理 [M]．4 版．中国财政经济出版社，2003.

[26] (美) 詹姆士 · 斯托克，萨利 · 艾拉姆．物流管理 [M]．张文杰，等译．北京：电子工业出版社，2008.

[27] 白世贞，刘莉．现代仓储管理 [M]．北京：科学出版社，2010.

[28] 陈海权．现代物流概论 [M]．广州：广东经济出版社，2008 .

[29] 崔杰，沈辉．国际物流的现状 [J]．价值工程，2003，(6)：48 – 50.

[30] 陈荣秋，马士华．生产与运作管理（第三版） [M]．高等教育出版社，2011.

[31] 董千里．高级物流学 [M]．北京：人民交通出版社，2006.

[32] 董千里，陈树公，王建华，等．物流运作管理 [M]．北京：北京大学出版社，2009.

[33] 冯耀辉．我国物流运输的现状及发展对策 [J]．物流工程与管理，2012 (2).

[34] 方仲民．物流系统规划与设计 [M]．北京：机械工业出版社，2011.

[35] 高更君，黄卫．考虑时间因素的运输方式选择问题 [J]．交通运输系统工程与信息，2001 (1).

[36] 高军，王睿．企业物流成本控制措施探析 [J]．现代管理科学，2010 (1).

[37] 甘为华. 逆向物流 [M]. 北京：北京大学出版社，2012.
[38] 龚英. 供应链逆向物流 [M]. 北京：中国物资出版社，2008.
[39] 韩宝平，孙晓菲，白向玉，等. 循环经济理论的国内外实践 [J]. 中国矿业大学学报：社会科学版，2003 (1)：58 - 64.
[40] 海峰，胡娟等. 物流管理学 [M]. 武汉：武汉大学出版社，2007.
[41] 黄福华，吴可夫，等. 物流绩效管理研究 [M]. 长沙：湖南人民出版社，2007.
[43] 黄红丽. 影响物流运输合理化的因素及其应对 [J]. 物流工程与管理，2012 (3).
[44] 洪天吉，周敏，程言清. 提高我国物流运输管理措施的分析与探讨 [J]. 福建论坛：社会科学教育版)，2010 (2).
[45] 黄祖庆. 逆向物流管理 [M]. 杭州：浙江大学出版社，2010.
[46] 华中生. 物流服务运作管理 [M]. 北京：清华大学出版社，2009.
[47] 蒋长兵. 仓储作业流程、表格与示例 [M]. 北京：中国物资出版社，2010.
[48] 蒋长兵，王珊珊. 企业物流战略规划与运营. 北京：中国物资出版社，2009.
[49] 姜超峰. 仓储管理与技术应用前景 [J]. 中国储运，2009 (1).
[50] 姜方桃，李洋. 物流信息系统 [M]. 北京：清华大学出版社，北方交通大学出版社，2011.
[51] 蒋林，张怀胜. 供应链库存协调问题研究综述 [J]. 工业工程，2010 (4).
[52] 姜宁. 供应链需求预测和库存控制研究 [D]. 上海：上海交通大学，2012.
[53] 李怀湘. 仓储管理实务 [M]. 北京：北京大学出版社，2011.
[54] 冷凯君. 基于TOC的短生命周期产品供应链协调方法研究 [D]. 华中科技大学，2010 .
[55] 刘明菲，王槐林. 物流管理 [M]. 北京：科学出版社，2008.
[56] 刘军，何世伟. 综合运输体系下快捷货运网络枢纽选址影响因素分析 [J]. 交通标准化，2010 (9).
[57] 罗俊. 物流公司仓储管理案例分析 [J]. 现代商贸工业，2009 (11)..
[58] 李君，王晗. 国内外逆向物流理论研究 [J]. 物流科技，2009，32 (10)：1 - 3.
[59] 梁军. 仓储管理 [M]. 杭州：浙江大学出版社，2009.
[60] 李静芳. 现代物流管理 [M]. 北京：清华大学出版社，北京交通大学出版社，2009 .
[61] 骆念蓓. 国际物流管理 [M]. 北京：北京大学出版社，2008.
[62] 李松庆. 物流学 [M]. 北京：清华大学出版社，2008.

[63] 刘伟，等. 物流与供应链管理案例 [M]. 成都：四川人民出版社，2009.
[64] 李严锋. 现代物流管理 [M]. 大连：东北财经大学出版社，2009.
[65] 李勇建. 供应链上的新元素——企业逆向物流管理实践 [M]. 北京：人民交通出版社，2006.
[66] 李育蔚. 仓储精细化管理全案 [M]. 北京：人民邮电出版社，2012.
[67] 马士华，林勇. 供应链管理 [M]. 3 版. 北京：高等教育出版社，2011.
[68] 倪良新，吴万敏. 国际物流 [M]. 安徽：合肥工业大学出版社，2010年8月.
[69] 牛鱼龙，等. 香港地区物流经典案例 [M]. 重庆：重庆大学出版社，2008.
[70] 牛鱼龙，等. 日本地区物流经典案例 [M]. 重庆：重庆大学出版社，2008.
[71] 欧阳振安. 仓储管理 [M]. 北京：对外经济贸易大学出版社，2010.
[72] 彭扬. 信息技术与物流管理 [M]. 北京：中国物资出版社，2009.
[73] 全国物流信息网，www. chinawuliu. com.
[74] 秦立公，王兴中，丁庆. 物流项目管理 [M]. 北京：中国时代经济出版社，2006.
[75] 上海人才培训中心. 现代物流管理 [M]. 上海：上海人民出版社，2002.
[76] 邵举平. 物流管理信息系统 [M]. 北京：清华大学出版社，北方交通大学出版社，2005.
[77] 田园. 综合交通枢纽客运站布局评价的定量优化方法研究 [J]. 交通标准化，2006 (5).
[78] 田源. 仓储管理 [M]. 2 版. 北京：机械工业出版社，2012.
[79] 王长琼. 国外逆向物流的经济价值及管理策略初探 [J]. 外国经济与管理，2003，25 (8)：18－21.
[80] 王菲露，宋杨. 基于广义回归神经网络的蛋白质二级结构预测 [J]. 计算机仿真，2012 (2).
[81] 王海霞，汤文成，钟秉林. 零部件最优库存量控制的研究 [J]. 系统工程学报，2000 (3).
[82] 吴隽. 物流与供应链管理 [M]. 哈尔滨：哈尔滨工业大学出版社，2007.
[83] 魏丽玲. 物流仓储与配送 [M]. 北京：北京邮电大学出版社，2008.
[84] 王微怡，王晓平. 物流信息系统规划与建设 [M]. 北京：北京大学出版社，2007.
[85] 夏春玉. 物流与供应链管理 [M]. 大连：东北财经大学出版社，2004.

[86] 薛威. 仓储作业管理 [M]. 北京：高等教育出版社，2012.
[87] 徐贤浩，马士华. 供应链网络状结构模型中多级库存控制模型 [J]. 华中理工大学学报，1998 (7).
[88] 谢雪梅. 物流仓储与配送 [M]. 北京：北京理工大学出版社，2010.
[89] 徐章一. 顾客服务：供应链一体化的营销管理 [M]. 北京：中国物资出版社，2002.
[90] 郑爱丽. 运输管理职能评价体系研究 [J]. 交通科技与经济，2004 (2).
[91] 曾传华，黎青松，谢维成. 物流管理与信息系统 [M]. 北京：清华大学出版社，2007.
[92] 朱道立，崔益明，陈姝妮. 逆向物流系统和技术 [J]. 复旦学报：自然科学版，2003 (5)：673－679.
[93] 张二磊. 仓储管理运作效率提高途径 [J]. 中国市场，2009 (19).
[94] 朱国俊. 仓储和配送管理 [M]. 北京：清华大学出版社，2011.
[95] 中国物流网，www. chinalogisticsnet. com.
[96] 赵红，赵敏. 如何实现高效率的仓储管理 [J]. 经营管理者，2009，(4).
[97] 张理，李蕴姝. 物流管理导论 [M]. 北京：清华大学出版社，北京交通大学出版社，2009.
[98] 张盛开，张亚东. 现代物流管理与对策论 [M]. 大连：东北财经大学出版社，2010.
[99] 郑文岭. 仓储管理 [M]. 北京：机械工业出版社，2012.
[100] 仲维庆. 循环经济下企业实施逆向物流的阻碍因素及模式选择分析 [J]. 经济师，2009 (12)：256－257.
[101] 张卫星. 家电企业逆向物流管理 [M]. 北京：北京工业大学出版社，2012.
[102] 郑晓娣，季建华. 逆向物流的概念和分类研究 [J]. 技术经济与管理研究，2004 (1)：96－97.
[103] 周晓杰. 物流仓储与配送实务 [M]. 北京：机械工业出版社，2011.
[104] 周永圣. 企业逆向物流管理 [M]. 北京：知识产权出版社，2010.